W0060082

Janßen / Tobias

Der Sturz der Generäle

Karl-Heinz Janßen / Fritz Tobias

Der Sturz der Generäle

Hitler und die Blomberg-Fritsch-Krise 1938

Verlag C.H. Beck München

Mit 14 Abbildungen

(Sämtliche Abbildungen Süddeutscher Verlag, München)

Die Deutsche Bibliothek – CIP-Einheitsaufnahme

Janssen, Karl-Heinz:
Der Sturz der Generäle : Hitler und die Blomberg-
Fritsch-Krise 1938 / Karl-Heinz Janssen ; Fritz Tobias.
– München : Beck, 1994
    ISBN 3-406-38109-X
NE: Tobias, Fritz:

ISBN 3 406 38109 X

© C. H. Beck'sche Verlagsbuchhandlung (Oscar Beck) München 1994
Satz: Fotosatz Otto Gutfreund GmbH, Darmstadt
Druck und Bindung: Ebner Ulm
Gedruckt auf säurefreiem,
aus chlorfrei gebleichtem Zellstoff hergestellten Papier
· Printed in Germany

Inhalt

Dritter Teil

Der Fall Brauchitsch

Seite 197

Vierter Teil

Die Rehabilitierung

Seite 235

Epilog

Ein Meisterstück an Verdrängung

Seite 253

Anhang

Vorwort

Warum ist das Geheimnis der Wehrmachtkrise von 1938 bislang nicht entschlüsselt worden? Die Geschichtsforscher und Geschichtserzähler hätten ihm längst auf die Spur kommen können, wären sie nicht ein halbes Jahrhundert lang einer falschen Überlieferung gefolgt. Obwohl es weder den zeitgenössischen Zeugen noch den Historikern gelang, die Motive und die Urheber jener vermeintlichen Intrige zu ermitteln,[1] die zum Sturz der Generäle von Blomberg und von Fritsch geführt haben soll, wurden die Legenden wie feststehende Tatsachen behandelt: Demnach hätten Hitler und seine Spießgesellen durch ein Bubenstück sondergleichen die Armee ihrer pazifistischen Führer beraubt und in ein gefügiges Instrument für den Eroberungskrieg verwandelt.

Über kaum ein Ereignis im nationalsozialistischen Deutschland ist soviel geschrieben und kolportiert worden wie über die Blomberg-Fritsch-Affäre, bis hin zum Roman und zum Fernsehspiel.[2] Hier ist alles beisammen, was Geschichte für jedermann so anziehend macht: das Ringen um Macht und Interessen gepaart mit Kabale und Liebe, Sexualität und Verbrechen; plebejische Niedertracht steht gegen ritterliche Würde, männliches Aufbegehren gegen schreiendes Unrecht; eine Staatskrise im Stile eines Politkrimis. Was daran nicht stimmte, waren die Prämissen.

Deshalb mußte in dieser Untersuchung zunächst einmal die historische Wahrheit vom Schutt der Gerüchte und Verschwörungstheorien, der Vorurteile und Fehldiagnosen, der Erfindungen und Zweckfälschungen befreit werden. Erst dann wird der Blick frei auf eine triviale Sittenaffäre und auf eine polizeiliche Panne, die sich vor dem Hintergrund interner Machtkämpfe im nationalsozialistischen Offizierskorps vorübergehend zu einer Krise des totalitären Regimes auswachsen. Der prestigeempfindliche Diktator kann jedoch diese Krise durch eine genialische Improvisation verdecken: das große Revirement vom 4. Februar 1938.

Keineswegs ist die Blomberg-Fritsch-Affäre der, wie man immer wieder las, große Wendepunkt in der Geschichte des «Dritten Reiches». Ihre historische Bedeutung liegt ganz woanders. Jene Krise, von der Staat und Partei ebenso überrumpelt wurden wie das Militär, zeitigte drei schwerwiegende Folgen, die weder geplant noch vorhersehbar waren. *Erstens* unterlag die Armeeführung im Ämterkrieg mit der Wehrmachtführung. Fortan mußte sich der Generalstab endgültig mit dem Status einer lediglich zuarbeitenden Behörde begnügen. Hitler, in seiner neuen Rolle als Feldherr, erfährt, daß er auch den Militärs seinen Willen aufzwingen kann. *Zweitens* wird die bereits eingeleitete Entwicklung in Richtung eines Eroberungskrieges beschleunigt. Allerdings wurden die Generäle nicht entlassen, um den Weg für die Annexion Österreichs frei zu machen, sondern das Thema Österreich wurde vorzeitig angepackt, um von dem Skandal abzulenken. *Drittens* wurde die Krise zum Ausgangspunkt der nationalkonservativen Widerstandsbewegung. Einige höhere Offiziere erwogen, wenn auch aus den falschen Gründen, zum erstenmal einen Putsch, zwar noch nicht gegen das Regime, sondern lediglich gegen die mit Recht gefürchtete Konkurrenz der SS.

Für sich betrachtet reduziert sich die Generalsaffäre auf persönliche Ehrensachen. Die Armee als Ganzes fühlte sich weder entehrt noch zweifelte sie an ihrer Identität. Jahrzehntelang jedoch hat vor allem der Fall Fritsch in der deutschen Militärgeschichtsschreibung eine Alibifunktion erfüllt – dank der verinnerlichten Fehlinterpretation, wodurch auch die Armee in ein frühes Opfer nationalsozialistischer Willkür verwandelt wurde. Auf diese Weise gelang es, die Mitverantwortung der Wehrmacht für die verhängnisvolle Rüstungs- und Großmachtpolitik und ihre spätere Beteiligung an Kriegs- und Menschheitsverbrechen zu verschleiern. Tatsächlich aber war die Armee schon lange vor und erst recht nach der Generalsaffäre der Garant der nationalsozialistischen Herrschaft. Eine so verblüffende wie traurige Erkenntnis unserer Untersuchung ist der Umstand, daß die beiden gestürzten Generäle – Blomberg und Fritsch – trotz der erlittenen Demütigung weiterhin Hitler als Staatsmann bewundern und sich nach wie vor zum Nationalsozialismus bekennen.

All dies zusammengenommen mag ausschlaggebend gewesen sein, warum so wenig Interesse bestand, die Generalsaffäre von 1938 aufzuklären. Der Freiherr von Fritsch muß es geahnt haben: Einige Monate nach seinem Freispruch vor dem Reichskriegsgericht schrieb er, daß seine Sache wegen ihrer grundsätzlichen Bedeutung wohl erst lange nach seinem Tode ihr Ende finden werde. Dazu soll dieses Buch beitragen.

Die Autoren

Prolog

Das Hoßbach-Protokoll
Die Legende von den Kriegsgegnern
Blomberg, Fritsch und Neurath

Der 5. November 1937 soll ein «Schicksalstag unserer jüngsten Geschichte» gewesen sein.[1] Am späten Nachmittag jenes Freitags hielt der Diktator Adolf Hitler vor einem kleinen Kreis von Kabinettsmitgliedern in der Reichskanzlei einen stundenlangen Monolog über seine außenpolitischen Nah- und Fernziele. Anwesend waren Reichsaußenminister Konstantin Freiherr von Neurath, der Reichskriegsminister und Oberbefehlshaber der Wehrmacht, Generalfeldmarschall Werner von Blomberg und die Oberbefehlshaber der drei Wehrmachtteile: Generaloberst Werner Freiherr von Fritsch (Heer), Generaladmiral Dr. h. c. Erich Raeder (Kriegsmarine) und Generaloberst Hermann Göring (Luftwaffe).[2]

Der Wehrmachtadjutant des *Führers*, Oberst Friedrich Hoßbach, fertigte fünf Tage später ein Gedächtnisprotokoll an, das nach 1945 als wichtiges Schlüsseldokument für Hitlers Vorsatz und Entschluß, die Welt in den Abgrund des Krieges zu stürzen, in die Geschichtsbücher eingegangen ist. Im Nürnberger Prozeß gegen die Hauptkriegsverbrecher sollte es eine nationalsozialistische «Verschwörung gegen den Frieden» beweisen. So ist in der Anklageschrift des Internationalen Militärtribunals die Rede von einem «genauen Plan» der «Naziverschwörer» für «die Einverleibung Österreichs und der Tschechoslowakei»: Eine einflußreiche Gruppe der Nazi-Verschwörer sei an jenem Tage mit Hitler zusammengetroffen, um die Lage zu überprüfen.[3] Doch so simpel war es nun wirklich nicht! Immerhin haben die heftigen Auseinandersetzungen um die Echtheit und geschichtliche Bedeutung dieses Schriftstücks bis heute nicht aufgehört.[4]

Drei Monate später, am 5. Februar 1938, waren drei der fünf Notabeln – Blomberg, Fritsch und Neurath – nicht mehr im Amt. Nach der gängigen Version[5] in Literatur und Forschung hatte Hitler in jener historischen Konferenz erkannt, daß seine nächsten militärischen Berater und sein außenpolitischer Ratgeber als Kritiker und Bremser seinem Kriegskurs im Wege standen. Deshalb habe er sich entschlossen, sie bei der nächsten sich bietenden Gelegenheit zu entlassen und zu diesem Zwecke eine «infame Intrige» inszeniert, bei der ihm seine willfährigen Trabanten Göring, Himmler und Heydrich behilflich gewesen sein sollen.

Hitler mit der Generalität auf dem Parteitag der NSDAP 1936 in Nürnberg am «Tag der Wehrmacht»; erste Reihe von r. nach l.: Reichskriegsminister von Blomberg, Generaloberst Göring, Generaloberst von Fritsch, Admiral Raeder

Nichts davon ist zutreffend, wie unsere Untersuchung erweisen wird. Die wirklichen Zusammenhänge blieben jahrzehntelang verborgen, weil Richter, Historiker und Schriftsteller einem folgenschweren Mißverständnis des Obersten Hoßbach aufgesessen sind. Hoßbach hatte als Wehrmachtadjutant Hitlers von 1934 bis 1938 eine einzigartige, einflußreiche Machtposition. Er hielt sich allerdings jeweils nur im Bedarfsfalle in der Reichskanzlei auf, denn zu seiner Zeit ließ Hitler die Wehrmachtführung völlig selbständig schalten und walten. In erster Linie war Hoßbach Chef der Zentralabteilung des Generalstabes im Oberkommando des Heeres und genoß damit als Personalbearbeiter für alle Generalstabsoffiziere eine besondere Vertrauensstellung beim Chef des Generalstabes, General Ludwig Beck.[6]

Wer war dieser Mann, der als Mithandelnder und als «Geschichtsquelle» aus der Aufbauzeit der Wehrmacht und aus der Blomberg-Fritsch-Krise nicht wegzudenken ist? Während einer der Ordonnanz-

Wehrmachtadjutant Friedrich Hoßbach (links), damals noch Major,
mit Adolf Hitler

offiziere des späteren Generals an ihm preußische Tugenden rühmt wie
Hingabe, Bescheidenheit, Fürsorglichkeit und Mut, aber auch ein ausgeprägtes bürgerliches Selbstgefühl, [7] schildert ihn ein Offizierskamerad
aus der Reichswehrzeit wenig günstig als «ausgesprochenen Kommiß-
kopf», überheblich und humorlos; einer der Adjutanten des Hitlerschen
Hofstaates erlebte ihn als kontaktarm, distanziert und bar jeglicher
Warmherzigkeit.[8] Zu Unrecht zählte man ihn zum deutschen Widerstand
– Generalstabschef Beck hat ihn nie in seine Umsturzpläne eingeweiht,
trotz des von Hoßbach hervorgehobenen Vertrauensverhältnisses –, er
selber bekennt in seinen Memoiren freimütig, daß er zu den Deutschen
gehörte, die in der Krisenzeit Anfang der dreißiger Jahre ihre Hoffnung
auf Hitler setzten: «Ich rechne nicht zu denen, die schon 1933 oder gar
noch vorher die Entwicklung bis 1945 vorausgesehen haben.»[9]

Bis zu jenem 5. November war bei ähnlichen Besprechungen niemals ein Protokoll geführt worden.[10] Auf Hoßbach – der Oberst hörte
zum erstenmal von Eroberungsplänen – mußten die Ausführungen
viel grundsätzlicher und dramatischer wirken als auf die anderen Teilnehmer, zumal der Führer von einer «testamentarischen Hinterlassenschaft für den Fall seines Ablebens» sprach. Deshalb entschloß er sich,
niederzuschreiben, was er von der Ansprache behalten oder notiert
hatte. Womöglich hat ihn Generalstabschef Beck, dem er den wesentlichen Inhalt vorgetragen hatte, noch darin bestärkt. Jedenfalls fällt
auf, daß sich Hoßbach erst nach fünf Tagen an die Arbeit macht. (Den
zweiten Teil der Diskussion, den Ressortstreit um die Rohstoffkontin-
gente für die Rüstung, hat er ohnehin ignoriert.)[11]

Im großen und ganzen hat Hoßbach die Argumentation Hitlers
richtig wiedergegeben, freilich mit seinen eigenen Ausdrücken. Da
Hitler mehrere Stunden lang monologisierte, darf man voraussetzen,
daß die Aufnahmefähigkeit des Adjutanten im Laufe der Zeit nachge-
lassen hat. Da können sprachliche Nuancen leicht Sinn und Inhalt für
den späteren Leser verändern, zumal keiner der Zuhörer das Protokoll
hat überprüfen können. Zum Beispiel erweckt die Darstellung Hoßbachs den irrtümlichen Eindruck, als habe Hitler einzig durch die
Annexion Österreichs und der Tschechoslowakei, zweier hochindu-
strialisierter Staaten, die «Raumnot» des deutschen Volkes lösen wollen. Unvermittelt steht in der Niederschrift die ungeheuerliche Über-
legung, insgesamt drei Millionen Menschen aus den beiden Ländern
zwangsweise zu emigrieren...

Da sich Hitler im November längere Zeit in Süddeutschland aufhielt, konnte ihm Hoßbach erst Ende des Monats das Protokoll vorlegen. Aber der Diktator wollte es weder lesen noch abzeichnen und hat
es auch bei weiteren Anläufen Hoßbachs immer abgelehnt.[12] Deutlicher konnte er nicht zu erkennen geben, daß er seine weitschweifigen

Aufzählungen außenpolitischer Möglichkeiten keineswegs als «testamentarische Hinterlassenschaft» gewertet wissen wollte, wie es Hoßbach und ebenso das Nürnberger Gericht angenommen haben.[13] Auch mit der Geheimhaltung, die viele Autoren betont haben, war es nicht so weit her.[14] Normalerweise hätte die höchste Stufe der Verschlußsachen-Vorschrift angewandt werden müssen. Statt dessen konnte Hoßbach sein Protokoll sowohl Beck als auch den anderen Adjutanten zum Lesen geben. Und die französische Regierung wußte bereits einen Tag später von der Konferenz in der Reichskanzlei, wenn auch nichts von der Rede.

Nicht erst seit November 1937, sondern von den ersten Tagen des «Dritten Reiches» an war der Kern der Aussagen Hitlers – Deutschland müsse sich mit Waffengewalt und bei vollem Risiko landwirtschaftlich nutzbaren Lebensraum in Europa erobern – den Generälen bekannt. Mehr noch: In seinem Buch *Mein Kampf* hatte Hitler bereits Mitte der zwanziger Jahre das alldeutsche und später deutschnationale Traumziel – Lebensraum in Rußland und den ihm untertanen Randstaaten – zur außenpolitischen Maxime erhoben.[15] Es war daher nichts Besonderes, als Hitler schon am 3. Februar 1933 bei seinem ersten Kontakt als neuernannter Reichskanzler mit der Reichswehrführung von der unvermeidlich gewaltsamen «Eroberung neuen Lebensraumes im Osten und dessen rücksichtsloser Germanisierung» sprach.[16]

Allerdings haben seine Zuhörer, wie es später hieß, diese Ankündigungen nicht allzu ernst genommen. Solche Visionen eines militärisch ungeschulten Politikers – eines ehemaligen «böhmischen Gefreiten» – würden schon von den harten Realitäten der militärischen Gegebenheiten korrigiert werden. Man tröstete sich nach Hitlers Weggang mit dem Schiller-Wort «Stets war die Rede kecker als die Tat.»

Immerhin beherrschte die Vorstellung von einem unerträglich beengten «Lebensraum» nicht nur Hitler und seine politischen Anhänger, sondern war nach den Gebietsverlusten von 1918 in den Rechtskreisen weit verbreitet: Es war der Geheimrat Alfred Hugenberg, Hitlers deutschnationaler Koalitionspartner, der im Frühjahr 1933 öffentlich – ausgerechnet auf der Londoner Weltwirtschaftskonferenz – die Ukraine für Deutschland forderte. Dieses Vorprellen des Reichsministers für Wirtschaft und Ernährung, das naturgemäß gewaltiges Aufsehen verursachte, trug entscheidend zu seinem Rücktritt bei. Dabei hatte er lediglich angeknüpft an die imperialen Ostlandträume des Generals Ludendorff sowie der deutschen Außenpolitiker und Wirtschaftsmagnaten nach dem Diktatfrieden von Brest-Litowsk.[17]

Ein Jahr nach der Machtübernahme hat Hitler am 28. Februar 1934 abermals der Reichswehrgeneralität reinen Wein eingeschenkt: «Die

NSDAP habe die Arbeitslosigkeit beseitigt. Diese Blüte werde aber nur etwa acht Jahre dauern, dann müsse ein wirtschaftlicher Rückschlag eintreten. Diesem Übel könne man nur dadurch abhelfen, daß man für den Bevölkerungsüberschuß Lebensraum schaffe. Diesen würden uns aber die Westmächte nicht gönnen. Daher könnten kurze entscheidende Schläge nach Westen und dann nach Osten notwendig werden... Er sei daher entschlossen, ein Volksheer, aufgebaut auf der Reichswehr, gründlich ausgebildet und mit den modernsten Waffen ausgerüstet, aufzustellen.»[18]

Die Eroberungspläne Hitlers können keineswegs völlig fremd für die Wehrmachtspitze gewesen sein, denn wenige Wochen vor der November-Konferenz, im August 1937, hat der Oberbefehlshaber des Heeres, Fritsch, dem Kriegsminister eine Denkschrift über die «Wehrmachtspitzengliederung und Führung der Wehrmacht im Kriege» überreicht, in der es heißt: «Als Kontinentalmacht werden wir letzten Endes unsere Siege auf der Erde gewinnen müssen. Und solange die Ziele eines deutschen Sieges nur in *Ost-Eroberungen* liegen können, wird auch nur das Heer, durch Eroberungen im Osten, durch Halten im Westen, die letzte Entscheidung bringen.»[19] Genau, wie es zwei Jahre später gekommen ist! Wohlgemerkt: hier handelte es sich nicht um Gedankengänge Hitlers, sondern die Vorstellung vom deutschen Sieg durch Ost-Eroberungen wurde vom Oberkommando des Heeres nicht ohne Zustimmung des Generalstabschefs Beck entwickelt!

Welchem Vabanque-Spieler sich die Wehrmacht hingegeben hatte, bemerkte die Generalität zum erstenmal im März 1936. Trotz der Bedenken Blombergs und Fritschs ließ Hitler seine Truppen in das entmilitarisierte Rheinland einmarschieren.[20] Im Ziel waren sich die Generäle mit dem Diktator durchaus einig, aber sie scheuten das Risiko eines militärischen Konflikts mit Frankreich. Hitler hatte einzigartiges Glück: die Westmächte ließen ihm den Bruch internationaler Verträge durchgehen. Blomberg erhielt zum Dank den Marschallstab.

Zum erstenmal mag Hitler vor den Heerführern ein – wenn auch ungerechtfertigtes – Überlegenheitsgefühl empfunden haben, dies um so mehr, als ausgerechnet der zivile Außenminister von Neurath ihn in seinem riskanten Vorhaben bestärkt hatte.[21] Als Hitler ihm zum 30. Januar 1937 das Goldene Parteiabzeichen verleiht, zeichnet er ihn als den «nervenstarken Mann» aus, «der mir in allen kritischen Situationen zur Seite stand». Selbst noch am 5. Februar 1938, als er mit Blomberg und Fritsch auch den Außenminister ablöst, preist er vor der Generalität den «dickschädeligen Schwaben», der als einziger seiner Berater fürs Durchhalten gewesen sei.

Kurz nach dem Rheinland-Abenteuer verfaßte der Diktator seine streng geheime Denkschrift über den Vierjahresplan, worin er Wirtschaft und Militär zu einer rücksichtslosen Aufrüstung vorantreibt: «Wenn es uns nicht gelingt, in kürzester Frist die deutsche Wehrmacht in der Ausbildung, in der Aufstellung der Formationen, in der Ausrüstung und vor allem auch in der geistigen Erziehung zur ersten Armee der Welt zu machen, wird Deutschland verloren sein.»[22] Binnen vier Jahren soll die Armee einsatzfähig und die Wirtschaft kriegsfähig sein.

Rasch zeigte sich, daß die Rüstungsindustrie wegen Rohstoffmangels und langer Fertigungszeiten die Planziele nicht erreichen konnte. Zwischen Heer, Marine und Luftwaffe entbrannte ein gnadenloser Kampf um die Zuteilung von Rohstoffen und Material.[23] Göring, jetzt Beauftragter für den Vierjahresplan, bevorzugte ungeniert seine junge Luftwaffe. Der dauernden Streitereien überdrüssig und unter massivem Druck der Marine, rief Kriegsminister Blomberg das Staatsoberhaupt als Schlichter an. Er war es, der zu der Konferenz am 5. November 1937 einlud. Keineswegs standen Schicksalsfragen über Krieg und Frieden auf der Tagesordnung. Thema: «Rüstungslage und Rohstoffbedarf».[24]

Da sich Hitler derartigen Auseinandersetzungen gern entzog, zumal er in diesem Falle seinen Parteigenossen Göring hätte rügen müssen, verfiel er auf das probate Mittel, mit einem phantastischen Exkurs in die Außenpolitik vom Verteilungskampf der Ressorts abzulenken und die Militärs neu zu motivieren. Außenminister von Neurath zog er als eine Art Katalysator hinzu. Göring sagte er kurz vor der Konferenz, es gehe ihm vor allem darum, Fritsch «etwas Dampf unter die Hosen» zu machen, also die Aufrüstung des Heeres zu beschleunigen.[25]

Natürlich wollten auch die Generäle die modernste und beste Armee der Welt aufbauen und die Admiräle eine riesige Flotte hochrüsten.[26] Hemmungslos nutzten sie alle Möglichkeiten in der Rüstung, die ihnen das nationalsozialistische Regime bot. Aber sie wollten nichts überhasten, hielten mehr von systematischer, solider Arbeit, einem vernünftigen organischen Aufbau und einer gediegenen Ausbildung: mehr Qualität als Quantität, mehr Tiefe als Breite. Hitlers chaotische Kreativität, seine Vorliebe fürs Improvisieren und fürs Bluffen war ihnen zuwider, auch wenn sie bei der dauernden Überforderung bald selber dazu greifen mußten.

Doch Hitler hatte keine Zeit mehr zu verlieren. Spätestens 1943/45, so legte er am 5. November 1937 seinen Zeitplan offen, mußte der unvermeidliche Waffengang stattfinden, danach war nur noch eine Veränderung zum Schlechteren zu erwarten. Kurzum: Dann würden die anderen nachrüstenden Großmächte, «die Haßgegner England und Frankreich», dem Deutschen Reich nicht mehr gestatten, sich mit der Methode des Blitzkrieges zu vergrößern. Die von den Militärs mitzuverantwortenden Folgen des Wettrüstens – ökonomische, finanzielle und rüstungstechnische Engpässe[27] – zwangen zum offensiven Handeln. Außerdem trieb Hitler die Furcht, er könne schon allzu bald an Kehlkopfkrebs sterben. Noch zu seinen vermutlich zu kurzen Lebzeiten sollte deshalb der Lebensraum erobert werden: «Spätere Generationen würden dies nicht mehr können. Nur seine Person sei dazu in der Lage.»[28]

Seine Zuhörer am 5. November werden bei der Zeitvorgabe 1943/45 dennoch aufgeatmet haben: Sie hatten noch acht Jahre Zeit zum Weiterrüsten. Generalstabschef Beck zog sogleich die Konsequenzen, nachdem er das Hoßbach-Protokoll gelesen hatte: Zum 1. April 1943, meldete er, werde das Kriegsheer im vollen Umfang stehen![29]

Hellhörig wurden die Generäle jedoch, als Hitler erwog, bei günstiger Gelegenheit – soziale Spannungen in Frankreich, ein britisch-französisch-italienischer Krieg im Mittelmeerraum – die Nahziele Österreich und Tschechoslowakei bereits vorher zu erledigen. Nun hatten zwar Blomberg, Fritsch und auch der nicht anwesende Beck keineswegs etwas gegen eine engere Bindung mit Österreich, dem die Siegermächte 1918 die Wiedervereinigung mit Deutschland verboten hatten. Und aus militärgeographischen und -strategischen Gründen war auch ihnen die mit Frankreich und der Sowjetunion verbündete Tschechoslowakei, dieser Pfahl in der deutschen Flanke, das Flugzeugmutterschiff für die Russen, ein stetes Ärgernis.[30]

Anderseits aber standen die Reichswehroffiziere in der Tradition des Generals von Seeckt, der ihnen als Vermächtnis[31] hinterlassen hatte, Deutschland dürfe niemals wieder einen Zweifrontenkrieg riskieren. Auch Hitler steckte dieses Trauma der Weltkriegsveteranen noch in den Knochen. Dennoch, so fürchteten die Generäle zu Recht, könnte der dynamische, unberechenbare Diktator vor lauter Risikofreude oder aus purem Bluff vorzeitig einen neuen europäischen Krieg heraufbeschwören, der sich zum Weltkrieg ausweiten werde, mit katastrophalen Folgen für Deutschland.

«Ich wäre den Weg des Führers nach Österreich auch gegangen», schreibt Blomberg in seinen im Kriege (1940–1943) verfaßten Memoiren, «aber dann hätte ich mir eine Frist von zehn Jahren gesetzt, um das neue Großdeutschland und eine totale Rüstung auszubauen. Denn daß Deutschland noch einmal um sein Erstarken kämpfen mußte, schien nicht vermeidbar.»[32] Damit bestätigte er im voraus jene Historiker, die eine grundsätzliche Kriegsgegnerschaft bei den führenden Militärs des «Dritten Reiches» nicht ausmachen können.[33] «Es war», so Eberhard Jäckel, «ein Dissens nicht über die Ziele und Mittel der Außenpolitik, nicht einmal über das Mittel eines Angriffskrieges, wohl aber über die Risiken.» Ähnlich urteilt der Militärhistoriker Klaus-Jürgen Müller: «Kein prinzipieller Konflikt über das ‹Ob›, sondern ein Dissens über das ‹Wie› und ‹Wann›.»

Blomberg, Fritsch und Großadmiral Erich Raeder auf dem Reichsparteitag der NSDAP 1936 in Nürnberg

Wie es ihrer Pflicht als militärische Berater entsprach, haben Blomberg und Fritsch in der Diskussion nach dem Vortrag des Führers am 5. November 1937 ihre Bedenken geäußert: England und Frankreich dürften nicht als unsere Gegner auftreten. Sie konnten sich auf ihre Sachkenntnis berufen, auf die Berichte der Militärattachés[34] und vor allem auf ihre Erfahrungen mit den französischen und britischen Soldaten im Weltkrieg, Erfahrungen, die dem Grabenkämpfer Adolf Hitler nicht fremd waren. Fritsch warnte vor der Spekulation, bei einem Krieg mit Italien würde das französische Heer an der Südfront gebunden sein; es könne immer noch mit starker Überlegenheit an der deutschen Westgrenze auftreten, zumal es den Vorsprung der Mobilmachung hätte. Die für den Westen vorgesehenen vier motorisierten Divisionen seien mehr oder weniger bewegungsunfähig, mit anderen Worten: es fehlte an Kraftfahrzeugen. Blomberg ergänzte dieses abschreckende Bild mit dem Hinweis auf die mangelhafte Befestigung des Rheinlandes. Er befürchtete auch, ein deutscher Angriff gegen die

Tschechoslowakei könnte an den schweren Befestigungen, die nach dem Vorbild der französischen Maginotlinie gebaut worden waren, hängenbleiben.

Da die in Nürnberg angeklagten vier noch lebenden Teilnehmer der Novemberkonferenz – Göring, Raeder, Neurath und Blomberg – Gefahr liefen, als «Verschwörer gegen den Frieden» belangt zu werden, war es nur zu verständlich, daß Verteidiger, Angeklagte und auch Protokollschreiber Hoßbach selber sich bemühten, aus jener sachlichen Kritik eine prinzipielle Antikriegshaltung, ja Friedensliebe zu machen. Hoßbach deutet in seinen Memoiren die Haltung der beiden Generäle während der Konferenz als «eine glatte Ablehnung der Pläne Hitlers».[35] Nur: in seinen eigenen Aufzeichnungen vom November 1937 findet sich nirgends auch nur der winzigste Ansatzpunkt dafür.

Was aber war an jenem Freitagabend wirklich geschehen? Generaloberst von Fritsch teilte seinem Obersten Befehlshaber mit, er habe schon für den Winter eine Studie angeordnet, wie man das tschechische Befestigungssystem überwinden könne. Diese Mitteilung konnte von Hitler nicht anders denn als Zustimmung zu seinen aggressiven Plänen aufgefaßt werden. Hoßbach versucht, nachträglich die Studie als eine Defensivmaßnahme zu verharmlosen.[36] Mit derartigen Begründungen ließen sich alle Angriffsvorhaben als defensiv ausgeben.

Noch deutlicher bewies Fritsch seine Bereitschaft, Hitlers Kriegspläne sofort vorzubereiten, indem er auf seinen sechswöchigen Kuraufenthalt in Ägypten, der bereits in fünf Tagen beginnen sollte, verzichten wollte. Hitler konnte den Generaloberst beruhigen: So eilig seien die notwendigen Planungen nicht, und Fritsch solle ruhig in Urlaub gehen (womit Hitler indirekt zugab, daß er in seiner Lagedarstellung übertrieben hatte).

Für einen angeblich überzeugten Kriegsgegner Fritsch hätte in dieser Situation doch wohl nichts näher gelegen, als entweder unter dem Vorwand seiner chronischen Bronchitis seinen Abschied zu verlangen oder sich zumindest stillschweigend von den Kriegsplänen Hitlers durch seine Ägyptenreise auch räumlich zu distanzieren. Fritsch jedoch tat das genaue Gegenteil, indem er seine angegriffene Gesundheit hintanstellte, um nur ja nicht eine Beteiligung an Hitlers Blitzkrieg zu versäumen. Jeder Bronchitisgeplagte wird die Größe eines derartigen Opfers zu würdigen wissen. Er wollte eben unbedingt «dabei» sein, so wie er dann zwei Jahre danach freiwillig als aktiver Beobachter und Ehrengast beim Polenfeldzug mitmachte.

Von Reichsaußenminister von Neurath ist im Hoßbach-Protokoll der eher harmlose Einwand zu lesen, daß ein Mittelmeerkonflikt noch nicht in so greifbarer Nähe sei, worauf Hitler als möglichen Termin den Sommer 1938 nannte, Spekulationen, über die man sich nicht weiter stritt. Unter der schweren Anklage in Nürnberg aber verwandelte sich dieser treue Gefolgsmann Hitlers, ein deutschnationaler Revisionspolitiker, ebenfalls in einen Pazifisten:[37] Er will von Hitlers Ansprache aufs äußerste erschüttert gewesen sein, sogar mehrere Herzattacken erlitten und schließlich aus Protest um seinen Abschied nachgesucht haben. So entstand ein regelrechter Neurath-Mythos, der mit der Wirklichkeit nichts zu tun hatte.

Vielmehr hat Neurath nach dem 5. November 1937 – wie die Dokumente des Auswärtigen Amtes überzeugend beweisen[38] – unverändert in Hitlers und im eigenen Sinne wie bisher weitergemacht, ebenso wie die Generäle Blomberg und Fritsch. Wäre es Neurath mit der Distanzierung von Hitlers Kriegspolitik wirklich ernst gewesen, dann hätte sich der 65jährige Politiker krank melden oder aber in den Ruhestand gehen können. Statt dessen hat er auch nach seiner für ihn unerwarteten Ablösung als Außenminister in seiner neuen Rolle als Präsident des eigens für ihn geschaffenen Geheimen Kabinettsrates Hitler bei der Umsetzung seiner aggressiven Politik gegen Österreich und die Tschechoslowakei 1938/39 mit Rat und Tat zur Seite gestanden.

Blomberg und Raeder versuchten in Nürnberg, die Rede Hitlers als Phantasien zu bagatellisieren,[39] um sich selber in ein günstiges Licht zu setzen. Blomberg ging so weit, vorzugeben, er habe den Vorgang «ganz vergessen, weil er auch damals unwirklich anmutete und die Wirklichkeit des Tages mich ganz ausfüllte».

In «Wirklichkeit» hat der Kriegsminister von Blomberg damals die Hitlerschen «Phantasien» in einen handfesten Befehl, in «die Wirklichkeit des Tages» umgewandelt, nämlich in den «1. Nachtrag zur Weisung für die einheitliche Kriegsvorbereitung der Wehrmacht vom 24. 6. 1937, das heißt, den sog. (enannten) Fall Grün» [40] für einen Aufmarsch gegen die Tschechoslowakei.

In diesem «Nachtrag» heißt es, mit ausdrücklichem Hinweis auf die von Hitler vorgezeichneten Richtlinien: «Hat Deutschland seine volle Kriegsbereitschaft auf allen Gebieten erreicht, so wird die militärische Voraussetzung geschaffen sein, diesen *Angriffskrieg* gegen die Tschechoslowakei und damit die Lösung des deutschen Raumproblems auch dann zu einem siegreichen Ende zu führen, wenn die eine oder andere Großmacht gegen uns eingreift...» Und dann nimmt Blomberg Hitlers Gedanken auf, bei günstiger Gelegenheit schon im nächsten Jahr über die Tschechoslowakei herzufallen!

«Tritt aber eine Lage ein, die durch Englands Abneigung gegen einen allgemeinen europäischen Krieg, durch seine Uninteressiertheit an dem mitteleuropäischen Problem und durch einen zwischen Italien und Frankreich im Mittelmeer ausbrechenden Konflikt die Wahrscheinlichkeit schafft, daß Deutschland außer Rußland keinen weiteren

Gegner an der Seite der Tschechoslowakei findet, so wird der ‹Fall Grün› auch vor der erreichten vollen Kriegsbereitschaft eintreten.»

Das große Rußland war der Wehrmachtführung also ganze zwei Worte wert! Dazu schreibt der Militärhistoriker Manfred Messerschmidt: «Ein beredteres Dokument für die Unterschätzung Moskaus und für den Stil deutscher militärischer Fehldiagnosen läßt sich schwerlich zitieren.»[41]

Diese «Weisung» bestätigt uneingeschränkt das Einverständnis Blombergs mit den Vorstellungen Hitlers. Es kann keine Rede davon sein, daß Blomberg (oder auch Fritsch) wegen ihrer Bedenken in Ungnade gefallen sein sollten, wie dies unzählige Autoren behauptet haben. Sie alle haben die uralte Weisheit übersehen, daß man die Pferde nicht mitten im Strom wechselt. Aus Hitlers Sicht wäre es nur dann sinnvoll gewesen, jüngere, nicht so behutsame, mit nationalsozialistischem Geist durchdrungene Militärs an die Spitze der Wehrmacht zu stellen, wenn die Aufrüstung abgeschlossen gewesen wäre; davon war man jedoch Ende 1937/Anfang 1938 noch weit entfernt.

Hitler hatte genausogut wie seine Generäle begriffen, daß Deutschland für einen langen, großen Krieg noch gar nicht gerüstet war. Statt dessen – erste Anzeichen dafür notiert Goebbels bereits im Frühjahr 1937[42] – kaprizierte er sich auf kleine lokalisierte Blumenfeldzüge oder Blitzkriege im Südosten und Osten, bei denen die Westmächte wie schon 1936 beim Einmarsch ins Rheinland Gewehr bei Fuß stünden. Hätte der Diktator bei diesem Vorhaben die Generäle Blomberg und Fritsch als Bremsklötze an seinem Kriegswagen empfunden, so hätte er sie als Oberster Befehlshaber der Wehrmacht jederzeit entlassen können.

Nach alledem ist somit auszuschließen, daß – wie Hoßbach behauptet[43] – die Konferenz vom 5. November 1937 der «Ausgangspunkt der Krisis» des Hitler-Regimes geworden sein soll. Die angebliche «entschiedene Ablehnung der Kriegspolitik Hitlers durch Blomberg und vor allem Fritsch» und die von Hoßbach gerühmte «Einmütigkeit» der beiden an jenem Tage hat sich lediglich auf die Warnung beschränkt, das gegnerische Potential nicht zu unterschätzen. Blomberg, der später seelisch darunter litt, nicht an Deutschlands «Entscheidungskampf» teilnehmen zu können, wohlgemerkt: an dem von Hitler leichtfertig vom Zaun gebrochenen Zweiten Weltkrieg, legt in seinen Aufzeichnungen vielmehr großen Wert darauf, daß er in der Grundrichtung mit Hitler übereinstimmte.[44]

Und wenn Fritsch damals über die Lage wirklich besorgt gewesen wäre, dann hätte er, wie er es in solchen Fällen immer tat, seinen Ersten Offizier, Major Siewert, ins Vertrauen gezogen.[45] Auch seinem Nachfolger, dem Generalobersten von Brauchitsch, hat er nichts von

Hitlers abenteuerlichen Kriegsplänen erzählt. Nicht anders verhielt sich Reichsaußenminister von Neurath: sein enger Mitarbeiter und Landsmann im Auswärtigen Amt, Ernst von Weizsäcker, hat kein Sterbenswörtchen von jener Konferenz gehört, geschweige denn irgendeine Erschütterung bei seinem Minister bemerkt.

Wir werden also die Skandalaffären Blomberg und Fritsch und die sich daraus ergebende Affäre Brauchitsch losgelöst von der Frage nach Krieg und Frieden betrachten müssen. Der verläßlichste Gewährsmann für diese These ist der Freiherr von Fritsch selber. Er hat nach seinem Sturz wieder und wieder über die Gründe nachgedacht. Einer ist ihm nie in den Sinn gekommen: daß sich Hitler wegen seiner Kriegsgegnerschaft von ihm getrennt haben könnte...

Erster Teil

Der Fall Blomberg

Vorspann
Die Peinlichkeit

Der Heiratsskandal des Generalfeldmarschalls von Blomberg war von einer solchen Peinlichkeit für das deutsche Offizierskorps, aber auch für das nationalsozialistische Regime, daß der höchste Militär binnen kurzer Zeit zur «Unperson» erklärt wurde. Das Heer tilgte seinen Namen aus der Rangliste, und die Zeitungen durften nichts mehr über ihn berichten. Während des Krieges war Blomberg mit seiner Frau in die bayerische Provinz verbannt. Selbst im Nürnberger Kriegsverbrechergefängnis kehrten sich seine Kameraden von ihm ab. Diese Verachtung oder Mißachtung hat sich bis in die wissenschaftliche Literatur ausgewirkt. Zuweilen wird nur von einer Fritsch-Krise gesprochen,[1] obwohl diese erst durch den vorhergehenden Blomberg-Skandal ausgelöst wurde. Es gibt bis heute keine Biographie des letzten deutschen Reichskriegsministers; auch sind seine Erinnerungen nie gedruckt worden.

Als die Mesalliance ruchbar wurde, wehrten sich die Führer des Heeres gegen die unerträgliche Vorstellung, daß der Oberbefehlshaber der Wehrmacht «gegen Sitte und Gesetz verstoßen und sich und das gesamte Offizierskorps in den Augen der Öffentlichkeit herabsetzen könne».[2] Wie nur konnte ein Feldmarschall die von ihm selbst erlassene strenge Heiratsordnung ignorieren und im vollen Bewußtsein der für Staat und Wehrmacht gefährlichen Folgen eine übel beleumdete Frau zu seiner Gemahlin und damit zur ersten Dame des «Dritten Reiches» erheben wollen?

Nach dem vielzitierten Palmström-Wort, daß nicht sein könne, was nicht sein dürfe, haben viele Autoren, nicht zuletzt solche der ehemaligen Wehrmacht, sich mit dieser unerquicklichen Vorstellung nicht abfinden können. Auf der Suche nach einer Erklärung und damit zugleich einer Entschuldigung verfielen sie meist auf die naheliegende Deutung, daß ein Edelmann wie Blomberg eines solchen Fehlverhaltens nicht fähig, also als im Grunde bedauernswertes Opfer einer zu seinem Sturz raffiniert inszenierten Intrige, eines niederträchtigen «Komplotts» anzusehen sei.

Hinter der Affäre mochten wiederum die SS-Führer Himmler und sein «böser Geist» Reinhard Heydrich stehen, die auf diese infame Weise die Wehrmacht «köpfen» und sich selber an deren Spitze setzen wollten. Nichts schien leichter, als den Lockvogel Margarethe Gruhn an den vereinsamten Generalfeldmarschall Werner von Blomberg «heranzuspielen» und ihm «ins Bett zu schmuggeln»,[3] in der dann tatsächlich aufgegangenen Spekulation, daß er nicht nur sein Herz, sondern auch Vernunft und Verantwortungsbewußtsein sowie seine Position als Kriegsminister schimpflich verlöre. Über die möglichen Initiatoren einer Anti-Wehrmacht-Intrige gab es unterschiedliche Varianten und Kombinationen: Hitler, Himmler und Heydrich, besonders aber Göring wurden verdächtigt, Blomberg in eine Falle gelockt zu haben.

Die strikte Geheimhaltung der Affäre ließ damals nur Gerüchte aufkommen. Der pikante Stoff hat dann über die Jahrzehnte manchen Schreiber angeregt, mit Hilfe einer überschießenden Phantasie das angebliche «Komplott» gegen Blomberg mit deftigen Farben auszumalen. Will man die wahren Hintergründe und Abläufe der Affäre Blomberg erforschen, muß man zuerst die zahllosen Widersprüche und Mißdeutungen der Berichte entwirren. Dann wird sich zeigen, daß die Schurken weniger schurkisch, die Helden weniger heldisch waren, als bislang angenommen wurde.

I.
«Vor Sonnenuntergang»: Die heimliche Verlobung

«Der verdammte Gaul war an allem schuld!» Derart drastisch äußert sich Blombergs Luftwaffen-Adjutant Karl Boehm-Tettelbach, einer der besten Kenner der Affäre, zu den Vermutungen, sein Chef sei ahnungslos in eine Intrige gestolpert.[1]

An einem Septembermorgen des Jahres 1937 hatte der gewohnte Morgenritt des Feldmarschalls ausfallen müssen, weil sein Pferd lahmte. Um jedoch auf körperliche Bewegung nicht zu verzichten, habe Blomberg beschlossen, statt dessen nachmittags in Zivil einen Spaziergang im Tiergarten zu unternehmen: «Alle späteren Rekonstruktionen sprachen dafür, daß Blomberg an diesem Tage der Frau begegnet ist, die ihm zum Verhängnis wurde.» Von diesem Tage an hielt es den Kriegsminister jedenfalls schon nachmittags nicht mehr im Dienst oder in seiner Wohnung, wie sich der Adjutant erinnert. Öfter als früher erschien er nach der Mittagspause im Straßenanzug.

Dieser Bericht klingt doch sehr viel wahrscheinlicher als die anderen Versionen über die erste Begegnung: Mal soll es in einem der exklusivsten Bordelle Berlins, mal in einem thüringischen Hotel geschehen sein, wo der Direktor das Mädchen dem einsamen Blomberg an den Tisch setzt, oder sie sollen sich im Berliner Lokal «Der weiße Hirsch»

Reichskriegsminister Werner von Blomberg

kennengelernt haben, wo Margarethe Gruhn Kellnerin gewesen sei. Hübsch ist die Variante, Blomberg habe das Fräulein auf einem Ball einem jungen Leutnant ausgespannt.[2]

Beim Spaziergang durch den Tiergarten, vielleicht auf einer Bank, begegnet also Blomberg das Schicksal in Gestalt einer 23jährigen Frau: blond, grau-blaue Augen, hochgewachsen, schlank und «rubens-schön», wie ein «Spiegel»-Reporter noch zehn Jahre später mit Kennerblick rühmt.[3] Der Reichskriegsminister und Oberbefehlshaber aller deutschen Streitkräfte – gerade sechzig geworden und seit acht Jahren Witwer – war immer noch eine blendende Erscheinung: ein gutaussehender «beß'rer älterer Herr» mit graumelierten Schläfen, sehr groß und stattlich, von gepflegtem Äußeren, mit liebenswürdigen Umgangsformen, kurzum: ein Kavalier vom Scheitel bis zur Sohle.

Über seinen seelischen Zustand nach dem Tod der ersten Frau schreibt er in seinen Aufzeichnungen von 1943: «Ich wurde von bitteren Nöten der Einsamkeit geschüttelt ... Man näherte sich – fast wie von heute auf morgen – dem Alter, nicht so sehr durch körperlichen Verfall und geistiges Stumpfwerden, als durch den natürlichen Vorgang des Heranwachsens der Jugend und durch das Abschmelzen des Gefühls der Erwartung.»[4]

Seine Kinder, zwei Söhne und drei Töchter, verließen nach und nach das Haus. Im Herbst 1937 hielt das Schicksal für Blomberg eine folgenschwere Entscheidung bereit, schicksalhaft – wie immer er sie treffen würde: Die 20jährige jüngste Tochter Dorothee («Dorle»), die ihm den Haushalt führte, hatte angekündigt, sich mit dem Leutnant Karl-Heinz Keitel, dem ältesten Sohn des engsten Mitarbeiters ihres Vaters im Kriegsministerium, des Generals Wilhelm Keitel, verloben zu wollen.[5]

Nach dem Auszug des letzten Kindes würde sich der Vater noch einsamer fühlen, menschliche Wärme und Zuneigung vermissen[6]. Die Liebesromanze, die sich nun anspann, war an sich nicht ungewöhnlich: Leidenschaft eines älteren Mannes für ein junges Mädchen ist ein Thema, das seit jeher Dichter und Schriftsteller fasziniert hat.[7] Als Blomberg das Fräulein Gruhn für immer an sich binden wollte, will sie sich gesträubt haben: Eigentlich habe sie den Witwer, der zudem fünf Kinder hatte, von denen vier älter als die 23jährige Stiefmutter sein würden, gar nicht heiraten wollen. Beinahe entschuldigend fügte sie hinzu: «Aber dieser Mann war verrückt nach mir.»

Sie war sicherlich lebenserfahren und nüchtern genug, die unausbleiblichen Schwierigkeiten vorauszusehen, die nach der Annahme von Blombergs Heiratsantrag, dieser märchenhaften Verbindung zwischen «dem Prinzen und der Gänsemagd», dem Feldmarschall und dem Freudenmädchen, zu erwarten waren. Da war nicht nur die hohe

Altersdifferenz von rund 35 Jahren, sondern vor allem der kaum über-
brückbare Unterschied in Herkommen, Kinderstube und Bildungs-
grad, bis hin zu den für Blombergs Position unerläßlich strengen gesellschaftlichen Formen und Normen.

Eine unüberwindliche Schranke für eine Ehekandidatin wie sie aber
bildete die Heiratsordnung für die Angehörigen der Wehrmacht.
Blomberg kannte sie nur zu gut, denn er hatte sie kurz zuvor im
nationalsozialistischen Sinne verschärft. Danach waren die wichtigsten
Voraussetzungen für eine Heiratserlaubnis, daß die Braut arisch war,
daß sie ferner «einen einwandfreien Ruf genoß, selbst achtbar und
staatstreu war und einer achtbaren und staatstreuen Familie ange-
hörte».[8]

Woher kam aber die junge Braut?[9] Geboren wurde sie in einem
Berliner Proletarierviertel. Der Vater, Paul Gruhn, soll 1918 verstor-
ben – nach anderen Angaben 1915 gefallen sein. In jedem Falle mußte
sich die Mutter Auguste Luise Gruhn fortan allein durchschlagen. Sie
wurde Heilgehilfin, Masseuse mit staatlicher Prüfung. Das Fehlen des
Vaters und die berufliche Inanspruchnahme der recht resoluten Mutter
haben sich auf die heranwachsende Tochter schlecht ausgewirkt. Die –
damals – minderjährige Margarethe verließ 1931 mit achtzehn Jahren
die Wohnung der Mutter in Neukölln.

Als sie bald darauf mit der Polizei Bekanntschaft machte, wohnte sie
– polizeilich gemeldet – in einer «Absteige» in der Wilhelmstraße zusammen mit dem vierzigjährigen tschechischen Ingenieur Heinrich
Löwinger. Das Leben war in der damaligen allgemeinen wirtschaftlichen Not in Berlin, insbesondere wegen der zermalmenden Arbeitslosigkeit, alles andere als rosig. So bezifferte Löwinger sein damaliges
Einkommen mit monatlich 150 Reichsmark. Eines Tages, wie er später vor der Polizei aussagte, war er auf den Gedanken gekommen,
seine und Margarethes schlechten finanziellen Verhältnisse durch den
Vertrieb selbstgefertigter pornografischer Fotos aufzubessern. Zu
Weihnachten 1931 wurde der Gedanke in die Tat umgesetzt: sechs
«grobunzüchtige» Aufnahmen, wie die Polizei später protokollierte,
wurden von einem gleichfalls arbeitslosen polnischen Retuscheur ge-
fertigt. Doch kaum hatte er ein paar Bilder verkauft, war schon die
Polizei da und beschlagnahmte die Fotoplatten mitsamt den vorhandenen Abzügen.

Mutter Luise Gruhn erfuhr alsbald von dem Mißgeschick der Tochter und wurde zusammen mit dem amtlich bestellten Pfleger Gross-
mann am 27. Januar 1932 beim Berliner Jugendamt vorstellig. Dort
gab sie an, einige Tage zuvor vergeblich versucht zu haben, ihre Tochter «zur Verhütung der weiteren Verwahrlosung» zurückzuholen.
Margarethe – sie nannte sich damals etwas flotter «Margreth» – sei

jedoch nach kurzem Gespräch verschwunden. Anfang Februar suchte
Frau Gruhn dann zusammen mit der Kriminal-Bezirkssekretärin Fräulein Dr. Margarethe Raapke eine Reihe von Tanzlokalen der Berliner
City ab, in denen die Tochter zu verkehren pflegte. Wiederholte Fahn-
dungen der Berliner Kriminalpolizei in den folgenden Monaten blieben erfolglos. Schließlich verlor Frau Gruhn die Geduld und erklärte
am 10. Mai 1932 bei der Polizei, sie wolle «Margarethe nicht wieder
bei sich aufnehmen, sondern möchte sie nur in geordneten Verhältnissen (Arbeitsstelle) wissen». Für Margarethe wurde nun eine «Gelb-
karte» angelegt, das heißt sie wurde offiziell als Prostituierte registriert. Im September 1932 stellte die Polizei die Fahndung nach der
Minderjährigen ein.

Erst Anfang Dezember 1934 tauchte Margarethe Gruhn wieder in
den Akten der Polizei auf. Ein Freier erstattete gegen sie und eine
Freundin Strafanzeige wegen Beischlafdiebstahls – es ging um eine
goldene Uhr. Nunmehr wurde Margarethe Gruhn erkennungsdienst-
lich behandelt, das heißt sie wurde von allen Seiten fotografiert und ihr
wurden die Fingerabdrücke abgenommen; sie geriet somit in die «Ver-
brecherkartei». Als Beruf gab sie Stenotypistin an. Das Verfahren
wurde eingestellt. Alle Akten liegen noch heute bei der Berliner Justiz,
Kopien im Münchner Institut für Zeitgeschichte. Vorstrafen sind nicht
vermerkt. Über die nächsten Jahre ist kaum etwas bekannt. Sie hat
unter anderem bei der Fachgruppe Rohprodukte («Reichseierstelle»)
des Reichsnährstands gearbeitet. Das Telefonbuch von 1937 weist aus,
daß sie damals in Berlin W 30, Eisenacher Straße 110, wohnte und über
einen Anschluß verfügte. Eine eigene Wohnung unterhielt sie offenbar
nicht, da sie im Berliner Adreßbuch von 1937 nicht verzeichnet steht.

«Daß meine Frau ein leichtsinniges Vorleben gehabt habe», so zitiert
Keitel seinen Gegenschwiegervater Blomberg,[10] «habe er gewußt; das
sei ja schließlich kein Grund, eine Frau für immer zu verstoßen.» Aber
dann mußte ihm auch klar sein, daß er bei seinen – ihm ohnehin alles
andere als wohlgesinnten – «Standesgenossen» in der Wehrmachtführung auf einhellige und unerbittliche Ablehnung stoßen würde und
seinen gesellschaftlichen Tod und damit auch das Ende seiner militärischen Laufbahn riskierte. Deshalb bemühte er sich, seine gefährliche
Liebschaft ebenso wie die Identität seiner Geliebten von Anfang an
und vor jedermann so geheim wie nur irgend möglich zu halten.

Hitlers Luftwaffenadjutanten Nicolaus von Below,[11] einem Freund
des Blombergsohnes Axel, war im November 1937 bei einem Besuch
gemeinsam mit seiner Frau im Hause Blomberg aufgefallen, daß der
Generalfeldmarschall «trotz angeregter Unterhaltung an diesem
Abend einen reservierten und abwesenden Eindruck» machte. Anfang
Dezember 1937 erfuhr er dann von der Tochter Dorothee, daß ihr

Vater sich wieder verheiraten wolle: «Über seine Wahl, soweit sie und ihre Geschwister dies bis jetzt beurteilen könnten, seien sie alle sehr unglücklich.»

Am 15. Dezember 1937 vermerkte der damalige Oberst Jodl beunruhigt in seinem Diensttagebuch:[12] «Generalfeldm. in unerklärlicher Aufregung. Grund ist nicht zu erfahren. Anscheinend eine persönliche Angelegenheit. Er zieht sich für 8 Tage an unbekannten Ort zurück.» Offenbar hat Jodl dann aber doch den Aufenthalt erfahren, denn er fügte ihn – «Oberhof» – in Klammern hinzu. Bei General Keitel hinterließ Blomberg immerhin die Telefonnummer des «Golfhotels» im thüringischen Oberhof. Dort hatte er seine Geliebte untergebracht; sie hatte sich angeblich beim Skilaufen den Knöchel gebrochen.

Für die von Jodl registrierte «unerklärliche Aufregung» Blombergs soll es allerdings einen wichtigeren Grund[13] als einen verstauchten oder gebrochenen Knöchel der Geliebten gegeben haben. Vielmehr habe Margarethe Gruhn ihrem Verehrer im Dezember – wie Harold Deutsch berichtet – anvertraut, sie sei schwanger. Blomberg wäre demnach in eine ähnliche Situation geraten, wie einige Jahre vorher einer seiner Amtsvorgänger, Reichswehrminister General Wilhelm Groener.[14] Deutsch beruft sich auf ungenannte Mitglieder der Familie von Blomberg. Andere Familienangehörige haben diese Angaben als mit Sicherheit unzutreffend bezeichnet.

Als Blomberg eines Dezembermorgens nicht zum Dienst erschien, erfuhr Adjutant Boehm-Tettelbach von der Tochter Dorothee, daß der Vater wieder einmal ohne nähere Angaben weggefahren sei: «Noch geheimnisvoller wurde die Lage, als Blomberg erst nach mehreren Tagen zurückkehrte, nur um zu hinterlassen, daß er wieder verreisen müsse und aus diesem Grund das Weihnachtsfest nicht mit der Familie feiern könne. Die gesamte Adjutantur dürfe daher während der Feiertage Urlaub machen...»[15]

Die vorweihnachtlichen Urlaubstage wurden allerdings durch ein unplanmäßiges Ereignis unterbrochen: den Tod des «Feldherrn» Erich Ludendorff, des Generalquartiermeisters in den Weltkriegsjahren 1916/18. Am 22. Dezember 1937[16] sollte auf Befehl Hitlers vor der Feldherrnhalle in München ein Staatsakt mit höchstem militärischem Pomp zelebriert werden. Wie viele andere Ehrengäste, wäre Hitler fast zu spät gekommen, da die Bahnstrecken durch Kälte und Schneeverwehungen ständig blockiert waren. Trotz großer Verspätungen trafen die wichtigsten Beteiligten – Hitler und Blomberg – gerade noch rechtzeitig ein: Hitler, um seinen Kranz niederzulegen, und Blomberg, um die Gedenkrede zu halten.

Blomberg war von Oberhof in Thüringen gekommen, wo er sich bei seiner Geliebten aufgehalten hatte. Nach der Feier bat der

Feldmarschall den Hitler-Adjutanten Oberst Hoßbach, ihm eine kurze Audienz zu vermitteln. Es handele «sich um eine persönliche, in wenigen Minuten zu erledigende Angelegenheit». Blomberg brauchte einen Heiratskonsens, den er bei Hitler als dem Obersten Befehlshaber der Wehrmacht auf Grund der Heiratsordnung einholen mußte. Er deutete an, seine Braut sei eine «Stenotypistin» und ein «Mädchen aus dem Volke», das «eine gewisse Vergangenheit» habe. Weiter verhehlte er nicht seine Sorge, daß seine kleinherzigen Standesgenossen ihm wegen der anstößigen Wahl Schwierigkeiten machen und sie nicht akzeptieren würden. Daraufhin erklärte sich Hitler spontan bereit, diesen überholten gesellschaftlichen Vorurteilen als Trauzeuge demonstrativ entgegenzutreten. Zugleich empfahl er Blomberg, sich an Göring als zweiten Trauzeugen zu wenden – was auch geschah.

Hitler hatte Verständnis für Blombergs Sorgen und folgte seiner Bitte, das Vorhaben unbedingt geheim zu halten. Blomberg hatte einleuchtend begründet, daß seine konservativen Standesgenossen unverzüglich bei Hitler intervenieren würden, falls sie vor vollzogener Ehe von der «niedrigen» Herkunft der Braut erführen. Hitler wollte allerdings auch sich selber Ärger und Verdruß ersparen, indem er durch das «fait accompli» etwaigen Protesten zuvorkam.

Wie sich später herausstellte,[17] hatte Blomberg noch beruhigend mitgeteilt, daß seine Kinder mit der neuen Ehe einverstanden seien. Ihnen wiederum hatte er berichtet, Hitler und Göring hätten die Hochzeit sehr begrüßt und sich gern als Trauzeugen zur Verfügung gestellt. So verließen sich beide Seiten – Hitler und Göring auf der einen und seine Kinder auf der anderen – darauf, daß alles in bester Ordnung sei. Ganz offenbar hat Blomberg ernstlich geglaubt, mit der Eheschließung wäre jegliche Kritik oder Schwierigkeit ausgeräumt – ein unbegreiflicher Optimismus!

Da die standesamtlichen Unterlagen, wie die Nachforschungen ergeben haben, durch Kriegseinwirkung verlorengegangen sind, läßt sich nicht mehr feststellen, ob der Eheschließung das vorgeschriebene Aufgebotsverfahren vorangegangen ist. Die unverbrüchliche Geheimhaltung, mit der Blomberg die Heirat betrieb, läßt jedoch keinen Zweifel, daß er die Möglichkeit, eine Befreiung von den Vorschriften zu erwirken, ergriffen hat,[18] wie dies einige Jahre später auch sein Ministerkollege Dr. Hjalmar Schacht tun wird. Auch der – damals 64 Jahre alt – wollte so vermeiden, daß sich die Öffentlichkeit mit seiner Heirat – die Braut war 30 Jahre jünger – befaßte.

Am Rande sei erwähnt, daß sich Blomberg auch nicht an seine noch 1933 öffentlich vertretene Auffassung hielt, wonach ein Offizier, der ohne kirchlichen Segen heirate, «die Konsequenzen» zu ziehen, also den Abschied zu nehmen habe.[19] Der Verzicht auf die eigentlich unerläßliche kirchliche Trauung war auffällig, wiewohl er überzeugte Nationalsozialisten vermutlich zu diesem Zeitpunkt nicht mehr gestört hat.

Bei Generaloberst Göring, dem Oberbefehlshaber der Luftwaffe und zweitmächtigsten Mann im Staate, hatte Blomberg neben der Trauzeugenschaft noch eine weitere kameradschaftliche Bitte auf dem Herzen: Seine Frau kenne noch von früher einen jüngeren Freund, ob man den nicht im Ausland unterbringen könne.[20] Man mag darüber spekulieren, ob Blomberg, wie Göring behauptet hat, einen hinderlichen Nebenbuhler beiseite schaffen wollte oder lediglich einem Wunsch seiner Braut nachkam, die einem Freund und Verehrer etwas Gutes tun wollte. Immerhin liegt es nahe, in diesem unbekannten Mann den Anlaß für Blombergs plötzliche Eile zu sehen, seine junge Geliebte zu heiraten. Offenbar muß er ihr hoffnungslos verfallen gewesen sein, andernfalls wäre sein für ihn demütigendes Ansinnen an Göring nicht zu verstehen.

Natürlich fehlte auch nicht das Gerücht, der Freund sei ein Zuhälter gewesen,[21] den man gewaltsam ins Ausland abgeschoben habe. Als nach ein paar Wochen der Skandal dann aufflog, habe man ihn sofort wieder nach Deutschland zurückgeholt; er sei in einem Konzentrationslager verschwunden. Aber es ist unwahrscheinlich, daß man eines Zuhälters wegen so viele Umstände gemacht hätte, wie Göring es getan hat. Er beauftragte nämlich den Präsidenten der Reichsgetreidestelle, den Diplomkaufmann Herbert Daßler, dem jungen Mann eine gut bezahlte Stellung in Argentinien zu besorgen. Vor seiner Abreise bedankte sich der Unbekannte bei Göring persönlich.

Über diese Unterredung[22] hat Hans Bernd Gisevius – und viele haben es dann von ihm übernommen – nach dem Krieg behauptet, «Evas schöner Adonis», angeblich ein Akademiker mittleren Alters, habe Göring über die anstößige Vergangenheit der Margarethe Gruhn unterrichtet. Das wäre also ein gewichtiges Indiz für Görings Intrigantenrolle: Er hätte es vorsätzlich und fahrlässig unterlassen, die Informationen an den Kriegsminister weiterzuleiten, angeblich, um dessen Sturz unausweichlich zu machen und selber die Nachfolge antreten zu können. Gegen diese Verdächtigung spricht allein schon die Zahl der unvermeidlichen Mitwisser dieser Transaktion, die notwendig war, um die Reise ins Ausland zu ermöglichen, Devisen aus staatlichen Beständen zu beschaffen, den konsularischen Dienst einzuschalten, usw. Wie Göring später dem Generalobersten von Brauchitsch mitteilte, habe der junge Mann keineswegs etwas über die schlimmen Einzelheiten, die man hernach aus den Polizeiakten erfahren sollte, verlauten lassen, sie vermutlich selber nicht gekannt, sondern sich auf

die allgemein gehaltene Warnung beschränkt, der Generalfeldmarschall möge sich die Eheschließung besser noch einmal überlegen – ein
politisch weitsichtiger Rat...

Blomberg zog vor seiner Hochzeit auch Reichspropagandaminister
Goebbels ins Vertrauen.[23] «Errötend» gestand er ihm, daß er eine
junge Frau heiraten wolle, die aus einfachen sozialen Verhältnissen
stamme. Seine Braut habe hisher sehr einsam und zurückgezogen gelebt; sie habe gar keinen Umgang; ob nicht Frau Goebbels sich ihrer
nach der Heirat hier und da annehmen und ihr helfen könne, Anschluß
an die Gesellschaft zu finden?

Goebbels war darüber beinahe gerührt und sagte «mit größtem Vergnügen» Hilfe zu. «Ich gönne ihm sein Glück», schrieb er in sein
Tagebuch, «er hat's verdient.»

2.
Blombergs Rolle im NS-Staat:
«Hitlerjunge Quex» und «Gummilöwe»?

Die Nationalsozialisten wußten, was sie an Blomberg hatten. Keiner
der Reichswehrgeneräle hat – neben Reichenau und, wie noch zu zeigen sein wird, auch Fritsch – soviel wie er dafür getan, das Heer an den
Nationalsozialismus heranzuführen. Dabei war Werner von Blomberg
gar nicht als Wunschkandidat der Nationalsozialisten in die Regierung
gekommen, sondern er wurde ihnen vom Reichspräsidenten von
Hindenburg am 30. Januar 1933 aufgezwungen.[1] Die unerwartete
Berufung des Generals, der die deutsche Militärdelegation bei der Ab-
rüstungskonferenz in Genf leitete, war eine der Bedingungen Hindenburgs, die Hitler erfüllen mußte, wollte er Kanzler eines Koalitions-
kabinetts aus Nationalsozialisten und Deutschnationalen werden. Es
hatte auch vorher, entgegen landläufigen Darstellungen, keine Absprachen zwischen Hitler und Blomberg gegeben. Beide lernten sich
erst während der Vereidigung des Kabinetts kennen.

Als Blomberg an jenem historischen Tag mit dem Zug aus Genf in
Berlin ankam, ahnte er noch nicht,[2] warum man ihn herbeibefohlen
hatte. Der Generalfeldmarschall hielt Blomberg, den er als Wehrkreisbefehlshaber aus Ostpreußen kannte, für einen Soldaten ohne politische Leidenschaften, also das Gegenteil des bisherigen Reichswehrmi-
nisters und zurückgetretenen Kanzlers Kurt von Schleicher. Kurioser-
weise wurde Blomberg noch vor der Vereidigung des neuen Kabinetts
Hitler vom Reichspräsidenten zum Minister ernannt; das geschah aus
Vorsicht, da seit Tagen das Gerücht umging, die Reichswehr unter
dem noch amtierenden Reichswehrminister von Schleicher und dem

Hitler, Blomberg und Goebbels

Chef der Heeresleitung, von Hammerstein, wolle putschen, um die Berufung Hitlers zu verhindern.

Die Nationalsozialisten befürchteten in der Nacht zum 30. Januar allen Ernstes, die Wachen würden abgezogen und die Potsdamer Garnison werde zur Wilhelmstraße marschieren. Obwohl der Putschplan wirklich nichts weiter war als ein Gerücht,[3] hat Hitler bis an sein Ende im Bunker der Reichskanzlei an dieser fixen Idee festgehalten. Und ebenso hatte sich bei ihm unverrückbar die Überzeugung festgesetzt, daß Blomberg den Reichswehrputsch verhindert habe. Das sicherte dem General fortan das besondere und bis in den Januar 1938 unerschütterliche Vertrauen Hitlers.

Nach seinen eigenen Worten ist der Generalleutnant von Blomberg «mit Freuden» dem Rufe Hindenburgs gefolgt, in das neue Kabinett einzutreten, «da dieses Kabinett der nationalen Konzentration die Sehnsucht aller nationalen Deutschen verkörpert». Am Nachmittag des 30. Januar 1933 lud Hitler den neuen Wehrminister in den Kaiserhof.[4] Der General kam und – erlag sofort der Faszination des großen Demagogen. «Solang ich in seiner Nähe weilte, also bis zum Januar 1938, hat seine suggestive Kraft auf mich eingewirkt, indem sie mich aufrief, meine Zweifel und Einwände ausschaltete und es dabei verstand, meine völlig loyale Haltung trotz Anfechtungen lebendig zu erhalten», schreibt Blomberg noch Jahre nach seinem Sturz. «Hitler hob sich in solchem Maße von seinen Parteimännern und von der ministeriellen Umwelt ab, daß sich ein Vertrauen zu ihm als natürliche, ja als eine bedeutende Kraftquelle ergab...»

Hitler seinerseits setzte alles daran, Blomberg für seine Anhänglichkeit und Hingabe zu belohnen. «Wer Hitlers überströmende und respektvolle Liebenswürdigkeit, sein Bemühen ritterlichen Verhaltens (Blomberg) gegenüber in jenen Monaten beobachtet hat, vermochte sich in die Seele des gutmütigen Soldaten Blomberg zu versetzen. Er sah in eine glanzvolle Zukunft hinein.»[5]

Die Zukunft des Generalleutnants und Pour-le-mérite-Trägers gestaltete sich in der Tat unerwartet glanzvoll:[6] Am historischen 30. Januar 1933 zum General befördert, wurde er am 30. August 1933 bereits Generaloberst und zu Hitlers Geburtstag am 20. April 1936 Generalfeldmarschall. Wie Hoßbach berichtet, habe Hitler Blomberg sogar zum «Reichsmarschall» ernennen und den «Generalfeldmarschall» der Heeresspitze vorbehalten wollen. Blomberg habe sich zunächst dagegen gewehrt und erst auf Drängen Hitlers seiner Beförderung zum Generalfeldmarschall zugestimmt. Weiter wurde Blomberg die hohe Ehre zuteil, aus Anlaß seines vierzigjährigen Dienstjubiläums zum Chef des Infanterie-Regiments Nr. 73 ernannt zu werden, gar nicht zu reden vom «Goldenen Parteiabzeichen», das er fortan zur Uniform trug.

Man kann sich unschwer vorstellen, daß die ihm von Hitler zuteil gewordenen Gunstbezeigungen bei manchen Generälen Neid- und Mißgunstgefühle hervorgerufen und das scharfe negative Nachkriegsbild Blombergs entsprechend ungünstig beeinflußt haben mögen. Vor allem mußte auffallen, daß ihn Hitler veranlaßt hatte, neben ihm in Wehrmachtuniform an dem alljährlichen Marsch zum Gedenken an den Münchner Putschversuch vom 9. November 1923 teilzunehmen. Sosehr sich Blomberg im Kreise der braunen «capitanos» unwohl fühlte: ablehnen konnte er diese als Auszeichnung gedachte Aufforderung Hitlers nicht.[7]

Kein Wunder auch, daß Blomberg bei den meisten Generälen und darüber hinaus bei allen NS-Gegnern bald die hämischen Spitznamen «Hitlerjunge Quex» – nach einem damaligen Tendenzfilm – oder auch «Gummilöwe» erhielt, da man ihm unterstellte, bereitwillig alle Anordnungen Hitlers kritiklos auszuführen. In Wahrheit hatten seine Kritiker, anders als er, nicht zur Kenntnis nehmen wollen, daß seit dem 30. Januar 1933 die Rolle der Reichswehr als «Staat im Staate» weitgehend ausgespielt war. Blomberg wurde nur zu bald klar, daß sich Hitler nicht eher zufrieden geben würde, bis auch die Wehrmacht in das totalitäre System eingeordnet sein würde.[8]

Bis zum Jahre 1938 hat sich Hitler mehr oder minder geduldig zurückgehalten[9] – und dies sicherlich nicht aus Großmut. Dann aber ergab sich schlagartig die Möglichkeit zur völligen Gleichschaltung der gesamten Wehrmacht, und wiederum verdankte er diesen Erfolg – wenn auch unfreiwillig – ausgerechnet seinem getreuen Blomberg.

In Goebbels' Augen war Blomberg keineswegs ein bedingungsloser Hitler-Anhänger. Über die Heldengedenkfeier am 8. März 1936 hielt er jedoch in seinem Tagebuch[10] fest: «Blomberg hält eine ausgezeichnete Rede mit einem starken Bekenntnis zum Führer und zum N. S. Für die ganze Armee und war schon längst fällig...» Dieses Bekenntnis wurde somit offenbar seit langem vermißt!

Bemerkenswert objektiv hieß es in den sozialdemokratischen «Deutschlandberichten» vom Januar 1938: «Zum Unterschied zu Reichenau... war Blomberg kein abgestempelter Nationalsozialist. Er gehörte aber zu den Generälen, die den Nazis nicht unbedingt ablehnend gegenüberstanden, sondern bereit waren, im Interesse der Armee mit ihnen zusammenzuarbeiten.»[11]

Blomberg wurde – und wird – von vielen Seiten besonders die in der Tat folgenschwere Neuvereidigung der Reichswehr bereits am Todestage Hindenburgs am 2. August 1934[12] als unverantwortlich oder gar als «Staatsstreich» zur Last gelegt.

Die neue Eidesformel hatte folgenden Wortlaut: «Ich schwöre bei Gott diesen heiligen Eid, daß ich dem Führer des Deutschen Reiches und Volkes, Adolf Hitler, dem Oberbefehlshaber der Wehrmacht, unbedingten Gehorsam leisten und als tapferer Soldat bereit sein will, jederzeit für diesen Eid mein Leben einzusetzen.»

Sie ging also weit hinaus über die Eidesformel, die seit Ende 1933 galt, durch die bereits der Weimarer Diensteid grundlegend verändert worden war: «Ich schwöre bei Gott diesen heiligen Eid, daß ich Volk und Vaterland allzeit treu und redlich dienen und als tapferer und gehorsamer Soldat bereit sein will, jederzeit für diesen Eid mein Leben einzusetzen.»

Die Konzentration der Eidesleistung auf eine Person an der Spitze des Staates war im «Dritten Reich» keineswegs neu. Im November 1933 war bereits die SS-Leibstandarte «Adolf Hitler» dem Diktator persönlich verpflichtet worden, und der Text mag durchaus als Vorlage für die Formulierung von 1934 gedient haben: «Ich schwöre dir, Adolf Hitler, als Führer und Kanzler des Reiches Treue und Tapferkeit. Ich gelobe dir und den von dir bestimmten Vorgesetzten Gehorsam bis in den Tod, so wahr mir Gott helfe.»

Sicherlich hat die Reichswehrführung durch ihr rasches Handeln sich noch mehr der Gunst des *Führers* versichern wollen. Angeblich stammt die Eidesformel von Reichenau, dem einflußreichen Leiter des Ministeramts beim Reichskriegsminister. Der General hatte die Majore Foertsch und Röhricht um entsprechende Vorschläge gebeten, den Entwurf dann aber verworfen. Für die Richtigkeit dieser Angaben, wonach Reichenau höchstpersönlich diesen fatalen Wortlaut gewählt haben soll, gibt es nur die Darstellung der beiden Majore. Einer von ihnen, Foertsch, hat 1936, damals Oberstleutnant, in einem von NS-Geist übersättigten Artikel «Der Führer und die Wehrmacht» ausdrücklich hervorgehoben, daß «mit stolzer Freude» jeder Soldat «das Hoheitszeichen der nationalsozialistischen Bewegung auf dem Rocke trägt». Weiterhin stellte er fest: «Die ‹Pflichten des deutschen Soldaten› sind aus nationalsozialistischem Geist geschrieben, ebenso wie der Fahneneid es ausspricht.»

Wer auch immer den Eid formuliert haben mag: Foertsch und Röhricht oder – was unüblich ist – ihr Vorgesetzter Generalmajor von Reichenau –, es wäre praktisch unmöglich für Blomberg gewesen, den Text etwa entscheidend zu verändern; wie hätte er das begründen können, ganz abgesehen davon, daß ihm derlei nicht in den Sinn kommen konnte, wie er selber eingestanden hat?

Erst nachdem Joseph Goebbels in der Wochenzeitung «Das Reich» nach der Tragödie vom 20. Juli 1944 den Fahneneid der Soldaten als einen Pflichtenbund mit dem Nationalsozialismus bezeichnet hatte, wandte sich Blomberg in seinen privaten Aufzeichnungen[13] gegen diese Auffassung: «Wir hatten im OKW [*Oberkommando der Wehrmacht*] den Fahneneid geformt, *ohne einen Auftrag des Führers dazu zu haben und ohne daß wir ihn um Rat gefragt hätten. Er hatte wohl Vertrauen zu unserem Wollen und Weg.* Wir schwuren den Fahneneid für Hitler als dem Führer des deutschen Volkes, aber nicht als dem Haupt der nat. soz. Partei. Das war er für uns Soldaten auch, und wir Führenden wollten Wehrmacht und Partei zueinander führen und Schulter an Schulter stellen, aber Niemand dachte daran, daß unser Fahneneid auf einen Pflichtenbund mit der nationalsozialistischen Partei hinauslaufen sollte.»

Hier zeigte sich wieder einmal die Unmöglichkeit, zwischen dem «Parteiführer Hitler» und dem «Obersten Befehlshaber der Wehrmacht» und dem «Führer des deutschen Volkes» in der Praxis und von Fall zu Fall zu unterscheiden – ein Dilemma, das die ganze Zeit des «Dritten Reiches» hindurch angehalten hat!

Hitler bedankte sich bei Blomberg mit einem öffentlichen Brief für den Treueeid.[14] Natürlich hatte er erkannt, daß mit der freiwillig angebotenen Eidesbindung an ihn persönlich zugleich die politische Gleichschaltung der Reichswehr oder besser: des noch aus der Kaiserzeit stammenden Offizierskorps' dargeboten worden war. Das war mehr, als er erwarten durfte.

Der Historiker und Goerdeler-Biograph Gerhard Ritter stellt denn auch fest, Hitler habe mit Blomberg «ein unwahrscheinlich großes Glück gehabt. Keine Persönlichkeit konnte besser geeignet sein, den äußeren Schein unveränderter Selbständigkeit der Reichswehr aufrechtzuerhalten und diese doch in kaum merklichen Stufengraden zum willenlosen Werkzeug zu machen, als gerade dieser Wehrminister aus der Schule des alten kaiserlichen Generalstabs...»[15]

Einige Autoren führen diese Hörigkeit von Oberbefehlshaber und Armee auf die «phantastischen Züge in seiner Weltanschauung», auf seine angeblich theosophischen oder anthroposophischen Neigungen zurück,[16] die ihm auch in der Generalität nachgesagt wurden und ihn suspekt machten, da sie so gar nicht zum Bild des preußischen Offiziers passen wollten, zumal eines Offiziers, der überdurchschnittlich gebildet war, Amerika und Rußland bereist hatte und in Fragen von Technik und Ausbildung fortschrittlich dachte.

Die Quelle dieses Gerüchts findet sich in den Aufzeichnungen Blombergs nach seinem Ausscheiden. Da erinnert er sich[17] seiner Dienstzeit «in dem geistig lebendigen Stuttgart» und der vielen Vorträge, die er hörte: «Ich erwähne Rudolf *Steiner* – Anthroposoph – *als Kuriosum,* Leopold Ziegler mit warmer Hochachtung, und den Grafen Keyserling.» Offensichtlich hat ein Leser dieser Aufzeichnungen diese unverkennbare Distanzierung von Steiner überlesen oder unterschlagen. Mag auch sein, daß Blomberg arglos im Kameradenkreis in launiger Weise über seine Erlebnisse geplaudert hat.

Freilich bleibt die zunehmende und schließlich rückhaltlose Anhänglichkeit und Bewunderung Blombergs für Hitler eine historische Tatsache, die er nicht verhehlte. Sie ist von zahlreichen Berichterstattern
überliefert und in vielen Generalsmemoiren kritisiert worden. So berichtet Rudolf Diels,[18] daß Blomberg Hitler als «einen ganz großen
Arzt» bezeichnet habe; er bilde es sich nicht nur ein, daß er sogar von
Erkältungen kuriert sei, wenn ihm Hitler herzlich die Hand gedrückt
habe. Wörtlich: «Ich habe gesehen, daß ein freundschaftliches Wort
von Hitler ihm Tränen in die Augen treiben konnte.» Auch Albert
Speer bestätigt, daß Blomberg bei einer Hitler-Rede «vor Erschütterung in Tränen ausgebrochen sei». Wie sich ergeben wird, waren
Blomberg auch später Tränenausbrüche nicht ungewohnt.

3.
Heirat als Geheime Kommandosache

Am Nachmittag des 11. Januar 1938 – «kurz vor Dienstschluß», also
im letztmöglichen Augenblick – hatte Blomberg seinem Luftwaffenadjutanten Boehm-Tettelbach eröffnet: «Mein Lieber, ich werde morgen mittag 12 Uhr heiraten. Richten Sie daher nebenan im Festsaal
alles für eine standesamtliche Trauung im kleinsten Kreise her. Es
kommen als Zeugen nur der Führer und Göring. Sonst keiner. Sorgen
Sie dafür, daß wir nicht gestört werden. Sie und die anderen Herren
brauche ich nicht.»[1]
    Der darob «erstarrte» Adjutant brachte lediglich ein militärisches
«Jawohl» zustande, rief aber dann seine Kollegen, den Marineadjutanten von Wangenheim und den Heeresadjutanten Riebel herbei. Der
erstere kam auf den Alarmruf «wie ein Torpedo angesaust». Die drei
Adjutanten sollen auf den Schock erst einmal zur Beruhigung einen
Schnaps zu sich genommen haben. Dann baten sie in der Hoffnung auf
Klärung die Blomberg-Tochter Dorothee zu sich. Doch: «Sie war
genauso perplex wie wir drei.»
    Allerdings konnte sie sich «nunmehr einiges zusammenreimen» und
teilweise «Licht in das Dunkel bringen». Danach hatte sich Blomberg
vor kurzem in das neben dem ihrigen gelegene Schlafzimmer «unter
größter Geheimhaltung» eine private direkte Telefonleitung legen lassen, und nächtlich hatte sie ihn telefonieren hören.
    Das löste «die unmöglichsten Spekulationen» bei den Adjutanten
aus. Verständlich, daß sie alles daran setzten, das vor ihnen und sogar
der Familie so sorgsam gehütete Geheimnis aufzubrechen. Als erster
wurde der zuständige Verwaltungsbeamte, der Oberintendanturrat
Hartmann, befragt. Er berichtete, daß er «vor einigen Wochen vom

Feldmarschall beauftragt worden sei, ein Appartement in der Nähe des Tirpitzufers, also des Kriegsministeriums, einzurichten».

Auch die Wehrmachtadjutanten in der Reichskanzlei erfuhren erst einen Tag vor dem Ereignis von der bevorstehenden Hochzeit, aber nur durch eigene Recherchen. Denn Blomberg hatte seinem Heeresadjutanten Hauptmann Gustav Adolf Riebel ausdrücklich verboten, mit den drei Wehrmachtadjutanten des Führers über seine Heirat zu sprechen. Marineadjutant von Puttkamer hat später minuziös über die Verwirrung in Hitlers Hofstaat berichtet:[2]

«Mitte Januar sitzen wir mittags in der Reichskanzlei, als plötzlich der Heeresadjutant von Blombergs in die Reichskanzlei (kommt) und Schaub [*den ständigen SS-Begleiter Hitlers*] sprechen (will). Der ging mit ihm ins Musikzimmer und sie verhandelten dort. Und Brückner [*der SA-Adjutant Hitlers*] fragte uns: was macht denn eigentlich der Führer morgen im Kriegsministerium? Ich soll da einen Blumenstrauß bestellen. Schaub war eingeweiht, hatte uns aber nichts gesagt. Wir sagten: keine Ahnung! Also wir fuhren nach dem Essen weg. Hoßbach fuhr in sein Büro im Kriegsministerium; ich war dann in meiner Wohnung, die ganz in der Nähe vom Kriegsministerium war und werde da von Below [*dem Luftwaffenadjutanten Hitlers*] angerufen..., der sagte mir: Ich weiß jetzt, was morgen los ist: der Blomberg heiratet! Frau von Below war befreundet mit der jüngsten Tochter von Blomberg. Dadurch erfuhr ich das. Ich ging dann sofort zu Hoßbach auf sein Büro und habe ihm das gesagt; auch daß die Kinder es gerade erst vom Vater erfahren hätten; der hätte ihnen vorher nichts gesagt. Ja, sagte Hoßbach, der Riebel ist inzwischen bei mir gewesen und hat mir gemeldet, weil er ja gesehen hatte, daß wir uns über sein Erscheinen in der Reichskanzlei gewundert hatten. Mit wem Blomberg sich verheiraten wollte, wußte er nicht.»

Puttkamers, Hoßbachs, Belows und Boehm-Tettelbachs Berichte sind auch deshalb aufschlußreich, weil sie die Atmosphäre im unmittelbaren Bereich Hitlers wiedergeben, wo jeder alles und jeden wachsam und eifersüchtig beobachtete, stets bestrebt, den jeweiligen Befehlshaber über sämtliche wichtigen Begebenheiten so schnell wie möglich zu unterrichten.

Nicht einmal Hitlers persönlicher Adjutant Fritz Wiedemann[3] – er war im Weltkrieg sein Kompaniechef gewesen – wußte etwas. Ihm hatte Schaub lediglich angedeutet, am nächsten Tage werde etwas Wichtiges vor sich gehen, aber der *Führer* habe strengsten Befehl erteilt, nichts zu verraten. Nun, Hitler entsprach mit dieser Geheimhaltung lediglich einer Bitte Blombergs, der sie – wie vorerwähnt – mit der Besorgnis vor dem Dünkel seiner Standesgenossen begründete, wofür Hitler Verständnis hatte.

Selbst ein so enger Mitarbeiter des Generalfeldmarschalls von Blomberg wie General Keitel war ahnungslos. Dabei stand die offizielle Bekanntgabe der Verlobung seines Sohnes, des Kavallerieleutnants Karl-Heinz Keitel, mit Dorothee von Blomberg unmittelbar bevor.[4] Keitel berichtet:

«Weihnachten waren die Blombergschen Töchter Sybille und Dorle (Dorothee) bei uns; der Vater feierte das Fest in Oberhof. Die Lage war mir nun klar: er wollte wieder heiraten. Dies bestätigte er mir gleich nach seiner Rückkehr in vertraulicher Form; er gedenke in aller Stille im Januar zu heiraten. Es sei zwar eine Dame aus einfachen Kreisen, aber das hindere ihn nicht; er sei zu diesem Schritt fest entschlossen... Im übrigen sei es ja im nat.soz. Deutschland keine Schande, ein ‹Kind des Volkes› zu heiraten; das Gerede in der sogenannten Gesellschaft sei ihm völlig gleichgültig. Seine Kinder habe er versammelt und offen mit ihnen gesprochen; sie hätten ihn verstanden und keine Schwierigkeiten ihm in den Weg gelegt. Das war alles, was die Familie und ich erfuhren: ein namenloses ‹Kind des Volkes›.»

Keitel entschuldigt sich noch Jahre danach: «Eigentümliche Vermutungen gingen uns durch den Kopf, aber fragen wollte ich nicht, wenn Blomberg – aus welchen Motiven es auch sei – selbst schwieg.»[5] Später ist der Generalität diese Diskretion zum Vorwurf gemacht worden. Doch da kannte man, anders als die Beteiligten von 1937/38, das ganze Ausmaß der schicksalhaften Folgen. Blomberg wußte eben nur zu gut, warum er sämtliche Angaben über seine Auserwählte strikt geheimhielt und was mit dem «Gerede der sogenannten Gesellschaft» auf ihn zukommen würde.

Schier unglaublich ist, was Keitel weiter berichtet, daß er nämlich nicht von Blomberg, sondern erst durch die Adjutanten erfuhr, daß im Saal des Kriegsministeriums die standesamtliche Trauung im kleinsten Kreise erfolgen werde. Er selber wurde ebensowenig zu diesem Akt eingeladen wie die Adjutanten Blombergs oder Hitlers. Auch die Oberbefehlshaber des Heeres und der Kriegsmarine – Fritsch und Raeder; beide hatten Ministerrang wie Blomberg – wurden erst in letzter Stunde informiert und, was ungewöhnlich war, nicht eingeladen.[6] Dieser simple Tatbestand allein widerlegt schon die abstruse Geschichte als Märchen, die der amerikanische Historiker Harold Deutsch einem gerichtsnotorischen Hochstapler als «neue Erkenntnis» abgenommen hat,[7] wonach ursprünglich Fritsch und Raeder als Trauzeugen vorgesehen gewesen seien, diese jedoch wenige Stunden vor der standesamtlichen Zeremonie Blomberg zu einem Trauzeugenwechsel genötigt hätten, um die Belastung mit dem absehbaren Skandal auf Hitler und Göring zu übertragen.

Bei der Trauung am 12. Januar 1938 waren außer den beiden Staatsmännern lediglich die fünf Kinder des Feldmarschalls zugegen, die hier zum erstenmal ihre junge Stiefmutter kennenlernten, und die Brautmutter. Erst drei Tage zuvor war die Braut mit ihrem Verlobten, zum nicht geringen Erstaunen der Nachbarn, in der Wohnung ihrer Mutter erschienen,[8] mit der sie sich ausgesöhnt hatte. Mutter Gruhn, die sich soviel Sorgen um den Lebensweg Margarethes gemacht hatte, dürfte so überrascht wie geschmeichelt gewesen sein, einen leibhaftigen Feldmarschall als Schwiegersohn zu bekommen.

Die Stimmung beim Trauungsakt soll eigenartig gewesen sein,[9] wie der Trauzeuge Göring hernach erzählte. Den Kindern Blombergs habe man große Verlegenheit angemerkt. Die junge Frau habe keinen guten Eindruck gemacht, aber das mag Göring im nachhinein eingefallen sein, nachdem ihm ihre Vergangenheit bekanntgeworden war. Hitler soll Göring beim Anblick der Mutter einen stummen Blick zugeworfen haben: «Aus dem Gesicht habe man ablesen können, woher sie komme und was sie hinter sich habe.» Hier dürfte sich – die Äußerung geschah Monate später – das unsinnige Gerücht ausgewirkt haben, die Heilmasseuse Frau Gruhn sei einem unsittlichen Gewerbe nachgegangen, habe einen «Massagesalon» unterhalten. Ansonsten offenbaren sich hier die bürgerlichen Vorurteile des «Volkskanzlers», der anscheinend schon lange nicht mehr in die abgehärmten Gesichter von Proletarierfrauen geschaut hatte.

Nicht die kleinste Feierlichkeit hatte der Generalfeldmarschall vorgesehen. Dies mußte auch in der Öffentlichkeit auffallen, weil die Umstände sich schärfstens von dem Pomp abhoben, mit dem der Witwer Hermann Göring im April 1935 seine Wiederverheiratung mit der Schauspielerin Emmy Sonnemann begangen hatte;[10] die Hochzeit wurde in Berlin wie ein nationaler Feiertag zelebriert (auch damals war Hitler Trauzeuge gewesen). Blomberg hingegen verzichtete auf jegliche Publizität.

Als das Paar sofort nach der Trauung zur Hochzeitsreise davonfahren wollte, ließ er sich – zwischen Tür und Angel – nur unwillig von seinem Adjutanten dazu bewegen, wenigstens eine Meldung an die Presse zu geben. So stand denn anderntags über die Heirat – an sich ein gesellschaftliches Ereignis ersten Ranges – nur eine dürftige Notiz in den Zeitungen zu lesen: «Der Reichskriegsminister Generalfeldmarschall von Blomberg hat sich am Mittwoch, dem 12. Januar, mit Fräulein Gruhn vermählt. Der Führer und Generaloberst Göring waren Trauzeugen.» Der «Völkische Beobachter», das NS-Parteiorgan, hatte, wohl um die auffallende Kargheit der Bekanntgabe ein wenig aufzulockern und zu verbrämen, hinzugefügt: «Generalfeldmarschall von Blomberg kann versichert sein, daß ihm und seiner Gemahlin das gesamte deutsche Volk von Herzen Glück wünscht.»[11] An der Nach-

richt mußte wiederum auffallen, daß lediglich die vollzogene Eheschließung mit einem «Fräulein Gruhn» bekanntgegeben wurde, ohne
auch nur, wie eigentlich unerläßlich, wenigstens den Vornamen und
die Brauteltern anzugeben.

Die Hochzeitsreise wurde jäh unterbrochen, als am 17. Januar Blombergs 90jährige Mutter überraschend verstarb. Von dem fatalen Hintergrund der neuen Schwiegertochter hat die alte Dame bis zu ihrem Tode
nichts mehr erfahren. Zur Beerdigung in Eberswalde am 20. Januar
hatte sich die neue Marschallin durch schwere Schleier bis zur Unkenntlichkeit verhüllt. Die übliche Kondolenz bei den Verwandten am offe-
nen Grabe unterblieb; das Ehepaar verließ als erstes den Friedhof.

Auch hier trat wieder das Bestreben Blombergs zutage, gefährliche
Kontakte auf ein Mindestmaß zu beschränken und das Gesicht seiner
jungen Frau vor neugierigen Blicken zu bewahren. Sein Adjutant
wunderte sich sehr, als Blomberg ihm die neue Gemahlin selbst dann
nicht vorstellte, als bei einer Begegnung im engen Flur der Privatwoh-
nung das plötzliche Aufeinandertreffen es verlangt hätte. Auf die
Spitze getrieben wurde die Geheimnistuerei im «Gotha», dem Adels-
verzeichnis. Der Name der neuen Frau Blomberg war mit «Elsbeth
Grunow» angegeben statt «Luise Margarethe Gruhn», als Geburtsjahr
«1912» statt «1913», als Anschrift «zur Zeit verreist».

Bei alledem scheint sich Blomberg bis dahin in seiner Alles-oder-
nichts-Spekulation genügend abgesichert gefühlt zu haben. War es ihm
doch gelungen, sein Vorhaben vor den Angehörigen der Wehrmachtführung geheimzuhalten und als Trauzeugen und damit als Schutz-
schilde vor der Generalität den Obersten Befehlshaber der Wehrmacht
und dessen präsumptiven Nachfolger Göring zu gewinnen. Nur sie
konnten ihn vor der mit Sicherheit zu erwartenden negativen Reaktion
der Generalität abschirmen und mußten dies schon zur Wahrung des
eigenen Rufes und Ansehens tun, also sich vor ihn stellen. Offensichtlich hatte er darauf gesetzt, daß Hitler die alte Volksweisheit beherzi-
gen würde, die da lautet: «Mitgegangen, mitgefangen, mitgehangen!»
Diese Spekulation hat Blomberg in einer Vernehmung durch den amerikanischen Geheimdienst am 24. September 1945 auch eingeräumt:
«Ich hatte gehofft, etwas Unterstützung durch das Gefühl für Roman-
tik und der deutschen Sentimentalität zu erhalten, und darüber hinaus
baute ich unbewußt auf Hitlers Machtposition.»[13]

Aber mochte sich Blomberg auch noch so sehr bemühen, die Identität seiner Frau möglichst lange wie eine «Geheime Kommandosache»
vor den Augen der Welt verborgen zu halten – wohl in der Hoffnung,
Zeit gewonnen, alles gewonnen –, eben diese Welt machte all seine
gewiß nervenaufreibenden Bemühungen nur allzubald auf groteske
Weise zunichte. So konnte ein findiger Fotoreporter das jungvermählte

Ehepaar heimlich aufnehmen, als es während seiner Hochzeitsreise im Leipziger Zoo vor einem Affenkäfig stand – «mehr als geschmacklos», wie Keitel fand.[14] Doch dafür konnte Blomberg nichts. Das Foto ging sofort durch die Presse, die ja außer einer nichtssagenden Meldung über die Heirat nichts erfahren hatte. Nur einen Tag nach dem Mummenschanz auf dem Eberswalder Friedhof sollte der Skandal auffliegen...

4.
Der Skandal fliegt auf

Wie kam die «gewisse Vergangenheit» der jungen Marschallin ans Tageslicht? Darüber sind im Laufe der Jahrzehnte ungezählte höchst unterschiedliche und widersprüchliche Gerüchte und Legenden kolportiert worden.[1] Neben der natürlichen menschlichen Schadenfreude, daß es hier zur Abwechslung einmal ein «großes Tier» getroffen hatte, waren Wichtigtuerei und Geltungsbedürfnis, Enttäuschung und Schön- oder Schwarzfärberei mitbestimmend.

Mal hat eine ungenannte Polizistenfrau ihrem Mann «in der Wohnküche» das Zeitungsfoto der «Nutte Gruhn» gezeigt, mal hat ein einschlägig erfahrener Soldat des Potsdamer Infanterie-Regiments Nr. 9 sie auf dem Bild wiedererkannt (obschon es sich um eine eher unscharfe Aufnahme handelte). Dann wiederum hat ein Polizeibeamter auf der Straße das Gespräch zweier kleiner Mädchen belauscht, oder die Frau eines Polizeiinspektors erfährt die Neuigkeit beim Kaffeekränzchen. Immer wieder wird ein unbekannter findiger Polizist «im Norden Berlins» bemüht, dem zufällig beim Zeitunglesen der Name «Gruhn» bekannt vorkommt. Einmal ist es sogar der Beamte eines Einwohnermeldeamts, dem seine Frau erzählt, was sie in der Straßenbahn aufgeschnappt hat. Und in allen Fällen wandert dann die entdeckte Akte Gruhn «auf dem Dienstweg» weiter nach oben.

Am meisten hervorgetan hat sich ein ehemaliger Kriminalrat, der sich bereits 1950 in einem Leserbrief als «der Hammel» bezeichnete, «der die Geschichte aufklärte». Ihm will damals der Name «Gruhn» aufgefallen sein, den er bei neueingelieferten Porno-Fotos ausgerechnet auf dem nackten weiblichen Körper wahrnahm. Nach umständlichen und umfangreichen Nachforschungen will er erkannt haben, daß es sich bei der Person, die nur mit einer Halskette bekleidet war, um die neue Gemahlin des Reichskriegsministers von Blomberg gehandelt habe. Nunmehr habe er die Fotos unverzüglich seinem Chef, dem Leiter des Reichskriminalamts, SS-Gruppenführer Arthur Nebe, vorgelegt. Der habe «aufbrausend reagiert»: «Mensch, Kamerad Müller,

Blomberg und seine Frau kurz nach der Hochzeit

und dieser Frau hat der Führer die Hand geküßt!»[2] Anschließend, so die Schilderung des Kriminalrats, habe er eigenmächtig «sofort alle Unterlagen in den Sammlungen und Karteien vernichten lassen, damit nicht eines Tages noch einmal ein Beamter des Erkennungsdienstes darüber fallen konnte.»

Das klingt zwar mutig und rührend, hätte wohl auch im wohlverstandenen Interesse des Generalfeldmarschalls von Blomberg wie der Staatsautorität des «Dritten Reiches» und Hitlers gelegen, wenn es nur wahr gewesen wäre. Aber eine solche Anweisung, Akten zu vernichten, zu «unterdrücken», ist schon deshalb unwahrscheinlich, weil nach dem Strafgesetz die Vernichtung amtlicher Urkunden schwer bestraft wurde. Im übrigen wird die Darstellung des kleinen Beamten durch den Inhalt der Polizeiakten widerlegt. Die Wahrheit war sehr viel einfacher, wenn auch keineswegs undramatisch, wie der damalige Verwaltungschef der Sicherheitspolizei, Werner Best, enthüllt hat:[3]

«Einige Tage nach der Eheschließung des GFM [*Generalfeldmarschalls*] v. Blomberg meldete sich morgens beim Dienstbeginn bei mir der Krim. Kommissar Dipl. Ing. Christian Scholz, der den nächtlichen Bereitschaftsdienst des Geheimen Staatspolizeiamtes geleitet hatte. Scholz war ein Jugendfreund von mir aus Mainz, der wegen dieses Vertrauensverhältnisses sich zuerst an mich wandte. Er berichtete mir – ziemlich erregt – das Folgende:

In der Nacht hätte ihm ein Kriminalbeamter, der aus irgendeinem Grunde Außendienst gemacht hatte, berichtet, daß in Berliner Dirnenkreisen darüber gesprochen werde, daß die neuvermählte Ehefrau des GFM v. Blomberg aus diesen Kreisen stamme und auch schon mit der Berliner Sittenpolizei zu tun gehabt habe. Die Dirnen gäben in freundlicher Weise der Meinung Ausdruck: ‹Es ist doch nett, daß auch unsereins so etwas werden kann!› Weiter berichtete Scholz, eine Anfrage beim Polizeipräsidium habe ergeben, daß tatsächlich eine Akte Gruhn bzw. Karteikarten vorlägen. Ich erklärte, daß ein Bekanntwerden dieser Tatsachen politisch höchst unerwünscht wäre, und beauftragte Scholz, die Unterlagen der Berliner Sittenpolizei in das Geheime Staatspolizeiamt zu holen.»

Um die Neugier der dort tätigen Beamten einzudämmen, sollte Scholz eine Reihe von Karten mit dem Anfangsbuchstaben «G» en bloc mitnehmen. Da Best nur für Verwaltungsangelegenheiten zuständig war, beauftragte er Scholz, die Unterlagen dem Gestapochef Heinrich Müller vorzulegen, der seinerseits den Chef der Sicherheitspolizei, Reinhard Heydrich, zu unterrichten hatte.

Die Geschehenskette begann demnach mit einer Jubelfeier der Berliner Ex-Kolleginnen der Margarethe Gruhn und nunmehrigen Gemahlin des Generalfeldmarschalls von Blomberg, damals protokollarisch des zweiten Mannes hinter Adolf Hitler! Sie fand einen Ansatzpunkt in der polizeilichen Meldekarte mit der vorschriftsmäßigen Ummeldung aus der Eisenacherstr. 11 b in Blombergs Wohnung am Tirpitzufer. Diese Meldekarte der neuen Marschallin enthielt den Hinweis auf die fatalen polizeilichen Vorgänge von 1932 und 1934. Selbstverständlich erhielt der Polizeipräsident Wolf Heinrich Graf von Helldorff sogleich Kenntnis von dem hochpolitischen Vorgang und die Melde- oder Karteikarte mit dem Foto der Margarethe Gruhn vorgelegt, nachdem die Anfrage der Gestapo die Sache ins Rollen gebracht hatte.

Durch das Freudenfest der Freudenmädchen[4] war somit eine unaufhaltsame Kettenreaktion eingeleitet worden, die Blomberg ohnmächtig hinnehmen mußte und über die er zu Fall kam, «wie eine Motte» verbrannte – so «Lolas» berühmtes Chanson im «Blauen Engel».

Der Polizeipräsident Helldorff, ein hoher SA-Führer und «Alter Kämpfer» der NSDAP, befaßte sich betroffen mit der ihm vorgelegten polizeilichen Meldekarte, die «auf dem Dienstweg» bereits durch etliche Beamtenhände gegangen war. Ihn beherrschte eine einzige Frage: Konnte es sich bei der Umgemeldeten tatsächlich um das «Fräulein Gruhn» der Heiratsanzeige handeln? Er beschloß daher, sich erst einmal über diese entscheidende Frage Gewißheit zu verschaffen.

Denn falls der fürchterliche Verdacht zu Recht bestand, dann hatte sich der Generalfeldmarschall ein unglaubliches Privileg angemaßt: Jeder aktive Unteroffizier, der die gleiche Frau hätte ehelichen wollen, hätte mit den Heiratspapieren ihr polizeiliches Führungszeugnis vorlegen müssen. Der Oberbefehlshaber der Wehrmacht scherte sich nicht um die Vorschrift, an der sonst seine Heiratspläne gescheitert wären. Die Nachricht von diesem Vergehen verbreitete sich wie ein Lauffeuer unter den Kriminalbeamten im gesamten Reichsgebiet, die empört und erbittert reagierten. [5]

Am Freitag, dem 21. Januar, um 16.15 Uhr erschien Helldorff in Uniform bei General Wilhelm Keitel, dem Chef des Wehrmachtamtes und nächsten Mitarbeiter des Kriegsministers.[6] Helldorff hatte die Adjutantur gebeten, dafür zu sorgen, daß er auf dem Wege zu Keitel nicht gesehen werde, weil es sich um eine vertrauliche Angelegenheit handele. Sehr erregt fragte er den General nach dem Aussehen der jungen Ehefrau des Kriegsministers. Er wollte ihm nicht glauben, daß Keitel, als demnächstiger Anverwandter der Familie Blomberg, sie noch gar nicht gesehen hatte, außer auf dem Friedhof in Eberswalde; aber da war ihr Gesicht verhüllt gewesen. Erst darauf zog Helldorff die Einwohnermeldekarte mit dem Lichtbild der Gruhn hervor. (Damals wurden die Meldekarten, anders als heute, noch von den Polizeirevieren verwaltet.)

Da Keitel die Identität weder bestätigen noch ausschließen konnte, forderte Helldorff, sofort Blomberg aufzusuchen und ihn kurzerhand zu fragen; es sei sehr wichtig, Klarheit zu erhalten. Keitel erfuhr jedoch im Vorzimmer Blombergs, der Minister sei nach Eberswalde gefahren, um den Nachlaß seiner Mutter zu regeln.

Bis dahin wußte Keitel überhaupt noch nicht, weshalb denn wohl die Identität der neuen Frau so überaus wichtig sei. Das sollte sich jedoch sogleich ändern. Schließlich kam Helldorff damit heraus, daß Margarethe Gruhn «vorbestraft sei aus Gründen eines losen Lebenswandels».[7] Die Einzelheiten konnte Keitel auf der Meldekarte lesen. Helldorff setzte voraus, daß Blomberg die Ehe sofort wieder lösen werde, wenn Personengleichheit erwiesen sei. Beide berieten nun, wie man absolute Gewißheit erlangen konnte. Keitel erklärte sich bereit, Blomberg am nächsten Tage die Kennkarte zu zeigen, «obwohl ich nicht verschwieg, daß mir als künftigem Schwiegervater seiner Tochter die Angelegenheit sehr peinlich sei». Der arglose General betrachtete den sich abzeichnenden Skandal also noch immer lediglich unter persönlichen und familiären Gesichtspunkten, ohne an etwaige weittragende politische Folgen für Blomberg, Hitler oder die Wehrmacht zu denken.

Doch Helldorff weigerte sich, Kennkarte und Foto für einen Tag aus der Hand zu geben – er brauchte sofort Klarheit. Da kam Keitel der rettende Gedanke, er möge doch zu Göring gehen, der ja als Trauzeuge die junge Frau gesehen und kennengelernt hatte. Der Herausgeber der Keitel-Memoiren, Walter Görlitz, erklärte hierzu, dies sei «die – plausible – Erklärung des Feldmarschalls Keitel für seine Handlungsweise, die in der Literatur scharf kritisiert worden ist».

Tatsächlich haben nach 1945 viele Autoren, auch Historiker, immer wieder den in Nürnberg gehenkten und damit zum Schweigen verdammten Generalfeldmarschall Keitel als Sündenbock in der Skandalaffäre Blomberg benützt. Er bot sich dafür um so mehr an, als der für dienstbeflissen, arrogant und charakterlos gehaltene Bürogeneral bei seinen Kameraden äußerst unbeliebt war; wegen seiner Hörigkeit zu Hitler bekam er den Spitznamen «La-Keitel», wobei völlig übersehen wurde, daß doch, bis auf winzige Ausnahmen, alle Feldmarschälle Hitler bis zum Schluß treu ergeben geblieben sind. Kolportiert wurde auch ein angeblicher Ausspruch Hitlers Ende 1941, Keitel sei «ein Mann mit dem Gehirn eines Kinoportiers», was immer man sich darunter vorstellen soll. Ein gänzlich unqualifizierter Offizier wäre schlechterdings nicht in den preußischen Generalstab gelangt, und Hitler hätte wohl mit einem völlig unbrauchbaren General nicht bis zum bitteren Ende zusammenarbeiten können. Hier hat jedenfalls tiefsitzende Antipathie das Denkvermögen eingeengt![10]

Der Nürnberger Verteidiger des angeklagten Feldmarschalls, Dr. Otto Nelte, gab eine einleuchtende Begründung für die allgemeine

Feindseligkeit gegen Keitel: «Jeder Wehrmachtteil hielt sich für den wichtigsten; jeder fühlte sich zurückgesetzt, wenn er nicht erhielt, was er wünschte – so bestanden dauernd Spannungen und Reibungen, die zu beseitigen oder zu applanieren Aufgabe des Chefs OKW [*Oberkommando der Wehrmacht*] Keitel war. So wird die bekannte Unbeliebtheit Keitels verständlich.»[11]

Was die halbstündige Unterredung des Polizeipräsidenten Helldorff mit General Keitel betrifft, so hat keiner der kritischen Autoren zu durchschauen vermocht, wie gering Keitels Rolle im damaligen Geschehen gewesen ist. Man hat ihm vorgeworfen, er habe aus lauter Karrieredenken an jenem Tage seinen Vorgesetzten und Anverwandten Blomberg verraten,[12] statt den unglücklichen Feldmarschall zu retten. Mehr noch: er schickte Helldorff ausgerechnet zu Göring, dem Mann, der Kriegsminister werden wollte (ein Wunsch, der – wie zu zeigen sein wird – erst aufkam, als im Laufe der Affäre der Posten des Kriegsministers frei wurde).

Bevor man sich darüber wundert, daß es Keitel allein wichtig zu sein schien, die peinliche Angelegenheit möglichst nicht mit dem künftigen Schwiegervater seines Sohnes erörtern zu müssen, sei darauf hingewiesen, daß in diesem Stadium sowohl Helldorff als auch Keitel selbstverständlich annahmen, Blomberg sei, falls sich die Personengleichheit bestätigte, bei der Eheschließung über die schlimme Vergangenheit seiner Frau ahnungslos gewesen. In diesem Falle verstand sich für einen Offizier von selbst, daß er sich sofort von ihr trennen würde. Dann wäre es ein arger und für den Betroffenen persönlich äußerst unangenehmer Schicksalsschlag gewesen, das Malheur eines von seiner Auserwählten getäuschten Kavaliers, den man dieserhalb bedauern mußte.

Es ist daher ebenso ungerecht wie billig, Keitel aus dem heutigen besseren Wissen vorzuwerfen, daß er damals noch nicht vorauszusehen vermochte, welche unmittelbaren Folgen sein Hinweis auf den Trauzeugen Göring für die Wehrmachtführung im allgemeinen, für Blomberg, Fritsch sowie für zahlreiche andere Generäle und Offiziere und schließlich für ihn selber haben würde. Die Entwicklung wäre, wie sich nachweisen läßt, in jedem Falle, wie geschehen, verlaufen.

So hat man es Keitel verübelt, daß er nicht die Akte – es war nur eine Meldekarte! – gleich an sich genommen habe, um sie zu vernichten oder den Fall wehrmachtintern zu lösen. Selbst wenn eine solche «Klärung» durch den Adjutanten Hoßbach versucht worden wäre: er war der letzte, der bereit gewesen wäre, zugunsten Blombergs, den er verabscheute, ein persönliches Risiko zu übernehmen: Dieses Risiko hätte darin bestehen können, die fatalen Unterlagen über die Vergangenheit der zweiten Frau von Blomberg aus der Welt zu schaffen: ein aberwitziger Gedanke, da es längst zu viele Mitwisser gab.

Eine Unterdrückung des Skandals wäre schon deshalb aussichtslos gewesen, weil längst die SS-Führung von dieser «Staatsaffäre» Kenntnis erhalten hatte. Hitler wäre unter allen Umständen unterrichtet worden. Aber auch wehrmachtintern hätte man den Skandal vor ihm, dem «Obersten Befehlshaber der Wehrmacht», der schließlich die Heiratserlaubnis erteilt hatte, nicht verbergen können.[13]

Gleichermaßen ungerechtfertigt ist die Kritik eines ehemaligen Generals, der auf Grund eigener, eingestandener Schuld oder Mitschuld an der schlimmen Vergangenheit eigentlich den Dienstbetrieb gut genug gekannt haben sollte, nämlich Hermann Foertschs: «Keitel behielt das Aktenstück nicht bei sich und unterrichtete auch nicht den nächsten rangältesten Offizier nach Blomberg, den Generaloberst Frhr. von Fritsch.»[14] Da Helldorff die Meldekarte Keitel nicht aushändigen wollte, konnte jener sie auch nicht «behalten». Er hätte sie allenfalls gewaltsam an sich bringen können – eine absurde Vorstellung! Und Fritsch hätte zur Identitätsklärung – denn nur darum ging es an jenem Tag – schon gar nichts beitragen können; ebensowenig der Generalstabschef Beck oder Generaladmiral Raeder, die auch als mögliche Ansprechpartner genannt werden.

Ebenso unrealistisch ist der nachträgliche Vorschlag, Keitel hätte, um den Blomberg-Skandal «durch die Wehrmacht selber aus der Welt schaffen zu lassen», schleunigst den Abwehrchef Canaris in die Angelegenheit einbeziehen müssen.[15] Was hätte der Admiral persönlich oder mit seinem militärischen Nachrichtendienst am Tatbestand – der Mißheirat Blombergs – noch ändern, wie das Verhängnis aufhalten können? Die Lösung lag einzig und allein in der Hand Blombergs – sich schleunigst scheiden zu lassen, und gerade das wollte er zum damaligen Zeitpunkt, wie noch zu zeigen ist, unter keinen Umständen!

Einige Autoren haben die Rolle des Polizeipräsidenten Helldorff völlig verkannt, wenn sie ihm nachrühmen, er habe als anständiger und ehrbewußter ehemaliger Offizier in seinem Edelmut Keitel und damit der Wehrmacht die Gelegenheit geben wollen, die Affäre zu vertuschen und die «Akte» zu vernichten.[16] Aber warum hat dann der so hochgelobte Graf von Helldorff die Meldekarte nicht selber diskret verschwinden lassen? Die Antwort hätte lauten müssen: Warum sollte er das Risiko, wegen des Verbrechens der Aktenunterdrückung ins Zuchthaus zu wandern, auf sich nehmen?

Ebenso abwegig ist die öfter vorgetragene Meinung, Helldorff habe wegen seiner – nachweislichen[17] – starken Abneigung gegen die SS darauf verzichtet, die explosiven Gruhn-Unterlagen auf dem direkten Dienstweg dem Reichsführer SS und Chef der deutschen Polizei,

Heinrich Himmler, vorzulegen. Dies nicht getan zu haben, wird nach dem Krieg Himmlers Adjutant, SS-Gruppenführer Karl Wolff, dem Polizeipräsidenten in der Tat vorwerfen. Angeblich habe Helldorff der Wehrmacht den «Schwarzen Peter» zuschieben wollen.

Helldorff ebenso wie Keitel waren bestrebt, den «Fall» so geheim wie möglich zu halten; das war sogar ihre dienstliche Pflicht. Helldorff ist zu diesem Zeitpunkt von seiner späteren Widerstandseinstellung (er wurde nach dem 20. Juli 1944 zum Tode verurteilt und hingerichtet) noch weit entfernt. Ihm mußte vielmehr daran liegen, der Staatsautorität den für ihn besser als für Keitel erkennbaren, unabsehbaren Skandal zu ersparen. Unauffällig erledigen ließ sich ohnehin nichts mehr, weil die Öffentlichkeit durch die Heiratsanzeige längst erfahren hatte, daß «Fräulein Gruhn» die Gemahlin Blombergs geworden war. Im autoritären Führerstaat gab es nicht die Möglichkeit, das Ganze etwa als verfrühten Aprilscherz durch eine weitere Presse-Erklärung aus der Welt zu schaffen.

Schon deswegen kann Keitel nicht, wie einige Schreiber meinen, dem Grafen Helldorff vorgeschlagen haben, alles «totzuschweigen». Sogar der Generaloberst Wilhelm Adam hat behauptet, Keitel habe von Helldorff verlangt, «daß die Sache vertuscht und die Polizeiakte vernichtet werden sollte».[18] Auch hier liegt zweifellos eine Anleihe bei der Trivialliteratur nach dem Kriege vor. Bemerkenswert ist immerhin, daß ein General dem anderen ein derartiges Verhalten zutraute!

Kurzum, die Vorwürfe gegen den General Keitel, er habe mangels moralischen Mutes oder aus Unbedarftheit die peinliche Affäre zum Staatsskandal und damit zum Desaster für die Armee ausufern lassen, entspringen nachträglicher, unbegründeter Besserwisserei.

Nachzutragen bleibt noch, was am späten Nachmittag jenes für Blomberg so unseligen 21. Januar geschah:[19] Der Berliner Polizeipräsident Graf Helldorff ließ sich durch Keitel telephonisch beim preußischen Ministerpräsidenten Hermann Göring wegen einer dringlichen Angelegenheit zu einer Unterredung anmelden. Keitel blieb verwirrt zurück; es konnte ja kaum zweifelhaft sein, daß die Frau auf der Meldekarte und die Frau des Feldmarschalls ein und dieselbe Person waren. Abends rief ihn Helldorff an: Göring habe die Identität sofort als einwandfrei bezeichnet: «Das sei ja eine Katastrophe!»

5.
Der Schock für Hitler
Blombergs Verabschiedung

Nachdem Göring am Freitagabend (21. Januar) die Identität der einstigen Kontrolldirne Margarethe («Eva») Gruhn mit der Marschallin von Blomberg festgestellt hatte, gingen die Ermittlungen ihren unaufhaltsamen Weg.[1] Polizeipräsident Helldorff forderte die beim Landeskriminalamt liegende «Strafakte gegen Löwinger, Gruhn, Michler – 130. C. 109/32» an. Sie enthielt auch ein Halbdutzend «grobunzüchtiger Fotos». Am Sonntag (23. Januar) wurde die «Akte Gruhn» Göring übergeben, also neben der Strafakte auch die Meldekarte, in der die Kontakte des Fräulein Gruhn mit der Sitten- und Kriminalpolizei vermerkt waren. Noch nicht dabei waren die erkennungsdienstlichen Unterlagen – Polizeifotos und Fingerabdrücke –, die sich Helldorff erst am 27. Januar vom Reichskriminalamt kommen ließ. Die mitwissenden Polizeibeamten waren inzwischen von Göring durch besonderen Eid zum Schweigen verpflichtet worden.

«Drei Stunden lang» saß Göring betroffen über den Dokumenten. «Das hat mich tief ergriffen», sagte er 1945 in Nürnberg aus. Nun war es an ihm, die schlimme Kunde Hitler zu überbringen.[2] Als dieser am Montagabend (24. Januar) von einer Veranstaltung in München zurückkehrte, stand Göring bereits, nervös wartend, mit einer braunen Aktenmappe im Foyer der Reichskanzlei. Der Diktator bekam – angesichts der Akte und der Pornofotos – den Schock seines Lebens. Gleich drei neuralgische Punkte wurden bei dem prüden österreichischen Beamtensohn berührt: *erstens* eine grobunzüchtige Handlung, die *zweitens* ausgeübt wurde mit einem Angehörigen des von ihm verachteten Tschechenvolkes, der *drittens* auch noch jüdischer Konfession war, und das war für Hitler gleichbedeutend mit «Rassenschande».[3] Da wird der angebliche Ausruf des Reichskriminaldirektors Nebe verständlich: «... und dieser Frau hat der Führer die Hand geküßt!» Böse Zungen behaupteten, Hitler habe hernach vor lauter Unbehagen siebenmal am Tage gebadet.

Wie sehr Hitler durch die katastrophale Mißheirat des von ihm so hochgeschätzten Generalfeldmarschalls und die einzigartigen skandalösen Umstände bis ins Innerste getroffen und beunruhigt war, geht aus zahlreichen glaubwürdigen Zeugnissen und Indizien hervor. So hat er noch in der Nacht zum 25. Januar 1938 den Wehrmachtadjutanten und Personalchef Oberst Hoßbach um 2.15 Uhr durch seinen Adjutanten Schaub auffordern lassen, sich unverzüglich bei ihm in der Reichskanzlei einzufinden. Da Hoßbach deutlich genug die Abneigung erkennen ließ, sein Bett zu verlassen, durfte er erst einmal ausschlafen. Inzwischen lag Hitler, «wie er später erzählte...», bis zum Morgengrauen wach, blickte zur Zimmerdecke empor und grübelte sorgenvoll darüber nach, wie er eine Prestigeeinbuße vermeiden konnte».[4]

Zwei Tage zog sich Hitler ratlos und tief erschüttert in seine Privatgemächer zurück; dort empfing er, mit totenblassem Gesicht, die paar Vertrauten, denen er sein Herz ausschütten konnte: Hoßbach, Keitel, Göring und Goebbels. Einen «Nervenzusammenbruch» hat er jedoch, wie Keitel bezeugt, nicht gehabt.[5] Die gleichwohl «niederschmetternde» Wirkung des Falles Blomberg auf Hitler bestätigt anschaulich dessen Privatsekretär Fritz Wiedemann: «Er ging in seinem Zimmer auf und ab, ein gebrochener Mann, die Hände auf dem Rücken, und dabei murmelte er immer wieder kopfschüttelnd vor sich hin: ‹Wenn ein deutscher Feldmarschall eine Hure heiratet, dann ist auf der Welt alles möglich›!»

Noch sieben Tage später, als General von Rundstedt sich befehlsgemäß in der Reichskanzlei meldete, hatte sich Hitler von dem Schicksalsschlag nicht erholt: «Er war in einer fürchterlichen Aufregung, wie ich ihn noch nie gesehen hatte. Es sei etwas in ihm zerbrochen, und er habe jedes Vertrauen in die Menschen verloren. Es war bestimmt kein ‹Theater›!»[6] Vor der Generalität sprach Hitler später von der schwersten menschlichen Enttäuschung seines Lebens.

Die Enttäuschung mußte für Hitler um so schlimmer sein, als er am 13. Juli 1934, nach dem «Röhm-Massaker», in seiner Rechtfertigungsrede vor dem Reichstag und damit vor der Weltöffentlichkeit Blomberg als einen «Ehrenmann vom Scheitel bis zur Sohle» gefeiert hatte. Für den ehemaligen Meldegänger des Weltkrieges und Träger des Eisernen Kreuzes Erster Klasse, der das preußische Offizierskorps bewunderte, brach eine Welt zusammen. Bis zu diesem Vorfall «war Hitlers Hochachtung für Generäle – und den Adel – nicht zu erschüttern gewesen», bekundet sein Adjutant von Below.[7]

Am Vormittag des 25. Januar sprach Hitler zum erstenmal mit Oberst Hoßbach über die Affäre Blomberg: Der Kriegsminister «habe ihn in größte Verlegenheit gebracht, ihm über die Herkunft seiner Frau die ‹Unwahrheit› gesagt und ihn als Trauzeugen zugezogen, obwohl seine Frau eine sittenpolizeilich überwachte und [*was nicht stimmte*] mehrfach vorbestrafte Person sei... Von ihrem üblen Leumund habe Blomberg nichts erwähnt, nur einmal kurz von einer gewissen Vergangenheit geredet, worunter er, Hitler, Andeutungen hinsichtlich des Lebensalters [*vermutlich ist «Lebensweise» gemeint*] verstanden habe.»

Wie Hoßbach weiter berichtet, «folgten dann eine Lobeshymne auf die Verdienste Blombergs um die Annäherung Wehrmacht–Partei, die vom Offizierskorps nicht gewürdigt würden, sowie auf die Treue

Goebbels, Göring und Blomberg, dazwischen Fürstin Bismarck

Blombergs zu Hitler, und der Ausdruck seines Schmerzes, einen so treuen Mitarbeiter verlieren zu müssen. Blomberg sei als Kriegsminister mit Rücksicht auf die Vergangenheit seiner Frau unhaltbar geworden...»[8]

Dieser Bericht Hoßbachs enthält den Kern der sorgenvollen und zwiespältigen Empfindungen, wie sie Hitler gepeinigt haben müssen. Er fürchtete, daß im Ausland ein Höllengelächter der Schadenfreude ausbrechen würde, das jedoch wie durch ein Wunder überhaupt nicht stattfinden sollte. Denn in unbegreiflicher Weise haben die sonst so hellhörigen ausländischen Beobachter in Berlin die wirklichen, überaus fatalen Gründe für Blombergs (und Fritschs) Ablösung nicht zu erkennen vermocht. So wußte die «Neue Weltbühne» als Grund für Blombergs Sturz nur anzugeben, er habe «nicht standesgemäß» geheiratet.[9]

Göring ging am späten Vormittag, wie es Hoßbach vorgeschlagen hatte, auf Befehl Hitlers zu Blomberg ins Kriegsministerium, um ihn über die – wie alle drei als selbstverständlich unterstellten – ihm unbekannt gebliebene schlimme Vergangenheit seiner Frau aufzuklären. Er kam, was ungewöhnlich war, ohne Begleitung und verbat sich jede Störung. In der halbstündigen Unterredung zeigte Göring dem Feldmarschall die «Akte Gruhn», von deren Inhalt Blomberg keine Kenntnis gehabt haben wollte. Auftragsgemäß schlug ihm Göring eine Nichtigkeitserklärung vor: Wenn er auf der Stelle die Ehe löste, werde man einen Weg finden, einen öffentlichen Skandal zu verhindern.[10]

Wider Erwarten ging Blomberg auf den Vorschlag nicht ein. Vor Keitel begründete er diese Haltung damit, daß er die Frau über alle Maßen liebe. Wenn Hitler und Göring ihm hätten helfen wollen, hätte er «in seiner Stellung» das schon durchstehen können. Freilich hatte Göring den Feldmarschall wissen lassen, daß ein Verbleiben im Amte in keinem Falle möglich sei, ganz gleich ob er sich von seiner Frau trenne oder nicht. Blomberg soll daraufhin Göring erklärt haben, «daß er unter diesen Umständen an keine Lösung seiner Ehe denke».

Dieses unerwartete Festhalten Blombergs an einer – in den Augen aller Offiziere – «unwürdigen» Ehefrau überraschte und empörte Göring und erst recht Hitler aufs äußerste. Sie wollten es dem Feldmarschall nicht abnehmen, daß er sich unwissend in das Abenteuer begeben habe. Vielmehr fühlten sie sich als Trauzeugen mißbraucht und waren, wie Keitel von beiden vernahm,[11] überzeugt, daß Blomberg sie gerade dadurch habe zwingen wollen, «alle Gerüchte und alle möglichen Folgen seines Schrittes totzuschweigen und totzutreten».

Im ersten Moment muß sogar Hitler erwogen haben, die Affäre zu unterdrücken, wie es sich Blomberg erhofft hatte. Denn er hat dem Feldmarschall bei der Verabschiedung gesagt: «Die Belastung für mich und für Sie war zu groß. Ich konnte das nicht mehr aussitzen. Wir mußten uns trennen.»[12]

Anderseits war er erschüttert,[13] als sich Blomberg über Hitlers Vorwürfe auch noch wunderte, habe er doch «nationalsozialistisch gedacht, wenn er ein einfaches Mädchen aus dem Volk zur zweiten Frau nähme». Dazu hat Hitler Wochen später grundsätzlich festgestellt: «Wenn er und seine Parteigenossen auch vielleicht anders und freier dächten, als die verlogene Moral der Gesellschaft und die sogenannten Ehrbegriffe der Offiziere verlangten, so würde er jedoch niemals zulassen, daß ein Parteigenosse auf verantwortungsvollem Posten eine gewerbsmäßige Dirne heirate.»

Am Vormittag des 27. Januar 1938 empfing Hitler Blomberg zur Abschiedsaudienz,[14] die zu aller Überraschung sehr lange – eine Dreiviertelstunde – dauerte. Die Unterredung begann sehr stürmisch, wurde dann aber, nachdem sich beide ihre Meinung gesagt hatten, von Hitler in ruhigeres Gewässer geleitet. Es gelang «dem Führer», wie

Jodl im Tagebuch vermerkte, «in seiner übermenschlichen Güte», den Feldmarschall wieder aufzurichten. Zum Schluß war Hitler sogar «sehr herzlich» und stellte Blomberg in Aussicht, «wenn die Stunde Deutschlands schlägt» und ein Krieg geführt werden müsse, dann werde er ihn wieder an seiner Seite sehen, und alles Vergangene solle dann ausgelöscht sein.

Aber zunächst wollte er den entlassenen Kriegsminister schleunigst aus der Schußlinie haben.[15] Bereits am nächsten Tag mußten Blomberg und seine Frau Hals über Kopf die Reichshauptstadt verlassen, so daß sie den neugierigen Blicken der Auslandsreporter entzogen waren. Hitler scheint sich an den Parallelfall des britischen Königs Eduard VIII. erinnert zu haben, der 1937, weil er eine mehrmals geschiedene Amerikanerin heiraten wollte, hatte abdanken und ins Exil gehen müssen. Jedenfalls schenkte er dem Feldmarschall eine Weltreise mitsamt 50000 Mark Devisen zuzüglich der vollen Feldmarschallspension. Für ein Jahr mußte er Deutschland meiden; danach sollte er sich still in sein Haus in Bad Wiessee zurückziehen.

Die Abschiebung in die Verbannung hatte Hitler bereits mehrmals praktiziert. So war der frühere oberste SA-Führer Ost, Hauptmann Walther Stennes, 1933 nach einem Selbstmordversuch unter der Bedingung aus der Haft freigekommen, daß er sofort nach China abreiste, um dort Chef der Leibwache Tschiang-kai-scheks zu werden. Nach dem 30. Juni 1934 wurde dem aus den Femeprozessen bekannten Oberleutnant Paul Schulz Leben und Freiheit von Hitler unter der Bedingung gewährt, daß er unverzüglich abreise und fortan in der Schweiz lebe. Ein Exil in China schwebte Hitler – vorweg gesagt – auch bei dem Generalobersten von Fritsch im Falle seiner Schuld vor.[16]

Als der gestürzte Kriegsminister – er war bereits in Zivil – die Reichskanzlei verließ, salutierten die Wachen schon nicht mehr. Stumm begleitete ihn Oberst Hoßbach zum Kraftwagen. Blombergs Abschiedsworte: «Leben Sie wohl, mein Guter!» muteten den Oberst wie Hohn an, aber sie waren wohl mehr ein Ausdruck von Betretensein und Verlegenheit.[17]

Es ist menschlich begreiflich, daß Blomberg über den schlechten Ausgang seiner Hoffnungen, von Hitler und Göring abgeschirmt sowohl seine Position als Oberbefehlshaber der Wehrmacht als auch die «über alle Maßen geliebte Frau» behalten zu können, maßlos enttäuscht war. Keitel[18] erlebte ihn hernach «völlig erschüttert und dem Zusammenbruch nahe». Doch wiederum bestätigte Blomberg, daß er in der Tat spekuliert, ein «Komplott» eingeleitet hatte, und führte als Grund für das Fehlschlagen sogleich Ausreden an: Wenn Göring «nicht gehofft hätte, sein Nachfolger zu werden, hätte man die Affäre sehr wohl mit dem Mantel der Liebe zudecken können». Der entscheidende

Grund – die Reaktion der Generalität – blieb unerwähnt. Sie hätte keinesfalls den «Mantel der Liebe» akzeptiert. Für sie war ohnehin zuviel «Liebe» und zuwenig Pflichtgefühl, Zucht und Ordnung im Spiel!

Im letzten Gespräch mit seinem Mitarbeiter Keitel klammerte sich Blomberg an Hitlers Abschiedsworte. Er sah noch einen Ausweg für sich: Als Feldmarschall bleibe er ja nach altpreußischer Tradition immer im Dienst, auch wenn er einstweilen zur Untätigkeit verurteilt sei. Keitel drang dann «nochmals in ihn, ob er sich nicht doch von der Frau wieder scheiden lassen wolle; ich machte ihm Vorwürfe, daß er mich vor dem Schritt nicht zu Rate gezogen hätte; ich sei doch nur wenige Jahre jünger und hätte vorher über die Dame Erkundigungen einholen können.» Offensichtlich hatte Keitel noch immer nicht begriffen, daß dies das letzte gewesen wäre, was Blomberg gewollt hätte. «Er lehnte Scheidung entrüstet ab; es sei beiderseits eine tiefste Neigungsehe; ‹eher schösse er sich eine Kugel vor den Kopf›.» Anschließend stürzte Blomberg – «Tränen in den Augen» – hinaus aus dem Büro.

Am Nachmittag, als er sich wieder gefangen hatte, gab Blomberg seinem Adjutanten Boehm-Tettelbach die letzten Befehle. Er leerte das Geheimfach seines Tresors: «Hier ist das versiegelte Testament des Führers. Das geben Sie morgen persönlich mit meinem Marschallstab ab!»[19] Schmachvoller hat wohl nie ein preußisch-deutscher Feldmarschall die Armee verlassen...

6.
«Zorn, Wut und Scham»
Die Reaktion der Generalität

In jenen Tagen um den 20. Januar schlug wie der Blitz ein anonymer Telefonanruf in der Heeresleitung ein. Der engste Mitarbeiter des Oberbefehlshabers von Fritsch, der Major und spätere Generalleutnant Curt Siewert, saß dem Generaloberst gegenüber, als das Telefongespräch vom Adjutanten weitervermittelt wurde. Nach dem kurzen Telefonat legte Fritsch sichtlich betroffen den Hörer auf die Gabel und blickte eine Zeitlang starr vor sich hin. Dann eröffnete er Siewert, was ihm soeben der Anrufer, ein ihm dem Namen nach unbekannter General, dem Sinne nach mitgeteilt hatte: «Der Generalfeldmarschall ist für die Wehrmacht untragbar geworden; er hat eine Hure geheiratet!»

Und dennoch wehrten sich Fritsch und Siewert gegen die Einsicht, daß sich der Reichskriegsminister etwa so weit vergessen und über die von ihm selbst erlassenen strengen Gebote der Heiratsordnung zur Schande der gesamten Wehrmacht hinweggesetzt haben könne.

Fritsch hat dann sofort telefonisch den Generalstabschef, General Beck, von dem seltsamen Anruf unterrichtet. Auf Nachforschungen nach der Identität des Anrufers wurde verzichtet, da Fritsch sie mit Recht für aussichtslos hielt.[1]

Hoßbach vertritt die absonderliche Auffassung: «Wahrscheinlich war der Anruf bestellte Arbeit der Gestapo».[2] Doch weshalb hätte die Gestapo ein Interesse daran haben sollen, die Heeresspitze auf diese Weise zu unterrichten oder gar zu warnen? Hatte sie, wie Hoßbach unterstellt, mit dieser Heiratsaffäre etwas zu tun, insbesondere im voraus Kenntnis von der Vergangenheit der neuen Gemahlin Blombergs gehabt, dann wäre für sie Hitler der einzige gewesen, den man zu informieren hatte. Doch wie feststeht, hat Hitler Kenntnis von dem Skandal nicht durch die Gestapo, sondern, auf dem Weg über Göring, von der Berliner Polizei erhalten. Eher ist vorstellbar, daß sich hinter dem Anruf ein ehemaliger Offizier, etwa der Polizeipräsident Graf von Helldorff, SA-Gruppenführer und damit im Generalsrang, verbarg, der seine Empörung und Sorge wegen der Folgen auch für die Armee mitteilen wollte.

Die Person des Anrufers hat nach 1945 die Phantasie etlicher Autoren angeregt. So produzierte der Schriftsteller Harry Schulze-Wilde[3] eigens eine angeblich formularmäßige Niederschrift des «abgehörten Telephongespräches vom 21. 1. 38». Sie diente dem Autor, auch Göring ins Spiel zu bringen, dem die Niederschrift am 22. Januar 1938 durch Kurier nach Karinhall gebracht worden sein soll. Als Anrufer wird ein «Generalleutnant Niemann», wohl auf «niemand» anspielend, angeführt, und der Adjutant wird als besonders hellsichtig hingestellt, da er erklärt haben soll: «Der Herr Generaloberst lehnt ab, das Gespräch entgegenzunehmen, wenn Sie mir nicht Ihren richtigen Namen nennen und sagen, um was es sich handelt.» Der «General» soll daraufhin erwidert haben: «Dann sagen Sie dem Herrn Generaloberst, daß die Frau, die der Herr Feldmarschall von Blomberg geheiratet hat, eine ganz gewöhnliche Hure gewesen ist, die ihr Geld auf der Straße verdiente.» Obwohl das «Abhör-Formular» auf Anhieb als Fälschung zu erkennen war – der unerläßliche Name des angeblichen Sprechers und Fritsch-Adjutanten blieb ebenso ungenannt wie die Schreibweise «Dönhoffplatz» falsch geschrieben war; als «Empfänger» wird «RKM» angegeben, wobei für den Nachkriegsleser vorsorglich «Reichskriegsministerium» hinzugefügt wurde, während der Anruf doch beim «Oberkommando des Heeres» eingegangen sein mußte –, wurde der Schwindel gern und kritiklos nachgedruckt.

Als sich General Keitel am 27. Januar 1938 nach dem Sturz Blombergs bei Hitler melden mußte, wurde er sofort gefragt, «ob das Offizierskorps die unmögliche Ehe hingenommen hätte, deren Umstände jedoch nicht geheim geblieben wären. Ich mußte das verneinen, wußte ich doch, daß (Blomberg), beim Heer jedenfalls, sowieso unbeliebt war und niemand ihm eine Träne nachweinen würde. Ich sprach es aber nicht aus.»[4]

Mit diesem Bericht Keitels wird eine Reihe abwegiger Spekulationen über das angebliche Drängen des Oberbefehlshabers des Heeres bei Hitler, Blomberg zu entlassen, widerlegt. Fritschs noble Zurückhaltung hat ihn nicht vor der Unterstellung, vor allem im Ausland, bewahrt, als maßgeblicher Wortführer einer wütenden Anti-Blomberg-Demarche bei Hitler aufgetreten zu sein.[5] Ihm wurde somit eine Art Widerständler-Rolle angedichtet, die dann billig in einen Zusammenhang mit seiner Entlassung zu bringen war.

Nach einer anderen Version hat sich Fritsch erst «auf Drängen» des Generalstabschefs Beck zu Hitler begeben. Die Wirklichkeit sah anders aus,[6] wie Jodls Tagebuch ausweist: Beck erschien am 28. Januar selber bei Keitel, um dort zu erklären, «die Zustände mit der Frau des Generalfeldmarschalls pfeifen die Spatzen von den Dächern ... Man könne nicht dulden, daß der höchste Soldat eine Hure heirate; er müsse gezwungen werden, sich von der Frau zu trennen, oder er müsse ausgelöscht werden aus der Liste der Offiziere und als Inhaber eines Regiments. Die kommandierenden Generäle müßten diesen Standpunkt der Armee dem Führer übermitteln.» Dieser Auslöschungswunsch Becks ist dann auch erfüllt worden.

Einer der kommandierenden Generäle, Generaloberst Gerd von Rundstedt, hat am 31. Januar 1938 persönlich von Hitler verlangt, [7] Blomberg müsse vor ein Ehrengericht gestellt werden. Damit hatte Rundstedt die herrschende, seit der Gründung der Republik überlebte Auffassung der Offizierskaste vermittelt. Hitler beurteilte den Fall jedoch grundsätzlich anders, nämlich nach den zu befürchtenden Folgen für seine Autorität und für den Staat. Immerhin sagte er schließlich zu, daß Blomberg aus der Offiziersrangliste gestrichen werden sollte.

Vor seiner Audienz bei Hitler am 31. Januar hatte Rundstedt sowohl den Oberbefehlshaber von Fritsch als auch den Generalstabschef Beck aufgesucht und sich mit ihnen beraten. Doch eines Drängens der Generalität bedurfte es nicht mehr, denn schon am 26. Januar, nach einer Aussprache mit Göring, war General Keitel mit den Oberbefehlshabern des Heeres und der Marine übereingekommen, «daß die einheitliche Führung der Wehrmacht gesichert sein und bleiben muß».[8] Fortan ging es im wesentlichen nur noch um die Frage der neuen Spitzengliederung und die Nachfolgeschaft des gestürzten Ministers.

Der nachmalige General Edgar Röhricht hat die Stimmung im Offizierskorps eindrucksvoll wiedergegeben: «Blomberg wurde von mir gefühlsmäßig sofort abgeschrieben, hatte er doch einem mir nahestehenden Kameraden gegenüber einmal betont, wer dazu berufen sei, an einer von der Geschichte gestellten Aufgabe mitzuwirken, habe dem auch in seinem Privatleben Rechnung zu tragen.»[9]

Goldene Worte, nur setzte sich Blomberg darüber hinweg! Er ignorierte auch die vielen Fälle von Offizieren, die wegen Frauengeschichten ausscheiden mußten,[10] zum Beispiel der nachmalige General Oster. Wie empfindlich das Offizierskorps schon in der wilhelminischen Zeit bei Verstößen gegen die strenge Konvention reagierte, zeigt der Fall eines Gardeleutnants, der mit zwei Prostituierten am Arm im Juni 1887 vor dem Königsschloß zu Berlin in der Menge auftauchte, die dort nach dem Attentat auf den alten Kaiser zusammengeströmt war. Er wurde vor ein Ehrengericht gestellt und aus dem Regiment ausgestoßen. Der Fall wurde vor allem beachtet, weil der Betroffene der Sohn des Bismarck-Bankiers Bleichröder gewesen ist. So streng waren damals die Bräuche!

Die Generäle Beck und Rundstedt wurden erst aktiv, als Blomberg bereits von Hitler verabschiedet worden war (was sie beide noch nicht wissen konnten). Aber die Gefühlslage der Armee kannte der Diktator schon seit dem Vormittag des 25. Januar, als er mit Oberst Hoßbach, dem für die Personalien der Generalität zuständigen Abteilungsleiter im Reichskriegsministerium, unter vier Augen gesprochen hatte. Wie Hoßbach rückschauend berichtet, war ihm gleich klar: «Trafen die Anschuldigungen zu, dann hatte das Offizierskorps moralisch eine Schlacht verloren. Und zu dieser Schmach und Schande, die Blomberg über uns brachte, mußte ich nun noch Angriffe gegen das Offizierskorps anhören, das das Wirken des hitlerhörigen Blombergs nicht verstanden und nicht anerkannt hätte. Zorn, Wut und Scham überkamen mich.»[11]

Hoßbach, der sich als Interessenvertreter des Heeres und damit Fritschs und Becks empfand, hatte seit Jahren als Speerspitze einen zähen verdeckten Kampf gegen die unbequeme Zentrale des Reichskriegsministeriums und zugleich gegen die Selbständigkeitsbestrebungen der Göringschen Luftwaffe geführt. Es ging dabei[12] einerseits um die Spitzengliederung für den Kriegsfall, über die im Zusammenhang mit dem Fall Fritsch noch ausführlich zu berichten sein wird, anderseits mehr noch um die überhastete und unzulängliche Rüstung und das völlig unzureichende Potential an ausgebildeten Offizieren und Unteroffizieren. Der vermeintlich allzu willfährige, daher hitlerhörige Kriegsminister und Feldmarschall von Blomberg erschien der Heeresführung nicht als die notwendige fachmilitärische Bremse des politischen Wunschdenkers Hitler.

Generaloberst von Fritsch hat, als er von dem Skandal hörte, einfach die Entwicklung abgewartet. Niemand, am wenigsten Blomberg, konnte annehmen, er würde für den Kriegsminister in die Bresche

springen. Erst nachträglich hat sich der Oberbefehlshaber des Heeres
drastisch und wohl auch nicht völlig objektiv über die von der ge-
wohnten altpreußischen Norm abweichende Persönlichkeit Blombergs geäußert:[13] Er habe aus seiner früheren Stellung gewußt, wie
schwer es sei, Blomberg als unmittelbaren Vorgesetzten zu haben.
«Sein zu romantisch-phantastischen Auffassungen neigendes Wesen,
was ihn vielleicht, menschlich gesehen, die Herzen gewinnen läßt,
macht ihn zum militärischen Vorgesetzten wenig geeignet. Dabei ist er
impulsiv, schwankend in seinen Auffassungen, immer nach Neuerun-
gen strebend und jeder Beeinflussung von außen zugänglich.»

Die angedeutete «Beeinflussung von außen» war vor allem auf
Blombergs vertrauten Mitarbeiter von Reichenau gemünzt,[14] der offen
erkennen ließ, daß er sich für den berufenen Führer des Heeres hielt.
Auf dessen unheilvolle «Umtriebe» führte es Fritsch zurück, daß sein
Verhältnis zu Blomberg eigentlich ständig getrübt gewesen sei: «War
es in den ersten 1 1/2 Jahren Reichenau, war es später das Machtstreben
des Wehrmachtamtes, das sich trennend zwischen uns stellte.»

Blomberg hat den dienstlichen und politischen Einfluß Reichenaus
in seinen Aufzeichnungen in nobler Weise bestätigt, obwohl auch
Reichenau ihm gegenüber nach seinem Sturz «keine Ausnahme zum
konventionellen Verhalten der Generalität bildete, was ich eigentlich
von seiner eigenwilligen Männlichkeit erwartet hatte».[15] Noch bei seiner Abschiedsaudienz beim *Führer* hatte er Reichenau als möglichen
Nachfolger Fritschs empfohlen.

Ohnehin überzeugt, daß Blomberg vier Jahre lang zu ihm nicht
ehrlich gewesen sei, hat sich Fritsch im vertrauten Gespräch mit seinem Mitarbeiter Siewert noch erheblich schärfer über den Feldmarschall ausgelassen als in seinen Aufzeichnungen nach der Affäre. Er
führte eine – wie er meinte – spürbar ungünstige Wesensänderung
Blombergs auf dessen schweren Verkehrsunfall 1927 in Wien zurück.[16]
Danach sei Blomberg ein ganz anderer Mensch geworden, mit dem
man nicht mehr vernünftig habe reden können.

Bei diesen Vorwürfen dürfte Fritsch jedoch die grundlegend verän-
derte Konstellation nach der Hitlerschen Machtübernahme 1933 zu
wenig berücksichtigt haben. Zwangsläufig mußten Kompetenzstrei-
tigkeiten zwischen dem Kriegsminister und dem Heeresoberbefehlshaber entstehen.[17] Kein Wunder also, daß sich bei Fritsch und Beck,
also der Heeresspitze, viel Groll gegen Blomberg und Reichenau ange-
häuft hatte, und umgekehrt jene und ihr Kreis, wozu vor allem Keitel
und Jodl zu rechnen waren, sich immer enger an Hitler anschlossen
und seine zentralistischen Vorstellungen verfochten. Keitel hatte also
nicht übertrieben mit seiner Meinung, daß niemand im Heer Blomberg eine Träne nachweinen würde.

Hitler hatte demnach keinen Widerstand aus der Generalität zu befürchten, als er sie am 5. Februar 1938 über die Affäre aufklärte. Dabei war es nicht allein die Mesalliance, welche die Generäle schockierte, sondern mehr noch die Vertuschung der Wahrheit, wodurch Blomberg den Trauzeugen Hitler in eine unmögliche Lage gebracht hatte.

Ein Gefühl der Demütigung überkam den General von Manstein, «daß der Politiker Hitler jetzt als der Wächter über die Ehre der Wehrmacht auftreten konnte»![18] Hierbei vermochte Manstein allerdings nicht zu erkennen, daß auch «der Politiker Hitler» – zugleich Oberster Befehlshaber der Wehrmacht – sich im höchsten Maße gedemütigt fühlte. Daß innerhalb der NS-Bewegung wegen der unvergessenen Ereignisse des 30. Juni 1934 mehr oder weniger offene Schadenfreude geherrscht haben mag, ist eine andere Sache.

Blomberg hat die maßlose Erbitterung der Generäle über sein Versagen verkannt. Als er sich durch die Entlassung aus dem Amt ungerecht behandelt fühlte, konnte er nicht ahnen, daß Rundstedt, der rangälteste General, wie bereits dargestellt, sogar verlangt hatte, Blomberg vor ein Kriegsgericht zu stellen. Das hat ihm Hitler nicht nur aus alter Verbundenheit und Dankbarkeit für seine Treue erspart, sondern ein solches Verfahren, das man nicht hätte geheimhalten können, wäre für den Ruf Hitlers und Deutschlands katastrophal geworden. Immerhin mußte der Diktator der aufgebrachten Generalität das Zugeständnis machen, Blomberg aus der Wehrmacht zu entfernen und ihn in der Rangliste zu streichen.

Welch tragische Auswirkungen der geheimnisumwitterte Blomberg-Skandal auf viele ältere Offiziere hatte, die noch unter dem Kaiser gedient hatten, zeigt sich in der Begründung, die 1944 Generalmajor Hans Oster als Häftling für seine Gegnerschaft zum NS-Regime zu Protokoll gab: «Es mußten Geschehnisse verdaut werden, die zum Teil als Schläge wirkten... Der Fall Blomberg war nach meiner Meinung der schwerste, weil er dem Ansehen des Offizierskorps schweren Schaden zugefügt hat.»[19] Am 1. Februar 1938 trug Jodl eine bissige Bemerkung General Adams in sein Tagebuch ein: «Minister Frank habe ihn gefragt: was sagen Sie zu Ihrem Feldmarschall? Adam sagte: es ist nicht unser Feldmarschall, sondern Ihrer!» Ein krasses Beispiel, wie sehr Blomberg von der Generalität nicht als Offizier, sondern als Parteigänger der Nationalsozialisten angesehen und damit zur NS-Führung gezählt wurde.

Es war eine Notwendigkeit, den Anfang Februar aufwuchernden und mit Schadenfreude kolportierten Gerüchten zu begegnen. Das geschah durch strenge Befehle von «oben», die verhindern sollten, daß die pikanten Einzelheiten der Affäre zum Gesprächsstoff in den Kasernen oder in den Gazetten des Auslands wurden. So hieß es bei einer

Kommandeurbesprechung der 10. Division am 7. Februar 1938 in militärischer Kürze: «Generaloberst von Brauchitsch [*der Nachfolger Fritschs als Oberbefehlshaber des Heeres*] hat ausdrücklich verboten, daß über die Heirat Blombergs als Grund seiner Verabschiedung gesprochen wird. Wer darüber spricht, hat keinen Platz mehr im Heer.»[20] In dem veröffentlichten Dank- und Abschiedsbrief an Blomberg gab Hitler lediglich Krankheit als Grund an, mit einer für Eingeweihte ironisch klingenden Anspielung auf Blombergs Flitterwochen auf Capri: «Mögen Sie durch die vor Ihnen liegende Zeit der Schonung jene Erholung finden, auf die Sie mehr als viele andere Menschen Anspruch erheben können.»[21]

Den Grad der Erbitterung und Feindseligkeit der konservativen Wehrmachtoffiziere spiegelt auch jenes tragikomisch-melodramatische Nachspiel der Affäre wider, das der Marineadjutant des Kriegsministers, Kapitänleutnant Hubertus von Wangenheim, aufführte.[22] Kaum war das Ehepaar Blomberg nach Italien abgedampft, fuhr er ihm schon am 29. Januar nach Rom hinterher, auf eigene Faust, aber mit Wissen und sicherlich mit dem Segen des Marine-Oberbefehlshabers Raeder. Er wollte seinen ehemaligen Dienstherrn noch einmal von Mann zu Mann über die Vergangenheit seiner Frau aufklären und ihn auffordern, die Konsequenzen zu ziehen und sich wieder scheiden zu lassen.

Das Wehrmachtamt (Keitel und Jodl) unterstellte dem Generaladmiral Raeder, er habe Wangenheim einen offiziellen Auftrag erteilt und damit seine Kompetenzen überschritten, denn der Kapitänleutnant unterstand jetzt Keitel. Es fragt sich auch, wer Wangenheim mit Aktenunterlagen über Margarethe Gruhn versorgt hat. Selbst Goebbels wußte von der Mission: «Blomberg auf Capri. Man will ihm nochmal die obszönen Bilder seiner Frau vorlegen.»

Doch der Adjutant erreichte Blomberg noch vor dessen Abreise nach Neapel in seinem römischen Hotel. Als der Feldmarschall das Ansinnen seines bisherigen Untergebenen weit von sich wies, hielt ihm Wangenheim vor, er habe seine eigene Ehre und die Ehre des Offizierskorps beschmutzt, und bezeichnete ihn «als Verräter und Deserteur, dessen Bilder man jetzt von allen Kasernenwänden reißen würde». Dann legte er ihm vielsagend eine Pistole auf den Tisch und verschwand.

Blomberg beschwerte sich sofort beim Kriegsministerium, daß Wangenheim «versucht habe, ihm eine Pistole in die Hand zu drücken. Er habe das abgelehnt, da er sich offenbar auf einer anderen Ebene des Lebens u. (nd) der Auffassungen bewege als er.» Jodl meinte zu dem Bekehrungsversuch, er sei vielleicht gut gemeint, zeige aber eine ungeheure Überheblichkeit eines jungen Offiziers, der glaube, der Hüter der Ehre eines Offizierskorps sein zu müssen.

Wie Wangenheims Bürokamerad Boehm-Tettelbach berichtet, hat Hermann Göring den Marineadjutanten «wutschnaubend» zur Rede gestellt. Der selbstbewußte Kapitänleutnant unterbrach Göring ungerührt: «Verzeihung, Herr Generaloberst, ich bin kein dummer Lümmel, sondern Kapitänleutnant Freiherr von Wangenheim.» Göring blieb «im wahrsten Sinne des Wortes die Luft weg. Er... schritt langsam auf ihn zu, klopfte ihm väterlich auf die Schulter und meinte besänftigend: ‹Verzeihen Sie meinen Wutausbruch. Ich bin aber immer noch erregt über das, was Sie angestellt haben. Stellen Sie sich einmal vor: ein toter Kriegsminister! Nicht auszudenken!›»

Erstaunlich nur, daß ausgerechnet Goebbels, der bei jeder politischen Maßnahme die Reaktion im Ausland abwog, in seinem Tagebuch mehrmals bedauert, daß Blomberg nicht sofort zur Pistole gegriffen hatte![23]

Was weder er noch der junge Seeoffizier wußten: Hitler hatte Blomberg beim Abschied aus Gründen der Staatsräson das Versprechen abgenommen, sich nicht das Leben zu nehmen.[24] Somit hatte Wangenheim das wohlüberlegte Arrangement mit Blomberg gefährdet. Es hätte einen weltweiten Skandal gegeben, hätte sich ein deutscher Feldmarschall, ein Vertrauter des Reichskanzlers, unter dem moralischen Druck eines Untergebenen oder Beauftragten im Ausland erschossen.

Obwohl sich der Kapitänleutnant der Rückendeckung seines Oberbefehlshabers Raeder versichert hatte, ging es für ihn nicht ganz ohne unangenehme Folgen ab: Er wurde sogleich von seinem Posten im Kriegsministerium abgelöst.[25]

Auch dieser Vorfall bestätigt die Tatsache, daß Hitler seinen Kriegsminister niemals gegen den moralischen Druck des Heeres hätte halten können. Einer kollektiven Demarche der Generalität hatte er jedoch durch die sofortige Entlassung des Feldmarschalls vorgebeugt. Somit handelte der Oberste Befehlshaber im Sinne der Armee.

7.
Hitler, Göring, Himmler und Heydrich als Ränkeschmiede?

Nach dem Zeugnis des sachkundigen Obersten Hoßbach hätte Reichskriegsminister von Blomberg niemals fallen können, eben weil er als Mittler zwischen Wehrmacht und Partei für Hitler unersetzlich war, es sei denn, der *Führer* entzog ihm das Vertrauen oder Blomberg brachte sich selber zu Fall. Beides geschah, nur in der umgekehrten Reihenfolge. Trotzdem war noch in jüngerer Zeit zu lesen, Hitler habe seinen Minister mit schmachvollsten Machenschaften aus dem Amte gejagt.[1]

Zumeist wird in den ungezählten Abhandlungen über die Affäre
Blomberg vorausgesetzt, es sei ein Intriganten-Quartett – Hitler, Göring, Himmler, Heydrich – am Werke gewesen, mit verteilten Rollen
und in unterschiedlicher Rangfolge. Andere klammern Hitler aus und
sprechen nur von einem Triumvirat, oder aber, sie halten Hitler sogar
für den Alleinschuldigen.

Hitlers angebliche Urheberschaft

Einer sehr eingängigen Version zufolge soll der Diktator die Intrige
inszeniert haben, «um die Wehrmacht politisch zu entmachten und
seinem Führerbefehl zu unterwerfen».[2] Doch Hitler war schon seit
1934 Oberster Befehlshaber der Wehrmacht, die somit seinem Führerbefehl längst unterstand. Was oft übersehen wird: Es wäre für Hitler
sehr viel einfacher und geräuschloser gewesen, den angeblich kriegs-
gegnerischen Kriegsminister kurzerhand auszuwechseln. Schließlich
hatte sich Hitler bereits auf diese Weise von einigen Ministern getrennt: so von Hugenberg, Papen, Eltz-Rübenach und Kurt Schmitt.
Spannender liest es sich natürlich, daß Hitler ausgerechnet «seinem
Blomberg» mit ausgesuchter Raffiniertheit eine Falle gestellt habe.

Selbst Blomberg hat, was psychologisch verständlich ist, in seinem
erzwungenen Ruhestand nach Gründen für seine «Abhalfterung» gesucht, wobei er den wirklichen Grund, seine unmögliche Heirat und
die Irreführung Hitlers, verdrängte. So fand er in der Kriegsgefangenschaft 1945 einen «äußeren Anlaß»: Er will «mittelbar, aber wörtlich»
von Goebbels erfahren haben, also eben doch auf Hörensagen, daß er –
ebenso wie Generaloberst von Fritsch – ein «Hemmschuh» gewesen
sei.[3] Damit stellte er die Weichen für die geläufige spätere Falschdar-
stellung jener berühmten Konferenz mit Hitler am 5. November 1937.

Diese «Hemmschuh»-Theorie läßt sich leicht widerlegen. Denn es
ist völlig ausgeschlossen, daß sein Gewährsmann Goebbels jemanden
vorsätzlich falsch unterrichtet und ihm das Gegenteil seiner wirklichen
Meinung mitgeteilt haben könnte, wie er sie am 27. Januar 1938 notierte: «Blomberg ist gar nicht mehr zu retten. Seine Frau, vorbestraft
wegen Vertriebs unzüchtiger Photos von sich selbst, bis 1937 unter
Kontrolle, die Photos sind gemein und ekelhaft. Blomberg muß seinen Abschied nehmen.» Und voller Grimm äußert er sich dann über
den Urheber der Krise: «Blombergs Verhalten ist mir ganz unverständlich. Er will ins Ausland fahren. Und den Führer hier im Dreck
stecken lassen.»[4]

Eine phantastische Darstellung einer von Hitler geduldeten SS-In-
trige gegen Blomberg findet sich in den Briefen und Aufzeichnungen
des früheren Reichskanzlers Heinrich Brüning. Eine seiner Quellen
war der ehemalige Oberbürgermeister und Preiskommissar Carl

Goerdeler, den er Mitte März 1938 in Brüssel getroffen und der ihn mit den neuesten Gerüchten über den Blomberg-Skandal versorgt hatte. Danach hatte der Feldmarschall «eine ehemalige Prostituierte als Sekretärin in der Bauabteilung des Kriegsministeriums untergebracht, wo sie Baufirmen und Grundstücksspekulanten Tips verkaufte. Ohne Blombergs Wissen verkaufte sie auch Informationen an ausländische Agenten. Himmler ließ sie beobachten und war über die Machenschaften sehr gut informiert.»

Der Phantasiebericht Goerdelers, immer nach Brüning, ging wie folgt weiter: «Als sie von zwei prominenten Gestapobeamten verhört wurde, bekam sie große Angst, ging zu Blomberg und sagte, er müsse sie sofort heiraten, um eine Ermittlung zu verhindern, in die er möglicherweise auch hineingezogen würde. Den Anlaß für dieses Ermittlungsverfahren erklärte sie nicht; es gelang ihr aber, Blomberg mit verschwommenen Andeutungen über eine gegen ihn gerichtete Verschwörung zu beeindrucken.»

Hier zeigt sich, daß ein Gerücht, wenn es einmal eine falsche Richtung eingeschlagen hat, alsbald mit so vielen Einzelheiten von den jeweiligen Überträgern ausgeschmückt wird, daß es von Mal zu Mal glaubwürdiger wird. Da Brüning den Feldmarschall in seiner Aversion ohnehin als «geistig und nervös unbeständig» einschätzte, glaubte er gern die abstrusen Erzählungen Goerdelers, dem man sie aus Berlin zugetragen haben mag. Schließlich habe der verängstigte Blomberg Hitler und Göring gebeten, Trauzeugen zu sein. «Wie Goerdeler sagte, kannte Hitler die ganze Geschichte und willigte ein, Trauzeuge zu sein, um später Grund zur Entrüstung zu haben.»[5]

Seltsam an dieser Geschichte ist Blombergs angebliches Verhalten: Er hätte doch eigentlich diese geheimnisvolle Angelegenheit mit allem Nachdruck aufklären müssen, um die gegen ihn arbeitenden Verschwörer festzustellen. Und das todeswürdige Verbrechen des Landesverrats durch die Sekretärin blieb ungeahndet? Aber Gerüchte erheben sich weit über derartige kritische Überlegungen!

Der Schriftsteller Harry Schulze-Wilde (alias Wilde alias H. S. Hegner) steuerte ebenfalls eine abenteuerliche Geschichte bei,[6] doch mit einer gezielten Pointe: Da meldete sich ein «SD-Mann Bednarczyk» bei Heydrichs Adjutanten und berichtete ihm, Hitler habe befohlen, «das Aufgebot des Brautpaares Blomberg-Gruhn dürfe nicht ausgehängt werden». Der Grund: Bei der Trauung hätten «einige Papiere über die arische Abstammung» der Braut gefehlt, und die Mutter sei mit einem Juden verheiratet gewesen. Damit habe der SD-Mann bei Heydrich «einen wunden Punkt berührt», denn auch er habe ja eine jüdische Großmutter gehabt. Es ist kennzeichnend für Schulze-Wilde, daß er dieses längst widerlegte Gerücht über Heydrich[7] skrupellos mit der Blomberg-Affäre verbindet. Abgesehen davon hat er seinen SD-Mann in dem Standesamt tätig sein lassen, wo die Trauung Blombergs stattfand. Der Autor übersah eine Kleinigkeit: Wegen der Geheimhaltung wurde das Paar im Kriegsministerium getraut... Es entbehrt wahrlich nicht der Ironie, daß ausgerechnet Gisevius [8] Hitler vor der Anschuldigung in Schutz nimmt, eine aktive Rolle beim Sturz Blombergs gespielt zu haben. Vielmehr bescheinigt er ihm, «gründlich von den Ereignissen überrumpelt» worden zu sein: «Auch ist seine Konsternation begreiflich. Blomberg ist ihm bislang als ‹der› Edelmann aus einer Welt erschienen, zu der er keinen Zutritt hat.»

Göring – ein Feind Blombergs?

In fast allen Nachkriegsberichten wird vor allem Hermann Göring als eigentlicher Drahtzieher und Nutznießer («cui bono?») des vermeintlichen «Komplotts» oder der «infamen Intrige» gegen Blomberg und in der weiteren Folge gegen den Oberbefehlshaber des Heeres, Generaloberst Freiherr von Fritsch, beschuldigt. Das Internationale Militärtribunal in Nürnberg warf ihm in seinem Urteil 1946 vor, «die schmutzigen Vorgänge» eingeleitet zu haben, die zur Entfernung der beiden Generäle aus dem Heere führten. Als Motive für das heimtückische Tun Görings in seiner Rolle als durchtriebener und rücksichtsloser Bösewicht werden grenzenloser Ehrgeiz, Neid, verschiedentlich auch Verärgerung und Rachsucht genannt. [9]

Nun machte Göring es vielen Kritikern leicht, ihm, dessen Ehrgeiz unverhüllt zutage trat, auch zuzutrauen, Blomberg aus dem Wege geräumt zu haben. Von dieser Verdächtigung blieb selbst ein so um Objektivität bemühter Beobachter wie sein Minister-Kollege Graf Schwerin-Krosigk nicht frei. Auch er meinte, Göring sei bestrebt gewesen, «die Fülle seiner Ehren mit der Stellung des Kriegsministers zu krönen... Die Heirat Blombergs im Februar 1938 spielte Göring den Trumpf in die Hände.» [10] Unter allen Vorwürfen gegen Göring ist der häufigste eben diese Ämtergier. Er soll schon vor der Heirat über die Vergangenheit der Braut Blombergs Bescheid gewußt und sich die Polizeiakte von der Gestapo haben zuspielen lassen, um sie dann im passenden Moment Hitler vorzulegen.

Bereits 1949 erschien ein Illustriertenbericht, [11] worin ein SS-Rottenführer Xaver Ebenteuer zitiert wird, der am 28. Januar als Posten in der Reichskanzlei Ohrenzeuge gewesen sein will, wie Göring lauthals Hitler aufforderte, ihm die Wehrmacht zu übergeben. Den Lauscher spielen konnte der Zeuge nur deswegen, weil Göring die Tür zu Hitlers Arbeitszimmer so laut zugeschlagen habe, daß sie wieder aufging. Doch das Pech des Zeugen war, daß er es bei der Verwendung von Lokalkolorit an Sorgfalt fehlen ließ: Hitler soll an jenem Tag den japanischen Botschafter Oshima empfangen haben (das geschah aber erst im November); Ortskenner versicherten, wegen der riesigen Ausmaße des Raumes hätte der SS-Mann unmöglich etwas hören können; im übrigen gab es entgegen dem Bericht keinen Einzelposten, sondern stets Doppelposten.

Immer wieder taucht die Version auf, Göring habe, um sein Ziel zu erreichen, Nachfolger Blombergs zu werden, sich seines «Freundes» Himmler und dessen Gestaposchergen bedient. Die Vorstellung jedoch, daß Göring etwa den Reichsführer SS Heinrich Himmler um seine Mitwirkung bei einer solchen Schandtat gebeten haben würde, ist schon deshalb auszuschließen, weil das Verhältnis der beiden alles andere als gut und vertrauensvoll gewesen ist. Göring hat später sogar bestätigt, daß Himmler ihm «nie grün war» und – aus Görings Mund besonders überraschend – dessen «Ehrgeiz keine Grenze kannte». Vielmehr sei «das stille Ringen um Machtpositionen zwischen Göring und Himmler all' die Jahre hindurch» gegangen.[12]

Ein wie immer geartetes Vertrauensverhältnis zwischen ihnen war seit 1934 mit Sicherheit nicht mehr möglich, als Himmler bei Hitler gegen Görings zähen Widerstand und zu seinem unverhüllten Verdruß durchsetzte, daß die Geheime Staatspolizei in Preußen, also eine wichtige Machtposition, dem Ministerpräsidenten abgenommen und Himmler übertragen wurde.[13] Die Gestapo als Ganzes war auch nicht, wie behauptet wird, immer noch pro forma Göring unterstellt, sondern Himmler firmierte seit 1936 als Chef der deutschen Polizei beim Reichsinnenministerium. Dem hochintelligenten Göring nachzusagen, er habe sich zum Zwecke einer äußerst komplizierten Inszenierung der Blomberg-Heirat (mit programmiertem Sturz) hoffnungslos Himmler und dessen Trabanten überantwortet und damit Hitlers Zorn geradezu provoziert, ist wenig durchdacht.

Setzt man einmal theoretisch den Fall, Göring habe wider Anstand und Vernunft aus blindem Ehrgeiz oder auch aus Rachsucht das «Komplott» gegen Blomberg mit Hilfe der SS in Gang gebracht: wie hätte er einkalkulieren können, daß der erhoffte Skandal dann – wie geschehen – ausgerechnet durch die Formalie der polizeilichen Ummeldung und das ebensowenig vorauszuahnende triumphierende Geschwätz irgendwelcher Berliner Dirnen «aktenkundig» und damit zum angeblich erhofften Erfolg führen würde? Wie hätte der Urheber einer solchen «Intrige» wohl darauf spekulieren können, daß sich der Polizeipräsident Graf Helldorff mit der Meldekarte an den General Keitel als den neuen Verwandten Blombergs wenden und dieser ihn spontan zur endgültigen Identifizierung der umgemeldeten Dame ausgerechnet zu ihm – Göring – schicken würde? Man muß schon sehr voreingenommen sein, um dennoch Göring weiterhin in die «infame

Intrige» gegen Blomberg und damit indirekt auch gegen Hitler einzubeziehen, wie dies viele Historiker und Autoren getan haben.

Insbesondere legte man Göring zur Last, daß er Blomberg, als der
ihn um einen kameradschaftlichen Rat wegen seiner Heiratsabsicht
bat, zugeredet und ihn so in sein Unglück gestoßen haben soll. Niemand hat sich offenbar gefragt, wie Göring auf Blombergs Bitte
anders hätte reagieren können. Hätte er sich etwa erst einmal die Personalien der Braut oder gar ein polizeiliches Führungszeugnis geben
lassen sollen? Wie konnte er nach dem Namen fragen, ohne taktlos zu
erscheinen? Weshalb sollte er eingedenk der bekannten konservativen
Sittenstrenge im Offizierkorps mißtrauisch sein?

Es ist unvorstellbar, daß Göring, hätte er die Wahrheit auch nur
geahnt, etwa nicht sofort Hitler unterrichtet hätte. Unvorstellbar, daß
Göring dann noch an seinem Geburtstag die Trauzeugenrolle übernommen und seelenruhig zugelassen hätte, daß Hitler selber als Trauzeuge auftrat! Unvorstellbar, daß Hitler eine solche «Intrige», die
ihm keinesfalls verborgen geblieben wäre, tatenlos hingenommen
hätte! Kein Zweifel also: Göring war ebenso wie Hitler und auch
Goebbels von Blomberg über Margarethe Gruhns früheres «Gewerbe» bewußt getäuscht worden. Und deshalb waren sie mit Recht
«verstimmt».

Göring hat denn auch, als er am 20. Oktober 1945 im Beisein von
General William Donovan, dem Chef des amerikanischen Geheimdienstes OSS («Office of Strategic Service») vernommen wurde,[14]
nachdrücklich erklärt, der Rücktritt Blombergs habe einzig mit dessen
Frau zu tun gehabt: «Nur damit!» Er bestritt, daß Hitler oder er selber
Heirat oder Rücktritt Blombergs verursacht hätten, und berief sich
darauf, daß damals «alle drei auf besonders gutem Fuße standen». Der
langjährige Chefadjutant und Vertraute Görings, General Bodenschatz, bekräftigte[15] diesen Sachverhalt: «Hätte Göring vor der Trauung Blombergs von dem Vorleben des Frl. Gruhn gewußt, so hätte er
sicher den Feldmarschall rechtzeitig aufmerksam gemacht, und es
wäre nie zu dieser Ehe gekommen. Göring schätzte Blomberg viel zu
hoch, als daß er ihn in eine so mißliche Lage absichtlich hätte hinein-
treiben lassen. Das ist nicht die Art von Göring.»

Aber der Verdacht gegen Göring war nicht mehr aus der Welt zu
schaffen, nachdem Gisevius als Zeuge im Nürnberger Kriegsverbrecherprozeß in seinem flammenden Eifer gegen Göring diesem die
Hauptverantwortlichkeit zugeschoben hatte. Seine Behauptungen gip-
felten in der Aussage, Himmler, Heydrich und Göring hätten in dessen Landsitz Karinhall in der Schorfheide am 23. Januar 1938, also ehe
Hitler persönlich von dem Skandal unterrichtet wurde, die niederträchtigen Pläne im einzelnen beraten.[16]

Gisevius, der ehemalige Deutschnationale und Gestapobeamte und spätere Verbindungsmann zwischen Widerstandsbewegung und amerikanischem Geheimdienst, ein Hans-Dampf-in-allen-Gassen, der jedes Gerücht, das er aufschnappte, gleich nach dem Krieg in seinem phantastischen, flott geschriebenen Erlebnisbuch *Bis zum bitteren Ende* ausbreitete, hat über Jahrzehnte anderen Autoren als Vorlage gedient. Werner Picht sprach einmal typologisch von dem «sensationell und unbesorgt um die Wahrheit redigierten Gangsterroman, wie er sich etwa bei Gisevius findet».[17]

Aber welche Ironie, daß ausgerechnet Görings Erzfeind Gisevius in einer späteren Veröffentlichung urplötzlich mit Indizien für Görings Unschuld aufwartet und darüber hinaus zugleich Hitler freispricht: «Bedürfte es überhaupt eines Beweises, daß Hitler an jenem Abend [*24. Januar*] ahnungslos die Reichskanzlei betrit, dann wird dieser durch Görings vorheriges Verhalten erbracht, der auf Hitler wartet und mit allen Zeichen äußerster Erregtheit in den Vorräumen herumrennt. Heute wirkt er gar nicht ‹eisern› . . . Göring selber stößt vielsagende Andeutungen aus, wie das Schicksal ihn geschlagen habe, wieder und wieder dem Führer böse Kunde überbringen zu müssen – so verhält man sich nicht, wenn alles seit Wochen verabredet ist.»[18]

Gerüchte um Himmler und Heydrich

Ein vermeintlicher Sachkenner und Eingeweihter, der hohe SD-Führer Wilhelm Höttl, der unter dem Pseudonym «Walter Hagen» in den fünfziger Jahren aufsehenerregende Einzelheiten aus der Skandalchronik des «Dritten Reiches» veröffentlichte[19], hat behauptet, Heydrichs Apparat habe schon 1937 festgestellt, «daß die Mutter Eva Gruhns in Berlin einen sogenannten Massagesalon besaß und mit den Behörden mehrfach wegen Kuppelei und gewerbsmäßiger Unzucht in Konflikt gekommen war».

Er wundert sich, wie wohl Margarethes – hier natürlich «Eva Gruhns» – Karteikarte auf den Schreibtisch des Polizeipräsidenten Helldorff gelangt sein mochte, und kommt zu dem Schluß, die Karteikarte sei auf Weisung Heydrichs eigens hergestellt – gefälscht – worden. «Streng bewiesen» sei jedenfalls, daß der zuständige Kriminaldirektor Meisinger – der war 1937 bereits Regierungs- und Kriminalrat – «falsche Eintragungen gemacht» habe. Wenn schon ein leibhaftiger SS-Obersturmbannführer wie Höttl mit dem Schein hervorragender Informiertheit derartige Falschinformationen verbreitete, wird man sich nicht darüber wundern können, daß seine Angaben für bare Münze genommen und weiterverbreitet worden sind.

Nach 1945 haben auch zahlreiche andere Autoren diesen «Massagesalon», in dem angeblich auch die Tochter «mithalf», eifrig in ihre

Darstellungen übernommen. Die in eine ganz bestimmte Richtung drängende Vorstellung hat als einer der ersten Gisevius zwecks Stimmungsmache in die Literatur eingeführt: «Der Apfel war offenbar nicht weit vom Stamm gefallen. Mutter Gruhn betrieb einen Massagesalon im Stadtteil Neukölln, und ihr Strafregister enthielt mehrere Verurteilungen wegen Zuhälterei».[20]

Etliche Eingeweihte aus dem polizeilichen oder politischen Bereich – unter ihnen natürlich eben auch Gisevius, der Freund des Reichskriminaldirektors Nebe – nahmen damals die Gelegenheit wahr, sich das «Milieu» in dem Neuköllner Proletarierviertel und die dort in der Emser Straße 40 vermutete «Lasterhöhle» näher anzusehen. Alle gingen fälschlich davon aus, daß Margarethe bei ihrer Mutter gewohnt habe. Diese Ahnungslosigkeit herrschte auch bei der Gestapo. Kaum war der Skandal bekanntgeworden, machte sich schon Sicherheitspolizeichef Heydrich mit seinem Adjutanten im Kraftwagen auf, um sich das Wohnhaus der Schwiegermutter Blombergs anzuschauen. Die beiden kehrten allerdings schon im Treppenflur wieder um.[21]

Alle schlüpfrigen, ehrabschneidenden Gerüchte über «Mutter Gruhn» werden widerlegt durch einen Bericht des Kriminalkommissars Franz Röder vom 24. Januar 1938 (Aktenzeichen «K. J. B. II/7»), der höchstwahrscheinlich von Arthur Nebe persönlich mit Erkundigungen beauftragt wurde,[22] also zwölf Tage (!) nach der Heirat Blombergs – auch das ein Zeichen für die Unkenntnis in höheren SS-Kreisen. Kommissar Röder ermittelte bei den Nachbarn, daß die staatlich geprüfte Heilgehilfin Witwe Luise Gruhn einen guten Ruf als Masseuse genoß. Sie behandelte vor allem körperbehinderte Krankenkassenpatienten. Röder geht auch auf die bösen Gerüchte ein: «Anhaltspunkte dafür, daß es sich um einen Massagesalon im üblen Sinne handelt, sind nicht vorhanden. In der Kartei der Gruppe M wird die Gruhn nicht geführt. Insbesondere sind weder beim Kuppeldezernat noch beim Abtreibedezernat Vorgänge vorhanden.» Auch bei der Medizinal- und bei der Gewerbepolizei lag nichts vor.

Freilich läßt der Bericht erkennen, daß Witwe Gruhn, die sich allein hatte durchschlagen müssen, ziemlich reizbar gewesen sein dürfte. Es ist die Rede von einem Sühneverfahren wegen Beleidigung und von einer zweimonatigen Gefängnisstrafe wegen Abgabe einer falschen eidesstattlichen Erklärung. So etwas, meinte Polizeipräsident Helldorff, werde in diesen Kreisen nicht sehr tragisch genommen.[23] Diese Eigenheiten der Frau Gruhn könnten den ungünstigen Eindruck verständlich machen, den Hitler und Göring bei der Zeremonie im Kriegsministerium erhalten haben. Sie hat auch nach der Heirat Blombergs unbeirrt ihre Praxis fortgeführt, ist also zu Tochter und Schwiegersohn auf Distanz geblieben.

Der Schriftsteller Schulze-Wilde läßt Heydrich eines Tages bei Göring auftauchen, dem er ein eher dürftiges Dossier mitbringt, das er aber dann doch für sich behält: angeblich Spitzelberichte über die regelmäßigen Besuche des «Herr(n) Generaloberst»(!) von Blomberg bei Fräulein Gruhn und die Abrechnung von zwei Beamten, die im «Golfhotel» im Thüringer Wald «Fräulein Erna (!) Gruhn» vor möglichen Belästigungen schützen sollten. So hätte also Heydrich – frei nach Schulze-Wilde – Göring über die Hintergründe der Ehe Blombergs völlig ahnungslos gelassen. Diese offensichtlich erfundene Darstellung[24] machte sich ein Mann zu eigen, der es eigentlich besser hätte wissen müssen: Hitlers Adjutant Wiedemann. Er mutmaßt, Göring habe über die Meldung eines SS-Mannes von den Besuchen Blombergs in der Wohnung der Mutter Gruhn erfahren und daraufhin die ganze Sache angedreht. Die nüchterne Wirklichkeit steht im Röder-Report: Blomberg ist nur ein einziges Mal, am 9. Januar 1938, bei der künftigen Schwiegermutter erschienen.

Seltsames las man auch in einer von Unwahrheiten strotzenden Broschüre eines sogenannten Luxemburger Komitees: Es habe gar keine authentischen (Porno-)Aufnahmen von der jungen Frau von Blomberg gegeben,[25] und nach Auskunft des Münchner Instituts für Zeitgeschichte seien auch in der Polizeiakte keine Fotos enthalten. Das Münchner Institut wußte jedoch nichts von einer solchen wahrheitswidrigen Auskunft. Dort befindet sich nämlich nur eine Kopie jener Akte Gruhn, die von der Berliner Justiz, selbstverständlich mit den fatalen Porno-Fotos, verwahrt wird.

Der Generalsekretär des Komitees, Edouard Calic,[26] berief sich einige Jahre später auf angebliche Auskünfte der verstorbenen «Zeugin» Margarethe von Blomberg geborene Gruhn aus den Jahren 1970 und 1974. Demnach habe Heydrich auf Hitlers Anordnung durch einen Experten aus seiner Fälscherwerkstatt eine Fotomontage anfertigen lassen, wobei vermutlich von einem Foto der Frau von Blomberg ihr Kopf auf den Körper einer anderen Frau retuschiert worden sei. Gegen die Echtheit dieser «Erklärungen» bestehen schon deshalb erhebliche Zweifel, weil die Witwe Blomberg bis zu ihrem Tode grundsätzlich Auskünfte verweigert hat. Calic stützt sich denn auch auf undatierte «Mitteilungen an den Verfasser», behauptet jedoch, eine «kriminologische und kriminalistische Untersuchung» des Falles lasse nur eine Alternative übrig: Es gebe keine Originale pornographischer Fotos von Margarethe Gruhn. Die Erfindung einer angeblich «wissenschaftlichen» Untersuchung hätte sich Calic durch eine Anfrage bei der Berliner Justiz ersparen können; denn dort liegt das von «Margreth Gruhn» unterzeichnete Polizeiprotokoll vom 23. Januar 1931 mit den fatalen sechs Original-Fotos...

Der einstige amerikanische Geheimdienstresident in der Schweiz, Allen W. Dulles, will von Eingeweihten (wohl Gisevius) erfahren haben,[27] das Fräulein Gruhn «sei höchstwahrscheinlich von Himmler in Blombergs Büro gesetzt worden». Es ist zwar verlockend naheliegend, daß sich der «Chef» in sein Büromädchen verliebt, wie das in unzähligen Romanen und Filmen dargestellt wird, nur hat auch diese Vorstellung nichts mit der Wahrheit zu tun.

Als der damalige Vorgesetzte von Dulles, OSS-Chef Donovan, 1945 Hermann Göring nach irgendwelchen «Drahtziehern» der Affäre Blomberg fragen ließ, tat Göring ihm den Gefallen und gab eine Version zum besten, die hervorragend in das Bild des «Teufels mit Kneifer», des inzwischen durch Selbstmord geendeten Heinrich Himmler, zu passen schien: nämlich «daß ohne Hitlers und sein Wissen Himmler – nachdem er von der Beziehung Blombergs zu dem Mädchen erfahren hatte – die Heirat in Anwesenheit von Hitler und Göring zugelassen hatte, ohne sie vorher zu informieren, um so seine eigene Wichtigkeit zu fördern, Blomberg loszuwerden sowie Hitler und Göring in eine peinliche Lage zu bringen, die er für sein eigenes Vorankommen würde ausnützen können».

Mag sein, daß Göring es dem toten Himmler heimzahlen wollte. Dennoch – sie hatten beide mit der vermeintlichen «Schurkerei» nichts zu tun. Himmler im Verdacht hatte auch Generaloberst Freiherr von Fritsch. Er war – nach seinem eigenen Sturz – überzeugt: «Man hat die Verstiegenheit Blombergs ausgenützt, um ihn in diese Heirat zu treiben; man war sich darüber klar, daß er darüber fallen würde. Kaum war die Hochzeit geschlossen, fanden sich Berge von Akten (!) über das Vorleben der Frau v. Blomberg; überall sprach es sich herum, daß er eine Straßendirne geheiratet habe.»[29]

Der nachmalige Nato-General Graf von Kielmansegg berief sich in seiner Fritsch-Biographie auf einen Zeugen aus zweiter Hand, einen Senatspräsidenten beim Reichskriegsgericht, der von dem «wohl in dieser Hinsicht unverfänglichen Zeugen» Dr. Werner Best gehört haben will, daß «Himmler und Heydrich schon vor der Eheschließung von den gegen Blombergs zukünftige Frau vorliegenden Anschuldigungen» gewußt haben sollten: «Man ließ ihn also ‹bewußt in diese Ehe hineinschliddern› (so angeblich Dr. Best) und verfolgte damit die Absicht, Hitler später zu der Überzeugung zu bringen, daß Blomberg unmöglich in seiner Stellung verbleiben könne.» Diese «Äußerung» Dr. Bests zeige klar – so Kielmansegg – «wer dieser ‹man› war, – die Führung der SS, d. h. Himmler und Heydrich».[30]

Werner Best hat längst das angebliche Zeugnis des Dr. Neuroth eidesstattlich als Phantasieprodukt bezeichnet. Im Gegenteil ist auch Best ein Zeuge dafür, daß niemand aus der NS-Führung vorher vom wahren Hintergrund der zweiten Blomberg-Gattin gewußt hat.[31] Das hat ebenfalls Himmlers Adjutant, der SS-Gruppenführer Karl Wolff, nichtöffentlich im Jahre 1952 glaubwürdig bestätigt: «Himmler und Heydrich haben erst nachträglich von der ganzen Angelegenheit Blomberg-Gruhn erfahren.»

Alle diese Äußerungen von Eingeweihten oder besser: Nichteingeweihten aus der Umgebung Hitlers blieben der Öffentlichkeit unbekannt und wären in der Atmosphäre nach 1945 mit Sicherheit nicht auf Glauben gestoßen. So hatten und haben es zahlreiche Autoren leicht, gestützt auf die allgemein unterstellte Allwissenheit der Gestapo und des Sicherheitsdienstes, Himmler und vor allem Heydrich mit der Urheberschaft der «ruchlosen Intrige» gegen die Wehrmachtführung zu belasten.

Bei diesen Anschuldigungen und Verdächtigungen haben die Autoren stets außer acht gelassen, daß Himmler und Heydrich unbedingt Hitlers Zorn und folgenschwere Ungnade zu fürchten gehabt hätten, würden sie es von sich aus gewagt haben, mit einem Heer von Spitzeln, Zuträgern und Fotografen sämtliche Freundschafts- und Liebesaffären der führenden Repräsentanten des NS-Staates zu überwachen und darüber Dossiers anzulegen. Dies um so mehr, als Hitler, wie glaubwürdig berichtet wird, derartige Schnüffeleien wenig geschätzt haben soll.[32] Wo fing die freundschaftliche Beziehung an; wann verwandelte sie sich in eine Liebesaffäre; und wann und wodurch wurde sie «gefährlich» und damit aus staatspolizeilicher Sicht interessant?

Wie nach 1945 aus vielen Büchern und aus «Tatsachenberichten» der Illustrierten bekannt wurde, haben manche Granden des «Dritten Reiches» außereheliche Beziehungen unterhalten und sich amouröse Abenteuer geleistet: Hatte nicht Adolf Hitler selber eine vor der Welt sorgsam geheimgehaltene Mätresse? Lachte man nicht heimlich über den «Bock von Babelsberg», den Reichsminister Joseph Goebbels, und über seine ständig wechselnden Favoritinnen aus dem unerschöpflichen Reservoir von Film und Schauspiel? Bestand nicht seit 1936 seine Beziehung zu der tschechischen Schauspielerin Lida Baarova? Hatte nicht Heinrich Himmler selber außereheliche Kinder mit einer «Nebenfrau», ganz zu schweigen von den ungezählten «Seitensprüngen» seines Mitarbeiters Reinhard Heydrich? Lebte nicht auch Parteisekretär Martin Bormann (sogar mit ausdrücklicher Zustimmung seiner Ehefrau) in einem Konkubinat?[33] Alle hätten es Himmler schwer verübelt, würde ausgerechnet er – der im Glashaus saß – es gewagt haben, sich als Sittenrichter oder -kontrolleur aufzuspielen.

Doch selbst wenn man unterstellte, die polizeiliche Belastung der Gespielin Blombergs, die nur eine von zahllosen «leichten Mädchen» und Halbweltdamen in der Weltstadt Berlin mit ähnlicher Polizeiakte gewesen ist, sei auf dem Dienstwege «nach oben», also zu Himmler oder Heydrich gelangt: Weshalb hätte man den Witwer Blomberg, der doch wie andere Granden Anspruch auf privates Vergnügen hatte und sich nicht im unklaren sein konnte, welchem Milieu das Mädchen entstammte, warnen sollen? Wovor? Wie hätte ein Kriminalbeamter von der Sittenpolizei das ihm zufällig bekanntgewordene Verhältnis zum Anlaß einer Meldung oder Warnung nehmen sollen?

Im Augenblick, da sie sich ganz dem Minister widmete, verschwand sie ja zugleich aus dem «Milieu»! Daß der Generalfeldmarschall dieses unmögliche «Frauenzimmer» zu heiraten beabsichtigte, konnte niemand ahnen. Als er es unter der geschilderten Abschottung tat, löste dies einen ähnlichen Wirbel aus wie bald die Affäre des Reichsministers Goebbels,[34] die erst wegen der Scheidungsabsicht durch ein Machtwort Hitlers bereinigt werden konnte. Nur bestand der entscheidende Unterschied darin, daß der Feldmarschall Witwer und Goebbels mit einer Hitler sehr freundschaftlich verbundenen Frau verheiratet war, und vor allem, daß man – anders als über die tschechische Schauspielerin Lida Baarova – über Margarethe Gruhn gar nichts wußte.

Eine besonders groteske Kombination publizierte der amerikanische Schriftsteller Milton Shulman. Er machte Fritsch und Himmler zu kriminellen Komplizen, die ein Polizeidossier über die Vergangenheit der Frau von Blomberg Hitler vorlegten, der in einem Wutanfall den Kriegsminister entließ. Die Gangsterstory ging wie folgt weiter: «Um zu verhindern, daß nun von Fritsch zum Kriegsminister ernannt wurde, lieferte jedoch Himmler jetzt Hitler Beweisstücke des Inhalts, daß von Fritsch Homosexueller sei. Der ‹Beweis› war durch einen ehemaligen Zuchthäusler, ein Parteimitglied, besorgt worden und stammte offensichtlich von Himmler selbst.»[35] Mit diesen frei erfundenen Behauptungen brachte es Shulman fertig, mit einem Schlag Himmler – und damit die SS –, Fritsch – und damit die Wehrmacht – und schließlich mit dem PG-«Zuchthäusler» die NSDAP zu diffamieren.

In der Gerüchteküche haben zur «Ehrenrettung» Blombergs auch ehemalige Nationalsozialisten mitgemischt, in der Absicht, für Hitlers Mißerfolge den «Widerstand» und insbesondere Angehörige der Abwehr sowie nationalsozialistische Mitverschwörer vom 20. Juli 1944 verantwortlich zu machen.

In dem Organ deutscher Emigranten in Argentinien, «Der Weg»[36] – die Emigranten waren geflohene ehemalige NS-Größen –, erschien 1956 ein Artikel über «die Rolle der Gestapo». Der Verfasser Paul Beneke, der sich auch auf die törichten Angaben im Gisevius-Buch *Bis zum bitteren Ende* beruft, behauptete, der spätere Gestapochef Heinrich

Müller habe «unter vollendeter Tarnung die Gestapo gegen Hitler ‹umgedreht›». So sei der «hitlertreue» Reichskriegsminister von Blomberg «über eine menschliche Schwäche mit Hilfe einer gefälschten Sittenkarteikarte gefällt» worden. Wie üblich hat der Verfasser außer acht gelassen, daß in den erfolgreichen Anfangsjahren die «Alten Kämpfer», zu denen auch Heinrich Müller gehörte, zu keiner Zeit an irgendeinen «Widerstand» oder gar an risikoreiche Sabotageakte gedacht haben.

Ein anderer namhafter Nationalsozialist, Professor Dr. Johann von Leers, der sich nach seinem Übertritt zum Islam in Kairo niederließ und fortan Dr. Omar Amin von Leers nannte, hatte bereits 1954/55 in einer ähnlich überspannten Serie mit halsbrecherischen Behauptungen den gleichen «Beweis» führen wollen. Nach seiner frei erfundenen Version habe im Zusammenwirken mit Oberst Osters geheimem Nachrichtendienst Graf Helldorff, «der schon mindestens seit 1933 in die Hände der Verschwörer geratene korrupte Polizeipräsident von Berlin», eine gefälschte Sittenkarte der Eva Gruhn vorgelegt.[37]

Es hilft alles nichts: Blomberg hat sein Fiasko von Anfang bis zu Ende ganz allein selber verursacht! Erstaunlich ist seine geradezu kindlich naive Überzeugung, wenn man – wie bereits erwähnt – von ihm hört, Hitler und Göring hätten – wenn sie nur gewollt haben würden – «die Affäre sehr wohl mit dem Mantel der Liebe zudecken können». In seiner Verbiesterung nach dem Desaster vermochte Blomberg nicht zu erkennen, daß Hitler vermutlich nur zu gern «gewollt» hätte, wäre das nur irgend zu machen gewesen. Hingegen besteht nicht der geringste Zweifel, daß Blombergs Standesgenossen, die Generäle, die ihnen angetane Schmach unter keinen Umständen hingenommen hätten. Auch Göring, der in Ehesachen als außerordentlich streng geschildert wird, wäre nicht zur Duldung bereit gewesen.[38]

Einer, der es wissen mußte, stimmte nach 1945 nicht in den allgemeinen Verdammungschor gegen die SS-Führung mit ein – Feldmarschall Keitel: «Daß die Gestapo im Falle Blomberg die Finger im Spiel hatte, ist erwiesenermaßen falsch.»[39] Doch wer hörte schon auf den allseits verrufenen Keitel?

Die Unsinnigkeit der bisherigen Geschichtsüberlieferung zum Fall Blomberg hätte man aus den vorhandenen Unterlagen längst feststellen können, wozu jedes der folgenden Argumente im Grunde ausgereicht hätte: Da war vor allem das bis ins Extrem übersteigerte Bemühen Blombergs um die strikte Geheimhaltung der Eheschließung und der Personalien der Braut einschließlich des polizeilichen Führungszeugnisses. Dazu gehörte der Verzicht auf die eigentlich unvermeidliche kirchliche Trauung und den dazugehörigen, seiner Stellung im «Dritten Reich» entsprechenden Aufwand. Dazu gehörte weiter das

Fernhalten seiner vertrauten Mitarbeiter von der Trauungszeremonie, die Beschränkung der Pressenotiz auf das Allernotwendigste und das einmalige Verschweigen des Vornamens der Braut. Schließlich gehört dazu die sofortige Abreise der Neuvermählten ohne die kleinste Festlichkeit und die dichte Verschleierung der jungen Ehefrau auf dem Friedhof bei der Beerdigung der Mutter Blombergs, wobei wiederum folgerichtig Beileidsbezeugungen untersagt waren.

Die Vorwürfe gegen die angeblichen «Komplotteure», «Intriganten» und Ränkeschmiede Göring, Himmler und Heydrich und selbst Hitler, die angeblich vor der Eheschließung über das Vorleben der Braut unterrichtet gewesen seien – oder hätten sein müssen – und Blomberg zielbewußt in dieses für ihn verderbliche Ehe-Abenteuer gelockt oder gar «gehetzt» haben sollen, beruhen auf Wunschdenken. Sie sind schon deshalb gegenstandslos, weil keiner der drei Paladine gewagt haben würde, durch eine solch überaus komplizierte und gefährliche «Intrige» Hitlers Autorität zu erschüttern und das «Dritte Reich» in eine Staatskrise – die schlimmste seit 1934, wie Goebbels zutreffend seinem Tagebuch anvertraute[40] – zu stürzen. Hätte Hitler seinen getreuesten Verehrer in der Wehrmacht loswerden wollen, brauchte er lediglich seinen Rücktritt zu verlangen.

Selten genug stößt man in dem Wust der überlieferten Fehldarstellungen auf die Erkenntnis des wahren Sachverhalts: «(Blombergs) junge Frau hat ihn nicht etwa hereingelegt. Er hat sie in voller Kenntnis des ‹einschlägigen› Vorlebens geheiratet.»[41]

8.

Blomberg –
Von Hitler und der Welt enttäuscht

Das deutsche Volk und die Weltöffentlichkeit erfuhren erst im Zusammenhang mit dem großen Revirement am 4. Februar 1938 von der Verabschiedung Blombergs. Oberstleutnant Hans Oster von der Abwehr wurde vom neuen Oberkommando der Wehrmacht bestimmt,[1] Blomberg die Entlassungsurkunde und den Dankesbrief Hitlers nach Capri zu bringen und eine Empfangsbestätigung abzuholen. Erst als dem Feldmarschall, wie er fand, «kommentarlos», also geschäftsmäßig sein Abschied schwarz auf weiß bestätigt wurde, brach eine Welt für ihn zusammen. Nun erst packte ihn der Jammer. Mehrere Wochen später ließ er seinen Sohn Axel nach Italien kommen und gab ihm einen Brief an Keitel[2] mit, worin er sich nun doch bereit erklärte, sich von seiner Frau zu trennen, wenn er dafür wieder in Gnaden aufgenommen und wieder in sein Amt eingesetzt werde.

Als Keitel in seiner Ratlosigkeit diesen Brief Hitler zeigte, lehnte der das Angebot «vorbehaltlos» ab. Es war zu spät: Alles sei damals «seinen Weg gegangen und nicht mehr rückgängig zu machen». Das Ansinnen Blombergs war völlig unrealistisch: seinen Fehltritt würde ihm die Armee nie verzeihen; außerdem gab es das Kriegsministerium gar nicht mehr, und Hitler war jetzt unmittelbar Oberbefehlshaber der Wehrmacht, wie es ihm Blomberg selber vorgeschlagen hatte. Allein schon aus Prestigegründen ließen sich die organisatorischen und personellen Veränderungen nach dem Sturz Blombergs und Fritschs nicht mehr rückgängig machen.

Doch Blomberg hatte dafür kein Gespür. Vielmehr verdächtigte er fortan[3] den armen Keitel, den Chef des neugeschaffenen Oberkommandos der Wehrmacht, er habe aus Egoismus Hitler zur Absage bewogen. Er klammerte sich mehr denn je an Hitlers großherzige Worte im Januar 1938, die der Feldmarschall so verstanden hatte, daß ihm Hitler «den Oberbefehl im Kriege» zugesichert habe.

Im September 1939 schlug dann wirklich «die Stunde Deutschlands» – der Krieg begann. Doch ein Tag nach dem anderen verging, und kein Ruf aus dem Führerhauptquartier erging nach Bad Wiessee,[4] obschon Blomberg unmittelbar vor dem Polenfeldzug auf dem Dienstweg über Keitel eine Kriegsverwendung erbeten hatte. Er konnte nicht ahnen, daß sich die Verhältnisse inzwischen verändert hatten.

Es war Hitler nicht mehr möglich, Blomberg ‹an seine Seite› zurückzuholen, als es so weit war. Die Schwierigkeiten mit der Armee wären unabsehbar gewesen. Um Blomberg nicht zusätzlich «schwerstens vor den Kopf zu stoßen», lehnte Hitler bei Kriegsbeginn auch eine hohe Führungsaufgabe für den inzwischen rehabilitierten Fritsch ab. Um wiederum nicht die Heeresführung vor den Kopf zu stoßen, mußte er vor Blomberg wortbrüchig werden.

Hitlers Heeresadjutant Major Engel berichtet,[5] Keitel habe Hitler diesen Brief nicht zeigen mögen. Engel hat dann am 19. September 1939 den Diktator gebeten, nach Möglichkeit von einer Verwendung Blombergs abzusehen; «es würde im Heer nicht verstanden werden». Hitler setzte noch eins drauf: Er werde eine Verwendung überhaupt nur erwägen, wenn sich Blomberg von seiner Frau getrennt habe. Dem Feldmarschall wurde lediglich mitgeteilt, die Zusicherungen könnten «nicht mehr verwirklicht werden».

Blomberg hat unter der wortlosen Ablehnung Hitlers fortan sehr gelitten. Gekränkt verschloß er sich immer mehr vor der Welt, von der er nur noch aus den Nachrichten in Presse und Rundfunk sowie durch seine Frau erfuhr, die im Rathaus Wiessee beim Kuramt tätig war.[6]

In seinen Aufzeichnungen kam er immer wieder auf diesen für ihn unfaßbaren «Wortbruch» zurück: «Man tat mir das größte Leid an, als man mich vom Kriege ausschloß.» Er sollte den ganzen Krieg zu Hause sitzen? In der Wehrmacht, die er doch als Kriegsminister und Oberbefehlshaber aufgebaut hatte und die vor allem sein Werk war, «hatte der Führer keinen Platz mehr für mich»! In Wirklichkeit gedachte Hitler oft seines getreuen Blomberg mit Sympathie und Anerkennung. So vermerkte Goebbels in seinem Tagebuch am 9. März 1943: «Mit einer gewissen Wehmut spricht der Führer von Blomberg, dessen Treue seiner Person gegenüber er außerordentlich lobt. Wenn alle Generäle in maßgebenden Stellen dem Führer so treu wären wie er, dann stände es besser um die Wehrmacht.»[7]

In seiner Rede vor den Gauleitern am 3. August 1944, nach dem Attentat auf Hitler am 20. Juli, würdigt sogar der Reichsführer SS Heinrich Himmler, der neue Befehlshaber des Ersatzheeres, den verfemten Kriegsminister: «Blomberg – das muß ich heute genauso so sagen, wie ich es in den ganzen vergangenen Jahren sagte –, ist anständig, loyal und treu. Er ist weich gewesen, vermochte sich nicht durchzusetzen und hat menschlich tragisch gehandelt. Er war aber anständig und dem Führer treu ergeben. Deswegen wurde er auch in seinen eigenen Reihen genügend befehdet.»[8]

Nur: solche Freundlichkeiten gelangten nicht zu Blombergs Kenntnis. In seinen Aufzeichnungen brachte er es fertig, das Genie des Führers zu preisen und sein Bekenntnis zum Nationalsozialismus zu erneuern, gleichzeitig aber Hitler zu verdächtigen, ihn wegen seiner «Behutsamkeit» als vermeintlichen Hemmschuh planvoll abgehalftert zu haben.

Es ist menschlich verständlich, daß sich Blomberg immer mehr in der Rolle eines Märtyrers gefiel. In amerikanischer Gefangenschaft wollte er sogar eine Verschwörung ausmachen: «Nachdem ich Deutschland verlassen hatte – was die Verschwörer vor allem gewünscht hatten –, wurde eine vorbereitete Kampagne mit dem Ziel gestartet, bei der Wehrmacht und in den Berliner Ministerien die Darstellung zu verbreiten, man habe mir die Wahl gelassen, entweder an meiner Position oder an meiner Ehe festzuhalten. Diese zusätzliche Beleidigung diente dazu, den Bruch zwischen mir und der Wehrmacht zu vertiefen, gerade so, wie es beabsichtigt war.»[9]

Blomberg läßt die angeblichen «Verschwörer» unerwähnt, desgleichen Einzelheiten über die «vorbereitete Kampagne». Obwohl an der Tatsache, daß Hitler ihn gern gehalten hätte, falls er sich sogleich wieder von seiner Frau getrennt haben würde, nicht zu zweifeln war, lädt Blomberg alle Schuld auf den auch sonst als «Sündenbock» beliebten Keitel: Der sei bedenkenlos genug gewesen, «diese infame Lüge meinen erwachsenen Kindern zu vermitteln, was zu einer weitgehenden Entfremdung führte».[10]

Die Gründe für diese «Entfremdung» suchte Blomberg überall, nur nicht bei sich selbst und seiner fatalen Ehe. Er hatte auch von seinen Kindern ein anderes Verhalten erwartet: «Was konnte ich aber von Freunden und bisher Vertrauten erwarten, wenn die Nächsten ein solches Beispiel setzten.»[11] Einer dieser ihn nunmehr enttäuschenden Freunde, sein früherer Marineadjutant, Korvettenkapitän Hans-Georg von Friedeburg, hatte ihm bei einem Urlaubsaufenthalt in Bad Wiessee, Blombergs Zwangsdomizil, eine Aussprache an einem dritten Ort vorgeschlagen. Blomberg bestand jedoch auf einem Besuch in seinem Hause, was Friedeburg als undiskutabel ablehnte, da er der Hausherrin nicht die Hand geben wollte. Damit war zwischen beiden der endgültige Bruch besiegelt.[12] Bitter stellte Blomberg später im Wiesseer Exil fest: «Wer im Verlust sitzt, hat keine Freunde.»

Eines nur blieb ihm: seine Ehe mit «Eva» Margarethe Gruhn: Er verdanke ihr immerhin noch sieben glückliche Ehejahre, wird er 1945 sagen.[13] Ein halbes Jahrhundert nach seinem Sturz war zu lesen, Blomberg habe «in späteren Jahren zusammen mit seiner Frau Eva fröhlich den Kinderwagen durch die Straßen Berlins» geschoben. Von wem auch immer der Bericht[14] stammen soll, es handelt sich um schlechterfundenen Unsinn. Weder hat sich Blomberg mit seiner «Eva» in Berlin aufgehalten noch gar «fröhlich» durch die Straßen – als Generalfeldmarschall! – «den Kinderwagen» geschoben, ein gemeinsames Kind gab es im übrigen auch nicht. Dieses Bild ist der äußerste Kontrast zur deprimierenden Wirklichkeit des nach Bad Wiessee verbannten Blomberg.

Es kam noch schlimmer: Der Feldmarschall wurde nach Kriegsende gefangengenommen und im Nürnberger Kriegsverbrechergefängnis eingesperrt. Am demütigendsten empfand er dort die kalte, feindliche Ablehnung durch ehemalige Kameraden des Heeres – auch hier blieb er für sie eine Unperson.[15] Im Februar 1946 erkrankte er schwer, aß nicht mehr und saß apathisch in seiner Zelle. Einen Monat später starb er, so berichtet der Ex-Feldmarschall Erhard Milch, an Magenkrebs; die Presse meldete Tod durch Herzversagen.[16] So endete ein glanzvolles Leben im tiefsten Elend.

Seine Witwe hatte anderthalb Jahre danach ihren ersten und letzten öffentlichen Auftritt. Als bekannt wurde, daß der Hamburger Claaßen & Goverts-Verlag beabsichtigte, das in der Schweiz erschienene Gisevius-Buch *Bis zum bitteren Ende* nunmehr auch im Nachkriegsdeutschland herauszubringen, bemühte sich Margarethe von Blomberg, durch einen Unterlassungsprozeß die Verbreitung jener Buchpassagen über ihr Vorleben und ihre Ehe zu verhindern. Beim Termin am

*Margarethe von Blomberg 1948 nach dem Vergleich im Hamburger Prozeß,
in dem sie ihre Ehe vor Verleumdungen retten wollte*

23. April 1948 vor dem Hamburger Landgericht drängten sich die Neugierigen, darunter viele Journalisten, vor dem Gerichtssaal. Längst nicht alle Interessenten fanden Platz: Hunderte mußten draußen bleiben.[17]

Die klagende «Feldmarschallin» war – wie in der Presse ausführlich berichtet wurde – in einem einfachen hellgrauen Kostüm, mit blonden – «zu blonden» – Haaren und einer großen hellen Hornbrille erschienen. «Aufrecht hielt Margarethe den zuckenden Blitzlichtern der Pressephotographen stand.» Doch die Erwartungsvollen im Gerichtssaal wurden enttäuscht: Die Parteien hatten sich verglichen. Die junge Witwe nahm die Klage zurück; der Verlag erklärte sich bereit, in jedes Buchexemplar eine «Vorbemerkung» einzukleben, wonach die gravierenden Behauptungen von Gisevius nach der Ansicht des Verlages nicht dazu dienen sollten, «irgend jemanden, der ein Privatleben geführt und öffentliche Funktionen nicht eingenommen hat, zu diffamieren... Der Verlag anerkennt, daß die rechtlich trostlosen Verhältnisse im Dritten Reich Frau von Blomberg nicht gestatteten, damals irgend etwas zu ihrer Rehabilitierung zu unternehmen.» Einige Zeugen hielten die Polizeiakte über Margarethe Gruhn für echt, anderen galt sie als gefälscht.

Nun – heute steht zweifelsfrei fest, daß es sich um eine echte Polizeiakte gehandelt hat. Sie befindet sich – wie gesagt – einschließlich der sechs Porno-Aufnahmen im Gewahrsam der Berliner Justiz. In einer anschließenden Pressekonferenz erklärte Gisevius damals zur allgemeinen Verblüffung, der Vergleich sei gegen seinen Willen geschlossen worden. Er sei empört, daß man auf diese Weise einer «Nazi-Nutznießerin» Ehrenschutz gewährt habe.

Margarethe «Eva» von Blomberg geborene Gruhn hat ihren Mann um einige Jahrzehnte überlebt.

Zweiter Teil

Der Fall Fritsch

Vorspann
Im Zerrspiegel

Nach den Feiern zu seinem 49. Geburtstag, bei einem langen Gespräch am späten Abend des 20. April 1938, zog Adolf Hitler seinen neuen Heeresadjutanten, Major Gerhard Engel, ins Vertrauen: Niemals, so versicherte er dem jungen Offizier, wäre die Sache Fritsch ins Rollen gekommen, wenn ihm der Kriegsminister nicht solch einen Streich gespielt hätte.[1] Der Diktator beansprucht die Initiative für sich; er habe angeordnet, die Vorwürfe gegen den Oberbefehlshaber des Heeres (Vergehen nach § 175 Strafgesetzbuch) zu untersuchen, weil, wie er sagt, sein Vertrauen in die Generalität «einen starken Stoß erlitten» habe. Hitler hat also von sich aus die Affäre Blomberg ausgeweitet, eine zweite Krise improvisiert.

Diese Aussage Hitlers widerspricht freilich völlig der Einschätzung, die sich damals Generaloberst von Fritsch und seine Freunde und ebenso viele Regimegegner und auch manch loyaler Offizier zurechtgelegt haben. Ihr Bild von der Affäre ist nach 1945 als vermeintlich gesicherte These in Forschung und Literatur über die Jahrzehnte weitergereicht worden und hat seinen festen Platz in den Schulgeschichtsbüchern. Demnach ist der Oberbefehlshaber des Heeres, der Generaloberst Werner Freiherr von Fritsch, im Frühjahr 1938 einer von langer Hand geplanten Intrige zum Opfer gefallen, einem «wohlberechnete(n) Schlag» [2], einem «Staatsstreich der Gestapo gegen die Wehrmacht»[3], kurz: einem «Komplott»[4]. Mit «schäbigen Tricks»[5] und «perfiden Machenschaften»[6] und mit Hilfe eines «gedungenen Zeugen»[7] soll er aus dem Amt gejagt worden sein. Anders als beim Generalfeldmarschall von Blomberg, der seinen Sturz selbst verschuldet hat, wird der Sturz des Generalobersten von Fritsch also von außen herbeigeführt, so daß seitdem einige Autoren konsequent überhaupt nur von der «Fritsch-Krise»[8] sprechen.

Dieses gängige Bild wird jedoch unscharf, sobald die «Intriganten» benannt werden sollen. Am häufigsten wird diese führende Rolle Hermann Göring zugeordnet, dem macht- und postengierigen Zweiten Mann im Staate[9]; zuweilen soll er auch gemeinsam mit dem Reichsführer SS Heinrich Himmler gehandelt haben[10], oder gar mit zwei Komplizen, mit Himmler und mit Reinhard Heydrich, dem Herrn über Gestapo und Sicherheitsdienst.[11] Für andere ist Himmler[12] oder Heydrich[13] der Intrigant, oder beide konspirieren[14] zusammen. Hitler ist dann allenfalls der vierte im Bunde[15], der diese Intrige, mag er sie nun durchschauen oder nicht, zum eigenen Vorteil und zur Sicherung seiner Macht sowie zum Nutzen seiner eigenen Pläne blitzschnell ausnützt.

Bei keinem anderen Ereignis des «Dritten Reiches» benutzen Gelehrte wie Publizisten sooft, ja selbstverständlich moralisierende, gefühlsgeladene Adjektive wie im Falle Fritsch, als hätte es bis 1938 kein Geschehnis gegeben, das den verbrecherischen Charakter des nationalsozialistischen Regimes offenbar werden ließe: etwa die blutige Verfolgung der Kommunisten, Sozialdemokraten, Anarchisten und auch bürgerlicher Oppositioneller, das Terrorsystem der Konzentrationslager, die Kampagnen gegen Priester und Homosexuelle, die Zwangssterilisationen, der Judenboykott, die Nürnberger Gesetze, die Haßtiraden gegen Juden und Bolschewisten, das Massaker am 30. Juni 1934, als sogar zwei Generäle der Reichswehr von Killerkommandos der SS ermordet wurden, schließlich der Bruch internationaler Verträge und die von deutschen Luft- und Seestreitkräften begangenen Verbrechen im Spanischen Bürgerkrieg. Allesamt Vorgänge, gegen die gerade Blomberg und Fritsch nicht aufgetreten sind oder für die sie sogar mitverantwortlich waren.

Da ist es doch erstaunlich, daß sich viele Autoren bei der Verurteilung der Affäre Fritsch geradezu überbieten: es handelt sich dann um eine «unsaubere»[16], «schmutzige»[17], «gemeine» [18], «üble»[19], «infame»[20], «widerliche»[21], «hämische» [22], ja «byzantinische»[23] Intrige, um einen «heimtückischen Streich»[24], eine «schimpfliche Entfernung»[25], ein «in der deutschen Geschichte einmaliges schändliches Komplott»[26], ein «Ränkespiel von so unerhört schamloser und niederträchtiger Art, wie es nur in dem Sumpf jenes Verbrechertums möglich und denkbar war»[27], oder, kürzer gesagt, um ein «Gaunerstück»[28], eine «Schurkerei»[29].

Zur Klärung tragen diese Bewertungen wenig bei, doch spiegeln sie das Bewußtsein jener Autoren wider, welche diesen Vorgang der deutschen Geschichte für ein abgeschlossenes Thema, für einen nach allen Seiten erforschten Gegenstand halten, so daß sie sich getrost ein Verdammungsurteil erlauben dürfen, nicht nur über die Täter, sondern auch über deren hilflos-ohnmächtiges Opfer. In der Wirklichkeit aber ist der Fall Fritsch, ähnlich wie der Fall Blomberg, bis zur Unkenntlichkeit entstellt, begraben unter einem Wust von Gerüchten und Spekulationen, von Vorurteilen und Gedächtnistäuschungen, von phantasievollen Erzählungen, von Klatsch und Tratsch.

Generaloberst Werner Freiherr von Fritsch

Deswegen müssen wir uns die spärlichen Dokumente und die Zeugnisse der wenigen unmittelbar Beteiligten noch einmal genau ansehen und eine festgeschriebene, scheinbar unumstößliche Geschichte wider den Strich bürsten.

1.

Die Polizeiakte Fritsch

Unter dem Schock, der Hitler beim Anblick der Porno-Fotos von der jungen Frau von Blomberg überkam, in seiner tiefen Enttäuschung über das Verhalten des Feldmarschalls und seiner Ratlosigkeit ob der unerwarteten Führungskrise hielt Hitler alles für möglich.[1] In dieser Stimmungslage, an jenem Abend des 24. Januar 1938, erinnerte er sich an einen Vorgang, der anderthalb Jahre zurücklag. Im Sommer 1936 hatte der Reichsführer SS und Chef der deutschen Polizei, Heinrich Himmler, ihm eine Polizeiakte vorgelegt, in welcher der (gerade zum Generalobersten ernannte) Oberbefehlshaber des Heeres, Freiherr von Fritsch, verdächtigt wurde, um die Jahreswende 1933/34 widernatürliche Unzucht begangen zu haben und deswegen erpreßt worden zu sein. Damals hatte Hitler angewidert und entrüstet eine Untersuchung abgelehnt und erklärt, er wolle ein für allemal von der Sache nichts mehr hören. Er wollte es einfach nicht glauben.[2] Aber er hat sein Verhalten auch mit außen- und staatspolitischen Gründen gerechtfertigt.[3] In der diplomatischen Krise nach dem Einmarsch deutscher Truppen in das entmilitarisierte Rheinland, als immer noch ein Krieg mit Frankreich möglich schien – eine Gefahr, die Hitler bereits 1932/33 umgetrieben hatte[4] – und in einem Moment, wo deutsche Streitkräfte in den Spanischen Bürgerkrieg eingriffen, wollte er den Oberbefehlshaber nicht unnötig belasten. Mitten im Aufbau der neuen Wehrmacht konnte er ihn ohnehin nicht entbehren.

Hitler muß gewußt haben, daß er als Oberster Befehlshaber der Wehrmacht einen Rechtsbruch beging, denn nach § 147a Militärstrafgesetzbuch machte sich ein Vorgesetzter strafbar, wenn er vorsätzlich strafbare Handlungen seiner Untergebenen nicht verfolgen ließ. Doch der Diktator gab der Staatsräson den Vorzug vor dem formalen Recht, mochten auch alte Militärs wie der General von Rundstedt (und auch Fritsch selber) es als unerhört empfinden, daß ihr Dienstherr derartige Verleumdungen so lange für sich behielt, ohne den Beschuldigten überhaupt zu informieren.[5]

Man könnte zugunsten Hitlers anführen, daß er damals nur konsequent eingehalten hat, was er Anfang Januar 1935 verkündet hatte. In den Nachwehen der Röhm-Krise vom Sommer 1934 waren Gerüchte aufgekommen, die SS plane einen Schlag gegen die Armee beziehungsweise, General von Fritsch wolle mit der Armee putschen. Um die gefährlichen Spannungen zwischen Partei und Reichswehr, den beiden Säulen des nationalsozialistischen Staates, abzubauen, hatte Hitler am Abend des 3. Januar 1935 höhere Parteifunktionäre und Offiziere zu einer Abendveranstaltung in die Berliner Staatsoper eingeladen. Er hielt eine Rede,[6] von der Fritsch später meinte, sie sei «ein einziges Bekenntnis zur Treue der Armee und ihres Führers» (gemeint ist Fritsch) gewesen. Bedeutsam auch im Hinblick auf die Fritsch-Krise ist folgender Satz:

«Dann kommt aber vielleicht einer von der Partei und sagt zu mir: ,Alles gut und schön, mein Führer, aber der General soundso spricht und arbeitet gegen Sie!', und wenn dann der andere sagt: ,Ich bringe Ihnen aber schriftliche Beweise, mein Führer!', dann zerreiße ich den Wisch, denn mein Glaube an die Wehrmacht ist unerschütterlich!»

Zwar hat Hitler 1936 den «Wisch» – die Polizeiakte mit den belastenden Aussagen des Berufsverbrechers Otto Schmidt – nicht selbst zerrissen, aber er erteilte Himmler und dem obersten Sicherheitschef Heydrich den Befehl, ihre Akten über Fritsch zu verbrennen und ihm den Vollzug zu melden.[7] Im Urteil des Reichskriegsgerichts, das im März 1938 Fritsch freisprechen wird, findet sich der diskrete Hinweis: «Auf besondere Anweisung wurden die Ermittlungen über die Behauptungen des Schmidt damals zunächst eingestellt.»[8] Offensichtlich wollten die Richter den Diktator schonen; es durfte auch nicht der Schein eines Unrechts auf ihn fallen.

Aber nun, im Januar 1938, sah alles ganz anders aus. Durch Blombergs unglaubliches menschliches und dienstliches Versagen hatte Hitler sein unerschütterliches Vertrauen in die Generalität restlos eingebüßt. Bevor er Fritsch, den ranghöchsten und angesehensten Offizier des Heeres, zum Nachfolger des Reichskriegsministers bestimmte, mußte er Klarheit gewinnen.[9] Der Goerdeler-Biograph Gerhard Ritter hat sich in die Situation einzufühlen versucht: «Es mag wohl sein, daß er durch den Fall Blomberg tief mißtrauisch geworden war gegen die moralische Integrität der hohen Generalität, die er bis dahin heimlich bewundert hatte, und daß er zunächst wirklich an homosexuelle Verfehlungen Fritschs, dieses seltsamen Junggesellen, geglaubt hat.»[10] Noch an jenem Abend des 24. Januar 1938 befahl Hitler die sofortige Rekonstruktion der früheren Ermittlungsakten bei der Gestapo.[11]

Wegen der auffällig schnellen Wiederherstellung – sie geschah noch während der Nacht – von Akten, die doch auf Befehl Hitlers vernichtet sein mußten, hat es zahlreiche Spekulationen und Unterstellungen gegeben. Die Reihe eröffnet wie üblich Gisevius: «Jetzt, im Jahre 1938, erinnerten Göring und Himmler Hitler an diese Akte, und es war

Heydrichs Geschick vorbehalten, diese im Jahre 1935 [*sic!*] angeblich verbrannte Akte nunmehr wieder Hitler vorzulegen, und zwar vervollständigt um ganz beträchtliche Untersuchungen.»[12]

Um es vorwegzunehmen: ... Weder Göring noch Himmler waren notwendig, Hitler aktiv werden zu lassen, noch benötigte er Heydrichs besonderes Geschick, die Akte zu rekonstruieren. Doch zunächst sei noch der Rechtsanwalt Graf Rüdiger von der Goltz, der Verteidiger des Generalobersten von Fritsch, angeführt, der seinerzeit den Ministerialdirektor und Gestapobeamten Werner Best gefragt hat, wer den Auftrag zur Wiederherstellung der Akten erteilt habe. Dies, antwortete Best, sei «im besonderen Auftrag einer anderen Persönlichkeit» geschehen. Goltz schloß daraus, der Auftraggeber sei kein anderer als Göring gewesen, «der Nutznießer eines Abgangs von Fritsch».[13] Für den Fritsch-Neffen und -Biographen Graf von Kielmansegg stand hiernach fest: «Diese ‹andere Persönlichkeit› kann nur Himmler oder Göring gewesen sein.»[14]

Beide Schlußfolgerungen waren jedoch wie viele ähnliche unzutreffend. Sie haben leider viele Autoren zur Übernahme und Weiterverbreitung verführt. In Wirklichkeit war Hitler selber der Auftraggeber, und Best hat damals Hitlers Namen aus den gleichen naheliegenden Gründen nicht nennen dürfen, aus denen er im Urteil des Reichskriegsgerichts ungenannt blieb. Den Tatbestand richtiggestellt hat bereits Anfang der fünfziger Jahre General a. D. Hermann Foertsch, damals Mitarbeiter des Münchner Instituts für Zeitgeschichte. Aber nur wenige Autoren haben diese Feststellung übernommen,[15] das Gros hat die Korrektur entweder übersehen oder negiert.

Eine der häufigsten Versionen ist jene, daß Göring mit der Akte Gruhn Hitler auch gleich, natürlich aus persönlichen Gründen, die Akte Fritsch vorgelegt habe.[16] Dagegen steht schon das Zeugnis der Adjutanten,[17] daß Göring, noch ehe Hitler in der Reichskanzlei eintraf, sich offen über den Fall Blomberg ausließ, aber Fritsch mit keinem Wort erwähnte; er hatte auch nur eine Akte dabei. Da er sich sehr lange bei Hitler aufhielt, wäre immerhin denkbar, daß sich die beiden bereits über einen Nachfolger für Blomberg Gedanken gemacht haben. Aber es hieße denn doch das Verhältnis zwischen den beiden falsch interpretieren, auch die Vorsicht und die Schlauheit Görings unterschätzen, wollte man ihm unterstellen, er habe sich sofort selber als Nachfolger ins Spiel gebracht und deshalb die Gelegenheit benutzt, die Ehre seines Rivalen zu zerstören. Vielmehr hat Göring in den nächsten Tagen andere vorgeschickt, die ihn dem Diktator als neuen Kriegsminister empfehlen sollten.[18]

Überdies hat Göring in Nürnberg ausgesagt, er habe von der alten Polizeiakte überhaupt erst 1938 erfahren, Himmler und Heydrich hät-

Fritsch und Göring, 12. Januar 1938

ten ihm lediglich einmal angedeutet, daß mit Fritsch etwas nicht in Ordnung sei. Dies scheint durchaus glaubwürdig, denn Hitler hat, nachdem er die Akte wieder in Händen hielt, dem General Keitel gesagt, er habe außer dem Reichsjustizminister auch Göring von der Akte informiert.[19] Es gehörte zum Führungsstil Hitlers, daß immer nur die unmittelbar Betroffenen über die Geheime Reichssache Kenntnis erhielten.

General Bodenschatz, der ehemalige Adjutant Görings, gibt aus seiner intimen Kenntnis der Absichten des Oberbefehlshabers der Luftwaffe wieder, daß Göring sich nicht als Rivale des Generalobersten von Fritsch betrachtet hat, da er an dessen Posten gar nicht interessiert gewesen sei. Im Gegenteil, er habe eine große Hochachtung vor ihm gehabt, sich gern von ihm einladen lassen. Nicht Fritsch habe er bekämpft, sondern den Chef des Heerespersonalamts, den Generalstab und parteifeindliche Generäle, und das in aller Offenheit.[20] Zu dieser Darstellung paßt die enttäuschte Erklärung Fritschs, daß Göring, «von dem ich glaubte annehmen zu können, daß er mein Kamerad sei», ihn 1936 nicht über die Polizeiakte unterrichtet habe.[21] Aber der zweite Mann im Staate hatte dazumal gar keine Ahnung...

Auf einem anderen Blatt steht freilich, daß Göring in der Krise, solange er sich Hoffnungen auf die Nachfolge Blombergs machte, keine Hand für Fritsch gerührt hat, als die Beschuldigungen bekannt wurden. Denn Hitler hatte anfänglich seine Absicht erkennen lassen, Fritsch mit dem Oberbefehl über die Wehrmacht zu betrauen.[22] Einige Autoren, vor allem Foertsch und Deutsch, halten diese Bekundungen Hitlers für ein Täuschungsmanöver, ja für Lug und Trug, da er im vornhinein den Abgang des Generalobersten gewollt habe.[23] Aber dazu hätte es nicht erst des einigermaßen mühsamen und ungeheuer komplizierten, ja für ihn gefährlichen Umwegs über die alte Polizeiakte bedurft, denn kraft seiner Befehlsgewalt konnte Hitler jederzeit den Oberbefehlshaber des Heeres entlassen. Fritsch wußte dies sehr wohl: «Wenn er mich los sein will, genügt ein Wort, und ich werde meinen Abschied erbitten.»[24] Treffend eingeschätzt hat wiederum Gerhard Ritter die Situation: «Es scheint nicht, als ob Hitler vom ersten Augenblick an entschlossen gewesen wäre, diese (anscheinend doppelte) moralische Katastrophe der obersten Wehrmachtführung zu einem völligen Kurswechsel zu benutzen, hat er doch vorübergehend auch an Fritsch als neuen Wehrminister gedacht.»[25] Noch am Morgen des 26. Januar 1938 versicherte Hitler dem Obersten Hoßbach, daß er sich nicht ohne Zwang von Fritsch trennen werde und daß Fritsch, falls die Anschuldigungen nicht zuträfen, Minister werden könne.[26]

Fritsch-Biograph Kielmansegg verbreitet sich über die Frage, weshalb Hitler die Homosexualität seines SA-Stabschefs Ernst Röhm lange Jahre geduldet habe. Noch 1936 habe ihn ja auch die gleiche Anschuldigung gegen Fritsch «nicht im geringsten gestört», aber 1938 war sie der Grund, «um in gut gespielter tiefer sittlicher Empörung den ihm gefährlich erscheinenden Oberbefehlshaber des Heeres zu entfernen, ohne auch nur ihre Klärung abzuwarten».[27] Dieser Vergleich ist jedoch schief, da der Autor den entscheidenden Unterschied zwi-

schen dem zur Macht drängenden Parteiführer Hitler und dem Macht-
inhaber Hitler außer acht läßt.

Es ging keineswegs um «sittliche Empörung», sondern um die zu
klärende Möglichkeit, ob der Oberbefehlshaber des Heeres von einem
Berufsverbrecher wegen strafbarer widernatürlicher Unzucht erpreßt
worden war und auch in Zukunft Opfer von Erpressungen, zum Bei-
spiel durch einen ausländischen Geheimdienst, werden könnte. Dem
Österreicher Hitler war gewiß die Affäre des Obersten Redl bekannt,
dessen Selbstmord kurz vor dem Weltkrieg die Öffentlichkeit im
Habsburgerreich schockiert hatte. Und fast vierzig Jahre nach dem
Zweiten Weltkrieg wird die Affäre Kießling in der demokratischen
Bundesrepublik hohe Wellen schlagen, als aus ähnlichen Gründen wie
bei Fritsch der Verteidigungsminister den obersten deutschen Nato-
Offizier vorzeitig in den Ruhestand versetzt.[28] Heydrich hatte übrigens
schon 1936 die Möglichkeit einer Erpressung des Oberbefehlshabers
der Armee als «höchste Staatsgefährdung» herausgestellt.[29] Jetzt
machte sich auch Hitler diese Sicht zu eigen.

Niemand hat sich bislang darüber Gedanken gemacht, auf welche
Weise Hitler am späten Abend des 24. Januar 1938 die Rekonstruktion der
Polizeiakte Fritsch angeordnet hat. Am Telefon pflegt man ja solch heikle
Aufträge nicht zu erledigen, auch Telegraf und Kurier wären kaum die
passenden Mittel gewesen. Die einfache Wahrheit ruht seit 1952 im
Archiv des Instituts für Zeitgeschichte in München. Dort erschien der
ehemalige General der Waffen-SS und frühere Adjutant Himmlers, Karl
Wolff, und gab über Hitlers Vorgehen zu Protokoll: «Er bestellte Himmler und befahl ihm die Wiedervorlage der Akte Fritsch. Himmler meldete, daß diese Akten befehlsgemäß vernichtet worden seien. Darauf
befahl Hitler die sofortige Rekonstruierung der Akten, mit dem Hinweis, daß die Vernehmungen erneut vorgenommen werden sollten und
daß der Vorgang an sich ja Himmler bekannt sei.»[30]

Der Befehl wurde sofort umgesetzt. Wolff spricht sogar von «inten-
sivster Nachtarbeit».[31] Auch der besondere Hinweis Hitlers auf neue
Untersuchungen wurde unmittelbar befolgt. Vier Beamte der Gestapo[32] wurden abkommandiert, um den Strafhäftling Otto Schmidt
aus dem Strafgefangenenlager Börgermoor im Emsland nach Berlin
zu holen. Sie fuhren über Bremen nach Papenburg und waren spätestens am 26. Januar mit ihm zurück. Damit fallen auch die Behauptungen in sich zusammen, der Kronzeuge gegen Fritsch habe sich als
«Vigilant» der Gestapo auf freiem Fuß befunden und sei erst im Dezember 1937 wieder in Gewahrsam genommen worden. Tatsächlich
befand sich Schmidt seit 1935 in Haft.[33]

So wie die Nacktaufnahmen der jungen Berlinerin Margarethe
Gruhn hat auch die Leporelloliste des «Kronzeugen» gegen Fritsch, des

Berliner Strichjungen und Erpressers Otto Schmidt, Geschichte gemacht. Über seine Herkunft und seine Kindheit weiß man kaum etwas.[34] Jedenfalls ist er in ungeordneten Verhältnissen großgeworden;
bereits mit zehn Jahren wurde er in Fürsorgeerziehung gegeben. Zum
erstenmal mit dem Gesetz in Konflikt geriet er schon als vierzehn-
oder fünfzehnjähriger kleiner Dieb. Im historischen Jahre 1938 ist der
verheiratete Arbeiter Otto Schmidt[35] dreißig Jahre alt und hat ein er-
hebliches Vorstrafenregister aufzuweisen: Freiheitsstrafen allein bis
1929 von zwei Wochen bis zu sechs Monaten wegen Diebstahls, Ur-
kundenfälschung, Unterschlagung, schließlich auch Erpressung und
sogar räuberischer Erpressung.

In der Weltwirtschaftskrise verlegt Schmidt sein Arbeitsfeld ins
Homosexuellenmilieu. Er wird Anführer einer Erpresserbande, die
bis zu seiner Verhaftung 1935 rund 12000 Reichsmark erbeutet hat,
außerdem Bekleidungsstücke und einen Ring. Am 28. Dezember
1936 verurteilt man ihn wegen Erpressung in 14 Fällen, Erpressung
in Tateinheit mit Amtsanmaßung in 3 Fällen (als Bahnbeamter,
Kriminalkommissar und Feldpolizist), wegen versuchter Erpressung
in 4 Fällen und wegen neunmaligen Vergehens gegen § 175 Strafgesetzbuch (der homosexuellen Verkehr unter Strafe stellte)[36] zu insgesamt sieben Jahren Gefängnis und zehn Jahren Ehrverlust. Er ist
also niemals ein «Zuchthäusler» gewesen, als den ihn zuerst Gisevius
eingeführt hat; von ihm haben dann unzählige Autoren abgeschrieben.[37]

Die Berliner Kriminalpolizei merkte 1935 rasch, welch dicker Fisch
ihr da ins Netz gegangen war. Dem Kriminalassistenten Willi Justus[38]
nannte Schmidt bei den ersten Vernehmungen mehr als hundert Namen von erpreßten Homosexuellen, darunter auch einige Prominente.[39] Ein Experte der Gestapo hat ihn später als einen der besten
Kenner der Berliner Homosexuellenszene bezeichnet.

Den Oberbefehlshaber des Heeres hat Schmidt erwiesenermaßen
zum erstenmal als Opfer seiner Erpressung benannt, als er im Mai
1936 im Polizeipräsidium dem Vernehmungsrichter des Amtsgerichts
Berlin vorgeführt wurde. Dem Gerichtsassessor Ernst gab er, ohne
nähere Ausführungen, zu Protokoll, Fritsch habe widernatürliche Unzucht getrieben. Damit entfällt der Vorwurf einer sorgsam geplanten
Gestapo-Intrige. Als diese Behauptung gleich nach 1945 in die Welt
gesetzt und in den fünfziger Jahren erhärtet wurde[40], war freilich das
schriftliche Urteil des Reichskriegsgerichts in Sachen Fritsch noch
nicht bekannt, das erst Mitte der sechziger Jahre in Deutschland wieder auftauchte.[41] Ihm zufolge war Otto Schmidt weder ein «Anreißer»
oder «Handlanger»[42] der Geheimen Staatspolizei noch ein «gedungener Zeuge»[43] gewesen.

Die Berliner Polizei gab diesen überdimensionalen Fall Schmidt an das Geheime Staatspolizeiamt ab, denn dort saßen mittlerweile die Experten für das weite Feld der Homosexualität, nach der Meinung Himmlers die erfahrensten auf der ganzen Welt.[44] Nachdem Hitler in dem blutigen Massaker des 30. Juni 1934 seinen SA-Stabschef Ernst Röhm und eine Reihe gleichfalls homosexueller SA-Führer unter dem Verdacht des Hochverrats hatte erschießen lassen, wurde in der Hauptabteilung II eigens eine «Reichszentrale zur Bekämpfung der Homosexualität» eingerichtet: Geleitet wurde sie von dem SS-Obersturmbannführer und Kriminalrat Josef Meisinger, einem «Alten Kämpfer» der NSDAP, den Heydrich seinerzeit aus München mit nach Berlin gebracht hatte. In ganz Deutschland blies die SS seitdem zur Hatz auf die Homosexuellen, die zu Hunderten in die Konzentrationslager gesteckt wurden.

Der Reichsführer SS Himmler glaubte ernsthaft, Deutschland sei bereits auf dem Weg gewesen, ein «Staat der Urninge» zu werden.[45] Homosexualität war für ihn eine Seuche, die den biologischen Bestand des Volkes gefährde, weil nicht genug Kinder geboren würden (Ein Volk mit sehr vielen Kindern habe «die Anwartschaft auf die Weltmacht und Weltbeherrschung»!).[46] Homosexuelle Neigungen bei Offizieren und Beamten seien gleichbedeutend mit einer «Katastrophe für den Staat». Im SS-Organ «Das Schwarze Korps» plädierte der bedeutende Rechtshistoriker Karl Eckhardt 1935 unter der Überschrift «Widernatürliche Unzucht ist todeswürdig» für eine «Ausmerzung der Entarteten».

Es ist also nicht verwunderlich, daß sich Schmidt in den ersten Vernehmungen vor der Gestapo[47] «zögernd und mißtrauisch» zeigte, denn jeder Homosexuelle hatte damals Angst vor dem KZ. Zunächst gab er lediglich kleine Erpressungen zu, nur allmählich dehnte er seine Aussagen auf prominentere oder reichere Opfer aus. Der Fall Fritsch wurde bei der Gestapo zum erstenmal am 8. oder 9. Juli 1936 von dem Polizeihauptmann a. D. Max Häusserer aufgegriffen. Im August übernahm dann der Kriminalsekretär Erwin Löffner die Vernehmungen. Vor beiden hielt Schmidt seine Behauptungen über Fritsch aufrecht.

Die Vorgänge, die er schilderte,[48] hatten sich angeblich Ende 1933 zugetragen. Im November war ihm abends am Wannseebahnhof in der Nähe des Potsdamer Platzes eine Gruppe von Heeres- und Marineoffizieren aufgefallen, die sich von einem älteren Zivilisten verabschiedete. Schmidt, mit Kennerblick, schätzte den Zivilisten als homosexuell ein. Seinem Äußeren nach ließ er auf größere Beute hoffen: dunkler Mantel mit Pelzkragen, dunkler Hut, weißer Schal und ein Monokel, das er hin und wieder herausnahm. Nach kurzer Zeit folgte der Zivilist einem bekannten Strichjungen mit dem Spitznamen «Bayern-Seppl» auf die Herrentoilette des Bahnhofs. Beide begaben sich dann in der Nähe des Bahnhofs in eine Mauernische, wo Schmidt sie bei einer sexuellen Handlung beobachtet haben will. Hernach stellte er den feinen Herrn zur Rede und gab sich als «Kriminalkommissar Kröger» aus, während der andere – wie er später behauptete – sich als «General von Fritsch» vorgestellt und auch einen Ausweis mit seinem Namen gezeigt haben soll. Da der Erpreßte nur hundert Mark dabei hatte, fuhren sie gemeinsam zum Bahnhof Lichterfelde-Ost. Dort in der Nähe, in der Ferdinandstraße, habe «Fritsch» aus dem Haus Nr. 21 noch 400 Mark geholt. Am anderen Morgen trafen sie sich wieder am Bahnhof, wo ihm der Herr 1000 Mark aushändigte, die er zuvor von einer Filiale der Dresdner Bank abgehoben hatte, vor der Schmidt warten mußte. Um den 10. Januar 1934 herum hat Schmidt den älteren Herrn noch einmal um 1000 Mark erpreßt. Zur Übergabe des Geldes hatte er diesmal den Arbeiter Heiter (Spitzname «Bucker») als angeblichen Kollegen von der Kripo mitgenommen. Zu dritt saßen sie im Bahnhof Lichterfelde-Ost im Wartesaal zweiter Klasse etwa eine Stunde bei Kognak und Zigarren; dort wurde das Geld übergeben, und Schmidt stellte dem Erpreßten sogar eine Quittung aus. Die 1000 Mark teilte er sich mit Heiter.

In auffälliger Weise hat Schmidt in den ersten Vernehmungen und auch beim erneuten Verhör 1938[49] darauf bestanden, daß der Herr sich als «General der Artillerie» bezeichnet habe. Da jedoch Fritsch zu jenem Zeitpunkt noch Generalleutnant und Befehlshaber des Wehrkreises III (Berlin Brandenburg, Schlesien) war und erst am 1. Februar 1934, als ihn Hindenburg zum Chef der Heeresleitung bestellte, zum General der Artillerie befördert wurde,[50] hat Schmidt deutlich erkennbar in diesem Punkt von Anfang an gelogen! Anderseits muß sich ihm der Dienstrang eingeprägt haben, so sehr, daß er ihn bei der ersten Vernehmung 1935,[51] vielleicht als der Name des neuen Oberbefehlshabers des Heeres nach der Wiedereinführung der allgemeinen Wehrpflicht in aller Munde war, wie selbstverständlich hersagen konnte, ohne daß den Vernehmern der Anachronismus auffiel. Dieser Tatbestand schließt mithin die Version aus, erst die Gestapo[52] habe ihn dazu gebracht, den Oberbefehlshaber zu bezichtigen.

Über die Motive, die Schmidt bewogen, Prominente zu belasten, auch wenn er den Namen nur phonetisch erfaßt hatte, hat man viel nachgedacht. Generaloberstabsrichter Rudolf Lehmann, der das Urteil des Reichskriegsgerichts zum Fall Fritsch geschrieben hat, konnte sich Schmidts hartnäckige Behauptung, Fritsch sei der Täter gewesen, auch aus der Geltungssucht des Homosexuellen erklären, mit seinen Beziehungen zu hochgestellten Persönlichkeiten zu prahlen.[53] Ähnlich hat sich der Gestapo-Experte Kriminalrat Meisinger vor Gericht ausgelassen; schließlich habe sich Schmidt in seiner pathologischen Art so in die Geschichte hineingelogen, daß er sie am Ende bald selber geglaubt habe.[54] Andere vermuteten, Schmidt habe sich durch die Anklage gegen Fritsch eine bessere Position vor Gericht verschaffen wollen, vielleicht sogar gehofft, wegen der hohen Stellung des Generalobersten werde man das Verfahren niederschlagen.[55] Himmler scheint an den einzigartigen Zeugen Schmidt gedacht zu haben, als er 1937 in einer Rede vor den SS-Gruppenführern behauptete, Homosexuelle zeigten, wenn sie «geschnappt» würden, «ein unstillbares Mitteilungsbedürfnis». Seine Polizeiweisheit: «Der Homosexuelle erzählt hemmungslos alles, und zwar in der Hoffnung, daß er seine eigene Haut dabei vielleicht etwas retten kann.»[56]

Anderseits sind es aber gerade das phänomenale Namensgedächtnis des Erpressers Schmidt und die fast hundertprozentige Zuverlässigkeit seiner Angaben gewesen, die seine Glaubwürdigkeit auch im Fall Fritsch nahelegten. Die Gestapo hat anhand der Aussagen Schmidts mehr als hundert Fälle ermittelt, und ein großer Teil der Beschuldigten gestand und wurde auch abgeurteilt. Nur in einigen Fällen genügten Schmidts Angaben allein noch nicht zur Strafverfolgung.[57] Was die Vernehmungsbeamten im Fall Fritsch verblüffte und auch nachher den Generalobersten selber, war die Selbstsicherheit, mit der Schmidt seine Anschuldigungen vorbrachte. Klar und deutlich setzte er seine Worte, so als handle er in gutem Glauben. In den Vernehmungen 1935/36 waren ihm keine Widersprüche in den einzelnen Aussagen nachzuweisen; erst im Jahre 1938, bei größerer zeitlicher Entfernung von den Vorkommnissen, unterliefen ihm einige Abweichungen, zumeist aber marginaler Art,[58] wie man sie bei der Polizei und vor Gericht im vornhinein in Rechnung stellt.

Im Sommer 1936 jedenfalls schienen Himmler die Verdachtsmomente gegen Fritsch ausreichend zu sein, um die Akte Hitler vorzulegen und ihn zu bitten, mit den Ermittlungen beginnen zu dürfen. Der Ablauf läßt sich anhand von Zeugenaussagen rekonstruieren:[59] Die Oberaufsicht bei der Vernehmung Schmidts hatte der Referatsleiter Kriminalrat Meisinger. Er wird geschildert als ein bayerischer Rabauke und im persönlichen Umgang als «lieber Kerl». Seine Vorgesetzten in der Gestapo waren nicht so angetan; Gestapochef Müller beschwerte sich fortwährend über ihn, und Heydrich konnte diesen «Widerling» nicht leiden. Best beurteilte ihn als einen «ziemlich primitive(n) Mann mit plumpen Methoden».[60] Man kann verstehen, daß ein Mann wie Meisinger es gerade seinen Oberen zeigen wollte und sich mit großem Ehrgeiz und übereifrig in den Fall Fritsch stürzte. Bei der Gestapo hatte man damals keine hohe Meinung von Fritsch, hielt ihn für einen Reaktionär und einen typischen Deutschnationalen.[61]

Der Sachgebietsbearbeiter für die von Schmidt erwähnten prominenten Fälle – neben Fritsch unter anderen der Tennis-Champion Gottfried von Cramm, der Leichtathlet Otto Peltzer und ein hoher Beamter des Auswärtigen Amtes – war Kriminalinspektor Friedrich Fehling, damals Ende der vierzig, ein typischer Beamter der alten Schule.[62] An ihm und an Meisinger wurden nachher, als sich die Gestapo durch den Freispruch für Fritsch blamiert sah, die Fehler und Versäumnisse festgemacht.[63] Fehling wurde vorgeworfen, es unterlassen zu haben, die Angaben Schmidts sofort in Lichterfelde nachzuprüfen. Meisinger wurde angekreidet, daß er sich auf Fehling verlassen habe. Bei der Gestapo mokierte man sich später über Meisinger, weil er so unvorsichtig gewesen sei, Schmidt Bilder des Generalobersten von Fritsch zur Identifizierung vorzulegen,[64] die er angeblich sogar mit Namen und Rangbezeichnung versehen haben soll. Fehling hatte das Vernehmungsprotokoll des Kriminalsekretärs Löffner vom August 1936 an Meisinger weitergereicht.[65] Heydrich und dem Gestapochef Heinrich Müller genügte die Akte angeblich noch nicht; sie wollten weitere Beweise sammeln.[66] Müller hat hinterher erklärt, wenn er nicht in den betreffenden Wochen krank gewesen wäre, hätte man die Akte in diesem unzureichenden Zustand niemals Hitler vorgelegt.[67] Doch inzwischen hatte Meisinger sie von sich aus unmittelbar Himmler überreicht, der schnurstracks damit zu Hitler eilte.[68]

Nachdem Hitler die Vernichtung der Akte befohlen hatte, wurden die Behauptungen Schmidts gegen Fritsch bis zum Blomberg-Skandal nicht weiter nachgeprüft.[69] Solange die Urteilsschrift der Forschung nicht vorlag, haben in den ersten Nachkriegsjahren Aussagen von drei hohen SS-Funktionären, daß die Ermittlungen Ende 1937 aufgenommen wurden, für viel Verwirrung gesorgt. Dieser Irrtum läßt sich aber leicht aufklären: Alle drei waren an den Vernehmungen in den Jahren 1935/36 nicht beteiligt, haben auch nichts erfahren, weil der Mitwisserkreis sehr eng gehalten wurde. Außerdem orientierten sich alle drei am damaligen Forschungsstand, wonach die Konferenz vom 5. November 1937 in der Reichskanzlei (Hoßbach-Protokoll) der Auslöser der Krise und der «Intrige» gewesen sein soll.[70]

Die schnelle Rekonstruktion der Polizeiakte Fritsch und ihre Wiedervorlage binnen weniger Nachtstunden war keineswegs so schwierig, wie die vielen Skeptiker angenommen haben. Denn einmal war natürlich der gesamte Hauptvorgang gegen Otto Schmidt mit seinen Aussagen und denen der zahlreichen Angeschuldigten noch vorhanden. Vor allem aber war die Nebenakte Fritsch gegen den ausdrücklichen Befehl Hitlers, sie zu vernichten, auf augenzwinkernde Weisung Heydrichs («Diese Akte wird verbrannt!») im Panzerschrank seines Adjutanten verwahrt worden. Naturgemäß durfte Hitler vorher unter keinen Umständen erfahren, daß die Akte noch existierte. Somit konnte also damit auch keine «Intrige» eingeleitet werden. Erst bei der Wiedervorlage wurde Hitler verharmlosend mitgeteilt, die Vernichtung der alten Akte sei «nur teilweise geschehen».[71]

Offensichtlich hat Hitler die Polizeiakte Fritsch um 2.15 Uhr in der Frühe des 25. Januar 1938 bereits auf dem Schreibtisch gehabt. Denn um diese Zeit wurde der Wehrmacht-Adjutant Oberst Hoßbach telefonisch aus dem Schlaf geklingelt: Hitlers persönlicher Adjutant, SS-Brigadeführer Julius Schaub, übermittelte ihm den Befehl des *Führers*, sofort in die Reichskanzlei zu kommen. Hoßbach konnte erreichen, daß die Besprechung auf 10 Uhr vormittags verschoben wurde.[72]

Im Laufe des Vormittags überreichte Hitler dem Obersten die schmale Fritsch-Akte.[73] Es waren ihr auch Bilder beigelegt, wohl von den Bahnhöfen. Hoßbach hatte den Eindruck, es sei liederlich und «schlecht zurechtgemachtes Anschuldigungsmaterial», was bei der Eilfertigung nicht verwundert. Generaloberstabsrichter Lehmann erinnerte sich, es seien 8 Seiten in Fotokopie gewesen. Fritschs Verteidiger Graf von der Goltz spricht sogar von nur 5 bis 6 Manuskriptseiten mit der schriftlichen Aussage Schmidts, übrigens ohne Unterschrift, und zwar als Kohledurchschlag. Der Gestapo-Sachbearbeiter Huber will nur Originale gesehen haben. Um das Verwirrspiel auf die Spitze zu treiben: Was Heydrichs Adjutant in jener Nacht aus seinem Tresor holte, war entweder der Fritsch betreffende Teil der Originalakte von 1936, oder es waren Durchschläge der Aussagen Schmidts.

Wie dem auch sei – von historischem Belang ist der Inhalt der Polizeiakte. Von dem verheerenden Eindruck der Anschuldigung gegen Fritsch zeugt eine Szene, an die sich der Marineadjutant von Puttkamer erinnerte:[74] Am Mittag des 25. Januar 1938 kam Hoßbach in das Rauchzimmer der Reichskanzlei, setzte sich auf das rote Ledersofa, stieß nur den Namen «Fritsch» hervor und schrieb mit dem Zeigefinger «§ 175» in die Luft. Er wagte nicht einmal, das Wort auszusprechen ...

2.
Die Befehlsverweigerung des Obersten Hoßbach

Am Vormittag des 25. Januar 1938 verpflichtete der Oberste Befehlshaber der Wehrmacht, Adolf Hitler, seinen Wehrmachtadjutanten Oberst Friedrich Hoßbach zu strengster Geheimhaltung gegen jedermann, ehe er ihn in die Affären Blomberg und Fritsch einweihte. In seiner Doppelfunktion als Mittler zwischen Wehrmacht und Hitler und als Leiter der Zentralabteilung des Generalstabs, das bei der jetzt fälligen Nachfolgeregelung mitzureden hatte, fiel Hoßbach in der Tat eine, wie man gesagt hat[1], «Schlüsselstellung» in «historischer Stunde» zu. Er war sicherlich neben Blomberg derjenige Offizier des Heeres, dem Hitler am meisten vertraute und der selber erfahren hatte, daß man den Diktator, so man ihn nur richtig nahm, beeinflussen konnte.[2] Diese Vertrauensbasis durfte er in dieser doppelten Führungskrise nicht leichtfertig aufs Spiel setzen.

Es spricht für ihn, daß er die Beschuldigungen gegen seinen Oberbefehlshaber, den Generalobersten von Fritsch, sofort und den ganzen Tag über – er mußte sich in der Reichskanzlei zur Verfügung halten – heftig und leidenschaftlich zurückgewiesen hat und loyal für ihn eingetreten ist: Von seiner Schuld ließe er sich nur durch Fritsch selber überzeugen. Deshalb schlug er Hitler vor, den Generalobersten befragen zu dürfen. Der Diktator untersagte es ihm und soll abends beim Abschied sein Verbot wiederholt haben.

Gegen diesen ausdrücklichen Befehl hat Hoßbach verstoßen, weil er nur so dem Generalobersten, «dessen lautere Persönlichkeit ich verehrte», am aufrichtigsten zu dienen vermeinte. Sein wirkliches Motiv für diese Befehlsverweigerung, das er in seinen Memoiren verschleiert hat, ist als mannhaftes Eintreten gegenüber einem gefährlichen Tyrannen mißverstanden und bewundert worden. Man hat ihn für seinen Ungehorsam als «Oberst von Charakter» und «unerschrockenen Adjutanten» gerühmt und seiner «ritterlichen Freundschaft» wegen gelobt.[3]

Er selber hat durch seine Darstellung dieses Beispiel an Mannesmut erst recht leuchten lassen, will er doch Hitler nicht darüber im Zweifel gelassen haben, daß es ihm bei seinem Vertrauensverhältnis zu Fritsch unerträglich sei, das Verbot zu befolgen. Zu seiner kompromißlosen, wenig verbindlichen Art würde dieses Eingeständnis vor dem Obersten Befehlshaber passen. Schwierig freilich ist es, sich vorzustellen, er habe am Schluß der Auseinandersetzungen geäußert, Hitlers Befehl nicht mit seinem Gewissen vereinbaren zu können, und uns glauben zu lassen, der auf absolute Autorität und blinden Gehorsam bedachte Diktator habe stillschweigend und schulterzuckend hingenommen, daß sein Adjutant dem strikten Befehl zuwiderhandeln und Fritsch über die vorliegenden Anschuldigungen unterrichten werde.

Bei alledem blieb stets die entscheidende Frage undurchdacht, welchen Sinn Hoßbachs angeblich hilfreiche Warnung hätte haben sollen und können.[4] Die Antwort wäre einfach, hätte es sich bei dem Generalobersten um einen echten politischen Gegner Hitlers und um einen Verfolgten seiner Schergen gehandelt, dessen geplante Verhaftung insgeheim Hoßbach zur Kenntnis gelangt war und dessen bedrohtes Leben er durch seine spontane Warnung hätte retten wollen. Ein derart

Gewarnter hätte sodann schleunigst ins Ausland und damit in die Freiheit fliehen können. Doch welchen Sinn sollte eine solche Warnung im Falle Fritsch haben, angesichts – wie es Hoßbach schien – äußerst dürftiger Akten über einen Erpressungsfall, der vier Jahre zurücklag und jetzt ohnehin untersucht werden mußte?

In seinen Memoiren schildert Hoßbach den Akt der Gehorsamsverweigerung als spontane Handlung: «Auf der Autorückfahrt von der Reichskanzlei zu meiner Wohnung etwa zwischen 22 und 23 Uhr rang ich mich endgültig dazu durch, an dem Entschluß festzuhalten, dem Befehl Hitlers nicht zu folgen, sondern den Generalobersten sofort aufzusuchen...» Also war er sich im Gespräch mit Hitler noch gar nicht schlüssig gewesen? Seinen «schweren Selbstentscheid in dem Konflikt zwischen Gewissen und Befehl» rechtfertigt er mit seiner doppelten Loyalität, einmal zu Fritsch, «dem nach meiner Ansicht ein folgenschwerer Schlag versetzt werden sollte», sodann zu Hitler, «der einen mir unfaßbaren Schritt zu tun im Begriff stand». Durch Befragung des Generalobersten habe er selber Licht ins Dunkel bringen wollen.

Ausnahmsweise wollen wir auf der Suche nach dem wahren Motiv einmal bei Gisevius nachschlagen, der bei der Niederschrift seines Buches Hoßbachs Erinnerungen noch nicht kannte, sich aber wohl ein Urteil bilden konnte, weil er in jenen Frühlingstagen 1938 mit einigen Kameraden des entlassenen und gedemütigten Generalobersten konspiriert hatte, unter ihnen auch Hoßbach. In seiner Wiedergabe hört sich das so an: «Der Oberst Hoßbach ist außer sich. Er fürchtet eine Katastrophe. Denn nach dem Fall Blomberg noch einen Skandal Fritsch, das wäre für die Wehrmacht unerträglich. Also, denkt er, muß dem Schlimmsten vorgebeugt werden. Entweder ist der Oberbefehlshaber des Heeres schuldig, oder er ist unschuldig. Ein Drittes gibt es nicht. In beiden Fällen aber wird Fritsch wissen, was er zu tun hat. Er muß nur rechtzeitig gewarnt werden.»[5]

Diese in sich schlüssige Interpretation wird nun durch das Zeugnis eines anderen Adjutanten aus der Reichskanzlei voll bestätigt, das merkwürdigerweise von den allermeisten Autoren übersehen worden ist. Als am anderen Morgen Hitlers persönlicher Adjutant Wiedemann seinem Kameraden Hoßbach wegen seines Ungehorsams Vorwürfe machte, entschuldigte sich der Oberst mit den Worten: «Sie wissen, wie ich Fritsch verehre. Ich habe nicht geglaubt, daß der Vorwurf stimmt, aber wenn schon, dann wollte ich ihm Gelegenheit geben, die Sache so zu erledigen, daß die Ehre der Armee nicht tangiert wird.»[6] Mit anderen Worten: Fritsch sollte sich, falls schuldig, erschießen, um mit seinem Selbstmord die Schande von der Armee abzuwenden. Eine Haltung, wie sie bei den ausgeprägten Ehrbegriffen dieses «letzten

Preußen» nicht überraschen kann. Auch im Falle Blomberg war, wie
wir gesehen haben, der Griff zur Pistole ein naheliegender Gedanke,
nicht nur bei Militärs, sondern auch bei einem Zivilisten wie Goebbels.[7] In einem anderen Zusammenhang, bei der Schilderung des nächsten Tages, hat der Memoirenschreiber Hoßbach indirekt erkennen
lassen, was ihn damals wirklich bewegt hat: «Es ging mir nicht nur um
die Person Fritschs, sondern auch um den Ruf und um die Ehre des
Offizierskorps!»[8]

Es ist nur zu verständlich, daß sich Hoßbach nachher nicht mehr
unverhüllt dazu bekennen mochte, hat er doch durch die Befehlsverweigerung seinem Oberbefehlshaber nicht den besten Dienst erwiesen, sondern dessen Lage – wenn auch unbeabsichtigt – erheblich ver-
schlechtert. Überdies hat er sich dadurch um seine Vertrauensstellung
bei Hitler gebracht und das jetzt aufbrechende Mißtrauen des Diktators gegen die Generalität noch bestärkt. Doch wir haben vorgegriffen.

Zunächst einmal verspürte Hoßbach eine große Erleichterung,
nachdem er am späten Abend des 25. Januar 1938 dem Generalobersten von Fritsch in dessen Dienstwohnung an der Bendlerstraße offen-
bart hatte, auf Hitlers Schreibtisch liege ein Aktenstück, aus dem her-
vorgehe, daß ein vielfach vorbestrafter Strafgefangener den Oberbefehlshaber des Heeres wegen homosexueller Betätigung erpreßt haben
wolle. «Erstunken und erlogen» war die spontane Reaktion Fritschs
auf diesen Bericht.[9] Er sei weder homosexuell veranlagt, noch habe er
sich je so betätigt, noch sei er je erpreßt worden. Hoßbach hatte keinen
Grund, diese Erklärung zu bezweifeln.

In dem vertrauensvollen Gespräch, das sich nun anschloß, wurde
bereits jene Legende von der großen Intrige gegen die Armee geboren.
Da sich beide nicht erklären konnten, wieso Hitler den Generalobersten mittels einer so «gemeinen Verdächtigung» etwa loswerden
wollte, vermuteten sie dahinter einen Anschlag, dessen Urheber in den
Kreisen um Göring oder Himmler zu suchen seien. Also mußte Hitler
so schnell wie möglich eines Besseren belehrt werden.

Das geschah am nächsten Vormittag. Hoßbach meldete seinem Führer den Ungehorsam – Hitler nahm die Meldung erstaunlicherweise
«in voller Ruhe» entgegen – und berichtete ihm, daß er nach der
Unterhaltung mit Fritsch von dessen völliger Unschuld überzeugt sei.
Nun atmete auch Hitler erleichtert auf: «Dann wäre ja dieser Fall in
Ordnung, und Fritsch könnte Minister werden.» Was Hoßbach an
dieser Stelle nicht erwähnt, ist der Tadel Hitlers, von dem er dem
Adjutanten Wiedemann berichtet hat: Der Oberst habe ihm (Hitler)
einen großen Schaden zugefügt, denn nun sei das Überraschungsmoment dahin.[10]

In der Sache hatte Hitler recht. Hoßbach hatte dem Generalobersten seine Unbefangenheit genommen. Das zeigte sich bereits am Morgen dieses 26. Januar 1938. Nachts hatte der Generaloberst über das Rätsel der Beschuldigungen unablässig gegrübelt. Dabei war ihm die Sache mit den Hitlerjungen[11] eingefallen, die just in dem Zeitraum 1933/34 geschehen war, als er sich im Homosexuellenmilieu bewegt haben sollte. Seinerzeit, bei der Eröffnung des Winterhilfswerks, wurden Spender freier Mittagstische für Bedürftige gesucht. Die nationalsozialistische Volkswohlfahrt (NSV) hatte Fritsch den 15jährigen arbeitslosen Hitlerjungen Fritz Wermelskirchen vermittelt. Er war als Laufbursche bei der NSV tätig und kam, außer sonntags, täglich zur Mittagspause in die Wohnung des Generalobersten und nahm mit ihm allein das Mittagessen ein. Das dauerte etwa zwei Jahre; einen Monat lang wurde Wermelskirchen durch einen anderen Hitlerjungen, den 16jährigen Gerhard Zeidler, vertreten. Nachdem Fritsch dem jungen Wermelskirchen eine Lehrlingsstelle bei einer Mercedes-Benz-Firma in Marienfelde besorgt hatte, sah er ihn meist nur noch an Wochenenden als Tischgast. Der General ersetzte ihm auch die Bahnfahrtkosten und ließ gelegentlich den Eltern Geld zukommen (der Vater war im Weltkrieg Gardist in derselben Division wie Fritsch gewesen).

Im Jahre 1935 hatte er dann von dem Jungen seine Hand abgezogen, nachdem er von dummen Streichen erfahren hatte, die Wermelskirchen unter Mißbrauch des Namens Fritsch begangen hatte. Zum Beispiel war er auf der Bahn in der falschen Klasse gefahren. Die Mutter schrieb Fritsch später, der Junge sei aus der Fabrik entlassen worden und auf schlechte Wege gekommen, doch Fritsch lehnte es ab, sich seiner noch einmal anzunehmen. Hier, so dünkte es Fritsch, könnte des Rätsels Lösung liegen; man habe vielleicht seine harmlose Beziehung zu dem Hitlerjungen böswillig ausgelegt.

Schon früh am Morgen rief Fritsch bei Hoßbach an und bat um eine Aussprache. Sie trafen sich an der Reitbahn in der Bendlerstraße. Als Hoßbach die Geschichte hörte, wurde bei ihm die gleiche Befürchtung wieder wach, die ihm der Generaloberst am Abend zuvor durch seine Unschuldsbeteuerung genommen hatte: «Sorgenvolle Gedanken, Zweifel, die einen Augenblick mein Gehirn durchjagten! Ein Hitlerjunge in der Wohnung, das würde die Gegenseite auszunutzen wissen!»[12] Einen Augenblick also wurde Hoßbach in seinem Vertrauen zum Oberbefehlshaber wieder unsicher, auch wenn er im nächsten Satz behauptet, er habe in seinem unbegrenzten Vertrauen keinen Anlaß gehabt, wankelmütig zu werden. Abermals drängt sich der Verdacht auf, Hoßbach habe in seinen Memoiren versucht, die eigenen Fehler oder Versäumnisse in dieser Affäre zu kaschieren. Wenn ihm nämlich die Gefahr bewußt war, warum hat er dann nicht an diesem

Morgen Fritsch geraten, vor Hitler oder Göring ja nicht die Hitlerjungen zu erwähnen?

Die Memoiren Hoßbachs geben darüber keine Auskunft. Überhaupt ist ihm die Darstellung der Geschehnisse in jenen Tagen sehr unübersichtlich, ja verwirrend geraten. Er selber räumt ein, er könne das Auf und Ab der Tage vom 26. vormittags bis zum 28. Januar mittags – dem Zeitpunkt seiner Entlassung – chronologisch nicht mehr wiedergeben. Das hat aber viele Autoren nicht gehindert, die Schilderungen unbesehen und in der vorgegebenen Reihenfolge zu übernehmen.[13] Es scheint, bei genauer Lektüre, die Erinnerung habe Hoßbach bereits einen Streich gespielt, als er die Ereignisse am ersten Tag der Krise, an dessen Ende er Fritsch befehlswidrig informiert hatte, Revue passieren ließ.

Hoßbach war an diesem 25. Januar der wichtigste Gesprächspartner Hitlers und fast ununterbrochen bei ihm in der Reichskanzlei. Er selber erweckt den Eindruck einer «Marathondebatte» von annähernd zehn Stunden, einer spannungsgeladenen und erregten Auseinandersetzung um Fritsch, spricht sogar von einem «Kampf zwischen Hitler, Göring und mir».[14] Man darf jedoch nicht aus dem Blick verlieren, daß gleichzeitig auch über den Fall Blomberg und dessen Folgen geredet wurde. Göring kann in die Debatte um Fritsch überhaupt erst im Laufe des Nachmittags eingegriffen haben. Denn nach Hoßbachs erster Unterredung mit Hitler wurde Göring zunächst einmal – auf Vorschlag des Obersten – beauftragt, Generalfeldmarschall von Blomberg die Akte vom Vorleben seiner Frau zu zeigen. Das geschah um 11 Uhr. Für eine Unterbrechung sorgte dann das Mittagessen mit Göring und Goebbels, die den bedrückten Hitler aufzuheitern versuchten.[15]

Wenn ein «Kampf» ausgetragen wurde, dann zwischen Hoßbach und Göring, und zwar um die Nachfolge Blombergs, dessen Ablösung bereits mittags beschlossene Sache war. Göring, der jetzt die Gelegenheit erblickte, den Posten des Reichskriegsministers zu erlangen, ohne daß er dies deutlich zu erkennen gab, mußte alles daran setzen, Hoßbach von der Schuld seines «Konkurrenten», des Generalobersten von Fritsch, zu überzeugen. Zweimal soll er an jenem Nachmittag mit der Fritsch-Akte verschwunden sein, um sie nachprüfen zu lassen[16] – vermutlich im Gestapo-Hauptquartier in der Prinz-Albrecht-Straße. Und jedesmal lautete das Ergebnis, an Fritschs Schuld sei nicht zu zweifeln. Hoßbach behauptet, schon an diesem Nachmittag sei der Belastungszeuge für einwandfrei befunden worden; er bleibe bei seinen Aussagen. Dies kann jedoch erst am nächsten Tag der Fall gewesen sein, als die Auseinandersetzungen unvermindert weitergingen,[17] denn es ist schlechterdings nicht möglich, daß der Strafgefangene Otto Schmidt bereits aus dem Emsland in Berlin eingetroffen war. Hoßbach selber erwähnt, er habe überhaupt erst am Abend des nächsten Tages von der Existenz des Zeugen erfahren.[18]

Eine entscheidende Frage wird von Hoßbach nicht beantwortet: Warum wollte Hitler unbedingt, daß der Adjutant seinen Oberbefehlshaber nicht im voraus informierte? Die naheliegende Erklärung wäre, daß er von Anfang an vorhatte, den Generaloberst dem Zeugen Schmidt, den er aus dem Emsland holen ließ, gegenüberzustellen,[19] um den tatverdächtigen Fritsch zu überrumpeln. Aber den Überraschungseffekt hätte er schon durch die Vorlage der Polizeiakte erreichen können. Merkwürdigerweise haben bisher alle Autoren übersehen, daß die Lösung unmißverständlich in Hoßbachs Memoiren steht:[20] Fritsch und Hoßbach hatten nämlich, sei es am 25. abends oder am 26. morgens, vereinbart, daß der Adjutant bei Hitler um eine Audienz für Fritsch nachsuchte. Sie sollte dreierlei bewirken:

Erstens »mußte erreicht werden, daß Hitler seinen Belastungszeugen, dessen Vorhandensein uns unglaubhaft erschien, vorzeigte«.

Zweitens sollte Hitlers Absicht verhindert werden, die Untersuchung des Falles Fritsch der Gestapo zu übertragen.

Drittens »schien es uns unumgänglich notwendig, daß Hitler sich persönlich mit dem Generalobersten aussprach«.

Der Empfang wurde jedoch tagsüber immer wieder hinausgezögert.[21] Ein Grund dafür kann gewesen sein, daß der Zeuge Schmidt nach der langen Fahrt noch gar nicht für einen Besuch in der Reichskanzlei vorzeigbar war. Ein anderer, daß sich Göring erst einmal von ihm einen Eindruck verschaffen wollte.[22] Sodann mußte sich Hitler noch bei anderen Rat holen. An diesem Nachmittag wurden Reichsjustizminister Gürtner und der Reichsführer SS Himmler in der Reichskanzlei gesichtet. Gürtner wurde auf Drängen Hoßbachs hinzugezogen.[23]

Bei einer der Diskussionen über Schuld und Unschuld des Generalobersten, bei der, so Hoßbach, «das gegenseitige Mißtrauen zum Bersten angewachsen war», nahm Göring die Sache in die Hand, weil sich Hitler immer noch unschlüssig war. Hoßbach schildert diese Szene dramatisch: «Göring (sagte) plötzlich: ‹Mein Führer, es muß jetzt eine Entscheidung fallen›, und wandte sich dann an mich mit der Frage‹Was soll nun geschehn?› Meine Antwort war: ‹Der Führer als der Oberste Befehlshaber muß noch heute mit dem Generaloberst persönlich sprechen.› Nach längerem Zögern stimmte Hitler zu.»

3.
Die Gegenüberstellung in der Reichskanzlei

Als «eine der ungeheuerlichsten Episoden des Dritten Reiches» [1] hat man im nachhinein jene Begegnung angeprangert, die am Abend des 26. Januar 1938 in der Reichskanzlei inszeniert wurde: Das Staatsoberhaupt, im Beisein des preußischen Ministerpräsidenten, stellt dem Oberbefehlshaber des Heeres einen übelbeleumundeten Strafgefangenen als Belastungszeugen gegenüber. In der Umgebung Hitlers war man schon damals entsetzt. Für ihn, schreibt der Luftwaffenadjutant Nicolaus von Below, sei es «das Niederschmetterndste dieses Abends» gewesen. «Dieses würdelose Verfahren in den Privaträumen des Staatsoberhauptes deprimierte mich über alle Maßen.» [2]

Die moralische Entrüstung, die sich in der Literatur immer wieder findet, nimmt sich freilich etwas seltsam aus, wenn man weiß, daß es Generaloberst von Fritsch und Wehrmachtadjutant Oberst Hoßbach waren, die auf dieser Gegenüberstellung bestanden haben. Sie zweifelten – nicht unverständlich eingedenk der jahrelangen Spannungen zwischen Partei und Armee – daran, daß es überhaupt einen Belastungszeugen geben könne. Und wenn ja, könne es nur ein «gedungener Zeuge» sein. [3] Darum wollten sie Hitler, wie erwähnt, zwingen, ihn vorzuzeigen. Es muß also gar nicht erst Himmler bemüht werden, der als Mephisto dem Diktator diese Idee zugeraunt habe. [4] Nur ist die Darstellung Hoßbachs so labyrinthisch angelegt, daß sich nie mehr feststellen lassen wird, ob er in den tagelangen Diskussionen die Prozedur abgesprochen hat, sobald der Strafgefangene Otto Schmidt in Berlin eingetroffen war, oder ob er in einem Temperamentsausbruch Hitler geradezu herausgefordert hat, den Zeugen aus dem Gestapohauptquartier herbeizuholen. Für Hitler stand jedenfalls Aussage gegen Aussage.

Fritsch, der bereits den ganzen Tag über auf die erbetene Audienz beim Führer gewartet hatte, war in Zivil in die Reichskanzlei geeilt, nachdem ihn Hoßbach telefonisch dorthin bestellt hatte. Der Adjutant kam seinem Oberbefehlshaber in der Eingangshalle entgegen und überraschte ihn mit der erstaunlichen Tatsache, daß bereits ein Belastungszeuge seiner harrte. «Das Schwein will ich unbedingt sehen!» rief Fritsch aus und begab sich in die Bibliothek, wo er sich bei seinem Obersten Befehlshaber meldete. Auch Göring, der in diesen Tagen einen starken Einfluß auf Hitler ausübte, war zugegen. [5]

Das erste, was Fritsch auffiel, war die Verzweiflung des Diktators [6], woraus er den Schluß zog, daß Hitler an alledem unschuldig sei. Ohne Umschweife kam Hitler zur Sache. Er könne alles verstehen, sagte er dem Generalobersten, wünsche aber die Wahrheit zu hören. Gebe er die homosexuelle Betätigung zu, solle er eine längere Reise antreten; es werde nichts weiter geschehen. Im gleichen Sinne redete Göring seinem Kameraden zu, sozusagen von Generaloberst zu Generaloberst. Sie waren also bereit, eine etwaige strafbare Handlung zu vertuschen und, wie im Falle Blomberg, den Sünder weit weg von der Hauptstadt zu verbannen und ihn den Blicken der vielen Auslandskorrespondenten zu entziehen. Hitler hatte daran gedacht, Fritsch als Militärberater zum nationalchinesischen Generalissimus Tschiang-kai-schek zu entsenden.[7]

Fritsch, der viele Stunden Zeit gehabt hatte, sich auf dieses Gespräch einzustellen, wandte sich entschieden gegen die Beschuldigung und wollte sogleich wissen, wer ihn bezichtige. Er steuerte direkt auf die Gegenüberstellung zu. Doch Hitler entgegnete, es sei gleichgültig, um wen es sich handle. Vielmehr drang er in den Beschuldigten, als stände Fritsch schon vor dem Untersuchungsrichter, «ob auch irgendwo nur die leiseste Möglichkeit oder Spur eines Verdachtes» bestehe.

Und nun begeht Fritsch eine unverzeihliche, wenngleich begreifliche Ungeschicklichkeit: Er bringt den Hitlerjungen Wermelskirchen ins Spiel, den er in wenig guter Erinnerung hat und von dem er deshalb annimmt, von ihm seien die Verdächtigungen ausgegangen. Ausführlich schildert er Hitler und Göring den Fall, erwähnt offensichtlich auch den anderen HJ-Tischgast. Treuherzig versichert er Hitler: «Es sei aber nichts Schlechtes hierbei vorgekommen.»[8] Doch gerade die gefaßte, umständliche Art, in der Fritsch sich bemüht, das vermeintliche Mißverständnis aufzuklären[9], läßt Hitlers Argwohn aufleben. Er deutet die Bemühungen des unschuldigen Fritsch, sich gegen unerklärliche Verleumdungen zu wehren, als Unsicherheit, legt die zurückhaltende Art des Generalobersten als ein Zeichen von Verstörtheit aus, ja er schildert ihn als bedrückt und nervös.[10]

Da Hitler nach Aktenlage zunächst einmal für möglich halten mußte, daß der Generaloberst schuldig sei – sogar der Reichsjustizminister wird anderntags dieser Meinung sein, nachdem er die Akte studiert hat[11] –, und da er wußte, daß Fritsch viel Zeit gehabt hatte, sich eine Entschuldigung zurechtzulegen, erscheint ihm die Geschichte von den beiden Hitlerjungen als ein verschleiertes Schuldbekenntnis. «Stellen Sie sich vor, Wiedemann», sagt er hinterher, noch ganz aufgeregt, seinem Adjutanten, «nun sind es auf einmal nicht zwei, sondern vier Jungen, mit denen er zu tun hatte. Jetzt ist die Sache überhaupt nicht mehr geheimzuhalten.»[12]

Erst nachdem er Fritschs Erzählungen angehört hatte, überreichte ihm Hitler die Akte. «Während ich in begreiflicher Erregung das Aktenstück durchlas», berichtet Fritsch,[13] «wurde der Erpresser, ein mir völlig unbekanntes Subjekt, hereingebracht.» Mit dieser knappen

Schilderung erledigen sich bereits die phantastischen Einzelheiten, mit denen einige Autoren gerade diese Szene ausgeschmückt haben.[14] Noch vertieft in die Akte, hat Fritsch nicht einmal selber gehört, daß Otto Schmidt, den Überraschten spielend, «Ja, er ist es!»[15] ausgerufen haben soll. Schmidt behauptete hinterher, er habe den Generaloberst an einem typischen, nervösen Schulterzucken wiedererkannt.[16] Da die Gegenüberstellung offenbar nur kurz gewesen ist,[17] liegt der begründete Verdacht nahe, daß der Zeuge ihn heimlich beobachtet hat, als er in die Reichskanzlei kam. Göring gab dem Auftritt des Belastungszeugen noch die Würze, indem er Fritsch vorhielt, Schmidt habe ihn bereits zuvor auf vielen ihm vorgelegten Bildern des Generalobersten wiedererkannt. Ebenso, behauptete Göring, hätten ihn der von Schmidt belauschte Strichjunge und ein anderer aus der Erpresserbande anhand von Fotos identifiziert.[18]

Fritsch versicherte wahrheitsgemäß und «mehrmals ruhig», daß er den Zeugen nie in seinem Leben gesehen habe, und gab Hitler sein Ehrenwort, daß er mit der ganzen Angelegenheit nichts zu tun habe.[19] Einige Tage später wunderte sich Hitler im Gespräch mit General von Rundstedt, daß Fritsch sich bei der Gegenüberstellung eiskalt verhalten habe, anstatt entrüstet aufzufahren. Der alte General erwiderte, als ein vornehmer Mann habe Fritsch nur eisige Verachtung zeigen können. Vor der Generalität äußerte Hitler, er habe erwartet, Fritsch werde ihm die Akte vor die Füße werfen.

Empört hat nach dem Kriege ein aus Österreich stammender Diplomat das Verhalten Fritschs kritisiert: «Unfaßbar..., daß Fritsch nicht augenblicklich mit Härte reagierte, seinen Degen zerbrach, Hitler vor die Füße warf und die Reichskanzlei verließ. Hitler hätte bestimmt eine stolze Haltung respektiert und honoriert.»[20] Da dieser Österreicher sowohl die habsburgischen Verhältnisse kannte als auch die Mentalität der obersten Parteiführer, sieht er in dem falschen Verhalten des verleumdeten Fritsch die entscheidende Ursache, warum Hitler von Stund an seine Hochachtung vor der preußisch-deutschen Generalität verlor: «...die geradezu pastoral maßvolle Haltung des so martialisch aussehenden Monokelträgers General (*sic!*) von Fritsch mußte ihm, dem Sohn eines beispielhaft harten k. u. k. Beamten aus Braunau, verächtlich erscheinen.»

Dieses harte, romantisch eingefärbte Urteil läßt freilich außer acht, daß Fritsch gar nicht mehr spontan reagieren konnte. Er hatte nicht nur keinen Degen dabei – er war in Zivil –, auch hatte er sich innerlich bereits mit der Verleumdung auseinandergesetzt und konnte nicht mehr durch den Zeugen überrascht werden. Was ein preußischer Offizier für solche Situationen als Verhaltensregel gelernt hatte, war die Selbstbeherrschung. Deswegen waren die nachträglichen Ratschläge des Reichsbankpräsidenten Hjalmar Schacht und des Fritsch-Freundes General Joachim von Stülpnagel,[21] der Generaloberst hätte dem Belastungszeugen ins Gesicht schlagen beziehungsweise ihn mit einem Stuhl attackieren sollen, nicht nur lächerlich, sondern auch höchst unangemessen. Genauso wie sein unseliger Ratgeber Hoßbach war auch Fritsch überzeugt, gegen alle Intriganten und Verleumder sei der Oberbefehlshaber des Heeres gefeit durch sein Ehrenwort.[22]

Nach der Pflichtenlehre für die Offiziere der deutschen Wehrmacht[23] durfte das Ehrenwort «nur bei den ernstesten und feierlichsten Gelegenheiten» gegeben werden. Wer es aussprach, verpfändete seine persönliche Ehre und Treue. Wer es brach, war «nicht mehr würdig, Offizier zu sein» und hatte «keinen Anspruch auf die Achtung seiner Mitmenschen, besonders seiner Kameraden». Man darf voraussetzen, daß dem Obersten Befehlshaber der Wehrmacht, Adolf Hitler, auf den jeder Soldat und jeder Offizier persönlich vereidigt war, die Bedeutung des preußischen Ehrbegriffs sehr wohl geläufig war, zumal die nationalsozialistische Propaganda die Ehre von Anfang an stark herausgestellt hatte.[27]

Anderen Sinnes wurde Hitler offenbar erst einige Stunden vor seiner Begegnung mit dem Generalobersten. Hier ist der Punkt, wo Himmler, der Chef der deutschen Polizei, in das Geschehen eingreift. Arthur Nebe, der Leiter des Reichskriminalpolizeiamtes – er wird später im Prozeß vor dem Reichskriegsgericht dazu als Sachverständiger gehört –, hat an die kriminalistische Binsenweisheit erinnert, wonach sich Homosexuelle, «gleich ob hoch oder niedrig gestellt», grundsätzlich der Lüge bedienten. Offensichtlich wurde dies Hitler durch Himmler zugetragen, denn er hat Hoßbach im Laufe des Tages darauf aufmerksam gemacht.[24] Es gab unter den drakonischen Gesetzen und Konventionen jener Jahre für einen Homosexuellen kaum eine andere Wahl, als zunächst unentwegt zu leugnen. Der Druck der Gefahr, strafrechtlich belangt, gesellschaftlich diskriminiert und isoliert sowie wirtschaftlich ruiniert zu werden, war einfach zu übermächtig.

Im Falle Fritsch war Hitler vermutlich besonders skeptisch, weil er schon einmal mit dem Ehrenwort eines ihm nahestehenden Offiziers und Parteigenossen schlechte Erfahrungen gemacht hatte. Sein Duzfreund, der SA-Stabschef Ernst Röhm, hatte, als ihn Hitler auf das Geraune über seine homosexuelle Veranlagung ansprach, sein «heiliges Ehrenwort» als Offizier gegeben, daß diese Sache ein für allemal vorbei sei. Alsbald stellte sich dann aber heraus, daß Röhm und einige seiner Leute ihren Neigungen weiter nachgegangen waren, was Hitler besonders erboste.[25] Nun kamen ihm die Beschuldigungen propagandistisch gerade recht, als er, aus ganz anderen Gründen, Röhm und eine Reihe von SA-Führern ermorden ließ.

Aus der Sicht des unschuldigen Fritsch und des von seiner Unschuld inzwischen überzeugten Hoßbach mußte es freilich empörend wirken, daß Hitler das Ehrenwort des zweithöchsten Offiziers der Armee «achtlos» beiseiteschob. Zwar hielt auch Fritsch es für möglich und nahm es zu ihrer Ehre sogar an, «daß der Führer und Göring geglaubt haben, ich sei durch die vorliegende und einwandfreie homosexuelle Betätigung überführt». Dennoch empfand er das Verhalten Hitlers als Treulosigkeit, dasjenige Görings als Verrat.[26] 46 Jahre später, wieder im Monat Januar, ereignet sich ein ähnlicher Fall in der freiheitlich-demokratischen und rechtsstaatlichen Bundesrepublik Deutschland: Wieder glaubt die politisch verantwortliche Führung zunächst den Gerüchten aus der Homosexuellenszene mehr als dem Ehrenwort eines hohen Offiziers im Range eines Generalobersten. Und wiederum bringt die Hartnäckigkeit der Ermittler das unschuldige Opfer zur Verzweiflung.

Für Hitler und Göring scheint die Gegenüberstellung, da das Überraschungsmoment nicht mehr gegeben war, nur noch als Test auf die Glaubwürdigkeit des Zeugen gedient zu haben. Noch kurz zuvor hatte Schmidt vor Göring und den Gestapobeamten «auf das heftigste» versichert, er müsse auf seiner Aussage bestehen.[27] Würde er es wagen, im Beisein der beiden mächtigsten Männer Deutschlands und Auge in Auge mit dem Generalobersten diesen unschuldigen Menschen einer strafbaren Handlung zu bezichtigen? Als er es in seiner unbekümmertselbstgewissen Art – die wird anderntags, bei einer intensiveren Gegenüberstellung, selbst Fritsch verblüffen – wirklich tut, gerät Göring ganz außer sich. Mit dem Ruf «Er ist es, er ist es» – also die Worte des Zeugen wiederholend –, die Hände vors Gesicht haltend, stürmt er in das kleine Eßzimmer, wo sich Hoßbach aufhält, und soll sich dort heulend auf ein Sofa geworfen haben. Was Hoßbach wie ein Schmierentheater anmutete[28] – und viele Autoren haben ihm beigepflichtet –, könnte man bei weniger Voreingenommenheit auch als hysterische Überreaktion nach den nervenaufreibenden Auseinandersetzungen und Verhören der letzten Tage erklären.

Der Generaloberst von Fritsch wurde am Abend des 26. Januar 1938 von Hitler in die Wohnung beurlaubt und, da er auf einer Untersuchung der Vorwürfe bestand, für den nächsten Tag zur Vernehmung bei der Gestapo befohlen. Zutiefst empört verließ er die Reichskanzlei. Er konnte es nicht fassen, daß der Oberste Befehlshaber sein Ehrenwort «gegenüber den Bezichtigungen eines gerichtsnotorischen Lumpen achtlos bei Seite geschoben»[29] hatte. Ob dieser schimpflichen Behandlung dachte er daran, sich zu erschießen. Noch in derselben Nacht haben ihm sein erster Offizier, Major Siewert, und der Generalstabschef Beck diese Gedanken wieder ausgeredet; sie überzeugten ihn, daß ein Selbstmord erst recht als ein Schuldbeweis bewertet worden wäre.

Als Oberst Hoßbach die Entlastung Fritschs gescheitert sah und sich Hitler mitnichten von der Unschuld des Generalobersten überzeugt erwies, versuchte er zu retten, was noch zu retten war. In seiner Not verfiel er auf die Idee, General Beck, der nun nach der Beurlaubung Fritschs als dienstältester General im Oberkommando interimistisch das Heer führen mußte, zu mitternächtlicher Stunde noch in die Reichskanzlei zu bestellen; er schickte ihm seinen eigenen Wagen nach Lichterfelde und bat ihn, so wie er war, in Zivil,[30] zu kommen. Erstaunlicherweise willigte Hitler ein, freilich aus einem ganz anderen Motiv als der Wehrmachtadjutant. Denn während der sich maßlos verletzt fühlende Fritsch darüber grübelte, wem in der NS-Partei er diesen «Schurkenstreich» zu verdanken hatte, hielt es Hitler in seinem Argwohn für denkbar, daß es General Beck gewesen sei, der seinerzeit in seiner Lichterfelder Wohnung Fritsch mit Geld ausgeholfen habe, um die ersten Forderungen des Erpressers Schmidt zu befriedigen.

Kaum hatte sich Beck in der Reichskanzlei eingefunden, überfiel ihn der Diktator mit der Frage, wann und wo er Fritsch das letzte Mal Geld geliehen habe.[31] Erst als der General dies verneint hatte, unterrichtete ihn Hitler über die Fälle Blomberg und Fritsch. Ähnlich wie einen Tag zuvor Hoßbach mußten auch Beck, angesichts der Aktenlage und der neuesten bestätigenden Aussage des Zeugen Schmidt, Zweifel beschleichen, ob Hitler und Göring mit ihrem Verdacht nicht doch recht hatten.[32] Der Generalstabschef begab sich sogleich zu seinem Vorgesetzten Fritsch, um ihn selber zu den Vorwürfen zu hören. Danach – die Krise erlaubte keinen Aufschub – suchte er noch einmal Hitler auf und verlangte eine kriegsgerichtliche Untersuchung.

4.

Die Vernehmung im Gestapo-Hauptquartier[1]

Am Vormittag des 27. Januar 1938 begab sich Generaloberst von Fritsch, wie befohlen, zu einer Vernehmung in das Gestapoamt im Hause Prinz-Albrecht-Straße Nr. 8. Er kam ohne Begleitung und in Zivil, um kein öffentliches Aufsehen zu erregen. Am Portal empfing ihn der damals 35jährige Ministerialdirigent Dr. Werner Best, der Leiter des Verwaltungs- und Rechtsamtes der Gestapo, in der Uniform eines SS-Brigadeführers.[2] Da man vermeiden wollte, daß Fritsch allein von Kriminalbeamten verhört wurde, hatte Himmler den ranghöchsten Beamten mit der Leitung beauftragt. Die eigentliche Vernehmung blieb dem aktenkundigen Sachbearbeiter, dem Regierungs- und Kriminalrat Franz Josef Huber überlassen, einem bewährten Vertrauten Heydrichs, der zu dessen bayerischer Seilschaft zählte.[3]

Kriminalrat Huber, Reichskriminaldirektor Artur Nebe, Heinrich Himmler, Reinhard Heydrich und Gestapo-Chef Heinrich Müller

Die Gestapo hatte an sich kein Recht, den Oberbefehlshaber des Heeres zu verhören; er unterstand wie alle Soldaten der Militärgerichtsbarkeit. Deshalb ist er heftig kritisiert worden, als hätte er sich freiwillig, ohne Not und ohne Arg, in die Höhle des Löwen begeben[4] und durch diese Anpassung an das Regime der Armee geschadet. Aber er befolgte den Befehl, den er am Abend zuvor vom Diktator entgegengenommen hatte.[5] Sein kooperatives Verhalten während des vierstündigen[6] Gesprächs läßt jedoch darauf schließen, daß er diese Gelegenheit begrüßt hat, um so schnell wie möglich die ihm unfaßbaren Vorwürfe aufzuklären. Es blieb ihm, nachdem Hitler ihm sein Ehrenwort nicht abgenommen hatte, nichts anderes übrig, als mitzuspielen. Hätte er geschwiegen, wäre der Verdacht gegen ihn zwangsläufig verdichtet worden. Auch will er die näheren Einzelheiten der Polizeiakte kennenlernen, die er am Vorabend nur flüchtig gelesen hat. Und er stimmt sofort zu, als ihm Huber vorschlägt, den Zeugen Schmidt noch einmal von Angesicht zu Angesicht zu hören («Der Augenblick von gestern war wohl etwas zu kurz.»).[7] Denn er selber hat ja auf dieser Konfrontation bestanden.

Die beiden Gestapobeamten führen die Vernehmung korrekt und

mit ausgesuchter Höflichkeit. Wie aus dem Protokoll[9] ersichtlich, hat sich Best sogar entschuldigt, daß er die Pflicht seines Amtes erfüllen muß, und Huber bittet den Generalobersten geradezu um Verständnis dafür, daß er als Kriminalist die Aussage des Zeugen Schmidt ernst nehmen müsse, weil dieser in den hundert anderen Fällen immer zutreffend ausgesagt hat (Erst im Laufe der Untersuchung wird man auf drei Namensverwechslungen stoßen). Bei der Gegenüberstellung achtet er darauf, daß Fritsch seine Fragen an den Strafhäftling nicht selber stellen muß, sondern sie durch den Vernehmungsbeamten vermittelt.[10]

In Fritsch kommt, bei aller Selbstbeherrschung, immer wieder die Empörung hoch. Als erstes will er wissen, vom wem das Ganze inszeniert worden sei – seit seiner nächtlichen Unterredung mit Oberst Hoßbach hat sich bei ihm mehr und mehr die Überzeugung gefestigt, es müsse sich um eine Intrige handeln. Die Einzelheiten der Akte kommentiert er als «unerhört» und «haarsträubend», und, eingedenk seiner schlechten Erfahrung mit Hitler, unterstellt er auch den Vernehmern, daß sie sein Wort geringer achteten als das Wort «dieses Schurken», was Best beinahe entsetzt zurückweist.

Die Vernehmung zieht sich in die Länge, weil erst umständlich der Zeuge Schmidt geholt werden muß – die Gestapo hat nämlich den Kreis der beteiligten Beamten so klein wie möglich gehalten.[11] Deshalb können auch nach dem Kriege die meisten der befragten Gestapoleute nichts über diesen zum Staatsgeheimnis erklärten Fall aussagen.[12] Kaum hat der Kriminalinspektor Friedrich Fehling, ein Mann in den Fünfzigern,[13] den Zeugen vorgeführt, da ruft dieser schon beim Anblick des Generalobersten: «Das ist er!» Im Protokoll[14] heißt es:

Reg. Rat Huber: Wirklich?

Schmidt: Jawohl, ich erkenne ihn genau wieder. Ich gebe mich keiner Täuschung hin

Reg. Rat Huber: Jede Täuschung ist ausgeschlossen?

(Schmidt bejaht ausdrücklich.)

Gen. Oberst v. Fritsch (zu Reg. Rat Huber): Fragen Sie ihn, woran er mich wiedererkennt?

Reg. Rat Huber: Woran erkennen Sie ihn wieder?

Schmidt: Am ganzen Gesicht (Reg. Rat Huber: Insbesondere?) – Am Schnurrbart, im allgemeinen. Es ist gerade so, als wenn es gestern gewesen wäre, jetzt wo ich ihm gegenüberstehe.»

Gen. Oberst v. Fritsch: Was hatte ich an, wenn es gestern war?

Schmidt: An dem Abend? Alle dreimal hatten Sie einen dicken Mantel an, oder es war ein Pelz.

Die Vorfälle, die Schmidt mit Fritsch erlebt haben wollte, schilderte er präzise und anschaulich. Im Auftreten ist der kleine, untersetzte Mann mit den schwarzen Haaren und lebhaften, stechenden Augen[15] sehr bestimmt und auffallend beflissen, wie er es wohl im Lager gelernt hat. Er sagt sooft «jawohl», daß es im Protokoll schließlich gar nicht mehr vermerkt wird. Stur repetiert er seine Aussagen, soviel Fritsch auch abstreiten mag, und so sehr sich die beiden Vernehmer zusammen mit dem Generalobersten auch bemühen, diese Angaben in Frage zu stellen. Es ist auch für Fritsch erstaunlich, wie Schmidt trotz Belehrung und Strafandrohung an seiner Linie festhält:

Reg. Rat Huber: Sie sind sich doch klar darüber, welche Beschuldigung Sie aussprechen?

Schmidt: Jawohl, und ich kann nur das sagen.

Reg. Rat Huber: Sind Sie sich auch klar darüber, daß das in höchstem Maße verbrecherisch ist, jemanden widerrechtlich zu bezichtigen?

Schmidt: Ja, ich sehe es als eine Gemeinheit an.

Reg. Rat Huber: Sehen Sie sich den Mann an! Sind Sie sich über die Bodenlosigkeit einer solchen Behauptung im klaren? (Schmidt bejaht ausdrücklich).[16]

Die Gesamtaussage des Belastungszeugen blieb auch in der stundenlangen Gegenüberstellung mit dem unschuldigen, verleumdeten Fritsch unerschüttert. Genauso wie in den vorhergehenden Befragungen konnte Huber ihm auch jetzt keinerlei Widersprüche oder Unrichtigkeiten nachweisen. Wenn es reine Erfindung wäre, dann mußten sich – nach alter kriminalistischer Erfahrung – doch irgendwann Lükken oder Widersprüche ergeben.

Nachgerade wurde es zumindest Best peinlich, daß sich der Edelmann Fritsch in immer neue Diskussionen mit dem Verleumder einließ. Er hatte erwartet, der Generaloberst werde sich schroff ablehnend verhalten. Noch Jahrzehnte danach erschien ihm Fritschs Verhalten «würdelos»,[17] zum Beispiel in Dialogszenen wie dieser:[18]

Schmidt: ... Ich schlich immer näher. Da sah ich die Umrisse von beiden. Der Bayernseppl stand, und der Herr kniete vor dem Bayernseppl und nippelte da dran.

Gen. Oberst v. Fritsch: Das wagt der Mensch zu sagen! Das soll ich gewesen sein?

Reg. Rat Huber: Und Sie behaupten, daß jener Mann dieser vor Ihnen sitzende war?

Schmidt: Ja, ich kann es nur noch mal sagen, so wahr ich hier stehe.

Reg. Rat Huber: Sind Sie sich der Folgen einer unwahren Behauptung bewußt? (Zustimmung.) Daß Sie die schwerste Strafe zu gewärtigen haben?

Schmidt: Jawohl!

Reg. Rat Huber: Und Sie behaupten, nach wie vor, der Zivilist, den Sie jetzt schilderten, sei jener Mann, der hier vor Ihnen sitzt?

Schmidt: Ja, ganz genau!

Fritsch bleibt keine Wahl, als sich derlei anzuhören. Für ihn steht fest: dieser Zeuge ist ein erbärmlicher Lügner oder einer, der inzwischen seinen eigenen Lügen glaubt. Als Huber ihn bei zeitweiliger Abwesenheit Schmidts nach seinem Urteil über den Belastungszeugen fragt, antwortet Fritsch nur: «Ein Schwein».[18] Und zu den Anwürfen kann er immer nur das Gleiche sagen: «Unmöglich! Was meine Person anbelangt, ich bin unbeteiligt!»[19] So ist der Generaloberst schließlich der erste, der auf der richtigen Spur ist. Es scheint eine Verwechslung vorzuliegen: «Ob irgendwie ein anderer Mensch da ist, der unter meiner Flagge segelt, das wage ich nicht zu entscheiden.»

Da sind zu viele glaubhafte Einzelheiten, nur – sie treffen nicht auf Fritsch zu: er hat schon seit 1925/26 nicht mehr geraucht, die Tatzeit ist aber 1933/34; er hat nie einen Gehpelz getragen oder besessen; sein Dienstausweis damals sah anders aus als der von Schmidt beschriebene; er kennt weder die Ferdinandstraße noch die dort wohnenden Leute; sein Geld liegt auf anderen Banken als der angegebenen. Bekümmert muß der Oberbefehlshaber des Heeres «eines leider als wahr unterstellen, daß es wahrscheinlich ein Offizier war».

Ja, Fritsch hat sogar bemerkt, was Huber und den anderen vernehmenden Beamten vor ihm noch gar nicht aufgefallen ist. Schmidt behauptete nämlich, der erpreßte Homosexuelle habe sich ihm als «General der Artillerie von Fritsch» vorgestellt. Daraufhin fragte ihn Huber mehrmals, ob er sich genau an diese Worte erinnern könne.

Da wird der Zeuge plötzlich unsicher und unpräzise:

Schmidt: Jawohl und außerdem: «Ich bin vom Militär, und Sie werden keinen Unsinn machen».

Reg. Rat Huber: Hat er gesagt, ich bin General der Artillerie?

Schmidt: Jawohl, ich bin doch ein Militär, Sie werden doch keinen Unsinn machen. Ich kann die einzelnen Wörter nicht behalten.

Dies ist umso auffälliger, als Schmidt einige Zeit zuvor schon einmal bei diesem Dienstrang ins Stocken geraten, ja sogar begriffsstutzig gewesen war:

Reg. Rat Huber: ... Haben Sie damals, als der Name Gen. v. Fritsch auftauchte, gedacht, den kenne ich doch, den habe ich irgendwo gesehen, von dem habe ich irgendwo gehört?

Schmidt: Ich weiß nicht, wie ich das verstehen soll.

Reg. Rat Huber: ...Sie müssen sich doch etwas gedacht haben, als der Mann sagte, er sei General v. Fritsch.

Schmidt: Er sagte das so heraus.

Reg. Rat Huber: Haben Sie sich dabei nichts gedacht? ...

Schmidt: Nein, in dem Moment habe ich mir nichts gedacht.

Nun schaltete sich sogar Ministerialdirigent Best ein:

Min. Dir. Dr. Best: Wußten Sie, welche Stellung der betr. Herr hat, nachdem er seinen Namen genannt hatte? War Ihnen das ein Begriff, er hat die und die Position, oder wußten Sie das nicht?

Schmidt: Nein. Ich hatte es wohl einmal gehört oder gelesen, aber so im allgemeinen. Wie hoch die Stellung ist, davon hatte ich keine Ahnung.

Etwas später ist es dann Fritsch selber, der Best und Huber darauf aufmerksam macht, daß er zur Tatzeit – November 1933 – noch Generalleutnant war und erst am 1. Februar 1934 zum General der Artillerie befördert worden war (nämlich bei der Ernennung zum Oberbefehlshaber des Heeres).[19] Er hat also Otto Schmidt bei einer Lüge ertappt. Aber weder er noch Best und Huber vertiefen diese Entdeckung, weil sie sich in eine Diskussion darüber verlieren, ob der Dienstausweis, den der Erpreßte vorgezeigt hatte, von Fritsch, der damals Befehlshaber im Wehrkreis III (Berlin) war, unterzeichnet gewesen sein könne. Mit anderen Worten: Schmidt hätte den Namen «von Fritsch» auf diese Weise erfahren können, was er ohnehin behauptet.

Am Ende bleiben alle Rätsel ungelöst – Aussage steht gegen Aussage. Fritsch verspricht, sich um verschiedene Alibibeweise zu kümmern. Das Protokoll der Vernehmung, die ohne Wissen Fritschs auf Wachsplatten aufgenommen wurde, endet abrupt: Best bittet die Kriminalbeamten Huber und Fehling, ihn mit dem Generalobersten allein zu lassen, «da ich noch etwas zu besprechen habe».[20]

Über dieses folgende, nicht aufgezeichnete Gespräch unter vier Augen erfahren wir aus einer späteren Niederschrift, die nicht von Fritsch stammt, jedoch von ihm gebilligt wurde:[21] «Am 27. 1. 38 schickt Herr Best zum Schluß die anderen Personen hinaus. Er sagt dann etwa: ‹Wir sind nun unter uns. Ich habe den Rang eines Generals. Haben Sie sich mir nicht zu erklären?› Tatsächlich wurde die Unterredung, wie das Protokoll ausweist, wörtlich aufgenommen.» Nach dem Krieg machte diese Version ihre Runde; man warf Best «einen geschmacklosen und plumpen Anbiederungsversuch» vor und bezichtigte die Gestapo des «Vertrauensbruchs». Zurückführen läßt sich dieser Vorwurf auf Erinnerungen des Fritsch-Verteidigers Rüdiger Graf von der Goltz, die dieser im Nürnberger Kriegsverbrechergefängnis niederschrieben hatte.[22] Demnach hat er schon im Sommer 1938 Best aufgesucht und ihm mitgeteilt, daß den Generalobersten besonders diese Methode empört habe. Dieser Hinweis habe Best, von dem er ausdrücklich vermerkt, er sei «sonst wohl der Beste» im Gestapohause gewesen, sichtlich peinlich berührt.

Best konnte sich hernach daran erinnern, daß er bereits, als er mit Fritsch die Treppen zum 2. Stock hinaufging, sich als Jurist und als Ministerialdirigent im Range eines Generalmajors zu erkennen gegeben und ihm angeboten habe, falls er mit ihm allein zu sprechen wünsche, stünde er zur Verfügung. Gegenüber Goltz habe er jedoch die Existenz einer Mithöranlage bei der Gestapo weder zugeben noch verteidigen dürfen, aber auch nicht leugnen wollen – darum habe er geschwiegen.[23] Moralische Hemmungen scheint man jedenfalls nicht verspürt zu haben, als man die Vernehmung des Generalobersten ohne sein Wissen aufzeichnete. Möglich ist auch, daß man wegen der Peinlichkeit der Materie keine Stenographin hinzuziehen mochte. Die Entrüstung erscheint verständlich, indes ist sie unangebracht, weil bei dem vertraulichen Gespräch zwischen Best und Fritsch das Mithörgerät abgeschaltet war, vermutlich von einem der Kriminalbeamten.[24] Aber selbst eine etwaige Aufzeichnung des Gesprächs unter vier Augen wäre für die Sache belanglos, denn so oder so wäre ein Geständnis für Fritsch folgenschwer gewesen – Best hätte es natürlich nicht unterdrücken können. Diese Episode ist jedoch typisch für die propagandistische Auswertung der Fritsch-Affäre. Die einseitige Schuldzuweisung hat Methode und verklärt das Märtyrertum Fritschs – wie noch aufzuzeigen sein wird, diente sie im Sommer 1938 dazu, einen etwaigen Schlag des Heeres gegen die Gestapo vorzubereiten; nach dem Krieg war sie brauchbar, um von eigenen Verstrickungen der Generäle im «Dritten Reich» abzulenken.

Was Fritsch an jenem 27. Januar ebenfalls verborgen blieb, war die heimliche Gegenüberstellung des Zeugen Weingärtner, eben jenes besagten «Bayernseppl».[25] Er war von der Gestapo im Treppenflur postiert worden, als Best Fritsch am Portal abholte, doch hat er ihn nicht identifizieren können. Angeblich soll sich auch der Zeuge Heiter, ebenfalls ein Strichjunge, dort aufgehalten haben.[26] Gisevius hat diese Begebenheit auf seine Weise ausgeschmückt: die Gestapo habe in den Gängen ihres Hauses «eine Anzahl eiligst aufgegriffener Strichjungen hingestellt», um den ahnungslosen Fritsch in Augenschein zu nehmen.[27]

Die Gestapo hatte also in den drei Tagen nichts unversucht gelassen, um den Fall Fritsch rasch abzuklären: sie hatte die alte Akte hervorgeholt und angereichert; sie hatte den Hauptbelastungszeugen aus dem Emslandlager herangeschafft; sie hatte ihn und seine Kumpane wieder und wieder verhört und, schließlich, die Gegenüberstellung in der Reichskanzlei vorbereitet. «Fest und zäh», wie Goebbels nicht ohne Bewunderung in sein Tagebuch eintrug,[28] hielt Fritsch dem Ansturm stand. Nach dem Mißerfolg der Vernehmung notierte der Propagandaminister: «Die Sache steht noch pari. An eine Lösung vorläufig nicht zu denken.» Während Blomberg mit seiner Frau schon über alle Berge ist, hält Fritsch den Lauf der Dinge an, ja, er bringt die ganze Liturgie des «Dritten Reiches» durcheinander. Hitler muß die traditionelle Reichstagssitzung am 30. Januar, dem Tag der Machtergreifung, zum erstenmal absagen und auch die Kabinettssitzung vertagen;[29] die Welt wird vergeblich auf Hitlers Rede warten und deshalb erst recht auf die Krise aufmerksam. Nicht nur Hitler und Goebbels sind wie gelähmt, auch Himmler zeigt sich an dem «traurigen Gedenktag» (Goebbels) sehr deprimiert, weil Fritsch noch immer nicht gestanden hat.[30] Für eine raffiniert eingefädelte und sorgsam einstudierte Intrige oder gar einen langfristig geplanten Staatsstreich gegen das Heer spricht das mitnichten. Da er selber ratlos ist, sucht Hitler nun den Rat des Reichsjustizministers. Von ihm hängt jetzt ab, wie die Nachfolgefrage gelöst werden kann.

5.

Das fatale Gutachten des Reichsjustizministers

Zu den gutgemeinten, aber in der Konsequenz für Fritsch verhängnisvollen Ratschlägen des Wehrmachtadjutanten Hoßbach zählte auch der Vorschlag, Hitler möge den Reichsjustizminister hinzuziehen. Franz Gürtner, ein deutschnationaler Minister, den Hitler 1933 mit in seine Regierung übernommen hatte, bemühte sich mehr schlecht als recht, gegen die Übergriffe von Partei und Gestapo rechtsstaatliche Prinzipien zu behaupten. Ihm war nach dem Massaker vom 30. Juni 1934 die Aufgabe zugefallen, die Morde nachträglich als rechtens zu deklarieren. Auf seinen begrenzten Einfluß hat Hoßbach gesetzt.[1]

Hitler gab dem von ihm geschätzten Justizminister, den er schon seit der «Kampfzeit» seiner Partei in Bayern kannte, am 26. Januar 1938 die Polizeiakte Fritsch zu lesen.[2] Vermutlich schon bei dieser Begegnung stellte er Gürtner die entscheidende Frage, ob man auf die Angaben eines vielfach vorbestraften Zeugen, die sich aber in allen anderen Fällen als wahr erwiesen hätten, etwas geben könne. Der Minister hatte sie grundsätzlich bejaht.[3] Es wird ihn sicherlich nicht unbeeindruckt gelassen haben, daß Schmidt auch einige prominente Beamte, Diplomaten und Sportler wegen Vergehens gegen den § 175 der Polizei genannt hatte,[4] zumal im Zusammenhang mit den früheren Ermittlungen gegen die Erpresserbande Gürtner selber wegen eines bekannten Intendanten und Schauspielers sich hatte einschalten müssen. Man konnte daher den Fritsch-Verleumder nicht von vornherein als unglaubwürdig abtun.

Einen Tag später, nach der Gegenüberstellung von Fritsch und Schmidt in der Reichskanzlei, wurde Gürtner von Hitler beauftragt, sich zum Fall Fritsch zu äußern.[5] Die Akten soll er dem Justizminister mit den zweideutigen Worten übergeben haben: «Sie werden von selbst wissen, an welchem Tauende Sie zu ziehen haben.» Später stellte er dann noch zusätzliche Fragen. Gürtner gab sich keineswegs mit der dünnen Fritsch-Akte zufrieden, sondern ließ sich von der Gestapo weitere sechs Aktenhefte aushändigen, dazu das Protokoll von der Vernehmung Fritschs; außerdem prüfte er 22 Gerichtsakten. «Ferner hatte ich Gelegenheit, einen persönlichen Eindruck von den Zeugen Otto Schmidt und Martin Weingärtner zu gewinnen.»

Nun hatte zwar der Strichjunge Weingärtner bei den verschiedenen Vernehmungen «auf das bestimmteste» bestritten, daß der Generaloberst der Mann gewesen sei, mit dem er im November 1933 von Schmidt beim Sexualverkehr belauscht worden war. Doch als wenige Tage darauf der Reichsjustizminister ihn befragt, äußert er sich plötzlich viel vorsichtiger: «Er könne es nicht sagen, ob es der Herr gewesen sei, er könne es nicht beschwören.»[6] Die persönliche Recherche Gürtners brachte mithin keineswegs eine Entlastung für Fritsch. Immerhin hat sich auch Gürtner (vielleicht schon bei der Lektüre der Vernehmung Fritschs) im Laufe der Untersuchung der Eindruck aufgedrängt, der Kronzeuge Schmidt könne jemand verwechselt haben; er tippte auf einen SA-Standartenführer gleichen Namens, doch es war die falsche Spur.[7]

Was nun aber weit mehr als die Angaben Schmidts zu Ungunsten Fritschs in die Waage fiel, war die Angelegenheit[8] der beiden, wie ein Militärrichter bemerkte, «hübschen Hitlerjungen», denen Fritsch seinerzeit freie Mahlzeiten gewährt und auf die er selber überhaupt Hitler erst aufmerksam gemacht hatte. Am 28. Januar wurde der eine, Fritz Wermelskirchen, von der Gestapo vernommen; er erzählte den Beamten, nach den Mahlzeiten habe der Generaloberst häufiger mit ihm Kartenkunde getrieben. Wenn der Junge mal nicht aufpaßte, zupfte ihn Fritsch am Ohr oder schlug ihn wohl auch mal mit dem Lineal oder mit der Reitgerte aufs Gesäß, wobei sich der Junge bücken mußte. Der andere Hitlerjunge, Gerhard Zeidler, berichtete ebenfalls von Ohrzupfen. Beide hielten diese Vorfälle jedoch für harmlos.

Nachdem aber Fritsch ins Gerede gekommen war, mußte die neue Tatsache, daß er wie ein Schulmeister die Jungen auf den Hintern geschlagen hatte, auch auf Wohlgesinnte sonderbar wirken[9] und zwangsläufig Gedanken über eine gewisse Abartigkeit hervorrufen. Von «homosexuellem Sadismus» wurde gemunkelt; Best, der bei der Vernehmung des Generalobersten noch nichts ahnen konnte, hielt, als er davon erfuhr, eine «Gedankensünde» für möglich, und für den General Liebmann, der anders als die meisten seiner Kameraden, seine Empfindungen zu dieser Peinlichkeit nicht verbarg, blieb im Gefühl selbst nach der späteren Ehrenrettung Fritschs «ein nicht ganz geklärter Rest». Generaladmiral Raeder, der Oberbefehlshaber der Kriegsmarine, soll geradezu erschüttert gewesen sein, nachdem er die Hitlerjungen-Version aus Hitlers Mund vernommen hatte.

Für Hitler müssen die Aussagen der beiden Zeugen – allein in der Gedankenverbindung «Hitlerjungen» und «Mißbrauch des Winterhilfswerks» – so niederschmetternd gewesen sein,[10] daß er bei der Anklageverfügung wegen widernatürlicher Unzucht vor dem Reichskriegsgericht die Namen Wermelskirchen und Zeidler noch vor den Namen des Strichjungen Weingärtner setzte. Goebbels, der in jenen Tagen («eine schwere Zeit») täglich seinen *Führer* tröstet und aufmuntert, zieht am 29. Januar das Fazit: «Schließlich sind ihm bei Fritsch alle Ideale zerbrochen... Und der Führer traut Fritsch nicht mehr.» Göring, der andere Begleiter in jener Krise, bemerkte, wie sich bei Hitler eine persönliche Abneigung gegen Fritsch entwickelte.

Dazu hat auch der scheidende Kriegsminister von Blomberg sein Teil beigetragen, als er Hitlers Mißtrauen schürte: Bei Fritsch könnten anomale Neigungen vorhanden sein, er sei immer ein Sonderling gewesen, habe nie geheiratet und sei in jedem Falle kein Mann für Frauen.[11] Es mag dahingestellt bleiben, inwieweit sich Blomberg zu dieser Verdächtigung auch durch jahrelange Animosität zwischen ihm und Fritsch hinreißen ließ und ihn ein mehr oder weniger unbewußtes Bedürfnis nach Rache an den feindseligen Generälen trieb. Das gesellschaftliche Stigma eines «Frauenfeindes» ist der Generaloberst nicht einmal im Ausland losgeworden. Während seiner Reise nach Ägypten wurde die britische Diplomatie vom Berliner Botschafter Henderson mit einer ironischen Personenbeschreibung eingestimmt. «Er ist unverheiratet und mit weiblicher Gesellschaft nicht verwöhnt. Aber er hat sich hingebungsvoll den Pferden verschrieben.»[12] Freilich hat auch Fritsch wenig getan, sich gegen die Voreingenommenheit der bürgerlichen Gesellschaft zu wehren. Selbst vor dem Reichskriegsgericht, als sich der Vorsitzende Göring nach seiner Einstellung zur Frau erkundigte, hat Fritsch nur lakonisch geantwortet: «Positiv», ohne eine Geliebte oder Freundin anzugeben. Die Militärrichter und die Gestapoermittler hatten allerdings auch keine ausfindig gemacht.[13]

Sein Privatleben hat Fritsch selbst vor seiner engsten Umgebung derart abgeschirmt, daß zum Beispiel sein täglicher Mitarbeiter, Major

Siewert, nie etwas von der Existenz der Brieffreundin Fritschs, einer
«Baronin» Schutzbar, erfuhr.[14] Dabei konnte Fritsch in Damengesell-
schaft von ausgesprochener Liebenswürdigkeit sein.[15] In einem Erlaß
an das Heer hat er als Oberbefehlshaber eindringlich den Respekt vor
der Frau angemahnt und Offiziere wie Soldaten zum ritterlichen Umgang mit dem anderen Geschlecht angehalten.[16] Erst nach Jahrzehnten
ist zufällig offenbar geworden, warum Fritsch beschlossen hatte, als
ein Hagestolz durchs Leben zu gehen: Er hatte als junger Offizier vor
dem Ersten Weltkrieg nach der Devise «Sie oder keine» vergebens um
die Hand einer bürgerlichen jungen Dame angehalten.[17]

Es addierten sich eben viele Zufälligkeiten, die dann zusammen genommen den Verdacht gegen Fritsch glaubwürdig erscheinen ließen,
gerade auch – was er nicht ahnte – im Kameraden- und Freundes-
kreise,[18] wenngleich viele Generäle nach 1945 dies aus naheliegenden
Gründen aus ihrem Gedächtnis gestrichen haben. Auch wenn sich
einige wie Hoßbach und Beck ostentativ mit ihm solidarisch erklärten,
so waren ihnen doch Zweifel nicht fremdgeblieben. Niemand konnte
von den Generälen erwarten, schon gar nicht nach dem Blomberg-
Schock, daß sie von vornherein Fritsch für unschuldig hielten, denn
nur er allein wußte, daß alle Vorwürfe unbegründet waren. Selbst der
Kamerad von nebenan im Bendlerblock, Abwehrchef Canaris, vermutete, etwas könne mit Fritsch nicht stimmen. Als in den nächsten
Wochen in oppositionellen Kreisen Einzelheiten über die Gegenüberstellungen und über die, wie es schien, lauwarme, kraftlose Reaktion
des Generalobersten während der Vernehmung bekannt wurden, da
tauchten selbst bei jenen Männern Zweifel auf, deren Abneigung gegen die SS und die Gestapo feststand, wie dem Reichsbankpräsidenten
Schacht, dem Informationsvermittler Gisevius, dem Berliner Polizeipräsidenten Graf Helldorff, dem Widerständler Goerdeler.

Diesen regimekritischen Kreisen, in denen man Fritsch als «schwul»
einschätzte, näherte sich damals auch eine der Schlüsselfiguren der
Affäre, der persönliche Referent des Reichsjustizministers, Oberregierungsrat Hans von Dohnanyi. Er war es, der das Gutachten Minister
Gürtners für Hitler verfaßt hatte.[19] Bei der dienstlichen Nähe der beiden darf man annehmen, daß auch andere Äußerungen Gürtners zu
diesem Komplex von seinem Referenten mitbestimmt wurden. Anderseits wird man bei der Beurteilung des Gutachtens nie die persönliche Situation des Referenten Dohnanyi[20] außer acht lassen dürfen: Er
war kein Parteigenosse und wurde von radikalen Nationalsozialisten
so stark angefeindet, daß ihn Gürtner schließlich, anderthalb Jahre
nach der Fritsch-Affäre, nicht mehr halten konnte. Er hatte sich bewußt ins Zwielicht begeben, mußte zuweilen – darin keine Ausnahme
in der Widerstandsbewegung – auf beiden Schultern tragen, mit den

Wölfen heulen. In den aktiven Widerstand geraten ist er über seine Erfahrungen und Einschätzungen im weiteren Verlauf der Ermittlungen gegen Fritsch.

Das Rechtsgutachten des Reichsjustizministers ist Ende Januar 1938 angefertigt worden.[21] Anscheinend hatte Hitler zur Eile gedrängt, da wegen der sich von Tag zu Tag steigernden Gerüchteflut die Führungskrise rasch gelöst werden mußte. Am 30. Januar empfing der Diktator seinen Justizminister zu einem langen Gespräch über den Fall Fritsch. Zumindest mündlich hat Gürtner dabei den Inhalt des Gutachtens wiedergeben können, denn als abends gegen halb sieben der Stabschef der SA, Viktor Lutze, wegen des Fackelzuges die Wohnung seines *Führers* in der Reichskanzlei betreten wollte, kamen ihm Göring, Himmler und Gürtner entgegen und gaben ihm zu verstehen, die «Sache» sei nunmehr klar.[22]

Klar war jedoch nur, daß der Reichsjustizminister und sein Mitarbeiter von Dohnanyi die Anschuldigungen gegen Fritsch für so schwerwiegend hielten, daß der Staatsanwalt gegen ihn wie gegen jeden anderen Anklage erheben könne – das jedenfalls war der Eindruck, der sich bei den Generälen festsetzte, nachdem ihnen Hitler am 5. Februar 1938 das Gutachten vorgelesen hatte. [23] Es ist ebenso kurz wie niederdrückend.

»I.
Gegen v. F. ist der schwere Vorwurf erhoben, mit einem Strichjungen gleichgeschlechtliche Beziehungen begangen zu haben.

II.
V. F. stellt jede gleichgeschlechtliche Betätigung und Veranlagung in Abrede.
Den hier erhobenen Vorwurf hat er bisher entscheidend nicht widerlegt; den angekündigten Alibibeweis hat er bis zur Stunde nicht erbracht.

III.
Die sonstigen Erhebungen (im Fall Wermelskirchen und Zeidler) würden von der Staatsanwaltschaft im Zusammenhang mit dem Vorwurf als belastendes Moment gewertet werden.

IV.
Die Entscheidung über schuldig oder nichtschuldig soll und kann ich nicht fällen; das ist – ohne Ansehen der Person, ihres Ranges oder ihrer Stellung – Sache des richterlichen Spruchs.»[24]

Dieses «Gutachten» belegt die schwere, beinahe aussichtslose Lage für den Beschuldigten, in der er sich bei einer Gerichtsverhandlung, die der Minister nicht nur nahelegt, sondern als selbstverständlich voraussetzt, befände, es sei denn, ihm gelänge es doch noch, Beweise für sein Alibi beizubringen. Wären die Anschuldigungen bereits, wie es rechtens gewesen wäre, 1936 untersucht worden, hätte Fritsch es wegen des geringen Abstandes zur angeblichen Tatzeit mit einem Alibinachweis leichter gehabt. Ohnehin war es fast unmöglich, anhand seiner Dienstreisepläne im November/Dezember 1933 festzustellen, ob er an einem bestimmten Tage in Berlin gewesen war, nachdem der Belastungszeuge außerstande war, ein präzises Datum oder einen Wochentag zu nennen. Immerhin ließ sich Otto Schmidt während der Vernehmung Fritschs[25] dazu herbei, den möglichen Tatzeitraum auf vier, fünf oder fünfeinhalb Wochen vor Weihnachten 1933 einzugrenzen.

Anfang Februar suchte man immer noch nach alten Dienstzetteln [26] des Generalobersten. Aber selbst wenn er hätte nachweisen können, daß er im Januar 1934, als er wegen des bevorstehenden Übergangs in die Heeresleitung zeitweilig in zwei Büros tätig sein mußte, dort vormittags an einem Arbeitstag «um den 10.» eine Reihe von Stunden verbracht hatte, so hätte er theoretisch dennoch für einen kurzen Abstecher nach Lichterfelde Zeit haben können. Einer der Generäle fand mit Recht das Gutachten juristisch schlecht, weil im Ergebnis «Fritsch sein Alibi an dem fraglichen Tage nachweisen müsse, andernfalls ein dringender Verdacht gegen Fritsch vorliege».[27]

Gürtner hatte sogar einem Urteil vorgegriffen, wenn er in Sachen der Hitlerjungen aus bloßen Verdachtsmomenten «belastende Momente» machte. Er hätte das Gutachten wohl auch anders abfassen können, denn in der vorliegenden Form konnte es die Entlassung und den Sturz Fritschs nur noch beschleunigen. Vor allem half er Hitler aus der Bredouille, denn nun brauchte der Diktator nicht mehr auf das Geständnis oder die Überführung des Generalobersten zu warten, ehe er die Nachfolgefragen löste. Im Gespräch mit Hitler habe Gürtner zugegeben, so erfuhr der darob frohlockende Goebbels, daß das Untersuchungsmaterial zur Einleitung eines Verfahrens «und wohl auch zur Verhaftung» ausreiche.[28]

Freilich hätte Gürtner als Hüter der Rechtsstaatlichkeit, als der er sich wohl immer noch verstand, niemals dazu raten dürfen, das Verfahren zu unterdrücken, denn nach dem Militärstrafgesetzbuch mußten solche Vorwürfe formell unbedingt untersucht werden. Sogar der Jurist Gisevius hat noch 1971 Gürtner zugebilligt, er habe gar keine Wahl gehabt.[29] Hitler konnte sich also mit dem Schein des Rechts auf das Gutachten stützen, als er am 5. Februar vor der Generalität im Brustton der Überzeugung ausrief: «Ich bitte Sie, meine Herren, zu verstehen, daß ich nicht anders handeln kann. Ich muß mir Klarheit in dieser Angelegenheit schaffen.»[30] Gürtner hat ihm sogar beigepflichtet; obwohl er persönlich nicht an die Schuld des Generalobersten glaubte, meinte er doch, Hitler habe Fritsch wegen dessen Verhalten und Auftreten für schuldig und verdächtig halten *müssen*.[31]

Dem Verteidiger des Generalobersten von Fritsch, Rechtsanwalt Graf von der Goltz, der am 30. Januar das Mandat übernahm,[32] hat der Reichsjustizminister gleich auseinandergesetzt, wie wichtig eine mündliche Verhandlung sei, denn einzig auf diese Weise lasse sich eine Rehabilitierung des Oberbefehlshabers erreichen. Er wollte die Gefahr eines Urteils lediglich aufgrund von Polizeiakten abwenden (woran Himmler gedacht haben mag, als er erklärte, man werde den Fall Fritsch nun in einem regelrechten Verfahren untersuchen und aburteilen).[33] Der Vorrang der mündlichen Verhandlung vor rein aktenmäßigen Verfahren sei und bleibe, so Gürtner zu Goltz, «das Geheimnis einer geordneten Rechtspflege gegenüber anderen Methoden».[34]

Durch die Literatur geistert das Gerücht, Hitler habe «ein Sondergericht unter der Leitung der Gestapo» einsetzen wollen.[35] Sicherlich hätte er in seinem täglich zunehmenden Mißtrauen gegen die Generäle ihren Oberbefehlshaber gern der Militärgerichtsbarkeit entzogen. Noch ehe er Gürtner um ein Gutachten anging, hatte er Fritsch bereits zur Vernehmung bei der Gestapo befohlen. Und ein militärisches Ehrengericht, also ein Standesgericht, hatte er dem Obersten Hoßbach zunächst abgeschlagen.[36] Die Pläne Himmlers wurden jedoch durchkreuzt durch ein Zusammenspiel von Armee und Justiz, deren gemeinsamem Plädoyer für eine kriegsgerichtliche Verhandlung sich der Diktator schlecht entziehen konnte, nachdem nicht nur Generaloberst von Fritsch selber, sondern auch Generalstabschef Beck und am 31. Januar noch der dienstälteste Offizier des Heeres, General Gerd von Rundstedt, auf dessen Rat Hitler zu hören pflegte,[37] ein Verfahren vor dem Reichskriegsgericht verlangt hatten.

Rechtlich gestützt wurde dieses Verlangen durch eine kurze Denkschrift, die General Keitel, Chef des Ministeramts im Reichskriegsministerium und inzwischen zum militärischen Berater Hitlers avanciert, beim Chef der Wehrmachtsrechtsabteilung, Heinrich Rosenberger, angefordert hatte.[38] Ministerialdirektor Rosenberger, ein älterer ehemaliger Marinerichter, hatte Keitel gleich beim ersten Gespräch[39] klargemacht, daß das von Hitler gewünschte Sondergericht – von der Gestapo war nicht die Rede – im Fall Fritsch gar nicht einberufen werden könne. Nach § 11 des Militärstrafgesetzbuches müßten für Offiziere vom Dienstgrad eines Generalleutnants aufwärts der Gerichtsherr und das erkennende Gericht vom *Führer* bestimmt werden. Das könne natürlich nur ein Militärgericht sein. Keitel gab dem alten Marinerichter vom Standpunkt der preußisch-deutschen Militärtradition recht, entschuldigte aber zugleich die irrige Ansicht des Obersten Befehlshabers mit den Worten: «Sie müssen aber bedenken, daß diese

Männer aus der Revolution herkommen und einen anderen Maßstab als wir anlegen.»

Die Denkschrift Rosenbergers, angeblich noch am selben Tage geschrieben, wurde von Hitler akzeptiert und dem Reichsjustizminister übergeben, mit dem sich Rosenberger noch am Abend in Verbindung setzen mußte. So eilig hatte man es! Reichsminister Heinrich Lammers, der Chef der Reichskanzlei, ebenfalls ein erfahrener preußischer Beamter, ließ Rosenberger durch Keitel noch auf den Weg geben, er solle auf der Aburteilung durch ein Kriegsgericht bestehen.[40]

Bei der Besprechung im Reichsjustizministerium, an der auch Dohnanyi teilnahm, sind sich Rosenberger und Gürtner offensichtlich rasch über die Zusammensetzung des Kriegsgerichts einig geworden. Hitler hatte sich lediglich die gerichtsherrlichen Befugnisse vorbehalten; auf die Richterauswahl nahm er keinen Einfluß. Rosenberger konnte den Minister auch überzeugen, daß selbst nach einer Entlassung des Generalobersten von Fritsch das Kriegsgericht zuständig bliebe, da es nicht nur um den § 175 gehe, sondern auch um die Verletzung einer militärischen Dienstpflicht.[41] Gürtner versuchte allerdings, neben den Militärs auch den Ministerialdirigenten und Gestapo-Juristen Dr. Best in das Kriegsgericht abzuordnen, ein Ansinnen, das Rosenberger mißverstehen mußte.[42] Er lehnte es mit der Begründung ab, nur Offiziere und Beamte der Wehrmacht dürften in dem Gericht sitzen. Aber so «merkwürdig», wie man gemeint hat, war der Vorschlag Gürtners gar nicht. Durch diese Initiative wollte Gürtner, der Best kannte und schätzte, vorbeugend verhindern, daß sich etwa Himmler und Heydrich um einen Sitz im Gericht bewarben.

Immerhin: Gürtner hatte zum Schluß doch noch «das richtige Tauende» zu fassen bekommen: Er konnte eine ordnungsgemäße Voruntersuchung und eine mündliche Gerichtsverhandlung durchsetzen. Das war aber erst der halbe Sieg für die Armee. Denn die führenden Nationalsozialisten waren seit dem Gutachten Gürtners fest entschlossen, Fritsch, den sie für schuldig hielten, «abzuurteilen». Aber noch war der beurlaubte Generaloberst nominell Oberbefehlshaber des Heeres, wenn auch, weil beurlaubt, ohne Kommandogewalt. Noch galt er – wenn Hitlers Worte Gewicht hatten – als erster Anwärter auf den vakanten Posten des Reichskriegsministers. Wie sollte Hitler dieses Problem lösen, ohne sich weder mit der Armee noch mit der Partei anzulegen und ohne Prestigeverlust nach innen und außen?

6.
Die Nachfolgekrise
Fritschs Rivalen Göring, Himmler und Reichenau

Unter allen möglichen Anwärtern auf den Posten des Reichskriegsministers stand der Generaloberst von Fritsch an erster Stelle – kraft seines Amtes als Führer des Heeres, seines Ansehens und seiner militärischen Fähigkeiten. Vor der Generalität und auch vor Reichskriegsgerichtsräten hat Hitler später erklärt, Fritsch sei überhaupt die einzige in Betracht kommende Persönlichkeit gewesen. Als der Generaloberst davon hörte, vermochte er in seinem Zorn über die ihm angetane Schmach darin nicht mehr als «eine billige Redewendung» zu sehen. Eine solche Berufung, so schreibt er im Rückblick, hätte er wegen der zu erwartenden Schwierigkeiten mit der Partei von sich aus abgelehnt.

Im nachhinein ließ sich das leicht sagen. Aber wie hätte der Generaloberst wirklich reagiert, wenn das Staatsoberhaupt, sein Oberster Befehlshaber, an seine Pflicht und an sein Ehrgefühl appelliert und das Heer ihn um seiner eigenen Interessen willen zur Annahme gedrängt hätte? Hat ihn Oberst Hoßbach überhaupt am Abend des 25. Januar von der Absicht des *Führers*, Fritsch als Nachfolger zu berufen, im voraus informiert? Und hat er Fritschs Erklärung, er wolle Oberbefehlshaber des Heeres bleiben, an Hitler weitergegeben? Man darf es bezweifeln, da belegt ist, daß Hoßbach in seinen tagelangen Auseinandersetzungen mit Hitler und Göring den Oberbefehlshaber des Heeres als neuen Kriegsminister durchsetzen wollte. Anscheinend hat er auch diesmal die wahren Zusammenhänge der Nachfolgekrise vertuscht.[2]

Zwei Tage lang war Hitler entschlossen, wieder einen General des Heeres, der stärksten Teilstreitkraft, an die Spitze des Kriegsministeriums und der Wehrmacht zu stellen. Mit Hoßbach zusammen ließ er bereits außer Fritsch auch andere Kandidaten Revue passieren:[3] Generalstabschef Beck (der übrigens von Goebbels favorisiert wurde!), den alten Rundstedt und – für den Übergang – den noch älteren Friedrich Graf von der Schulenburg, den ehemaligen Generalstabschef des deutschen Kronprinzen; er hatte den Vorzug, Parteigenosse und Ehrenführer der SS zu sein, und wurde wohl deswegen gleich von Himmler ins Spiel gebracht.

Abgesehen von den Beschuldigungen gegen Fritsch, die erst einmal, und wie Hitler zunächst erhofft hatte, möglichst rasch durch die Überrumpelung des Generalobersten so oder so geklärt werden konnten, wurde die Lage sehr rasch noch komplizierter. Denn nun traten drei gewichtige Rivalen des Heerführers auf den Plan: Generaloberst Hermann Göring, der Reichsführer SS und Chef der deutschen Polizei, Heinrich Himmler, und der General der Artillerie Walter von Reichenau. War die Führungskrise auch ohne ihr Zutun ausgebrochen, so wollten sie doch von Anfang an, wie es ihnen Ehrgeiz, Mentalität und Machtinstinkt geboten, die unerwartete Gelegenheit nutzen, um ihren Anteil an der Macht im «Dritten Reich» auszuweiten. Jeder war von sich überzeugt, daß er das Beste für die Wehrmacht oder die Armee oder die SS bewirken könne.

Kaum war die Position Blombergs freigeworden, ließ Göring bereits auf drei verschiedenen Wegen[4] an Hitler den Wunsch herantragen, ihm das Kriegsministerium zu überlassen und ihn zugleich zum Feldmarschall zu befördern. Im Tausch wollte er sogar sein einflußreiches Amt als Beauftragter für den Vierjahresplan hergeben. Ihn trieben nicht nur Macht- und Prachtbedürfnisse, sondern er wollte endlich aus seiner schwer erträglichen militärischen Zwitterstellung heraus. Als Oberbefehlshaber der Luftwaffe hatte er sich, wiewohl der zweite Mann im Staate und von Hitler als sein Nachfolger ausersehen, dem Reichskriegsminister unterstellen müssen, der als Generalfeldmarschall dem Protokoll nach ranghöher war als der «normale» Luftfahrtminister Göring, welcher entsprechend seinem militärischen Dienstgrad als Generaloberst besoldet wurde.[5] Nicht umsonst haben auch der scheidende Blomberg selbst, sein Chef des Wehrmachtamts, Keitel, und Hitlers persönlicher Adjutant Wiedemann sich für Göring als neuen Kriegsminister ausgesprochen,[6] um endlich sachdienliche und klare Unterstellungsverhältnisse herbeizuführen.

Hitler hat jedoch mit feinem Gespür rasch begriffen, daß es für die Führung von Heer und Marine unzumutbar sein würde, wollte er ihnen den politisch arrivierten Göring, der es regulär nur bis zum Hauptmann gebracht hatte und 1933 lediglich im Zuge der politischen Umwälzung durch einen revolutionären Gewaltakt zum General der Infanterie hochkatapultiert worden war, als Vorgesetzten oktroyieren.[7] Er habe, sagte er Rundstedt, dem Heere Göring nicht zumuten wollen; auch der Oberbefehlshaber der Kriegsmarine, Generaladmiral Raeder, mußte von Hitler erfahren, daß eine Kandidatur Görings aussichtslos sei.[8] Anderseits ging es nicht an, Göring, der als Oberbefehlshaber der Luftwaffe den beiden anderen Oberbefehlshabern zwar gleichgestellt war, als Inhaber des Luftfahrtministeriums jedoch über ihnen rangierte, einen Heeresgeneral vor die Nase zu setzen. Jedenfalls ließ er Hitler wissen, daß man ihm das nicht zumuten könne.

Es gab – wie es schien – keine Alternative zu Göring. Darum entschied Hitler bereits am 26. Januar 1938, daß Göring nicht Reichskriegsminister werde. Er wollte zunächst, bis die Sache Fritsch geklärt war, mit dem Wehrmachtamt weiterarbeiten.[9] Den Befürwortern der Kandidatur Görings hat er seine Ablehnung unterschiedlich begründet.[10] Göring, so das für ihn wenig schmeichelhafte Fazit, sei für die Stellung eines Oberbefehlshabers der Wehrmacht völlig ungeeignet. Er verstehe ja nicht einmal bei seiner Luftwaffe eine Besichtigung zu führen, so Hitler zu Reichenau und Wiedemann, diesem gegenüber mit dem sarkastischen Zusatz: «Da verstehe ich ja mehr davon.» Hitler sprach Göring sogar den nötigen Ehrgeiz ab, was denn doch verwunderlich ist, wie auch die erforderliche Durchsetzungskraft; von Waffentechnik verstehe er auch nichts; elementare Führungsaufgaben seien ihm fremd; überdies sei er zu bequem, um nicht zu sagen faul. Ins Positive gewendet, hielt er Göring mit Luftwaffe und Vierjahresplan für genug ausgelastet; außerdem müsse er sich als prädestinierter Nachfolger in die Staatsgeschäfte einfinden.[11] Was Hitler aber in tiefstem Grunde vor der Kandidatur Görings zurückschrecken ließ, war seine Abneigung, absolute militärische Macht in einer einzigen Hand zu konzentrieren (die eigene natürlich ausgenommen), erst recht, wenn, wie in diesem Falle, der Kandidat schon über eine Fülle an Ämtern und Kompetenzen verfügte.[12]

In dieser verfahrenen Situation kam vorübergehend eine neue Variante für die Spitzengliederung ins Spiel: auf das Kriegsministerium zu verzichten und statt dessen zusätzlich zum Luftfahrtministerium auch ein Heeres- und Marineministerium zu schaffen, denen dann die einzelnen Stäbe der Wehrmachtteile eingegliedert werden müßten. Es ist nicht auszumachen, von wem genau dieser Vorschlag ausging; jedenfalls hat Raeder deswegen auf Görings Hilfe gebaut. Oberst Hoßbach hatte gleich, was Hitler amüsierte, für das Heeresministerium die Führung beansprucht.[13] Auf General Keitel und seinen Mitarbeiter Jodl im Wehrmachtamt, die das Erbe Blombergs fortzusetzen gedachten und den Vorrang der Wehrmachtführung vor Heeresleitung und Generalstab behaupten, ja ausbauen wollten, muß diese Aussicht so bedrohlich gewirkt haben, daß sie ihre Bedenken am 30. Januar 1938 in einer kurzen Denkschrift niederlegten. Einige Tage zuvor hatte nämlich Goebbels, vielleicht nach Gesprächen mit Hoßbach oder Beck, die Idee aufgegriffen und angeregt, dem *Führer*, was dieser inzwischen selber vorhatte, die ganze Wehrmacht unmittelbar zu unterstellen und ihm die drei Ministerien zuzuordnen.[14]

In der Tat hatte Hitler nach der einzigen Lösung gegriffen, die sich ihm noch bot und auf die ihn am Vormittag des 27. Januar 1938 Feldmarschall a. D. von Blomberg in der unerwartet langen Abschiedsaudienz mit seinem spontanen Einfall brachte: Der *Führer* solle doch selber die Wehrmacht übernehmen. Das war der einfachste und in jeder Hinsicht für Hitler günstigste Vorschlag, und er hat ihn sich binnen einer Stunde zu eigen gemacht. Ein bekannter Zeithistoriker nennt diese Entscheidung «logisch und systemimmanent».[15]

Damit war die zweite Entscheidung in der Nachfolgekrise gefallen: Nicht nur Hermann Göring, sondern auch Werner Freiherr von Fritsch würde nie mehr Oberbefehlshaber der deutschen Wehrmacht werden. Das war Blombergs letzter Dienst für seinen *Führer*. Er half ihm aus der «fatalen Situation»[16] heraus, in die er geraten war, nachdem er die Verdächtigung gegen Fritsch zugelassen und Göring einen Korb gegeben hatte.

Nicht ohne Ironie ist es, daß Blomberg den Diktator an die Weimarer Verfassung erinnerte: denn danach sei Hitler immer Oberbefehlshaber der Wehrmacht gewesen. Ließe er die Stelle des Reichskriegsministers unbesetzt, würde er sowohl tatsächlich als auch gesetzlich Oberbefehlshaber sein.[17] Vor dieser simplen Wahrheit verblassen alle Theorien von der mittels Intrige herbeigeführten Gleichschaltung der Wehrmacht und von der usurpatorischen Ausweitung der Befehlsgewalt Hitlers – er hatte sie schon an jenem Augusttag 1934 inne, als Blomberg und Reichenau ohne Not die Wehrmacht auf das neue Staatsoberhaupt Adolf Hitler persönlich vereidigen ließen.

An besagtem 27. Januar 1938 hatte der «Zivilist» Blomberg gegen Mittag die Reichskanzlei verlassen, schweigend hinausgeleitet vom Obersten Hoßbach, der noch nicht ahnte, was sich Schlimmes für den Oberbefehlshaber von Fritsch und für ihn selber zusammenbraute. Um 13 Uhr saß schon General Keitel bei Hitler im Zimmer und ließ sich dessen Plan für eine neue Organisationsform der Wehrmacht erklären. Der ihm bis dahin so gut wie unbekannte Keitel war Hitler von Blomberg empfohlen worden, und Hitler hatte ihn mit den Worten geködert: «Sie sind mein Vertrauter u(nd) einziger Berater in den Fragen der Wehrmacht.»[18]

Was Keitel nicht wissen konnte, war die Geringschätzung, mit der Blomberg (immerhin sein Gegenschwieger) vom Wehrmachtamt gesprochen hatte, nämlich als von einer Art Adjutantur.[19] Der General hat den unverhofften Sprung auf der Karriereleiter durchaus in den richtigen Proportionen gesehen. Er hätte sich lieber «Chef des Stabes des (*geplanten*) Oberkommandos der Wehrmacht (O. K. W.)» genannt als «Chef des O. K. W.» Aber Hitler wünschte diesen großspurigen Titel,[20] vielleicht aus propagandistischen Gründen, weil er dem eigenen Volke und dem Ausland imponieren wollte. Auch wenn der Titel nie hielt, was er versprach – für einen Wehrmachtgeneralstab reichten einfach die Kapazitäten nicht –, so hielt es General von Rundstedt dennoch für angebracht, bei Hitler allem vorzubeugen, was das Heer gegenüber der Wehrmacht benachteiligen könnte. Keitel dürfe nie eine Befehlsbefugnis bekommen, denn «von der Marine versteht er nichts; an die Göring-Luftwaffe traut er sich nicht heran; bleibt also nur das Heer übrig. Und das wollen *wir nicht* haben.»[21]

In der Memoirenliteratur der Generäle und unter Zeithistorikern genießt Keitel einen schlechten Ruf als subalterner hitlerhöriger Bürogeneral, der blindlings verbrecherische Befehle weitergab. Nach seiner Hinrichtung in Nürnberg wurde Keitel für seine überlebenden Generalskameraden zum willkommenen Sündenbock. Dabei übersahen sie ganz, daß Keitel von Anfang an den Ehrgeiz des Reichsführers SS Himmler erkannt hatte, sich – im Stil seines einstigen Vorbildes Röhm – eines Tages der Wehrmacht zu bemächtigen. «Der Gedanke, daß man die Armee nicht der SS ausliefern dürfe, hat Keitel immer bewegt», schreibt der Herausgeber seiner nachgelassenen Aufzeichnungen.[22] Von dem gleichen Argwohn wurde Fritsch schon seit dem Winter 1934/35 geplagt.[23] Nicht von ungefähr hat Keitel den ihm unterstellten Wehrmachtjuristen Rosenberger gewähren lassen, als er mit Justizminister Gürtner und dessen Referenten Dohnanyi ein militärgerichtliches Verfahren in Sachen Fritsch aushandelte.

Damit sind wir beim zweiten Rivalen Fritschs angelangt, bei Himmler. Er hat sich mit großem Eifer als der oberste Verantwortliche für einen Erfolg der Ermittlungen gegen Fritsch ins Zeug gelegt und sicherlich in seinen Gesprächen in der Reichskanzlei nach Kräften Hitlers wachsendes Mißtrauen gegen die Militärs geschürt. Gelang es ihm, Fritsch zu überführen, und zwar schnell, denn Hitler wartete geradezu sehnsüchtig auf das Geständnis, dann würde sich das Heer, besser: die Generalität nie wieder von dem moralischen Doppelschock der Blomberg-Fritsch-Affäre erholen. Insofern stimmte der Eindruck des Reichsbankpräsidenten Schacht und seiner Freunde, daß die SS die Schwäche der Wehrmacht auszunützen und sie an die Wand zu drücken versuche.[24] Und für Himmler, der schon in seiner Jugend von einer Feldherrnrolle träumte, wäre der Weg frei geworden, zumindest der Chef eines vierten Wehrmachtteils zu werden.

Die Sorgen der Militärs waren daher nicht ganz unberechtigt, jedenfalls nicht auf weitere Sicht. Instinktiv hielten sie Himmler für den Urheber der Fritsch-Krise.[25] Noch war ja jener Punkt 22 des nationalsozialistischen Parteiprogramms nicht ganz erfüllt, der ein Volksheer vorsah.[26] SA-Stabschef Röhm hatte es mit Hilfe seiner SA-Bürgerkriegsarmee schaffen wollen, doch Hitler hatte diese Pläne blutig durchkreuzt,[27] weil er die «Söldnertruppe», also die Reichswehr auf seiner Seite halten mußte. Nach dem Massaker der SS an der SA atmeten die Militärs auf. Doch bald merkten sie, daß sie den Teufel durch Beelzebub hatten austreiben lassen.

Denn zum Dank erfüllte Hitler den Wunsch Himmlers, eine eigene Truppe aufzustellen, obwohl doch die Reichswehr alleiniger Waffenträger der Nation sein sollte.[28] Allerdings war diese SS-Verfügungstruppe, der Kern der späteren Waffen-SS, zunächst nur drei

Regimenter stark, die nicht zu einer Division zusammengeführt werden durften, keine Artillerie bekamen und nur polizeiliche Aufgaben zu erfüllen hatten. Dem Oberbefehlshaber des Heeres, General von Fritsch, räumte Hitler das Besichtigungsrecht ein, sollten doch die Soldaten mit dem schwarzen Stahlhelm auch für den Kriegsfall ausgebildet werden. Zum Ärger des Heeres holte sich Himmler ehemalige hohe Offiziere und einstige Feldwebel der Reichswehr, die eine moderne Elitetruppe auf die Beine stellten. Fast von Anfang an gab es Ärger zwischen den beiden Waffenträgern: Übergriffe, Beschimpfungen, Schlägereien.

Als ihn Hitler in den Urlaub geschickt hatte, setzte sich der erbitterte Fritsch hin und brachte seine Gravamina über die SS zu Papier.[29] Das Verhältnis der SS-Verfügungstruppe zum Heer sei, so konstatierte er, «ein sehr kühles, wenn nicht ablehnendes». Er täuschte sich nicht in seiner Annahme, daß diese ablehnende Haltung gewollt sei, ja «geradezu gefördert» werde. In seinem Zorn auf den vermeintlichen Intriganten Himmler ging er noch weiter: Die SS-Verfügungstruppe sei «der lebendige Mißtrauensbeweis gegen das Heer und seine Führung». Es dürfte kaum einen höheren Offizer geben, der sich nicht von der SS bespitzelt fühle. Das Mißtrauen der nationalsozialistischen Parteiführer gegen die Reichswehr, den einstigen «Staat im Staate» Weimars, muß sehr stark gewesen sein. Wie aus Blombergs Memoiren hervorgeht,[30] hat Göring ihn zweimal gefragt, ob die Generalität zuverlässig sei...

Da Fritsch glaubte[31], Himmler habe «zielbewußt» auf seine und Blombergs Beseitigung hingearbeitet, war er anfällig für jegliches Gerücht, das die Feindschaft und finsteren Absichten der SS zu belegen schien. Selbst die Aussprüche schwadronierender junger SS-Männer notierte er sich: «Wartet nur, Ihr Schweine, bald wird Himmler Reichskriegsminister, u(nd) dann kriegen wir Euch auch bald klein!»[32] Daß in den letzten Krisentagen auch die ausländische Presse häufig Himmler unterstellt hatte, er greife nach dem Oberbefehl über die Wehrmacht, bestärkte den Generalobersten erst recht in seinem Verdacht, obwohl er sich doch hätte sagen können, daß nichts als bloße Spekulation dahinter steckte.

Etwas mysteriös ist der Hinweis in Fritschs Aufzeichnungen, er sei am Abend des 15. Januar 1938 «von ernst zu nehmender Seite» gewarnt worden, daß Himmler und die Partei beschlossen hätten, ihn nun endgültig zu beseitigen; später präzisierte er die Information: «Die SS wolle in Kürze alle kommandierenden Generäle verhaften.»[33] Womöglich spielt er hier auf eine Botschaft an, die der spätere Gesandte Albrecht von Kessel dem Generalstabsoffizier Maximilian Fretter-Pico hatte zukommen lassen: Himmler strebe den Posten des Reichskriegsministers an, und Fritsch solle, da er in seinen Auffassungen untragbar sei, entfernt werden. Die Umstände dieser Warnung sind jedoch so

dubios, daß man sie zu der Sorte Gerüchte zählen muß, die entsteht,
wenn sich zwei rivalisierende Gruppen gegenseitig belauern.

Bislang ist kein einziges Dokument aufgetaucht, daß für jene Tage
im Januar/Februar 1938 derlei Ambitionen Himmlers belegt hätte. War
es Hitler schon nicht möglich, den Pour-le-mérite-Träger Göring der
Wehrmacht vorzusetzen oder den General von Reichenau, der für seinen unverkrampften Umgang mit der Partei bekannt war, an die
Spitze des Heeres zu berufen, wie noch zu zeigen sein wird, so wäre es
für die Generalität erst recht unerträglich gewesen, wenn Hitler tatsächlich in einer Zeit zunehmender Spannungen zwischen den Feld-
grauen und den Schwarzen dem 37jährigen Polizeichef und SS-Gewal-
tigen Himmler die Kommandogewalt über alle Streitkräfte angeboten
hätte, einem ehemaligen Landwirtschaftseleven und Fahnenjunker,
über den der Generalfeldmarschall von Kleist nach dem Krieg
höhnte,[35] er habe noch nicht einmal einen Feuerlöschzug führen können. An nichts aber war Hitler – nur Wochen vor seinem verfrühten
Aufbruch zu einer expansiven Außenpolitik – mehr gelegen als an der
Einheit und Einsatzfähigkeit der Wehrmacht.

Die Lösung der Nachfolgefrage, wie sie Hitler schon am 27./28.
Januar 1938 gefunden hatte, machte auf absehbare Zeit alle Möglichkeiten für einen irgendwie gearteten Einfluß Himmlers auf die Wehrmacht, sofern er sich den ausgerechnet hatte, zunichte. Auch seine
Idee, entsprechend den Wehrkreisen sieben SS-Divisionen aufzustellen, mußte er hintanstellen – noch würde es keinen vierten Wehrmachtteil geben. Der Oberbefehlshaber Hitler fühlte sich noch nicht
stark genug, das Dogma vom Heer als dem einzigen Waffenträger der
Nation preiszugeben;[36] die SS blieb, was sie zuvörderst sein sollte: eine
Polizeitruppe zu seiner eigenen Verfügung, nicht zuletzt als Abschrek-
kung gegen putschlüsterne Militärs – und Fritsch war einer jener Generäle, die, ganz zu Unrecht, in diesem Rufe standen.

Irgendeine neue herausragende Stellung scheint sich Himmler in der
38er Krise schon erhofft zu haben. Nach dem großen Revirement vom
4. Februar,[37] bei dem Himmler, anders als Göring – der immerhin
Generalfeldmarschall wurde – oder als Reichenau – der vom Wehrkreisbefehlshaber zum Heeresgruppenchef aufstieg –, leer ausging,
schrieb seine Frau enttäuscht in ihr Tagebuch: «H.(Heini=Heinrich) ist
sehr nervös. Hat doch Tag und Nacht daran mitarbeiten müssen und
ist selbst nicht befördert.»[38] Auch andere waren enttäuscht. Bemerkenswert ist ein Brief, den Admiral von Friedeburg Ende August 1944
an Himmler schrieb, der einige Wochen zuvor Befehlshaber des Ersatzheeres geworden war: «Ich persönlich nahm ja damals an, daß der
Januar 1938 mit seinen traurigen Ereignissen den Platz für Sie freige-
macht hätte, aber es sind dann noch einige Jahre vergangen, bis Sie

vom Willen des Führers in diese entscheidende Stellung berufen worden sind.»[39]

Hatte Göring seinen Ehrgeiz zügeln müssen, so bekam auch Himmler seinen Denkzettel: Vor der Generalität[40] sprach Hitler am 5. Februar 1938 offen das Gerücht an, das ihm unterstellte, er habe die Absicht, den Reichsführer SS zum Oberbefehlshaber der Wehrmacht zu befördern. Das sei ein «wahnsinniges Geschwätz». Und er gab den Militärs seine heilige Versicherung, «daß er niemals einen Nichtfachmann mit einem militärischen Posten betrauen würde, schon gar nicht mit dem eines Oberbefehlshabers» – sich selber nahm er offensichtlich von dieser Regel aus.

Unter den Zuhörern stand auch der bisherige Münchner Wehrkreisbefehlshaber, General der Artillerie Walter von Reichenau.[41] Ihn hatte es schon eine Woche zuvor unwiderstehlich nach Norden gezogen, obschon niemand aus dem Generalstab oder dem Wehrmachtamt ihn herbeizitiert hatte. Er antichambrierte bei Keitel und verlangte eine Audienz beim *Führer*. Es war so seine Art, ungerufen an der Mittagstafel Hitlers zu erscheinen und sich dort mitten unter die Parteibonzen zu setzen. Reichenau war sich sicher, der einzige General zu sein, der imstande war, Hitler auch einmal seine Meinung aufzuzwingen und die Interessen des Heeres oder der Wehrmacht wirksam zu verfechten. Wenn nach Blomberg auch, wofür vieles sprach, Fritsch das Feld würde räumen müssen, mußte doch endlich Reichenaus Stunde schlagen. Schon 1934 hatte Hitler ihn, den wichtigsten Mitarbeiter des Kriegsministers von Blomberg, als Oberbefehlshaber des Heeres vorgeschlagen, doch Hindenburg war der dynamische, allem Modernen aufgeschlossene Reichenau zu jung und etwas suspekt; darum zog er Fritsch vor, diesen nach Erscheinung und Charakter typischen Offizier der alten Schule. Blomberg hatte bei seinem Weggang Hitler die Berufung seines einstigen Untergebenen nahegelegt. Und Reichenau soll es auch geschafft haben, bis zu Hitler vorzudringen – wie Rundstedt mußte auch er durch die Hintertür der Reichskanzlei gehen. Hitler setzte ihn eine Woche lang auf Warteposition.[42]

Reichenau war unbestritten einer der hervorragendsten Offiziere der neuen Wehrmacht.[43] Eigenwillig, unkonventionell, taktisch gewandt, ein begeisterter Sportler, ein überzeugter Anhänger der neuen Technik, von mitreißendem Schwung und großem Geltungsdrang, wollte er so gar nicht in das althergebrachte Traditionsmuster eines preußisch-deutschen Berufsoffiziers passen, obschon auch er aus der preußischen Garde hervorgegangen war und sich als ein gründlich ausgebildeter Generalstäbler mit vielseitiger Truppenerfahrung für die höchsten Posten empfahl. Was ihn noch von den anderen unterschied: er hatte ein politisches Konzept. Frühzeitig hatte er sich für die Ideen des

Nationalsozialismus aufgeschlossen gezeigt, dabei freilich immer die Eigenständigkeit des Militärs, der zweiten Säule des neuen Reiches neben der Staatspartei, entschlossen behauptend. Er ist es, der im Sommer 1934 kühlen Kopfes das Bündnis zwischen Reichswehr und SS betreibt, um der gefährlich drohenden SA das Handwerk zu legen.

Aber Hitler spürte rasch – so in seinen Gesprächen[44] mit Keitel und mit Rundstedt –, daß er diesen General noch nicht gegen die Armee würde durchbringen können, weil er im Heer «als Nazi verschissen» sei. Was die meisten Generäle eigentlich störte, war weniger die nationalsozialistische Ideologie, mit der sie sich zu weiten Teilen identifizieren konnten, sondern der modische Firlefanz, den Blomberg und Reichenau als unerläßlich hinzunehmen bereit waren. Klar und kurios hat es nach dem Krieg Rundstedt, der dienstälteste Militär, ausgesprochen: «ein ‹Nazi-Vogel› nach dem anderen zur Uniform, ‹Deutscher Gruß› statt militärischem Gruß mit Hand an der Kopfbedeckung», aber bezeichnenderweise auch das «Verbot der Anrede des Vorgesetzten in der dritten Person, zum Beispiel ‹Haben Sie, Herr Oberst› anstelle von ‹Haben der Herr Oberst›.»

Dem Obersten Befehlshaber der Wehrmacht sagte man dergleichen natürlich nicht ins Gesicht. Um einen Reichenau, den «einzigen General politischen Formats»[46], von der Spitze des Heeres fernzuhalten, mußten andere Argumente herhalten:[47] Er sei viel zu jung, weder gründlich noch fleißig, zu oberflächlich, zu sprunghaft, habe politischen Ehrgeiz. Sogar Reichspropagandaminister Goebbels befleißigte sich der üblen Nachrede: Reichenau sei kein ganz integrer Charakter. Und daß sich auch Göring in den Weg stellte, versteht sich von selbst, denn eine so starke Persönlichkeit als Oberbefehlshaber des Heeres hätte ihm oder doch seinem Prestige abträglich sein können.

Reichenau war aus dem Rennen geschieden. Generalstabschef Beck, so wird berichtet,[48] äußerte sich zufrieden, daß man dem ehrgeizigen General sein Vorhaben «versalzen» habe. Parteifunktionäre wie Militärs ließen einen Mann nicht hochkommen, den sie für fähig hielten, einen zu großen Einfluß auf Hitler auszuüben. Rundstedt hat diese Befürchtung auf seine Weise ausgedrückt: «Ich kann mir vorstellen, daß Reichenau, der ein richtiger Rabauke war und halbnackt für seine Sportübungen herumlief, sich einbildete, mit Hitler besser fertig zu werden als andere.»[49]

Das Eigentümliche bei diesem Stand der Krise ist nun jedoch, daß zwar alle Rivalen des Generalobersten von Fritsch aus dem Feld geschlagen sind, sich aber dennoch die Waagschale noch weiter zu seinen Ungunsten senkt. Das böse Omen ist die plötzliche Entlassung des Obersten Hoßbach.

7.

Das Heer verliert eine Bataille
Hoßbachs Entlassung

Aus der Perspektive der SS und der Partei war der Sturz des Generalobersten von Fritsch ein politischer Erfolg. Denn Fritsch galt als der
Turm der Opposition im Lande. Längst war der Gestapo zugetragen
worden, daß manche Regime-Gegner im stillen hofften, das Heer unter seinem verehrten Oberbefehlshaber werde eines Tages Deutschland
von der nationalsozialistischen Herrschaft befreien und eine «anständige» Regierungsform einführen, sei es die Monarchie oder eine Mili-
tärdiktatur.[1] Seit 1935 haben Hitler und Göring in ihren Gesprächen
die mögliche Gefahr eines rechtskonservativen Militärputsches nie außer acht gelassen.[2]

Nach dem Ende des Kaiserreichs war die Reichswehr zur Fluchtburg
der junkerlichen Elite geworden, die 1918 einen Teil ihrer Privilegien
verloren hatte. Mehr als die Hälfte des Nachwuchses der Berufsarmee
stammte 1930 aus ländlichen Gebieten; 55 Prozent der Fahnenjunker
wurden aus adeligen oder bürgerlichen Offiziersfamilien rekrutiert;
Ostelbien war mit 46 Prozent überrepräsentiert. Bei den Auseinandersetzungen des Jahres 1938 hatte es Hitler also mit einer Generalität zu
tun, die noch überwiegend adeliger Herkunft war[3] und, bei aller Teil-
identität mit den politischen Zielen der Nationalsozialisten, sich tradi-
tionell noch mehr oder weniger stark der monarchistischen Idee verbunden fühlte. Von Fritsch wußte man, daß er zumeist in Kreisen
verkehrte, die der alten Zeit anhingen; er stand auch dem deutschnationalen Kaisersohn Prinz Eitel Friedrich nahe,[4] dem einstigen Kommandeur der 1. Garde-Division, dessen Stab Fritsch im Kriege angehört
hatte. Solcher Umgang war solange ungefährlich, als auch die Nationalsozialisten die Kontakte zu den Hohenzollern nicht ganz abreißen
ließen. Hitler hat sich aber gerade im Winter 1937/38 klar erkennbar von
den Monarchisten abgesetzt.[5]

Die ehedem nationalkonservativen, deutschnationalen und alldeut-
schen Beamten, Richter und Offiziere, die der Weimarer Republik das
Leben so schwer gemacht hatten, witterten nach der Machtübernahme
durch Hitler Morgenluft, besonders nach dem «Tag von Potsdam» im
März 1933, der angeblichen Verschmelzung von altem Preußentum
und junger Revolution.[6] Denn solange der königlich-preußische Feldmarschall von Hindenburg noch Reichspräsident war, ließ Hitler offen, ob die Monarchie der Hohenzollern wiederhergestellt werden
sollte. Doch als er sich selber zum absoluten Herrscher über Deutschland erhoben hatte, richtete die Gestapo ein scharfes Auge auf monarchistische Tendenzen. Aus heutiger Sicht mag diese Sorge anachroni-

stisch anmuten, doch wie stark der Gedanke der Monarchie selbst im
Zentrum der Weimarer Republik versteckt gelebt hatte, wurde lange
nach dem Zweiten Weltkrieg offenbar, als zur allgemeinen Überraschung der ehemalige Reichskanzler Brüning in seinen Memoiren
seine monarchistischen Pläne enthüllte.[7] Auch in der Widerstandsbewegung gegen Hitler trat sowohl 1938 als auch 1944 der monarchistische Geist deutlich in Erscheinung.

Noch am 15. Januar 1938, in ihrer letzten Unterredung vor dem
Ausbruch der Führungskrise, hat sich Hitler beim Generalobersten
von Fritsch «in großer Erregung» über das Umsichgreifen monarchistischer Propaganda in der Armee beschwert. Er weigerte sich jedoch,
ihm seine Unterlagen zu zeigen (die sicherlich von der Gestapo gelie-
fert wurden), wollte sie höchstens Blomberg vorlegen.[8] Wie sich nachher herausstellte, handelte es sich um belanglose Vorfälle, um promo-
narchistische Kasinogespräche, die der Partei hinterbracht wurden,
oder um Traditionsrituale, die von einem Parteigenossen mißdeutet
wurden. In einem Bataillon des berühmten Potsdamer Infanterie-Regiments Nr. 9 (wegen seines hohen Anteils an Adeligen auch «Graf
Neun» genannt), das die Tradition des 1. Garde-Regiments zu Fuß
fortführte, hatte man nach altem Brauch Hirschfänger ausgeschossen,
die auf der Klinge die Inschrift «Vive le roi» trugen.

Wegen des allgemeinen Mißtrauens der Partei gegen das Heer wo-
gen auch derlei Kleinigkeiten schwer. Nur traf es Fritsch ganz zu
Unrecht. Er war, wie noch zu zeigen sein wird, ein loyaler Diener des
nationalsozialistischen Führerstaates, dachte schon gar nicht in den
Kategorien von Putsch und Meuterei, und ärgerte sich «über unsere
lieben nationalen Kreise»,[9] die falsche Hoffnungen in ihn setzten und
ihm dadurch das Leben schwer machten. Im nachhinein wollte es
Fritsch so vorkommen, als sei der Vorwurf monarchistischer Propaganda der letzte Anlaß für seinen Sturz gewesen, zumal schon Ende
1937 auch Wehrmachtadjutant Hoßbach wegen der angeblichen monarchistischen Gefahr mit Hitler «ernste» Auseinandersetzungen gehabt
hatte.[16] So wie sich Fritsch die gegen ihn und Blomberg gerichtete
Intrige Himmlers ausmalte, mußte als erster Schritt «das Vertrauen des
Führers zu Hoßbach erschüttert werden».[10]

Mit dieser Deutung verrät Fritsch, daß er den eigentlichen Hinter-
grund der Doppelaffäre nicht durchschaut hat. Blomberg hatte ge-
plant, Hoßbach für das Frühjahr als Adjutanten abzulösen und an die
«Front» zu versetzen, das heißt ein Regiment zu übergeben (solche
Ablösungen sind in den Armeen etwas ganz Normales, und in diesem
Falle hatte Hoßbach selber auch diesen Wunsch).[11] Nur wollten der
Kriegsminister und sein Stab diesen Wachwechsel in der Reichskanzlei
dazu benutzen, den Einfluß des Heeres bei Hitler zurückzudrängen.

Über den ihnen unterstellten Oberst Hoßbach hatten nämlich Fritsch und Beck fortlaufend ihre Konzeption propagiert, daß der Generalstabschef des Heeres, bislang nach Kriegsminister und Heeresführer der dritte in der Hierarchie, quasi «Anführer im Kriege» sein sollte.[12]

Bei diesem jahrelangen «stillen Ämterkrieg»,[13] der einzig vom Heer angezettelt worden war – die anderen Wehrmachtteile, Marine und Luftwaffe, hielten sich da heraus –, ging es um die Spitzengliederung der Streitkräfte, seit eh und je in allen Armeen – nicht nur in der Diktatur – ein unter höheren Offizieren beliebtes Thema. Gestritten wurde um die Frage, welche militärische Institution im Kriegsfalle die operative Führung haben und welche Rolle dabei die Heeresleitung und der Generalstab spielen sollten. Einig waren sich die rivalisierenden Militärs über die sachlichen Konsequenzen, die aus den Erfahrungen des Weltkrieges 1914/18 gezogen werden sollten: Künftig mußten die Teilstreitkräfte – Heer, Marine und nunmehr auch die Luftwaffe – einheitlich geführt werden.

Reichskriegsminister von Blomberg, zugleich Oberbefehlshaber der Wehrmacht, und sein dynamischer Mitarbeiter von Reichenau arbeiteten darauf hin, der Wehrmachtführung eine Art Gesamtgeneralstab beizugeben; verschiedene Abteilungen wurden als Vorstufe eines Oberkommandos der Wehrmacht eingerichtet. Das rief sofort die Armee auf den Plan. Während Marine und Luftwaffe die Kompetenzansprüche der Wehrmachtspitze ignorierten, leistete die Heeresführung – der Oberbefehlshaber von Fritsch, Generalstabschef Ludwig Beck, und der I. Oberquartiermeister, Erich von Manstein – energischen Widerstand; sie beanspruchten die Führung in einem übergreifenden Generalstab, da in einem Kontinentalkrieg das Landheer die Hauptlast zu tragen hätte. Beck, der den Typus des gelehrten Offiziers ideal verkörperte und sich in der Nachfolge der Moltke und Schlieffen sah, legte seine Pläne historisch an: Wie zu Kaisers Zeiten sollte ein Großer Generalstab bestehen, dessen Chef und Stellvertreter bei schwerwiegenden außenpolitischen Fragen, bei der Entscheidung über Krieg und Frieden und bei der Kriegsplanung dem Obersten Kriegsherrn – in diesem Falle dem Diktator Hitler – als verantwortlicher Ratgeber zur Seite stehen, also mitentscheiden. Ausüben sollte er diesen Einfluß über den Oberbefehlshaber des Heeres.

Der Nachfolger Reichenaus im Wehrmachtamt, General Keitel, und sein Mitarbeiter, der Leiter der Abteilung Landesverteidigung, Oberst Alfred Jodl, beide aus der Armee hervorgegangen, betrachteten solche Vorstellungen als anachronistisch und unvereinbar mit dem Führerprinzip der nationalsozialistischen Diktatur.[14] Sie vermuteten dahinter wohl nicht ganz zu Unrecht auch das Bestreben, traditionelle Standesprivilegien zu behaupten. Keitel, ein Mann mit großem Organisationstalent, behandelte die Angelegenheit rein technisch-bürokratisch, während sich bei Jodl die Sachgerechtigkeit mit idealistischer Begeisterung für den Nationalsozialismus und das «Genie» des *Führers* vermengte. Als nun mit einem Schlage ihr eigener Chef Blomberg und zugleich ihr – neben Beck – stärkster Widersacher Fritsch von der Bühne verschwanden, ergriffen die beiden die Gelegenheit beim Schopfe. Sie waren es, die sogleich die neue Spitzengliederung in allen Einzelheiten vorbereiteten und dem Diktator in seiner zeitweiligen Ratlosigkeit die personellen Entscheidungen erleichtern halfen. Indem sich Hitler nun unmittelbar persönlich die Wehrmacht unterstellte und sich ein Oberkommando der Wehrmacht (freilich nur als eine weisungsgebundene Behörde) zulegte, wurde das bisherige Wehrmachtamt erheblich aufgewertet. Der Dauerstreit zwischen Wehrmachtführung und Heeresleitung, der sich auch auf das persönliche Verhältnis der ohnehin so gegensätzlichen Naturen Blomberg und Fritsch auswirkte,[15] endete also mit einer Niederlage für das Heer (das deswegen aber noch lange nicht klein beigab).[16] Und das erste Opfer dieser verlorenen Bataille wurde der Oberst Hoßbach.

Begründet hat Hitler die plötzliche (und vorgezogene) Entlassung [17] seines Wehrmachtadjutanten mit dessen Ungehorsam. Doch warum hat er ihn dann nicht auf der Stelle davongejagt, sondern sich drei Tage Zeit gelassen? Während er sich am 28. Januar in herzlicher Weise mit dem Obersten beim Essen unterhielt, wurde dieser ans Telefon gerufen, um seine Ablösung zu erfahren. Hoßbach hat sich in einem Temperamentsausbruch bei Hitler über diese unmögliche Form der Verabschiedung sofort beschwert. Der Diktator äußerte hinterher, er habe bei dieser Begegnung zum erstenmal den Menschen Hoßbach kennengelernt – fürwahr kein gutes Zeugnis für beider bisherigen Umgang miteinander. Hoßbach traf die Entlassung schwer – mit Tränen in den Augen verabschiedete er sich von Goebbels. Als die anderen Adjutanten Hitler bestürmten, seine Entscheidung zu korrigieren, und wohl auch Goebbels sich für Hoßbach verwandte (in seinem Tagebuch kreidet er dem *Führer* einen «schweren Fehler» an), kamen nun sogar Hitler die Tränen. Er gab dem Obersten eine erstklassige Beurteilung mit auf den Weg und hat sich auch weiterhin ihm erkenntlich gezeigt, bis hin zur Dotation für den damals kommandierenden General Hoßbach im Kriegsjahr 1944.

Die unmögliche Form der Entlassung[18] hatte Hitler selber veranlaßt. Er hatte General Keitel, nach einem Wutausbruch wegen des Vertrauensbruchs durch den Adjutanten, erklärt, er wolle Hoßbach nie wiedersehen. Keitel solle ihm das mitteilen, der schickte seinerseits aber einen Untergebenen. Er selber hatte schon unter Blomberg auf den Wachwechsel hingearbeitet; ihm war Hoßbach als kompromißloser

Verfechter der Linie Fritsch–Beck–Manstein im Wege und lästig. Keitel verübelte ihm überdies, daß er ihn immer von Hitler ferngehalten hatte. Einen Nachfolger hatte er auch gleich zur Hand, den Major Rudolf Schmundt, einen im Gegensatz zu Hoßbach sehr verbindlichen Offizier. Der Nachfolger sollte allein der Vertraute Hitlers und der Wehrmachtführung, also künftig Keitels sein, damit er gar nicht erst in Loyalitätskonflikte geraten konnte. Dafür durfte dann das Heer einen eigenen Adjutanten stellen, der jedoch nicht aus dem Generalstab kommen sollte.[19]

Der Generalstäbler Schmundt war bis dahin ein glühender Verehrer des Generalstabschefs Beck gewesen. Als er sich zur Stelle meldete, wies ihm Beck die kalte Schulter, und Hoßbach weigerte sich sogar, ihn in die Dienstgeschäfte einzuweisen.[20] Dieses unkameradschaftliche Verhalten gegen einen betont altpreußisch geprägten Offizier zeigt deutlich, wie bitter sie ihre Schlappe im Machtkampf mit der Wehrmachtführung angekommen sein muß. Keitel hatte im Sinne seines Mentors Blomberg die Ansprüche der Armee beschnitten. Und gleich noch eine Bresche in die Front des Heeres geschlagen: Für den Chef des Heeres-Personalamts, General von Schwedler, der Hitler angeblich zu konservativ war, hat er, mit wenig Feingefühl, seinen eigenen Bruder Bodewin Keitel als Nachfolger einsetzen lassen.[21]

Womit Hitler seine Umgebung noch mehr überraschte als mit der Entlassung Hoßbachs, war seine erstaunlich schnelle Bereitschaft, sich nun auch von Fritsch zu trennen, ohne überhaupt erst das Ergebnis der gerichtlichen Untersuchung abzuwarten.[22] Sollte seine offen geäußerte Abscheu vor den vermeintlich unsittlichen Verfehlungen des Generalobersten nur ein Vorwand gewesen sein? Schon am 27. Januar, nach der Gegenüberstellung mit dem Zeugen Schmidt, scheint für ihn festzustehen, daß Fritsch «auch gehen» muß, aber da soll erst noch untersucht werden, wie Goebbels vermerkt. Drei Tage später heißt es schon, sobald das Gutachten Gürtners vorliege, wolle Hitler «Schluß machen».

Man hat gemeint, der Abschied sei dem österreichischen Bohemien Hitler deshalb nicht schwer gefallen, weil ihm der Generaloberst seinem ganzen Wesen nach nicht lag, in seiner undurchdringlich-distanzierten preußischen Art, die sich kraß abhob von dem weltläufig-ungezwungenen Auftreten Blombergs. Dennoch hatte sich ein Vertrauensverhältnis voll gegenseitigen Respekts entwickelt,[24] ja, Hitler soll zu Beginn ihrer Zusammenarbeit 1934 einmal gesagt haben, er «liebe» den Generalobersten, und ein Rest widerwilliger Sympathie schwingt selbst in seinen Tischgesprächen noch mit, wenn er, trotz scharfer Kritik, vom «guten Fritsch» spricht. Er hätte demnach sehr wohl noch eine Zeitlang mit ihm zusammenarbeiten können.

Etliche Wochen nach der Affäre, als Hitler vom Heer stark unter Druck gesetzt wurde, den inzwischen von allen Anschuldigungen freigesprochenen Generalobersten öffentlich zu rehabilitieren, hat er behauptet, er hätte sich unabhängig von dem, was gewesen sei, von Fritsch trennen müssen.[25] Doch die sachlichen Vorwürfe gegen den einstigen Oberbefehlshaber des Heeres – Tempodrücken bei der Aufrüstung, mangelndes Verständnis für Panzertechnik und -taktik, Zaghaftigkeit bei der Besetzung der entmilitarisierten Zone des Rheinlands 1936 –, die teils ungerecht waren, teils sich sofort widerlegen ließen, muten eher als nachträglich herbeigezogene Selbstrechtfertigungen an, nachdem er sich hatte eingestehen müssen, daß er das Opfer seiner eigenen Voreiligkeit geworden war und einen Fehler begangen hatte.

Ehrlicher klingt da schon die spätere Sprachregelung für die Armee: «Führer hat den Befehl über die Wehrmacht selbst übernommen. Diese Befehlsübernahme war in seinem Programm bereits vorgesehen, allerdings für einen späteren Zeitpunkt.»[26] Noch galt ja der gesamtstrategische Plan, wie er im «Hoßbach-Protokoll» skizziert ist: Nahziele Österreich und Tschechoslowakei vielleicht schon 1938, Möglichkeit einer großen Auseinandersetzung mit den Westmächten um 1943. Die Nahziele wollte Hitler noch mit den alten Generälen erreichen.[27] Die Affären Blomberg-Fritsch hatten allerdings den Fahrplan durcheinandergebracht und ein Moment der Beschleunigung beigemischt, wie sich im Fall Österreich schon binnen Wochen zeigen sollte.

Freilich brauchte Hitler in seiner Entscheidungsscheu und Unentschlossenheit vierzehn Tage, bis er wieder einmal aus der Not eine Tugend gemacht, eine innenpolitische Krise in einen Erfolg umgewandelt hatte. Selbst nachdem Gürtner den Fall begutachtet hat, wartet Hitler ungeduldig auf ein Geständnis des Generalobersten – das wäre immer noch die bequemste Lösung für ihn gewesen. Er redet sich ein, es sei nur noch eine Frage der Zeit, bis Fritsch sein vermeintliches Leugnen aufgebe, er sei als 175er «nahezu entlarvt».[28] Dann wiederum gerät er ins Nachdenken; man könne später einen Generalissimus ernennen, ähnlich dem französischen General Gamelin, der nicht nur Generalstabschef war,[29] sondern auch die gesamte Verteidigung des Landes koordinierte. Und Rundstedt hakt gleich ein: dann solle er Fritsch nach voller Rehabilitierung auf diesen Posten berufen.

Aber Hitlers militärische Berater Keitel und Jodl treiben die Sache voran. Der Diktator wird sich entscheiden müssen, ob er den Oberbefehlshaber des Heeres nur vom Amte suspendiert und zunächst den Nachfolger Brauchitsch, wie Keitel anfangs dachte, als geschäftsführenden Oberbefehlshaber einsetzt,[30] oder ob er ihn des Amtes enthebt.

Schon daß ihm diese Alternative zum Problem wird, daß er sich dieser Mühsal überhaupt aussetzt, beweist zusätzlich die Schwäche des Arguments, Hitler hätte dem Heer seinen allverehrten Oberbefehlshaber nur nehmen können, wenn er ihn gleichzeitig moralisch erledigte.[31] Fritsch selber hatte irgendeinen Streich der Partei oder der SS für möglich gehalten, wußte auch, daß General von Reichenau auf seinen Posten erpicht war. In dieser Hinsicht ist er auf dem Quivive gewesen. Aber er vermochte sich nicht vorzustellen, daß man, um ihn loszuwerden, «einen solchen Schurkenstreich begehen, dieses niedrigste u(nd) gemeinste, aber auch ... kaum zu widerlegende Mittel wählen» würde.[32] Nun, die Zusammenhänge waren für ihn am allerwenigsten zu durchschauen. Erst ein Jahr später kommt er der Wahrheit schon ein Stück näher: «Auch Blomberg wird mitgewirkt haben, denn er sah, daß ich seinem Treiben in puncto Wehrmachtbefehlshaber, Spitzengliederung, Wehrmachtmanöver und Ähnlichem Widerstand entgegensetzte.»[33]

Die Erklärung für den Sturz Fritschs ist wirklich so simpel: Hitler und einige militärische Ratgeber – der abtretende Blomberg und seine Mitarbeiter Keitel und Jodl –, mittelbar unterstützt durch Ratschläge einiger Parteigrößen – Göring, Himmler, Goebbels – haben die unerwartete Gelegenheit der beiden Sittenaffären genutzt, um den leidigen Streit um die einheitliche Führung der Wehrmacht ein für allemal zu entscheiden. Gelöst wurde nicht bloß ein «innermilitärisches Organisationsproblem»,[34] sondern auch die Frage, welcher Stellenwert künftig dem Machtfaktor Heer – bisher war sie die zweite Säule im Gefüge des totalitären Staates – zukommen sollte. Wohlgemerkt: Es war eine Führungskrise innerhalb eines nationalsozialistischen Systems, eine Auseinandersetzung zwischen Flügeln einer machttragenden Elite des «Dritten Reiches».

Darum ist es mehr als nur ein Zufall, wenn sich Fritsch am 30. Januar 1938, am fünften Jahrestag der nationalsozialistischen Machtergreifung, als seinen Verteidiger den Rechtsanwalt und preußischen Staatsrat Rüdiger Graf von der Goltz aussucht.[35] Goltz, Sohn eines antidemokratischen und antibolschewistischen Heerführers, ist ein alter Kämpfer, hat schon früh in der Weimarer Republik rechtsradikale Fememörder und einmal auch Goebbels verteidigt, ist 1932 schließlich Mitglied der NSDAP geworden und sitzt jetzt im Reichstag sowie als Anwalt im Volksgerichtshof. Fritsch, schon in den frühen Jahren der Weimarer Republik ein erklärter Antidemokrat, Antimarxist und Antisemit,[36] ist seit genau einem Jahr Träger des Goldenen Parteiabzeichens, der höchsten Auszeichnung, die der NS-Staat zu verleihen hat, und somit Ehrenmitglied der Partei.[37] Der Nationalsozialismus hat viele Gesichter...

8.
Ein treuer Vasall –
ein guter Nationalsozialist

Am 3. Februar 1938 wurde Generaloberst von Fritsch auf Befehl des Diktators aufgefordert, noch am selben Tage seinen Abschied zu erbitten. Sein Anwalt, Graf von der Goltz, riet ihm, dem Ersuchen nicht nachzukommen, solange das Verfahren gegen ihn noch schwebe, doch sein Mandant entschied sich für ein sofortiges Abschiedsgesuch: Nach dem, was ihm geschehen war, zog er diese Konsequenz sogar «gern». Er konnte es nicht verwinden, daß der Oberste Befehlshaber sein Offiziersehrenwort nicht angenommen hatte – das Tischtuch war zerschnitten: «Ein Zusammenwirken mit diesem Manne ist für mich unmöglich.»[1]

Der hohe Grad seiner Enttäuschung rührte nicht nur von der Ehrverletzung her, sondern mehr noch von dem vermeintlichen Vertrauensbruch, von der «Treulosigkeit» des Staatsoberhauptes, sah er sich doch in ein besonderes Vertrauensverhältnis zu Hitler gestellt. Selbst nach der Brüskierung in der Reichskanzlei ist er noch imstande, niederzuschreiben, er sei «dem Führer von ganzem Herzen dankbar für das große Vertrauen», das er ihm entgegengebracht habe,[2] ein Satz, den Hoßbach in seiner Fritsch glorifizierenden Veröffentlichung unterschlagen hat. Fritsch vermochte sich auf das ihm unerklärliche Verhalten Hitlers keinen Vers zu machen.

Nun, Hitler mußte wissen, auf was er sich da einließ: Die Entlassung eines Oberbefehlshabers, der im Heere und im Volk ein hohes Ansehen genoß wie wohl keiner seiner Vorgänger seit 1920, nicht einmal der berühmte Seeckt,[3] würde das Offizierskorps schockieren, für einen Moment vaterlos machen. Die Stimmung am Abend des 4. Februar, als die Entlassung Fritschs bekanntgegeben wurde, spiegelt sich in der Erinnerung eines damals jungen Leutnants wider: «Er war nicht beliebt, wohl zu kalt, aber... er war hoch respektiert, geachtet... als Garantie, daß wir das Heer waren, daß uns keiner was konnte... und dann so einfach davongejagt. Das lassen wir uns nicht bieten...»[4] Die Achtung vor dem Oberbefehlshaber war schon aus dem leicht gehobenen Ton herauszuhören, in dem man beim Militär das Wort «der Generaloberst» aussprach, «ganz so, wie man damals Goethe beim Namen nannte».[5] Generalstabschef Beck, dem es selber nicht an Verehrung gebrach, hat das Besondere an Fritsch wohl am einprägsamsten formuliert: «ein Edelmann der Gesinnung und ein Offizier altpreußischen Stils».[6]

Seiner äußeren Erscheinung nach wirkte der aufrechte, eher kleine Mann in der engsitzenden Uniform und mit den federnden Schritten fast wie eine Karikatur dessen, was man auf der Linken und im Ausland für den Typus eines preußischen Militärs hielt. Verstärkt wurde dieser Eindruck durch die etwas schnarrende Stimme und das Einglas, mit dem sein verschlossenes Gesicht noch undurchdringlicher und starrer erschien. Indes war das Monokel, das er wie einen Schutzschild vor sich hertrug, bei ihm nicht wie bei vielen Offizieren (und auch Zivilisten der gehobenen Gesellschaftsschicht) eine modische Attitüde, sondern selbst ein Teil seines Lebens: Wegen einer Sehschwäche auf dem linken Auge war der junge Fritsch bei der Kavallerie abgelehnt worden, und bei der großherzoglich-hessischen Feldartillerie wurde er nur aufgenommen, nachdem er sich verpflichtet hatte, immer das Einglas zu tragen.[7]

Sein Renommee beruhte auf Können und Charakter.[8] Fachlich hochbegabt, war er für seine Aufgabe vortrefflich geschult: als Generalstäbler hatte er in vier Jahren Weltkrieg und anschließend beim Revolutionskrieg im Baltikum Erfahrungen gesammelt; in der Zeit des 100000-Mann-Heeres der Weimarer Republik hatte er in vielen Truppenkommandos (Ulm, Schwerin, Stettin, Frankfurt an der Oder und zuletzt Berlin) dazugelernt, was ihm noch fehlte. Er hatte in nur drei Jahren aus der kleinen Berufsarmee eine kriegsbereite Wehrpflichtarmee von über zwei Millionen Mann aufgestellt und nach seinem Abschied dem Diktator das damals beste, schlagkräftigste, motivierteste und am hervorragendsten geführte Heer Europas hinterlassen, ohne das Hitler seine Eroberungsfeldzüge nicht hätte führen können. Ganz seiner Arbeit zugewandt, war Fritsch sozusagen immer im Dienst, mit ungeheurem Fleiß und steter Konzentration; die dauernde Überforderung führte ihn manchmal bis an den Rand seelischer Erschöpfung. Man hat ihn den «Zuchtmeister des deutschen Heeres»[9] genannt, der in seiner beispielhaften Pflichterfüllung seinen Offizieren, Unteroffizieren und Soldaten abforderte, was er sich selber abverlangte. Aber er verstand es auch, Dienstfreude zu wecken; er tadelte, ohne zu verletzen; er war ein wohlwollender Vorgesetzter; er hielt auf Kameradschaft.

Der französische Botschafter in Berlin, André François-Poncet, ein großer Menschenkenner, hat sehr bald bemerkt, daß sich hinter dem scheinbar hochmütigen, abweisenden Äußeren des Generalobersten «ein schärferer Geist und ein liebenswürdiges Wesen»[10] verbargen. Nur jene, die dauernd um ihn waren, kannten seine innere Wärme, seinen Humor, ja, wenn er ihn zuließ, seinen Charme. Gegen Fremde kapselte er sich ein, blieb er zurückhaltend, beherrscht, was ihm seinen Umgang mit Hitler und aufgeblasenen Parteigrößen, die er ohnehin als Hohlköpfe verachtete,[11] nicht gerade erleichterte. Er hielt es mit der Moltkeschen Devise «Mehr sein als scheinen». Äußerst bescheiden und selbstlos bis an die Grenze der Selbstverleugnung, materiell anspruchslos, lebte er nur von seinem Gehalt, dies allerdings, wie ein Mitarbeiter anmerkt, «mit vornehmer Großzügigkeit». Zucht und Disziplin, Selbstbescheidung und -beherrschung waren eine Mitgift seiner Kindheit: der Vater, ein General, der erste Offizier in einer Beamtenfamilie aus sächsisch-thüringischem Ministerialadel, hatte ihn spartanisch erzogen; seine Mutter, eine geborene von Bodelschwingh aus der bekannten westfälischen Pastorenfamilie, hatte ihm protestantisches Ethos vermittelt.[12]

Dieser Edelmann, dem, wie August Winnig gesagt hat, die Aufrichtigkeit ins Gesicht geschrieben stand, war kein Mann der Massen, weder zum Haudegen noch zum Rebellen geboren. Aber das Heer fühlte sich bei ihm gut aufgehoben; er war der anerkannte Führer der Armee. Selbst Generalstabschef Beck, ein Mann von hohem Anspruch und großem Selbstbewußtsein, mußte sich erst mit seinem Oberbefehlshaber arrangieren. Fritsch erzählte seinem ersten Offizier: «Beck wollte das Heer führen, ich sollte die Reden halten und Kränze niederlegen. Wir haben dann zusammen gesprochen und wurden uns einig.»[13] Sie ergänzten sich ideal, der entscheidungsfreudige Oberbefehlshaber und sein kritisch wägender Chef. Aber beide waren auch – für den Übergang von der Weimarer Republik zum totalitären Staat nationalsozialistischer Prägung, der die Menschen von der Wiege bis zur Bahre unter sein Joch zwingen wollte – die ideale Besetzung bei der Umwandlung der «Söldnertruppe», wie sie vom Versailler Friedensvertrag vorgeschrieben war, zu einem nationalsozialistischen «Volksheer», wie es Hitler in seinem Parteiprogramm vorgesehen hatte.

Da man diese Tatsache schlechterdings nicht übersehen konnte, haben sich die Bewunderer Fritschs und umgekehrt die Kritiker in ihrer moralischen Verurteilung darauf berufen, daß er eben der typische «Nur-Soldat» gewesen sei,[14] ein Produkt der «unpolitischen» Schule des Generals Hans von Seeckt, der die Reichswehr zu einem «Staat im Staate» gemacht hatte, um sie dem politischen Meinungsstreit zu entziehen (doch hatte er sehr ausgeprägte nationalkonservative Vorstellungen, die ihn nach seinem Sturz bis in die Nähe der Nationalsozialisten führten). Fritsch hat von sich aus dieser Einschätzung als politisch ungebildeter und desinteressierter Soldat noch Vorschub geleistet, da von ihm die Äußerung überliefert ist, zur Politik fehle ihm alles.[15] Aber mit diesem Ausspruch hob er sich nur ab von den politisierenden Generälen à la Schleicher und Reichenau. So wie es nach 1945 ungezählte Deutsche gab, die im «Dritten Reich» Nur-Gelehrte, Nur-Beamte, Nur-Industrielle, Nur-Techniker, Nur-Ärzte, Nur-Juristen gewesen sein wollten, so lag es nahe, daß gerade der Soldatenstand, der von den Siegern vor Gericht gezerrt und öffentlich verfemt wurde, sich auf das rein Handwerkliche beschränkt sehen wollte.

Aber sogar der einstige Wehrmachtadjutant Hoßbach hat sich gegen die Vorstellung vom «unpolitischen» Fritsch gewandt.[16] Fritsch hat wie nahezu alle hohen Militärs das Ende der Weimarer Republik begrüßt und sich freudig und hoffnungsvoll in den Dienst der «nationalen Erneuerung» gestellt, die Deutschland die Wehrhoheit und den Großmachtstatus zurückgeben, den Offiziersstand wieder zum angesehensten im Lande erheben, Marxismus und Pazifismus ausrotten und Landesverräter unters Fallbeil bringen würde. Das alles hatte der neue Reichskanzler Hitler der Generalität im Bendlerblock bereits am 3. Februar 1933 versprochen, auch schon die Gewinnung von Lebensraum in Aussicht gestellt;[17] Fritsch stand unter den Zuhörern. Im Gegensatz zu den meisten Deutschen, die später Hitlers *Mein Kampf* trotz seiner Millionen-Auflage nie gelesen haben wollten, hat Fritsch jene kritisiert, die es nicht wie er gründlich genug studiert hatten.[18]

Wie manche der jungen Offiziere des Ersten Weltkrieges hatte auch Fritsch die Niederlage des Vaterlandes nie verwunden. Die große Stunde in seinem Leben schlug am Nachmittag des 1. August 1914, als er, Hauptmann im Großen Generalstab, die Mobilmachungsordre weitergeben mußte. Er hat noch 1918, als der Krieg für Deutschland längst verloren war, «bis zum Waffenstillstand» an den Sieg geglaubt.[19] Und noch anderthalb Jahre nach seiner Entlassung, einen Monat vor dem Beginn des Zweiten Weltkrieges, bekennt er sich öffentlich zu einem Wort Hitlers, der die gleiche Lehre wie er aus der Niederlage von 1918 gezogen hat: «Der Endsieg ist eben nur möglich, wie der Führer betont hat, wenn das *ganze Volk* innerlich einig und fest dasteht, bereit alles einzusetzen.»[20]

Dieses Denken des Reichswehroffiziers Fritsch hatte die ungeliebte Weimarer Republik überdauert. Selbst 1924/25, nach den gescheiterten Putschen der Kapp und Hitler, machte Fritsch, damals Ia-Offizier beim Stab der 1. Division in Königsberg und nach wie vor ein erzreaktionärer Nationalist, aus seinem Herzen keine Mördergrube. Für ihn sind «Pazifisten, Juden, Demokraten, Schwarzrotgold u(nd) Franzosen alles das Gleiche, nämlich die Leute, die die Vernichtung Deutschlands wollen».[21] Die beiden Sozialdemokraten, die 1918/19 mit Hilfe der Armee die junge Republik stabilisiert haben, finden dennoch keine Gnade vor seinen Augen: Reichspräsident Friedrich Ebert ist für ihn ein «Schweinehund», Philipp Scheidemann «ein Bolschewikenherz». Und er träumt vom Revanchekrieg gegen Frankreich. Die Affinität zu den Deutschnationalen und den Nationalsozialisten ist also schon lange vor 1933 gegeben.

In seinen Dienststellungen der folgenden Jahre, sei es im Truppenamt, sei es bei der Truppe selbst, ist Fritsch unermüdlich an der geheimen Aufrüstung beteiligt, die er, seinem Amt gemäß, gegen neugierige Fragen von außen abdeckt und die er dann, als Heeresführer unter Hitler, in den Jahren 1934/35 intensiviert, bis die Reichsregierung es wagen kann, offen die allgemeine Wehrpflicht wiedereinzuführen.[22] Drei Jahre später schließlich kann Hitler am 20. Februar 1938 vor dem Reichstag verkünden, daß Fritsch sein Werk, das er ihm befohlen, vollendet hat: «Das deutsche Friedensheer ist aufgestellt!» Und er prahlt unter «sehr stürmischem Beifall» seiner Parteigenossen – sicherlich ist auch der Abgeordnete und Fritsch-Verteidiger von der Goltz unter ihnen – mit einer «Aufrüstung ohnegleichen».[23] Etwas gequält und knapp allerdings bedankt er sich «für das hervorragende Wirken des Generalobersten von Fritsch» (gegen den seine Gestapo immer noch wegen widernatürlicher Unzucht ermittelt).

In einem seiner Tischgespräche während des Krieges freilich hat Hitler, entgegen diesem Lob, die obersten Führer des Heeres (ja, sogar deren Gegenspieler Jodl vom Wehrmachtamt) getadelt, weil er sie bei der Aufrüstung stets habe treiben müssen, weil niemals von ihnen Forderungen gekommen seien, weil sie Aufgaben verzögert hätten. Noch an jenem Tag im März 1935, als er die allgemeine Wehrpflicht verkündete, habe er sich mit Fritsch auseinandersetzen müssen.[24] Daran ist soviel richtig, als der Oberbefehlshaber des Heeres monierte, daß der Führer «alles viel zu sehr forciere, übertreibe, tothetze»; auch fürchtete Fritsch mit Recht, das Tempo der Aufrüstung werde sich nachteilig auf die Erziehung des Offizierskorps auswirken. Es mußte den Generälen unheimlich werden, wie dieser ehemalige «Gefreite» mehr und mehr die Tugend der Geduld vernachlässigte; erst im Kriege ist ihnen allmählich, wie dem ganzen Volke, bewußt geworden, daß Hitler noch zu seinen Lebzeiten das germanische Weltreich deutscher Nation errichten wollte.

Und dennoch entsteht ein zu schmeichelhaftes Bild, wenn einige Autoren Blomberg und Fritsch bescheinigen, sie hätten lieber langsam, dafür aber gründlicher aufgerüstet und nie anderes im Sinn gehabt als eine Wehrmacht, die stark genug für den Verteidigungskrieg war. Sogar bis ins Ausland hatte sich die stille Opposition der Militärs gegen Hitlers Kurs herumgesprochen.[25] Die Untersuchungen des Militärgeschichtlichen Forschungsamtes [26] ergeben jedoch ein ganz anderes Bild, das erschreckend aufweist, wie großartig die Generalität im Sinne des Diktators funktioniert hat: Blomberg wie Fritsch betrieben eine «von allen Hemmungen befreite Aufrüstung». Maßgebend für sie war die Anweisung Hitlers für den Vierjahresplan, wonach die deutsche Armee binnen vier Jahren einsatzfähig und die deutsche Wirtschaft binnen vier Jahren kriegsfähig sein müsse, also bis 1940. Dem entsprach der gigantische Rüstungsplan, den Generaloberst von Fritsch im Dezember 1936 in Kraft gesetzt hat. Die ihm bekannten schwerwiegenden rüstungswirtschaftlichen, finanziellen und sozialpolitischen Bedenken ließ er links liegen; er beschränkte sich auf sein Ressort; das Devisen- und Rohstoffproblem und die Deckung des ungeheuren Finanzbedarfs überließ er anderen.

Dem Kriegsministerium wie der Heeresleitung war im vorhinein bekannt, daß sich das Rüstungsprogramm überhaupt nur rechtfertigen ließ, wenn die Wehrmacht bald darauf auch eingesetzt würde.[27] Wenige Wochen vor dem Überfall auf Polen im Spätsommer 1939 hat Hitler der Generalität unumwunden dargelegt, daß Deutschland – inzwischen schon um Österreich und das heutige Tschechien vergrößert – wirtschaftlich nur noch wenige Jahre durchhalten könne. In der Konsequenz hieß das: Das Reich mußte sich durch kurze Kriege erst die Voraussetzungen für einen langen Krieg schaffen, in dem es sich dann den Lebensraum im Osten erobern sollte.

Gewiß: operativ geplant hat die deutsche Wehrmacht einen Angriffskrieg (gegen die Tschechoslowakei) erst im Frühjahr 1938, als Generaloberst von Fritsch schon nicht mehr im Amte war. Aber er hat, im Einvernehmen mit Generalstabschef Beck, schon 1935/36, als die neue Panzerwaffe auch strategisch erprobt wurde, in die Verteidigungsplanung neue Begriffe eingeführt: «offensive Abwehr», «Erhöhung der Angriffskraft des Heeres», «strategische Abwehr». Der Generalstab begann jetzt in «größeren Verhältnissen» zu denken, so wie es früher Moltke und Schlieffen auch getan hatten. Damit kam das Heer von sich aus den auf Expansion angelegten Plänen Hitlers entgegen. Die daraus folgende Planung für eine gigantische Rüstung des Heeres «kalkulierte... mit der militärischen Aggression».

Die Aufrüstung aber war der Motor für die Eingliederung des Heeres in die nationalsozialistische Ordnung. Dabei ging die Eigenständigkeit des Heeres, die Sonderstellung der Armee, an der Fritsch so sehr gelegen war, mehr und mehr verloren. Am Anfang seiner Herrschaft, als Hitler die Reichswehr brauchte – als Gegengewicht zur SA und als Organisator der Wiederaufrüstung –, hatte er den Militärs ein Bündnis angeboten auf der Grundlage der Zwei-Säulen-Theorie:[28] Partei und Heer waren die beiden Stützen des nationalsozialistischen Staates. Die Arbeitsteilung in diesem Bündnis sah so aus, daß die Partei für die geistige Aufrüstung des Volkes zuständig war (und bald auch für die vormilitärische Ausbildung in Hitlerjugend, Arbeitsdienst und SA), die Reichswehr einzig für die militärische Aufrüstung; darum hatte sie auch das Monopol der Waffenträgerschaft. Verankert wurden beide Säulen im Boden der nationalsozialistischen Weltanschauung, der Ideologie des Einparteienstaates. Darum beteiligte sich die Wehrmacht auch an den Reichsparteitagen.

Auf die Dauer freilich waren Hitler und die Partei die Stärkeren in diesem Bunde. Die älteren Militärs verkannten die totalitäre Dynamik

des Nationalsozialismus,[29] der alle Gesellschaftsbereiche durchdringen
sollte, mit manchmal verheerender Wirkung und dem Ziel, den neuen
deutschen Menschen zu züchten, der für die Machthaber allzeit ver-
fügbar sein würde. Den jüngeren Generälen, wie Reichenau, aber auch
romantischen Enthusiasten wie Blomberg hingegen war bewußt, welche Gefahr hier für die Privilegien der Militärelite und für die Homo-
genität des Heeres drohte. So entstanden zum eigenen Schutze der
Armee zwei Abwehrstrategien:[30] Der Oberbefehlshaber des Heeres,
Freiherr von Fritsch, bevorzugte, wie es seinem Wesen entsprach, eine
vorsichtige Distanz zur Partei und ihren vielen Organen, weil er das
Heer aus den tagespolitischen Händeln heraushalten wollte. Reichenau
entschied sich für die Flucht nach vorn, weil man das Rad der Geschichte ohnehin nicht mehr zurückdrehen könne: Seine Parole «Hinein in den neuen Staat» war der erklärte Anspruch des Militärs auf die
Teilhabe an der politischen Macht im «Dritten Reich».

Fritsch widmete einen großen Teil seiner Tätigkeit der Aufgabe, die
Sonderstellung des Heeres gegen Übergriffe der Partei abzuschir-
men, zunächst der SA, dann der SS, aber auch örtlicher Parteifunktionäre. Das Heer sollte keine Parteiarmee werden: «Ein Eindringen par-
teipolitischer Einflüsse in das Heer (kann) nicht geduldet werden, da
solche Einflüsse zersetzend und auflösend wirken können.»[31] Ein Beispiel setzte Fritsch während des Kirchenkampfes – das Heer wurde zu
einer Schutzstätte des christlichen Glaubens; zeitweise wurde der
sonntägliche Kirchgang für das Offizierskorps obligatorisch.[32] Auf die
Dauer konnte er freilich nicht verhindern, daß mit jedem neuen Re-
krutenjahrgang immer mehr Männer ins Heer hineinkamen, die aus
der Kirche ausgetreten waren. Je länger Hunderttausende von Hitlerjungen und indoktrinierten Offiziersanwärtern in die Armee hinein-
strömten, um so eher würde der Geist der alten Reichswehr verschwinden.

Hernach hat Fritschs einstiger Vertrauter Hoßbach eingesehen, daß
diese konservativ-defensive Taktik das falsche Konzept gewesen ist,
denn es war zu schwach gegen die gemeinsame Front Blomberg–Hitler.[33] Aber es konnte auch aus einem anderen Grunde nicht erfolgreich
sein, da nach Fritschs eigenen Worten «die Grundlage unseres heutigen
Heeres nationalsozialistisch ist und sein muß».[34] So hat er sich denn
nicht gewehrt, wenn Blomberg in einem Geheimerlaß verfügte, daß
die Erziehung der jungen Soldaten «unter dem Gesichtspunkt der
Rasse ihre letzte Vollendung im Heeresdienst zu erhalten habe».[35]
Fritsch hat auch den Arier-Erlaß hingenommen, der Juden aus der
Wehrmacht ausschloß, und er hat den Offizieren vorgeschrieben, daß
sie nur Frauen aus arischen Familien heiraten dürften. Schon im Juli
1933, damals noch Divisionskommandeur, hatte Fritsch die national-

sozialistische Ideenwelt «zum Träger deutschen Geisteslebens schlecht-hin» erklärt; die nationalsozialistische Weltanschauung war für ihn die Leitfigur des ganzen deutschen Denkens.[36] Was er selber mit dem Heer in das neue Reich einbringen wollte, waren die alten preußischen Werte (die aber Hitler längst auf seine Weise für die Parteipropaganda beschlagnahmt hatte), dazu «das reiche Kapital soldatischer Gesinnung, soldatischen Wissens und soldatischen Könnens, das die Wehrmacht aus großer Kriegszeit herübergerettet hat».[37] Wie so viele Deutsche aus dem nationalkonservativen Lager erlagen auch Fritsch und seine Offiziere dem Irrtum, das Staatsober-haupt Hitler und die Partei, von der sich manche abgestoßen fühlten, seien zweierlei. Der Diktator wurde einfach gegen den Kaiser einge-tauscht. Fritsch brachte ihm eine unbedingte, ja, wie man treffend gesagt hat, «eine tiefe und aufrichtige Loyalität»[38] entgegen. Seinen Generälen schärfte er ein, daß die Person des *Führers* jeder Kritik entzo-gen werden müsse.[39]

Mag sich auch bei der SS der Verdacht unumstößlich festgesetzt haben, ja, angeblich sogar Hitler zeitweise gemeint haben, «Fritsch sei zweifellos einer der stärksten und bedeutendsten Gegner des National-sozialismus»[40] – er war es ohne Zweifel *nicht*, sondern ein «getreuer Vasall»[41] des Diktators. «Irgendwie habe ich an ihn geglaubt»,[42] soll er einige Tage nach der für ihn unfaßbaren Szene in der Reichskanzlei gesagt haben, «und er war der Führer, dem ich gehorcht habe.»

Im nachhinein wissen wir, daß er zu oft gehorcht hat. Aber im Gespräch mit dem Reichsminister Hans Frank (dem späteren General-gouverneur in Polen) hat er begründet, warum er sich in seinen Aus-einandersetzungen mit Hitler nicht durchsetzen konnte: «Der Führer kommt mir vor wie ein unbeugsames Wesen, unverrückbar wie ein Leuchtturm, kalt wie ein Gletscher. Ich fürchte mich fast vor dem, was in ihm ist.»[43] So reiht er sich denn ein in die lange Schar deutscher Generäle, von denen einer der ihren gesagt hat, sie hätten sich darauf beschränkt, wie Fritsch, «ja» zu sagen und «nein» zu denken.[44]

Fritsch hat nichts dabei gefunden, den Offizieren des Heeres eine «nicht zu übertreffende Liebe zu Volk, Vaterland und Führer» abzu-verlangen.[45] Er selber war fasziniert von diesem «einzigartigen Manne»,[46] und er arbeitete, trotz allen Ärgers, gern mit ihm zusam-men.[47] Wie hätten die Soldaten der Reichswehr und erst recht der aus ihr hervorgegangenen Wehrmacht diesem Selbstherrscher aller Deut-schen ihre Liebe, ihren Respekt und ihre Ergebenheit überzeugender als durch ihre Identifikation mit den Ideen des Nationalsozialismus demonstrieren können.

General von Reichenau hat 1935 das Heer gegen die dauernden Belä-stigungen durch einzelne Parteisatrapen und gegen Verdächtigungen

durch die SS auf eine herausfordernde Weise in Schutz genommen:
«Wir sind Nationalsozialisten auch ohne Parteibuch... die besten,
treuesten und ernstesten.»[48] Gut zwei Jahre später, Anfang März 1938
– Fritsch wartet noch auf seinen Urteilsspruch –, hat Konteradmiral
Wilhelm Canaris, der Chef der militärischen Abwehr, an Offiziere
seines Amtes ähnliche Worte gerichtet: «Wir Frontsoldaten des nationalsozialistischen Staates (gehören) zu den besten, uneigennützigsten
und selbstlosesten Nationalsozialisten.»[49]

Da solche Aussprüche auch einem taktischen Zweck dienten, nämlich als Argumente im Konkurrenzkampf mit der Waffen-SS oder dem
Sicherheitsdienst Heydrichs, mag man an ihrer Aufrichtigkeit zweifeln. Aber niemand wird die Ernsthaftigkeit der Worte bestreiten wollen, die der Generaloberst a. D. Freiherr von Fritsch ein Jahr nach
seinem Sturz niedergeschrieben hat: «Ich habe mir eingebildet, ein
guter Nationalsozialist gewesen und noch zu sein.»[50]

9.
Der Fall Fritsch wird vernebelt
Das Revirement

Die schwierigste Frage, welche die beiden Offiziersaffären für das äußerst prestigeempfindliche diktatorische Regime aufwarfen, faßte Propagandaminister Goebbels in die Worte: «Wie dem Volke sagen?»[1]
Doch bald wurde sie durch das Problem überlagert, wie man sich der
unerträglichen, schadenfrohen Kommentare des Auslandes erwehren
sollte, sobald diese peinlichen Fälle ruchbar wurden. Schon brachte die
britische Presse Ende Januar erste argwöhnische Andeutungen über
den Fall Blomberg – sie wurde unvermeidlich darauf gestoßen, weil
der Feldmarschall während der Vorbeimärsche am 30. Januar nicht an
Hitlers Seite gestanden hatte.[2] Bei einer abendlichen Kaminrunde in
der alten Bismarckschen Reichskanzlei verfiel Hitler ins Grübeln. Was
war zu tun, wenn die ausländische Presse auch noch den Fall Fritsch
aufgriff? Er konnte die vorläufige Suspendierung oder die Entlassung
des Oberbefehlshabers der Armee nicht bekanntgeben, ohne daß nicht
sofort die fremden Korrespondenten in Berlin den eigentlichen Gründen nachspürten.[3]

Da kam diesem Meister der Improvisation der rettende Einfall: Er
durfte nicht nur diesen einen Posten neu besetzen, sondern mußte den
Abgang Fritschs möglichst unauffällig in einen umfangreichen Perso-
nalwechsel verpacken, der sich nicht auf das Militär beschränkte, sondern durch eine Neuordnung im Auswärtigen Amt und eine Neuorga-
nisation der Wirtschaftsführung ergänzt wurde. Erfreut kann Goeb-

bels am 1. Februar vermerken: «Um die ganze Sache zu vernebeln, soll ein großes Revirement stattfinden.»[4] Und wenn er schon improvisieren muß, will Hitler auch außenpolitisch den größtmöglichen Nutzen daraus ziehen. Die Wachablösung soll den Eindruck verstärkten Kraftgewinns erwecken. «Führer will die Scheinwerfer von der Wehrmacht ablenken, Europa in Atem halten», registriert Oberst Jodl am 31. Januar.[5] Hitler läßt ihn auch nicht im unklaren, wohin er die Scheinwerfer richten will: «Schußnig *(gemeint ist der österreichische Bundeskanzler Schuschnigg)* soll nicht Mut fassen, sondern zittern.»

Noch vier Tage hat der Diktator gebraucht, um die Umbesetzungen an so vielen Stellen vorzubereiten; unerwartete Schwierigkeiten taten sich auf; auch wurde, wie üblich bei bevorstehenden Personalveränderungen, heftig intrigiert. Goebbels wurde von Tag zu Tag ungeduldiger, weil die Gerüchteküche zu kochen begann: [6] Der Rücktritt Blombergs war im Ausland schon Tagesgespräch; viel spekuliert wurde über Auseinandersetzungen innerhalb des Heeres und über Konflikte zwischen Partei und Wehrmacht. Am 30. Januar sollte es gar eine Militärverschwörung gegeben haben: Im hinterpommerschen Stolp sollten Offiziere den Kronprinzen Wilhelm zum Kaiser ausgerufen haben; schließlich wurde sogar die Flucht des Hohenzollern ins Ausland gemeldet. Daran stimmte soviel, daß Kronprinz Wilhelm Ende Januar tatsächlich nach Italien gereist war, nachdem ihn sein Bruder Eitel-Friedrich, ein von Fritsch Eingeweihter, über die Affäre informiert hatte.[7]

Erst am Nachmittag des 3. Februar steht fest, wer Fritschs Nachfolger sein wird; nun erst können in aller Eile die abzulösenden Generäle aufgefordert werden, sofort um ihren Abschied nachzukommen.[8] Anderntags gibt es neue Probleme beim Formulieren des Erlasses über die künftige Führungsstruktur der Wehrmacht.[9] Noch immer ahnt das deutsche Volk von alledem nichts, wenngleich nun auch in Berlin die Gerüchte schwirren. Erst am Abend des 4. Februar 1938 werden jene Deutschen, die ein Radiogerät besitzen, durch Marschmusik in Spannung versetzt. Die Hörer werden gebeten, am Apparat zu bleiben, weil eine Meldung von größter Bedeutung zu erwarten sei.[10] Eine Stunde vor Mitternacht beginnt endlich der Sprecher, das endlos lange Kommuniqué der Reichsregierung vorzulesen. Die meisten Deutschen erfahren die Sensation am nächsten Morgen oder Mittag durch die Schlagzeilen und die seitenlangen Berichte in den gleichgeschalteten Zeitungen.[11]

Die Parole lautet: «Stärkste Konzentration aller Kräfte in der Hand des Führers.» Es handele sich darum, erklärt Reichspressechef Dietrich, «daß alle politischen, militärischen und wirtschaftlichen Kräfte der Nation in der Hand des Führers konzentriert werden sollten».[12]

Der Anschein wurde erweckt, als sei nichts weiter geschehen als eine ganz normale Verjüngung des Führungsapparats.

Noch nie ist einzig wegen zweier hoher Offiziere eine solch monströse Wachablösung inszeniert worden. Was als Ablenkungsmanöver gedacht war, bekommt nun eine Zweckgerichtetheit, die ihre propagandistische Wirkung nicht verfehlt und selbst Historiker noch täuschen wird, die den 4. Februar 1938, den Tag der Bekanntgabe des Kommuniqués, als *den* geschichtlichen Wendepunkt des «Dritten Reiches» betrachten.[13]

In den Vordergrund gestellt wurden die Auswechslungen bei Heer und Luftwaffe – eine «Verjüngung der Armee in ungeahntem Umfange», wie selbst Goebbels staunte.[14] Außer Blomberg und Fritsch wurden zwölf der ranghöchsten Generäle entlassen (davon sechs bei der Luftwaffe); 51 andere Positionen wurden irgendwie verändert: durch Neu- und Umbesetzungen, Versetzungen, Beförderungen; fast ein Drittel entfiel auf die Luftwaffe. Am einschneidendsten freilich waren die Eingriffe beim Heer: zwei von vier Gruppenbefehlshabern, fünf von vierzehn Wehrkreisbefehlshabern, neun von dreiundvierzig Divisionskommandeuren wurden ausgewechselt. Abgelöst wurden auch der Kommandeur der Panzertruppen, die Inspekteure der Kavallerie und der Kriegsschulen sowie der Chef des Heeres-Waffenamtes und der Chef des Heeres-Personalamtes.[15]

Als nach 1945 die Legenden um Blomberg, Fritsch und Brauchitsch entstanden, geriet auch das Revirement ins Zwielicht der Vorurteile. Sozusagen auf Verdacht wurde behauptet, die Nationalsozialisten hätten all jene hohen Offiziere, die wegen ihrer Kriegsgegnerschaft oder aus politischen Gründen der Partei nicht genehm waren, davongejagt, noch dazu unter unwürdigen Begleitumständen.[16] Bei genauer Betrachtung bleibt von diesem Klischee nicht viel übrig.

Gewiß, aus der Sicht der Entlassenen war die Form der Verabschiedung «unerhört», «das Schamloseste, was je passiert» ist.[17] Aus Gründen der Staatsräson glaubten jedoch Hitler und seine Mitarbeiter Keitel und Jodl, man müsse das Revirement schlagartig in Szene setzen – ohne vorbereitende Gespräche und ohne Vorwarnung –, damit die Staatsautorität gewahrt blieb und die Auslandspresse nicht vorzeitig Wind bekam.[18]

Die Gründe erfuhren die betroffenen höchsten Generäle erst am Tag nach dem Kommuniqué, als Hitler sie – ausgenommen Fritsch – mit ihren Nachfolgern in die Reichskanzlei bestellte. Immerhin widerfuhr den Verabschiedeten hohe Ehre: vier erhielten das Recht, die Uniform eines Regiments ihrer Waffengattung zu tragen, drei durften ihre bisherige Uniform weitertragen. Im Reichstag hat sich Hitler vierzehn Tage später öffentlich bei ihnen bedankt, weil sie ihre Plätze «in vornehmster Gesinnung» jüngeren Kräften zur Verfügung gestellt hätten.[19] Doch zweifellos wurden allesamt zunächst ahnungslose Opfer des Hitlerschen Coups zur Vernebelung zweier Sittenaffären...

Entlassungen und Versetzungen sind in der Regel schmerzhaft – wie im Privatbereich, so auch im Staatswesen, und nur zu gern werden dabei alte Rechnungen mitbeglichen. In der Tat hatte sich der eine oder andere General bei der Partei unbeliebt gemacht, oder er galt als unzuverlässig wegen seiner starken kirchlichen Bindung oder seiner Anhänglichkeit zur Monarchie[20] – nur hat man solche Gründe bei den Karrieresprüngen der Generäle Brauchitsch und Halder großzügig übersehen.[21] Und die sechs älteren Luftwaffengeneräle, die Göring 1934/35 beim Aufbau der neuen Luftwaffe reaktivieren ließ, weil er ihren Sachverstand dringend benötigte, und die nun also zum zweiten Male außer Dienst gestellt wurden, wären gar nicht erst eingestellt worden, wenn sie für die Partei untragbar gewesen wären.[22] Umgekehrt wird der neue Wehrkreisbefehlshaber in München, Ritter von Schobert, der als dezidierter Nationalsozialist galt, im Sommer unter jenen Generälen zu finden sein, die den Dienst quittieren wollen, weil Generaloberst von Fritsch noch immer nicht rehabilitiert ist.[23]

Allgemein gab bei dieser Personalplanung mehr das Alter als die Parteipolitik den Ausschlag. Ein Teil der Umbesetzungen war lediglich zeitlich vorverlegt worden. Oberst Jodl hielt es bei der Vorbereitung des Revirements für angebracht, den anscheinend übereifrigen General Keitel zu ermahnen, doch «äußerst vorsichtig zu sein, damit nicht aus politischen Gründen unübersehbarer Schaden angerichtet wird. Wir können es uns nicht leisten, unsere besten obersten Führer zu verlieren, die unersetzlich sind.» [24] Hitler hat sich sogar von Rundstedt, dem rangältesten General, bei der Auswahl der abzulösenden Offiziere beraten lassen![25]

Die nachträgliche Information für das Offizierskorps des Heeres war keineswegs geschönt, sondern entsprach mehr oder weniger den Tatsachen: «Die Verabschiedung (der sechs Generäle) erfolgte zur Schaffung einer Führerreserve für den Mob(ilmachungs)-Fall und um junge Kräfte in höheren Führerstellen ausbilden zu können. Es liegt gegen die verabschiedeten Generäle nichts vor, weder Militärisches, Politisches noch ein Mißverhältnis zur Partei.»[26] Der Beweis ließ nicht lange auf sich warten: Einige der a. D. oder z. b. V. gestellten Generäle wurden alsbald erneut verwendet – zwei sind im Krieg sogar von Hitler zu Feldmarschällen befördert worden.[27]

Typisch ist der Fall des im Generalstab hochgeschätzten Generals Ritter von Leeb,[28] der die Heeresgruppe an der Westgrenze befehligt und mit 62 Jahren die Altersgrenze erreicht hatte. Als er in der Reichskanzlei die strahlenden Gesichter aufgerückter Kameraden sah, entfuhr es ihm grimmig: «Stellenjäger sind es!» Ihn mußte es bitter ankommen, daß der gleichaltrige Gruppenbefehlshaber von Rundstedt in Berlin – auf Wunsch Hitlers – auf seinem Posten bleiben durfte. Doch der Abschied wird ihm versüßt: Er scheidet aus mit dem Charakter eines Generalobersten und darf die Uniform des Artillerie-Regiments 7 führen. Im April 1938 sind seine Dienste schon wieder gefragt: er muß die Mobilmachung der 7. Armee vorbereiten. Selbst Fritsch, den die Verabschiedung dieses erfahrenen Befehlshabers besonders geschmerzt hatte, freute sich über dessen Wiederverwendung, hatte also gar nichts dagegen, daß dieser – doch wie er selber – geschaßte General weitermachte.

Auch der Einwand, Hitler habe sich technikfeindlicher Offiziere entledigt und dafür Verfechter des Blitzkrieges wie den jüngeren Panzergeneral Guderian nach oben gebracht, zieht nicht. Denn im Zweiten Weltkrieg werden gerade zwei Reaktivierte, die am 4. Februar 1938 abgelösten Generäle von Kleist und Hoth, durch ihre Panzeroperationen berühmt.[29]

In Verlegenheit gerieten Hitlers Planer eigentlich nur in der Sache Fritsch, zu deren Vertuschung das Ganze veranstaltet wurde. Zu verschieden und einfach unglaubwürdig sind die Begründungen,[30] die man den Kommandeuren, welche nicht von Hitler persönlich eingeweiht wurden, vorgesetzt hat. Am elegantesten ist noch die Wendung, Fritsch sei zurückgetreten, weil, nachdem Hitler selber die Kommandogewalt über die Wehrmacht übernommen habe, für ihn «eine Nachfolge unter diesen Umständen nicht in Frage kam». Sie erklärt freilich nicht, warum er dann nicht Heeresführer bleiben konnte.

Eine andere Version hielt sich an den veröffentlichten Brief, den Hitler an den Oberbefehlshaber gerichtet hatte: Fritsch habe sich krankgemeldet, «weil die durch seinen Urlaub in Ägypten erhoffte Besserung seiner bronchitischen Erkrankung nicht in dem erwünschten Maße eingetreten ist». Das war eine glatte Lüge. Die Information für das Offizierskorps, die in jedem Standort von den Divisionskommandeuren weitergegeben werden mußte, sollte den Gerüchten den Garaus machen, hat sie aber erst recht genährt, da sie mehr Fragen aufwarf als beantwortete. Generalstabschef Beck hat sich übrigens streng an die Sprachregelung gehalten und jüngere Offiziere, welche die Wahrheit über Fritsch wissen wollten, mit diesem Märchen abgespeist. Er wird seine Gründe gehabt haben.

Am frühen Nachmittag des 5. Februar 1938 stellte sich Hitler für zwei Stunden der Generalität.[31] Er versammelte um sich die Gruppen- und Wehrkreisbefehlshaber, sowohl die alten als auch die neuen, die Amtschefs der Wehrmachtführung, den Generalstabschef mit seinen Oberquartiermeistern, dazu die ranghöchsten Admiräle. Göring erschien bereits mit dem frischerworbenen Marschallstab, das einzige, was für ihn in dem Machtkampf um die Wehrmachtspitze abgefallen war. Kein geringer Trost, denn der zweite Mann im Staate und hochgestellte Parteigenosse führte jetzt die Rangliste der Wehrmacht an.

Hitler sah bleich und mitgenommen aus und verhehlte nicht seine Erschütterung über die Vorfälle. Er beschrieb die Einzelheiten beider Affären, zitierte aus den Polizeiakten und las auch das fatale Gutachten des Reichsjustizministers vor, das für Fritsch dermaßen vernichtend ausfiel, daß einer der Generäle[32] meinte, Hitler habe ihnen die positiven Stellen vorenthalten. Gleichsam zur Entschuldigung für den unsäglichen Ablauf der Fritsch-Affäre erwähnte Hitler die Gehorsamsverweigerung des Wehrmachtadjutanten Hoßbach, gestand ihm aber zu, daß er «in seinem Treuegefühl»[33] für Fritsch gehandelt habe. Das Ehrenwort des Generalobersten scheint er verschwiegen zu haben, denn keiner der Augenzeugen konnte sich daran erinnern. Was er sagte, schien in sich schlüssig und wurde von niemandem angezweifelt. Auch Hitlers Werben um Verständnis für seine Handlungsweise kam an. Belogen fühlte sich niemand. Erst nach dem Krieg, als sich die Vorstellung einer Intrige schon in den Köpfen festgesetzt hatte, wollten einige Generäle nicht von der Hand weisen, daß sie damals vielleicht der Schauspielkunst des Diktators erlegen seien.

An jenem 5. Februar 1938 hingegen waren die Generäle wie vor den Kopf geschlagen, so niederschmetternd schien ihnen das Ergebnis der bisherigen Untersuchungen zu den beiden Fällen, wobei sie der Fall des unbeliebten Blomberg eher kalt ließ. Bestürzt aber reagierten sie auf das Schicksal des verehrten Armeeführers. Es verschlug ihnen die Sprache; tief ergriffen verließen sie die Reichskanzlei. Womöglich waren sie in ihrem Standesbewußtsein und in ihrer Selbstsicherheit so angeschlagen, daß sie für einen Moment selber, wie Hitler, jeden ihrer Kameraden jedweder unsittlichen Handlung für fähig hielten. Diese moralische Lähmung würde auch erklären, warum die Generalität die Entlassung Fritschs noch während des schwebenden Verfahrens einfach hinnahm und warum sich kein Widerspruch gegen diese Vorverurteilung erhob.

Offensichtlich hatten die Nationalsozialisten mit einer ganz anderen Reaktion gerechnet. Von Goebbels wird aus jenen Tagen der Ausspruch überliefert, wenn nur ein Dutzend Generäle ihren Abschied genommen hätten, wäre der *Führer* zum Nachgeben gezwungen gewesen.[34] Statt dessen hatte, wie ein naher Beobachter jener Vorgänge urteilt, «das Triumvirat Fritsch–Beck–Hoßbach... mit seiner kompromißlosen Gegnerschaft zu Blomberg das eigene Lager gespalten und geschwächt».[35] Hitler hatte mit der voreiligen Entlassung ihres Oberbefehlshabers die Armee herausgefordert – er wagte und gewann.

Dieses Versagen der konservativen Generäle war durch nichts mehr wettzumachen. In den regimekritischen Kreisen der konservativen Rechten, die ihre Zukunftshoffnungen auf Fritsch gesetzt hatten, verstand man die Ereignisse des 4. Februar 1938 denn auch als einen «Schlag ins Gesicht».[36] An dem unsolidarischen, hilflosen Verhalten der Generalität läßt sich ferner ablesen, wie weit sie sich aus großmacht- und staatspolitischen Gründen bereits mit dem Regime eingelassen hatte – sie war wie alle anderen staatlichen Bereiche ein nahezu perfekt funktionierendes Glied des totalitären Systems.

Ebenso wie bei der Armee hat Hitler auch im Diplomatischen Dienst Personalveränderungen, die er für später vorgesehen hatte, vorgezogen,[37] um die Weltöffentlichkeit von der Führungskrise in der Wehrmacht abzulenken. Tatsächlich hat man im In- und Ausland die Ablösung des Reichsaußenministers von Neurath, die Hitler ganz spontan verfügte und die für den Minister ebenso unvermittelt wie unerwartet geschah, stark beachtet; nicht weniger die Botschafterwechsel in Rom und Tokio (hier sollte die Bedeutung des Antikominternpaktes herausgestellt werden), in London (wegen der Ernennung des bisherigen Botschafters von Ribbentrop zum neuen Außenminister) und in Wien (als Signal für eine radikalere Österreich-Politik).

Die gleichzeitig bekanntgegebenen «gewaltigen Veränderungen im Wirtschaftsministerium»,[38] das jetzt mit den Dienststellen des Vierjahresplans verschmolz und in dem zu wehrwirtschaftlichen Zwecken etliche Stellen von höheren Offizieren besetzt wurden – ein Vorgang, der sich aus den Zwängen der gigantischen Aufrüstung ergab –, wurden gleichfalls personalisiert. Das Volk erfuhr – diesmal verspätet – die Ablösung des bisherigen Wirtschaftsministers Hjalmar Schacht durch den Altnationalsozialisten Walther Funk. Schacht, noch Reichsbankpräsident, blieb jedoch Kabinettsmitglied.

Die Berufung Funks gerade zu diesem Zeitpunkt wurde von Regimegegnern und nachher auch von den Historikern als zynischer Akt gewertet, hielt man ihn doch für einen notorischen Homosexuellen.[39] Wenn also, dies ihre Schlußfolgerung, Hitler bei seinem Parteigenossen Funk und bei seinem vermeintlichen Widersacher Fritsch zweierlei Maß anlegte, gab er damit indirekt zu, daß die Beschuldigung gegen Fritsch nur als Vorwand benutzt wurde, um ihn zu stürzen. Auffälligerweise stützen sich die Behauptungen über die Veranlagung Funks nur auf Hörensagen. Auf der Liste Otto Schmidts stand er jedenfalls nicht. Konkrete Belege sind bisher nirgends aufgetaucht. Da Funk bei gesellschaftlichen Anlässen mit seiner Frau zusammen auftrat,[40] war er Hitler – anders als im Falle Fritsch – auch nicht als «Frauenfeind» suspekt.

Nach der Generalität – man beachte die Reihenfolge – rief Hitler für den Abend des 5. Februar 1938 auch das Reichskabinett[41] zusammen – übrigens, was damals noch niemand ahnte, zur letzten Sitzung überhaupt. Die neuen Minister Ribbentrop und Funk und die neuernannten obersten Militärs, General der Artillerie Keitel und Generaloberst von Brauchitsch, die beide Kabinettsrang hatten, nahmen bereits an der Sitzung teil, ebenso Neurath in seiner neuen Rolle als Präsident des eigens für ihn erfundenen Geheimen Kabinettsrats (auch das ein Mittel zum Zwecke der Vernebelung des Blomberg-Fritsch-Skandals).

Auch vor seinen Ministern schilderte Hitler den Ablauf der Ereignisse. Er sprach davon, daß er anfangs der Verzweiflung nahe gewesen sei, und selbst jetzt war seine Stimme manchmal tränenerstickt, so man dem Protokollanten Goebbels glauben darf. Ehrende Worte fand Hitler für Blomberg, wozu er auch allen Grund hatte, ja, er wollte sogar, worüber sich Goebbels wunderte, dem Generalobersten von Fritsch Gerechtigkeit widerfahren lassen, wobei er allerdings das Urteil der Geschichte erst nach einem halben Jahrhundert erwartete. Diskutiert wurde auch in diesem Kreise nicht, und man fragt sich, wie denn die Versammlung ihre (protokollarisch festgehaltene) «tiefe Befriedigung» über die vom Führer bewirkte «Konzentration und Stärkung der politischen, militärischen und wirtschaftlichen Kräfte des Reiches» wohl ausgedrückt haben mag.

Mit großer Spannung erwartete Hitler die Reaktion der ausländischen Presse. Sein Kalkül, die wahren Hintergründe der Entlassung von Blomberg und Fritsch hinter dem Rauchschleier des Revirements verschwinden zu lassen, ging auf. Nicht bedacht hatte er die Nebenwirkung: Jetzt setzte erst recht eine Gerüchteflut ein.[42] Folgte man der ausländischen Presse, dann stand Deutschland entweder kurz vor einem Militärputsch, oder es wurde von einer Terrorwelle überrollt. Da hieß es, mit einem Attentat auf Hitler habe alles angefangen; Generäle hätten mit ihren Truppen vor der Reichskanzlei demonstriert; hohe Offiziere seien nach Österreich und in die Schweiz geflüchtet; 14 Generäle hätten sich mit der Leiche Ludendorffs nach Prag abgesetzt; nun seien die Grenzen geschlossen; 2000 Offiziere seien ausgestoßen worden, und so weiter. Hitler hat sich noch vierzehn Tage danach im Reichstag des längeren und voller Sarkasmus zu diesen Gerüchten geäußert, ein Zeichen, wie sehr sie ihn störten. Es fehlte denn auch nicht an Drohungen gegen die Verantwortlichen für derlei «Hetzkampagnen», die angeblich zum Ziele hatten, die Völker in einen neuen Krieg zu treiben.

Zu solcher Scheinheiligkeit paßte der Tenor der deutschen Pressekommentare.[43] Ihnen zufolge diente das Revirement zum Schutze des Friedens, denn nun könne der *Führer* als wirklicher Hüter des Friedens die gesammelte Kraft der Nation einsetzen, um der Welt wieder die nötige Ruhe zu geben. Dabei belegen die «Deutschlandberichte» der SPD, daß seit dem 4. Februar 1938 im deutschen Volke, das mit dem Kommuniqué wenig anfangen konnte, die Angst vor einem neuen Kriege umging.

Die Bewertung der Ereignisse durch die ausländischen Politiker war ein Gemisch von viel Falschem und einigem Richtigen. Zur Desinformation[44] hat offensichtlich auch Göring beigetragen, der dem britischen Botschafter Henderson den Bären aufband, Fritsch sei entlassen worden, weil er die Außenpolitik des Staatsoberhauptes mißbilligt habe. Ebenfalls auf eine gesteuerte Fehlinformation deutet die Version, die von französischen und britischen Diplomaten verbreitet wurde: danach war der Entlassung des Generalobersten eine schwere Auseinandersetzung zwischem ihm und Hitler vorausgegangen.

Nicht verwischen ließ sich der Eindruck, der noch durch Flüsterpropaganda in Deutschland verstärkt wurde, daß der 4. Februar 1938 «ein trockener 30. Juni» sei, die unblutige Revanche der Partei für den Schlag der Wehrmacht gegen die SA im Sommer 1934. Hitler selber hatte solche Anwandlungen zu Beginn der Krise: Es dürfe nie dazu kommen, daß sich nun die Partei für die Wehrmacht schämen müsse – damals habe sich die Wehrmacht für die Partei geschämt.[45]

Von einer «Enthauptung der Wehrmacht» zu reden, war unsinnig. Fritsch mußte aus seiner Sicht die neue Spitzengliederung zwar für «ganz unglücklich» halten,[46] tatsächlich vereinfachte sie lediglich ein ohnehin bestehendes Machtverhältnis. Doch um den propagandistischen Rauchschleier um die Fritsch-Affäre noch dichter werden zu lassen, wurde auch die Übernahme des direkten Oberbefehls über die Wehrmacht durch Hitler als etwas Besonderes ausgegeben. In seinem Erlaß gab er bekannt, daß er sich die Wehrmacht «unmittelbar persönlich» unterstelle – die Tautologie spricht für sich. In den Kommentaren wurde fein unterschieden, daß der *Führer* neben der direkten *Befehlsgewalt* nun auch qua eigenen Dienststab die direkte *Kommandogewalt* ausübe. (Die «Weltbühne» hat wohl als einzige Zeitung in der Emigration diese Sprachakrobatik durchschaut.)[47]

Was sich tatsächlich änderte, war Hitlers Umgang mit der Wehrmacht.[48] Er hatte nicht nur viel an Respekt vor der Armee verloren, sondern er glaubte, nun auch selber genug von moderner Bewaffnung und Kriegführung zu verstehen. Jeder Deutsche konnte lesen, wie stark er in die Personalpolitik der Wehrmacht eingegriffen hatte. Hitler spürte in sich ein Gefühl der Erwartung und des Sich-bewähren-Müssens wie bei der Machtübernahme 1933 – so wie damals dem Volke trete er jetzt der Wehrmacht gegenüber. Der Parteiführer und Staatsmann probte seine dritte Rolle – als Feldherr. Ungleich anderen Diktatoren, verschmähte der ehemalige Gefreite jedoch militärische Orden und Titel; er ließ sich weder zum Marschall noch zum Generalissimus ausrufen. Dem Offizierskorps wollte er durch Schlichtheit imponieren: Das Tragen der militärischen Uniform, so ließ er mitteilen, lehne er für sich ab. Er sei immer schon Soldat gewesen und fühle sich als Soldat, und sein Herz gehöre der Armee.[49]

Wer im «Dritten Reich» spätestens seit dem Tode Hindenburgs das Sagen hatte, machte Hitler in seiner Reichstagsrede vom 20. Februar 1938[50] an einem jedermann verständlichen Beispiel klar. Seine Aussage über das Wesen des Totalitarismus, das mancher ältere Offizier noch immer nicht begriffen hatte, war lehrbuchreif. Es gab für ihn weder ein Problem Staat und Partei noch ein Problem Partei und Wehrmacht: «In diesem Reich ist jeder Nationalsozialist, der an irgendeiner verantwortlichen Stelle steht. Jeder Mann trägt das nationalsozialistische Hoheitszeichen auf seinem Haupt.» (Stärkster Beifall). Die Zwei-Säulen-Theorie der ersten Jahre ersetzte er nun durch eine Arbeitsteilung: «Die Partei führt das Reich politisch, und die Wehrmacht verteidigt dieses Reich militärisch. Jede Institution in diesem Reich hat ihre Aufgabe, und es gibt niemand an einer verantwortlichen Stelle in diesem Staat, der daran zweifelt, daß der autorisierte Führer dieses Reiches ich bin und daß mir die Nation durch ihr Vertrauen das Mandat gegeben hat, sie überall und an jeder Stelle zu vertreten.»

Die großangekündigte Rede – auf den öffentlichen Plätzen wurde sie mit Lautsprechern übertragen – hat die Massen eher enttäuscht,[51] da sie keine neuen Fakten enthielt. Sie war nichts weiter als eine mit Zahlen gespickte, den Laien langweilende Regierungsbilanz nach fünfjähriger Tätigkeit. Ihre Wirkung war mehr nach außen gerichtet. Unüberhörbar die Drohungen, daß Deutschland jetzt imstande und bereit sei, sich das, was man ihm verweigere, mit Gewalt zu holen. Hitlers Anspruch, er handele als Anwalt der zehn Millionen Deutsch-Österreicher und Deutsch-Böhmen, gefährdete die Integrität der unabhängigen Staaten Österreich und Tschechoslowakei.

Dieses Säbelrasseln wird bald die Namen Blomberg und Fritsch dem Gedächtnis der Massen und der ausländischen Redaktionen entschwinden lassen. Wer genau hinhörte, spürte aus Hitlers Rede seine kühle Distanz zu Fritsch heraus. Schon die veröffentlichten Dankesschreiben[52] an die beiden Oberbefehlshaber, worin er vorgab, beide hätten ihn wegen ihres angegriffenen Gesundheitszustandes um ihre Entlassung gebeten, waren von peinlicher Unterschiedlichkeit gewesen. Seine große Sympathie für Blomberg konnte er nicht verhehlen. Sein Brief an den Feldmarschall war doppelt so lang, warmherzig, pathetisch und fast persönlich im Ton. Bei Blomberg wollte er von «tiefbewegter Dankbarkeit» erfüllt sein, sogar im Namen des deutschen Volkes; bei Fritsch begnügte er sich mit «tiefer Dankbarkeit».

Auch vor dem Reichstag bekam Blomberg die Elogen; Fritsch setzte
er lediglich an die erste Stelle all derer, die jüngeren ihren Platz
geräumt hatten. Für Fritsch war es besonders demütigend, daß
Hitler zwar auch ihm das Ehrenrecht verlieh, die Uniform seines
alten Artillerie-Regiments zu tragen, doch im Gegensatz zu den anderen Verabschiedeten durfte diese Ehrung nicht bekanntgegeben werden.[53]
    Die einzige Genugtuung, die Fritsch widerfuhr, war Hitlers Anord-
nung vom 5. Februar 1938, ein Kriegsgericht für diesen Fall einzusetzen. Aber das Mißtrauen des Diktators gegen den vermeintlichen
175er und gegen die Armee war eher noch gewachsen. Die Voruntersuchung gegen Fritsch mußte zweigleisig laufen[54] – einmal bei der
Gestapo, ein andermal beim Reichskriegsgericht; die Untersuchungs-
ergebnisse sollten ausgetauscht werden. Der «Fall Fritsch» war noch
längst nicht ausgestanden.

10.
Gestapo unter Verdacht
Die Voruntersuchung

Wegen der Doppelgleisigkeit der Ermittlungen gegen Fritsch – möglichst sollte bei jeder Vernehmung ein Vertreter der jeweils anderen
Seite zugegen sein –, entspann sich, nach den Worten des Fritsch-
Verteidigers Graf von der Goltz, ein regelrechter Wettlauf zwischen
Militärrichtern und Gestapobeamten.[1] Wer als erster durchs Ziel ging,
würde auf den Richterspruch maßgebenden Einfluß ausüben. Doch
verfolgten die Untersuchungsbehörden ganz verschiedene Absichten:
Die Gestapo, mehr oder weniger von der Schuld des Generalobersten
von Fritsch überzeugt, gedachte ihn durch neue Zeugenaussagen endgültig als Sittlichkeitsverbrecher überführen zu können. Sie stand
unter Zugzwang, denn Himmler hatte seinem *Führer* zuviel versprochen; er mußte dringend einen Schuldnachweis vorzeigen. Die
Militärjuristen hingegen wollten ihrem Kameraden Fritsch entweder
ein handfestes Alibi besorgen oder mindestens die Glaubwürdigkeit
des Kronzeugen Schmidt erschüttern.
    Es lag sowohl im Interesse Hitlers als auch der Militärs, das Ermitt-
lungsverfahren rasch durchzuziehen. Der Diktator schuldete der Generalität die Klärung der Vorwürfe, und Fritschs Nachfolger, der Generaloberst von Brauchitsch, sowie Generalstabschef Beck drängten
auf eine Rehabilitierung durch eine gerichtliche Untersuchung.[2]
Darum gehören alle Spekulationen über eine von Hitler und von der
Gestapo verschuldete Verzögerung des Verfahrens ins Reich der Phan-

tasie. Schon unmittelbar nach dem Revirement, am 5. Februar 1938, hatte Hitler die Voruntersuchung angeordnet.[3]

Da man der Gestapo alles Böse zutraute, fanden nach 1945 auch Gerüchte Glauben, die von Quertreibereien, Willkürakten, Druck auf Zeugen und Zermürbungsversuchen wissen wollten, alles angeblich zu dem Zweck, die Aufklärung des Falles Fritsch zu verhindern.[4] Das nun wäre das Dümmste gewesen, was die Nationalsozialisten hätten tun können, mußten sie doch alles daransetzen, das Heer nicht noch mehr herauszufordern. Gerade die gegenseitige Kontrolle verbot es, Zeugen zu erpressen oder zu manipulieren, da beide Behörden dieselben Zeugen zur selben Sache vernahmen. Das schriftliche Urteil des Reichskriegsgerichts dokumentiert denn auch eindrucksvoll die Ordentlichkeit des Verfahrens, die in jenen Tagen ja keineswegs selbstverständlich war.

Dennoch sahen Fritsch und die eingeweihten Militärs in den parallelen Untersuchungen der Gestapo mit Recht einen Mißtrauensbeweis. Von daher war nur ein kleiner Sprung bis zu dem Schluß, die Gestapo habe die ganze Intrige eingefädelt, Vorwürfe erfunden, Dokumente gefälscht und Zeugen bestochen.[5] In diesen Verdächtigungen spiegelt sich das – von Heydrich absichtlich erzeugte – Schreckensbild der Gestapo wider, das sich vor allem die oppositionellen oder dem Regime nicht wohlgesonnenen Gruppen ausmalten. Der bewußt gepflegte Nimbus von der Allgegenwärtigkeit und Perfektion der Geheimen Staatspolizei, die in der Realität keineswegs vorhanden waren, tat ihre Wirkung in allen Schichten der Gesellschaft. Jüngere Wissenschaftler haben mittlerweile in detaillierten Studien die verblüffende Erkenntnis gewonnen, daß das «Dritte Reich» seine Terrorherrschaft viel mehr auf die Denunziationsfreudigkeit seiner Bürger als auf den Überwachungsapparat stützte. Auch hatten vor dem Kriege nur 3000 von 20000 Mitarbeitern der Gestapo SS-Ränge.[6]

Fritsch hat sich nach all dem Ungemach in eine Art Gestapophobie hineingesteigert. Nun war er es, der – wie am Anfang Hitler – in dieser Affäre «alle Schurkereien» für möglich hielt.[7] Stand er schon im Frühjahr 1937 unter dem Eindruck, seine Post werde überwacht – er nahm an, es geschehe wegen der ausländischen Verdächtigungen gegen seine Person –, so war er nun auch überzeugt, sein Telefon werde abgehört, was sein letzter Adjutant, Oberstleutnant Großkreutz, allerdings bezweifelt.

Die Telefonschaltung bei ausländischen Botschaften oder verdächtigen prominenten Deutschen war das Monopol des Göringschen Forschungsamtes, das sich gegen die Gestapo abschottete.[8] Die Gestapo selber war wegen ihrer personellen Unterbesetzung dazu zunächst auch gar nicht in der Lage. Außerdem hatte Hitler ihr streng untersagt, nachrichtendienstlich gegen die Wehrmacht vorzugehen. Heydrich achtete sehr darauf, daß dieses Verbot respektiert wurde.[9] Eine systematische, kontinuierliche Telefon- und Briefüberwachung entgegen dem Willen des Diktators wäre für ihn schon der vielen Mitwisser wegen zu gefährlich gewesen. Heydrich hätte nicht nur eine Beschwerde der Wehrmacht bei Hitler riskiert, sondern auch Göring gegen sich aufgebracht. Angeblich hatte die Wehrmacht ohnehin ein eigenes Telefonnetz, das von der Reichspost unabhängig war und nicht angezapft werden konnte.[10] Jedenfalls hat Ministerialdirigent Best in der Polizeiakte Fritsch weder die Braunen Blätter, auf denen das Forschungsamt anderen Behörden seine Erkenntnisse mitteilte, noch Briefabschriften entdeckt.[11]

Auf der Suche nach Belastungsmaterial gegen Fritsch ließ es die Gestapo ansonsten an keiner Mühe fehlen. Die Beamten der Abteilung Meisinger schwärmten in jene Garnisonstädte aus, in denen der General früher gedient hatte, und vernahmen dort Zeugen.[12] Meisinger selber fuhr zusammen mit dem Kriminalkommissar Eberhard Schiele sogar nach Ägypten, um herauszubekommen, ob der Generaloberst während seines Erholungsurlaubs im November/Dezember 1937 dort sexuelle Kontakte gehabt habe. Natürlich fanden sie nicht die geringste Spur.[13]

Hans Bernd Gisevius, der von dieser ergebnislosen Gestaporecherche gehört hatte, sogar von seinem Freund, dem Reichskriminaldirektor Nebe, die Namen der beiden Beamten erfahren haben will, hat 1945 das Märchen in die Welt gesetzt, Generaloberst von Fritsch sei schon während seines Aufenthalts am Nil von diesen Gestapoagenten bespitzelt worden; Göring soll es von Heydrich verlangt haben.[14] Andere Autoren haben diese Geschichte noch angereichert: nun wurde Fritsch dauernd beschattet, und nicht mehr Göring, sondern Hitler selber soll dies so angeordnet haben.[15] Keiner scheint sich an der abenteuerlichen Vorstellung gestoßen zu haben, daß ein Referatsleiter der Gestapo mit einem subalternen Beamten einfach mal für sechs Wochen nach Ägypten abkommandiert werden konnte.[16] Harold Deutsch weiß es wieder ganz genau: Fritsch habe die Beschattung bemerkt[17] und sei wohl deshalb vorzeitig aus Ägypten abgereist.

In Wirklichkeit hat Fritsch seinen Aufenthalt deshalb verkürzt, weil er sich in Ägypten langweilte.[18] Er hat damals ebensowenig wie sein Adjutant einen Gestapospitzel bemerkt – wie sollte er auch? – und sah darum auch keinen Grund, in seiner späteren Philippika gegen Himmler solch einen gravierenden Vorfall aufzugreifen. Freilich paßt die Gestapo-Begleitung nach Ägypten nur zu gut in die Legende, Fritsch sei wegen seines Widerstands gegen den Kriegskurs Hitlers im November 1937 sofort in Ungnade gefallen und verdächtigt worden, so daß etliche Autoren davon nicht lassen mochten.[19]

Einer der Zielpunkte für die Gestapo war das Haus Ferdinandstraße 21 in Lichterfelde, aus dem der von Schmidt erpreßte Offizier an jenem Novemberabend 1933 ein paar hundert Mark geholt hatte. Doch keine der Familien und Einzelpersonen, die damals dort gewohnt hatten, kannte den Generaloberst von Fritsch persönlich; auch hatte niemand einem anderen Manne, der in Geldverlegenheit gewesen sei, Geld geliehen.[20] Doch der Alibibeweis war nicht lückenlos: Der seinerzeitige Eigentümer, ein Großkaufmann, war inzwischen mit seiner Frau nach Palästina ausgewandert. Da mag bei der Gestapo eine trügerische Hoffnung aufgekeimt sein: der Oberbefehlshaber des Heeres sei nicht nur ein Sittlichkeitsverbrecher, sondern auch noch der Freund eines Juden!

Weil Fritsch, wie schon erwähnt, die antisemitische Politik der Nationalsozialisten durchaus für richtig hielt, muß ihm besonders daran gelegen gewesen sein, auch diese Lücke zu schließen. Mit Hilfe des Admirals Canaris und des Obersten Oster von der Abwehr konnte der Wohnort des Großkaufmanns im britischen Mandatsgebiet Palästina ermittelt werden. Es gelang sogar, ihn durch einen deutschen Vizekonsul (uneidlich!) vernehmen zu lassen. Zwar hatte der Zeuge vielen Freunden und Bekannten und auch Mietern Darlehen gegeben, aber Fritsch, dessen Photographie ihm vorgelegt wurde, kannte auch er nicht, und er hatte im November 1933 auch keinen Besuch der besagten Art empfangen. Er hielt jedoch einen der Hausbewohner für erpreßbar, der deshalb sogar vor dem Reichskriegsgericht erscheinen mußte. Doch konnte man diesem Zeugen weder Homosexualität nachweisen, noch hätte er nach Gestalt und Aussehen jemals mit dem Generalobersten verwechselt werden können.[21]

Für das Heer war besonders unangenehm,[22] daß der Kronzeuge Schmidt mit durchaus glaubhaften Angaben einen hohen Offizier als erpreßten Homosexuellen ausgab. Nun wohnte im Hause Nr. 21 aber auch ein Kaufmann von Waldow mit seiner Frau; er war der Bruder eines verabschiedeten Generals, der früher dem Generalstab angehört hatte. Das mußte Generalstabschef Beck auf den Plan rufen, der mit dem Fritsch-Verteidiger Graf von der Goltz vertraulich zusammenarbeitete. (Beck war im Kriege Vorgesetzter des Grafen gewesen und jetzt Pate eines seiner Kinder.) Goltz beantragte beim Reichskriegsgericht, beide Brüder zu vernehmen. Die Armee konnte aufatmen – auch sie waren nicht betroffen. Auf Wunsch des Generalobersten von Fritsch hat der Untersuchungsführer, um ja nichts unversucht zu lassen, auch noch die Adjutanten und Generalstabsoffiziere aus seinen früheren Dienststellen angehört.

Aber nach wie vor stand die Aussage des Erpressers Otto Schmidt gegen das Ehrenwort des Generalobersten. Die einzige Aussicht für

Fritsch, voll rehabilitiert zu werden, bot der Versuch, den Zeugen als unglaubwürdig hinzustellen. Als Goltz deswegen verlangte, alle hundert von Schmidt als Erpressungsopfer bezeichneten Personen vor Gericht in den Zeugenstand zu laden, um festzustellen, wie oft sich der Erpresser geirrt habe, handelte die Gestapo sofort:[23] Aus heiterem Himmel wurde der weltberühmte «Tennisbaron» Gottfried Freiherr von Cramm verhaftet und bald vor Gericht gestellt. Er war ebenfalls von Schmidt beschuldigt worden, doch hatte ihn die Gestapo bis dahin unbehelligt gelassen. Auch viele andere, die bei Schmidt auf der Liste standen, wurden Anfang 1938 festgenommen und abgeurteilt.

Damit hatte die Gestapo eindrucksvoll die Glaubwürdigkeit des unwahrscheinlich gedächtnisstarken Belastungszeugen bestätigt, zugleich aber dem Verdacht entgegengewirkt, Hitler und die Nationalsozialisten hätten es lediglich auf den Sturz des Generalobersten von Fritsch abgesehen. In der gleichgeschalteten Presse durfte über diese Vorgänge nichts erscheinen – mit einer Ausnahme: Offensichtlich zur Abschreckung wurde bekanntgegeben, der weltbekannte Rekordsprinter Dr. Otto Peltzer – ein anderes Schmidt-Opfer – sei wegen widernatürlicher Unzucht zu achtzehn Monaten Gefängnis verurteilt worden. Dieses Verfahren hatte man schon lange vorher eingeleitet.

In ihrem Jagdfieber verfiel die Gestapo schließlich auf die Idee, alle noch im Dienst befindlichen oder früheren Burschen, Kraftfahrer und Pferdepfleger des Generalobersten aus den vergangenen fünf bis sechs Jahren – mindestens fünfzehn an der Zahl[24] – zu vernehmen. Zunächst machte sie sich dabei eines Eingriffs in die Militärhoheit schuldig: Sie holte in Fürstenwalde einen Unteroffizier aus der Kaserne.[25] Nach energischem Protest der Wehrmacht wurde eine andere Methode vereinbart: die Truppenteile überstellten der Gestapo von sich aus die angeforderten Zeugen. Nicht einer hat jedoch etwas Belastendes gegen Fritsch vorgebracht.

Der Generaloberst war über diese Aktion der Geheimen Staatspolizei hellauf empört, nicht nur wegen der fortwährenden Unterstellung, er habe sich erpressen lassen, sondern vor allem, weil dadurch die Verdächtigungen in ganz Deutschland einem immer größer werdenden Personenkreis bekannt werden mußten. Diese Schmach, so fand er, mußte vor der Geschichte festgehalten und der Generalität zur Kenntnis gebracht, vor allem aber auch Hitler selbst[26] vor Augen geführt werden. So diktierte er denn dem protokollführenden Heeresrichter Sack am 23. Februar 1938 folgende denkwürdigen Sätze in die Feder:

«Auf Grund der Aussage dieses notorischen Lumpen, Erpressers und Verleumders werden jetzt im ganzen Reich meine jetzigen und ehemaligen Burschen zusammengeholt, um darüber vernommen zu werden, ob ich mich an ihnen homosexuell vergangen habe. Eine so schmachvolle und unwürdige Behandlung hat zu keiner Zeit je ein Volk seinem Oberbefehlshaber des Heeres angedeihen lassen. Ich gebe das hiermit zu Protokoll, damit die spätere Geschichtsschreibung weiß, wie im Jahre 1938 der Oberbefehlshaber des deutschen Heeres behandelt worden ist. Eine solche Behandlung ist nicht nur im höchsten Maße unwürdig für mich, sie ist zugleich auch entehrend für die ganze Armee. v. g. u. (= *vorgelesen, genehmigt, unterschrieben*) Frhr. v. Fritsch»[27]

Diese unmißverständliche Protokollnotiz ist fast dreißig Jahre später, als ihr voller Inhalt noch nicht bekannt war, als Reaktion auf einen Vorfall mißverstanden worden,[28] der in den einschlägigen Werken von Kielmansegg, Foertsch und Deutsch als eine Art Mordkomplott der SS gegen den Generalobersten figuriert:[29] Angeblich hatte die Gestapo Fritsch zu einer neuen Vernehmung in eine leerstehende Villa am Wannsee geladen; ihre Absicht, ihn dort durch ein Killerkommando zu beseitigen und den Mord als Selbstmord zu tarnen, sei durch eine zuverlässige Truppeneinheit verhütet worden, die für alle Fälle in der Nähe sichtbar bereitstand. Dem plumpen Versuch des Kriminalrats Meisinger, durch Fangfragen den Generalobersten wenigstens als politischen Staatsfeind zu entlarven, habe das mutige Dazwischentreten eines Reichskriegsgerichtsrates ein Ende bereitet.

Da Fritsch ebenso wie sein Verteidiger Graf v. d. Goltz in ihren sehr detaillierten Aufzeichnungen dieses «Verhör in der Wannseevilla» und das Mordkomplott mit keinem einzigen Wort erwähnen – und weshalb hätten sie ein solches Gangsterstück verschweigen sollen? –, spricht vieles dafür,[30] daß es sich um eine Mystifikation handelt, deren Ursprünge im dunkeln bleiben. Deshalb haben wir auf diese wenig wahrscheinliche, romanhafte Arabeske verzichtet.

Offensichtlich befürchtete man im Kreis um den Abwehroffizier Hans Oster, die SS könnte sich, um den für sie unter Umständen bedrohlichen Unwägbarkeiten eines Prozesses vor dem Reichskriegsgericht zu entgehen, des Problems auf die gleiche Weise entledigen, wie sie es 1934 mit der Ermordung der Reichswehrgeneräle von Schleicher und von Bredow vorexerziert hatte.[31] Hier ist auch die Quelle des unbelegten Gerüchtes zu suchen, eine Gruppe ausgesuchter Offiziere habe nachts die Wohnung des Generalobersten im Bendlerblock mit scharfer Waffe gesichert, um ihn vor einer Entführung oder einem Mordanschlag zu bewahren. Der letzte Erste Offizier des Oberbefehlshabers, der Major (und spätere Generalleutnant) Siewert, hält diese Berichte aus seiner Kenntnis für Unsinn.[32]

Gestapo oder SD hätten, solange der Zeuge Schmidt seine Beschuldigungen stur aufrechterhielt, gar keine Veranlassung gehabt, auf

Gangstermethoden zurückzugreifen, um Fritsch zu beseitigen. Er war seit dem 4. Februar 1938 nicht mehr im Amt, und der federführende Sachbearbeiter bei der Gestapo war nach wie vor überzeugt, dem Beschuldigten seine Verfehlungen nachweisen zu können, dies selbst dann noch, als die Befragungen der Ordonnanzen in dieser Hinsicht nicht das geringste erbrachten. [33] Der Prozeß würde, aus der Sicht der Gestapo, schlimmstenfalls auf einen Freispruch mangels Beweises hinauslaufen – es würde also immer ein Verdacht auf Fritsch haftenbleiben.

Eben dies war denn auch die dauernde Sorge des Verteidigers und der anderen Helfer und Verehrer des Generalobersten. Indes häuften sich die Indizien, daß der Kronzeuge Schmidt einer fatalen Verwechslung aufgesessen war. Der Strichjunge Weingärtner, den Schmidt beim Geschlechtsverkehr mit dem «General von Fritsch» ertappt haben wollte und der noch bei den Verhören durch Göring und Gürtner Ende Januar nicht hatte beschwören mögen, daß Fritsch nicht sein Partner gewesen sei, verneinte plötzlich «auf das bestimmteste» die Identität, nachdem ihn der militärische Untersuchungsführer dem Generalobersten gegenübergestellt hatte. Zu dem Vorfall im November 1933 bekannte er sich jedoch nach wie vor.[34]

Der Verdacht auf eine Verwechslung verstärkte sich, als ausgerechnet Fritschs Verteidiger, Graf von der Goltz, während der Untersuchungen feststellte, daß Schmidt ausgesagt hatte, auch ihn erpreßt zu haben. Goltz bestand auf einer Gegenüberstellung, bei der Schmidt dann sogleich erklärte, er habe diesen Herrn in seinem Leben noch nie gesehen. Tatsächlich traf seine früher protokollierte Personenbeschreibung in keiner Weise auf den Staatsrat zu. Zuletzt stellte sich heraus, daß der Zeuge jemand anderen ähnlichen Namens gemeint hatte – nämlich einen 1933 verstorbenen Rechtsanwalt Dr. Goltz.[35]

Noch eine zweite Verwechslung wurde aufgedeckt – diesmal handelte es sich um den Polizeipräsidenten von Potsdam, den SS-Oberführer Wilhelm Graf von Wedel. SD-Chef Heydrich entrüstete sich zwar vor seinem Kameraden darüber, daß dieser vom Reichskriegsgericht zur Vernehmung zitiert worden war, gleichwohl ließ er ihn dann aber doch heimlich – so wie man auch im Falle Fritsch verfahren war – von Otto Schmidt beobachten. Auch dies ist wieder ein Beispiel, daß Heydrich den Angaben des Zeugen tatsächlich geglaubt hat. Schmidt mußte seinen Irrtum zugeben; angeblich hatte jemand anders sich als Graf Wedel ausgegeben.[36]

Und dann – an dieser Stelle sei Fritsch selbst zitiert – «am 1. oder 2. März aber gelingt, man muß sagen, das Wunder, den Mann zu ermitteln, der tatsächlich statt meiner erpreßt ist.»[37] Es fing damit an, daß der Untersuchungsführer Biron auf den Gedanken kam, einmal die

Inhaber und Bediensteten des Wartesaals im Bahnhof Lichterfelde, wo Schmidt von dem erpreßten Offizier das Geld entgegengenommen hatte, zu befragen. Zwar vermochte sich niemand mehr an jene vier Jahre zurückliegende Szene zu erinnern, doch die Wirtin konnte die Neuigkeit beisteuern, es sei des öfteren ein ehemaliger Offizier mit einer Dame eingekehrt, und – was dem Reichskriegsgerichtsrat Biron und seinem Protokollführer und Richterkollegen Sack gar nicht recht sein konnte – sie erkannte auf einem vorgelegten Foto sogar eine Ähnlichkeit mit dem Generalobersten von Fritsch. Eines wußte sie bestimmt: der Offizier wohnte in der Nähe, in der Ferdinandstraße.

Man mußte also noch einmal die Häuser nach Namen absuchen. Graf Goltz verkürzte das Verfahren, indem er im Adreßbuch nachblätterte, und wie elektrisiert entdeckte er den Namen «von Frisch, Rittmeister a. D.» Die Hausnummer war Ferdinandstraße 20, genau neben dem wieder und wieder überprüften Haus Nr. 21. Noch am selben Nachmittag verständigte Goltz den Untersuchungsführer Biron.

Am nächsten Vormittag[38] – es war der 2. März 1938 – bat dieser die Gestapo telefonisch um Amtshilfe: Sie möge den Zeugen von Frisch «zur sofortigen Vernehmung in das Reichskriegsgericht» laden. An dieser Aufforderung ist zweierlei auffällig: Die untersuchende Behörde, also das von Hitler berufene Reichskriegsgericht, hielt sich strikt an die Weisung, mit der Geheimen Staatspolizei zusammenzuarbeiten; anderseits scheint ihre Sorge, schlafende Hunde zu wecken, das heißt die Gestapo, der man doch jede Schlechtigkeit zutraute, auf die Fährte des vermutlich einzigen Alibizeugen zu setzen, bemerkenswert gering gewesen zu sein.

Etwa gegen zwölf Uhr mittags erschien bei Biron ein Gestapobeamter, um mitzuteilen, daß der Zeuge laut Auskunft «seiner Krankenschwester» nicht vernehmungsfähig sei – man kennt solche Schutzbehauptungen aus Krankenhausszenen in Kriminalfilmen. Der Untersuchungsführer gab sich denn auch damit nicht zufrieden, sondern ersuchte die Gestapo, die Adresse des behandelnden Arztes zu ermitteln und an ihn weiterzugeben. Auch das geschah. Biron rief daraufhin den Arzt an und erfuhr, Frisch könne zwar nicht vor Gericht erscheinen, dürfe aber in seiner Wohnung vernommen werden.

Gegen 17 Uhr verständigte Reichskriegsgerichtsrat Sack den Gestapo-Sachbearbeiter, Inspektor Fehling, über die neue Lage und kündigte ihm gleichzeitig an, daß Biron und er sich unverzüglich nach Lichterfelde-Ost begäben, um den Zeugen zu hören.

Die Gestapo hätte also etwa sieben bis neun Stunden Zeit gehabt, selber die Wohnung des Rittmeisters aufzusuchen und ihn ins Gebet zu nehmen. Vielleicht hat Fehling schon am Vormittag einen oder zwei seiner Beamtenkollegen zum Haus Nr. 20 geschickt. So wäre auch leicht zu erklären, warum die Wirtschafterin, als abends die beiden Militärrichter erschienen, verwundert gefragt haben soll: was denn nun schon wieder los sei, die Gestapo sei doch schon dagewesen – vorausgesetzt, diese Darstellung trifft zu.[39]

Für die Militärs überraschend war jedenfalls Fehlings Reaktion am Telefon: Der Rittmeister von Frisch komme für den Fall des Generalobersten von Fritsch nicht in Frage. Er sei ein schwerkranker Mann von annähernd siebzig Jahren; auch seien die Abhebungen von seinem Bankkonto in der fraglichen Zeit nur unbedeutend. Die Gestapo wußte also bereits mehr als die Ermittler des Reichskriegsgerichts. Sie mußte sich sogar schon bei der Bank des Rittmeisters, nämlich bei der Depositenkasse 49 der Dresdner Bank in Lichterfelde-Ost, kundig gemacht haben. Liest man Fehlings Bescheid – in der Form wohlgemerkt, in welcher ihn die Militärrichter protokolliert haben – unvoreingenommen, so geht eines daraus unzweideutig hervor: Dieser Rittmeister war für die Gestapo unbedeutend. Einem alten, schwerkranken Mann traute sie das nächtliche Stelldichein am Bahnhofsgelände beim Potsdamer Platz gar nicht zu, und in die Bankunterlagen kann sie, wenn überhaupt, nur flüchtig hineingeschaut haben. Insofern beweist diese Auskunft erneut, wie einseitig, ja verblendet die Gestapo-Ermittler, allen voran Fehling, auf den Generalobersten von Fritsch fixiert waren. Wir erinnern uns: Himmler hatte Fritsch bereits um die Monatswende Januar/Februar für «nahezu» überführt gehalten.

Wie sich nur zu bald erweisen sollte, hatten Fehling und seine Mitarbeiter wegen ihrer Scheuklappen diese wichtige Spur sträflich vernachlässigt. Wenn man aber, wie es zahlreiche Autoren tun, der Gestapo unterstellt, sie habe die phonetische Verwechslung Frisch–Fritsch von Anbeginn durchschaut, so erscheint ihr Verhalten erst recht unverständlich: Sie hätte doch spätestens am 24. Januar 1938 alles daransetzen müssen, den Rittmeister von der Bildfläche verschwinden zu lassen, statt seine Entdeckung und damit ihre Blamage zu riskieren.

Kriminalinspektor Fehling hielt es nicht einmal für nötig, bei der Vernehmung am Abend des 2. März 1938 dabeizusein. Zwanzig Minuten warteten Biron und Sack auf einen Abgesandten der Gestapo; dann eröffneten sie die Befragung des pensionierten Rittmeisters, die etwa bis 20 Uhr dauerte. Biron stellte die Fragen, Sack notierte die Aussagen. Der im Bett liegende Herr von Frisch «gab sofort zu, im November 1933 mit einem jungen Mann am Wannseebahnhof in der Privatstraße gleichgeschlechtlich verkehrt zu haben und im Zusammenhang damit erpreßt worden zu sein».[40] Sogar die von Schmidt unterschriebene Quittung über die ihm abgepreßten 2500 Mark holte er aus dem Geldschrank. Frisch wurde an Ort und Stelle für seine Aussage unter Eid genommen.[41]

Wer so geständnisfreudig ist, hätte doch wohl auch, wenn die Gestapo ihn gefragt hätte, sofort alles zugegeben und auch die Quittung vorgelegt. Es kann ihn also insoweit vorher kein Gestapobeamter vernommen haben. Oder wollte jemand ernsthaft behaupten, die Gestapo hätte die Quittung in der Wohnung liegenlassen? Oder will man glauben machen, die Gestapo habe einem geistig erheblich unzulänglichen Beamten diese hochpolitische Sache anvertraut? Es wirkt nachgerade lächerlich, wenn die Verfechter der Komplott-Theorie als «Beweis» für die raffinierte Planung und ausgeklügelte Arbeitsweise der Gestaposchergen ausgerechnet deren Schwachsinn und Unfähigkeit vorführen.

Die Entdeckung des wirklichen Schmidt-Opfers von Frisch war nach vier Wochen frustrierender Alibisuche der wichtigste Pluspunkt für die Militärs bei ihrem Wettlauf mit der Gestapo. Außer sich vor Freude eilte denn auch Graf v. d. Goltz mit einem großen Rosenstrauß zu seinem Mandanten: «Herr Generaloberst, Sie können Viktoria schießen lassen, der wirkliche Fritsch ist gefunden, der Fall restlos aufgeklärt!»[42]

Der bis dahin größte Erfolg der Verteidigung des Generalobersten wurde von ihm und einigen seiner Sympathisanten noch ausgebaut, indem sie die Äußerungen des Kriminalinspektors Fehling als Waffe gegen die Gestapo benutzten: Hier schien endlich der Beweis für eine schamlose Intrige Himmlers und Heydrichs vorzuliegen, von der Fritsch, Hoßbach, Oster und andere sowieso von Anfang an geredet hatten. Seit der Aussage des Zeugen Gisevius vor dem Internationalen Militärtribunal in Nürnberg und dem Erscheinen seines Buches «Bis zum bitteren Ende» ist ihre Beweisführung zum eisernen Bestand der zeithistorischen Literatur geworden. Gisevius allein ist es auch, soweit wir sehen, der dieses Argument durch die Geschichte von der Haushälterin besonders einprägsam gemacht hat:[43]

Als sich die beiden Reichskriegsgerichtsräte von der Wirtschafterin des Rittmeisters von Frisch verabschiedeten, soll sie ungehalten gefragt haben, was denn nun schon wieder los sei, denn erst – immer nach Gisevius – *vor ein paar Wochen* seien doch bereits die Gestapobeamten dagewesen. Und sie kann sich sogar mit Bestimmtheit auf den genauen Termin besinnen: Sonnabend, den 15. Januar 1938. Laut dieser Erzählung hätte also die Gestapo den Doppelgänger Fritschs bereits elf Tage lang gekannt, bevor sie den Erpresser Otto Schmidt in der Reichskanzlei den Generalobersten als den von ihm erpreßten homosexuellen Offizier identifizieren ließ. Dazu Gisevius in Nürnberg:[44] «Wir glaubten, daß wir hierbei einem intriganten Stück von geradezu unvorstellbaren Ausmaßen gegenüberstanden, und ... daß sich nicht nur in den unteren Rängen der Gestapo ... Dinge abspielten, die jedermann von Ehre und Recht zum Eingreifen zwingen mußten.»

Fritsch-Neffe und -Biograph Graf Kielmansegg, der sein Buch ausdrücklich nicht auf Gisevius stützt, weil er ihn für unzuverlässig hält,
hat dennoch diese Version übernommen. Er beruft sich auf einen Brief
des Rechtsanwalts Graf von der Goltz aus dem Jahre 1947 (als Gisevius
das zeithistorische Feld längst wirksam beeinflußt hatte). «Es bleibt
vor allem eins», schreibt Kielmansegg,[45] «was allein genügt, das
dunkle Spiel unabweisbar und in seiner Grellheit überdeutlich aufzu-
hellen: Nach der Bekundung der Haushälterin des Herrn von Frisch
haben bereits am 15. Januar (!) zwei Kriminalbeamte in der Wohnung
von Frisch nach dem General von Fritsch gefragt!»

Graf v. d. Goltz, von dem Kielmansegg dies erfahren haben will,
hatte die Version des Zeugen Gisevius, ohne ihn beim Namen zu
nennen, erst Ende 1946 in eine Ergänzung zu seinem 1945 in Nürnberg
verfaßten Tatsachenbericht aufgenommen. Doch hat er diese Lesart,
«auf die von anderer Seite Gewicht gelegt wird», sogleich in ihrem
Aussagewert relativiert.[46] Rundweg bezweifelt wurde sie schon in
Nürnberg von dem ehemaligen Reichskriegsgerichtsrat Lehmann,[47]
der das Urteil im Fritsch-Prozeß formuliert hatte. Er fragte sich, woher
Gisevius diese Information haben wollte. Lehmann selber hat demnach
also nichts davon gewußt – aber warum sollten ihm seine Kollegen
Biron und Sack diese wichtige Einzelheit verschwiegen haben?

Indes kannte Lehmann offensichtlich nicht die Querverbindungen
Gisevius' zum Reichskriminaldirektor Nebe und zum Heeresrichter
Sack. Da Sack mit dem Untersuchungsführer Biron zusammen in der
Wohnung des Rittmeisters von Frisch war, läßt sich die Möglichkeit
nicht ausschließen, daß die Haushälterin tatsächlich das Datum 15.
Januar genannt und Sack es Gisevius erzählt hat. Aber dies ist überaus
unwahrscheinlich, weil weder der Generaloberst von Fritsch in seinem
Beschwerdebrief an Hitler[48] noch sein Verteidiger Graf v. d. Goltz in
seinem Nürnberger Bericht einen solchen Vorwurf anführen. Dabei
war es doch gerade Goltz, der die beiden Reichskriegsgerichtsräte
überhaupt erst auf die Spur des Doppelgängers gesetzt hatte und mit
ihnen eng zusammenarbeitete.

Das Datum «15. Januar» ist jedoch in einem anderen Zusammenhang – nach mehreren übereinstimmenden Quellen – tatsächlich genannt worden, und zwar im Prozeß gegen Fritsch. Der Generaloberst
schreibt in einer undatierten Aufzeichnung:[49] «Bereits am 15. Januar
war allerdings nach der eidlichen Aussage des Kriminalkommissars
(*richtig = Kriminalinspektors*) Fehling die Gestapo schon auf die Spur
dieses Mannes gekommen, hatte sie aber nicht weiter verfolgt.» In
seinem letzten Brief an Hitler[50] präzisiert er die Aussage Fehlings: demzufolge hatte die Gestapo an jenem Tage auch bereits das Bankkonto
des Rittmeisters von Frisch geprüft.

Da die Prozeßprotokolle verschollen sind, läßt sich dieser Sachverhalt nicht bis ins letzte aufklären. Angeblich ließ sich der schon ältere Gestapobeamte Fehling, dem man – übelwollend oder entschuldigend – ein eher schlichtes Gemüt nachgesagt hat,[51] durch die Fangfrage eines Reichskriegsgerichtsrats zu einer unachtsamen Bestätigung verleiten. Nach dieser Version wollte der Richter wissen, ob es wahr sei, daß Fehling schon am Morgen des 15. Januar in Frischs Wohnung gewesen sei und des Rittmeisters Bankauszüge von der Dresdner Bank beschlagnahmt habe.[52]

All diese dubiosen Geschichten wurden nach 1945 zu einer Zeit verbreitet, als man das schriftliche Urteil des Reichskriegsgerichts noch nicht kannte. Dort steht geschrieben – das heißt doch: mit voller Billigung der unterzeichneten Heeresrichter Sellmer und Lehmann und mit vollem Wissen des Protokollführers Sack –, Hitler habe erst *nach* Bekanntwerden der Affäre Blomberg die Wiederaufnahme der Untersuchung gegen Fritsch befohlen. Und wie wir weiter wissen, hat erst danach Heydrichs Adjutant die alte Polizeiakte aus dem Tresor geholt.[53] Daraus folgt: Fehling muß sich entweder im Datum geirrt oder in einem Moment mangelnder Konzentration versehentlich die Frage – wenn sie denn so gestellt worden ist – bejaht haben.

Hätten die beiden Gestapobeamten bei ihrem Besuch in der Wohnung von Frisch die Verwechslung wirklich aufgeklärt, so wäre es – nach der Logik der Komplott-These – völlig unbegreiflich, warum sie dann die verräterische Quittung über 2500 Reichsmark liegenließen. Auch wäre Fehling verpflichtet gewesen, seine Vorgesetzten zu informieren oder sie sogar zu warnen; ja eigentlich hätte er ihnen empfehlen müssen, den gefährlichen Zeugen von Frisch verschwinden zu lassen. Einleuchtend ist die Argumentation des Verteidigers Graf von der Goltz, daß die Gestapo die Verwechslung trotz des Besuchs nicht erkannt habe, weil «solcherfalls Frisch vor dem Verfahren Fritsch verschwunden wäre auf Nimmerwiedersehen und daß man nicht den Prozeß Fritsch mit einem solchen für jeden erreichbaren Zeugen im Rücken begonnen hätte»![54]

Aber wer hat nun wirklich das Datum 15. Januar ins Spiel gebracht? Womöglich enthält die lange Aufzeichnung des Generalobersten von Fritsch einen Hinweis.[55] Darin bekommt nämlich dieses Datum eine geradezu magische Bedeutung: Am 15. Januar 1938 hatte Hitler in heftiger Erregung Fritsch monarchistische Umtriebe im Heer vorgehalten. Diese ihm unerklärlichen Vorwürfe wollte Fritsch später als Indiz für eine schon länger geplante Diskreditierung der Armee und ihres Oberbefehlshabers verstehen. Und am Abend des 15. Januar wurde ihm die Warnung zugetragen, daß Himmler ihn stürzen wolle. Über das Informationsnetz Hoßbach–Goltz–Sack konnte das ominöse

Datum in den Wochen bis zum Prozeß in die Gedankengänge der gegen die Gestapo voreingenommenen Richter sehr wohl eingehen und zu der Frage an Fehling führen. Gisevius brauchte dann nur alle Zutaten zu einer plausiblen Geschichte zu mischen. Erwiesenermaßen hat aber die Gestapo erst am 24. Januar 1938 ihre Untersuchung im Fall Fritsch eröffnet. Schon einen Tag oder zwei Tage später werden alle erreichbaren Bewohner des Hauses Ferdinandstraße 21 befragt,[56] ob Fritsch dort verkehrte, ohne daß jemandem das Nachbarhaus mit dem Namensschild «Frisch» aufgefallen zu sein scheint. Einige jener Autoren, die mit Fritsch und Gisevius den 15. Januar für den Ausgangspunkt der Gestapo-Ermittlungen halten, nehmen es freilich selber nicht so genau mit der Datierung. Sie pendeln zwischen dem 14. und dem 22. Januar, ohne ihre Annahme zu begründen oder zu belegen.[57] Wie fragwürdig es ist, aus versehentlich falsch aus dem Gedächtnis wiedergegebenen Daten Schlüsse zu ziehen, zeigt der ehemalige Hitler-Adjutant Wiedemann auf. Er behauptet in einem Interview,[58] Fehling habe erklärt, *Ende Januar* den Befehl zur Rekonstruktion der Akte Fritsch bekommen zu haben. Dies könne nicht stimmen, meint Wiedemann, weil doch erst zu dieser Zeit Blombergs Hochzeit gewesen sei (was nicht zutrifft). Der Gestapobeamte habe sich später auf einen Irrtum berufen und ausgesagt, den fraglichen Befehl erst *Anfang Februar* bekommen zu haben (was wiederum falsch ist). In seinem Buch hat Wiedemann dann seinen Irrtum korrigiert, indem er Fehlings Termin auf *Mitte Januar* vorverlegte – und das war nun erst recht falsch. Aber er hat nichts anderes getan als der von ihm bemäkelte Fehling: eine falsche Datierung verbessert.

Wann auch immer Beamte der Gestapo im Hause des Rittmeisters von Frisch und auf seiner Bank gewesen sein mögen – irgendwann zwischen dem 24. Januar und dem 2. März –, sie hatten die Bedeutung dieses Zeugen für die Verteidigung des Generalobersten völlig verkannt und waren von den Militärjuristen, die nach einem Wort Dohnanyis gewöhnlich nicht die findigsten seien,[59] nach Längen aus dem Feld geschlagen worden. Diese peinliche Panne nagte am Selbstwertgefühl der Gestapo, und so ist es begreiflich, daß noch Jahrzehnte später ehemalige Gestapobeamte versuchten, den Nimbus ihrer Behörde zu retten, indem sie sich selber rühmten, als erste die Verwechslung Fritsch–Frisch entdeckt zu haben.[60]

Am ärgsten trieb es der Sachbearbeiter Huber, der am 27. Januar zusammen mit Best den Generalobersten verhört hatte. Bald darauf will er bei einem nächtlichen Schnüffelgang im Amtsbereich des Referatsleiters Meisinger auf dem Schreibtisch des Kriminalinspektors Fehling das Bankbuch oder den Bankausweis (vermutlich meint er einen Kontoauszug) des Rittmeisters von Frisch gefunden haben. Abgesehen von Hubers Gedächtnislücken und Widersprüchen in seinem Interview,[61] ist es an sich schon eine absurde Vorstellung, daß in einer Behörde (und noch dazu in einer solchen) geheime Papiere nachts offen auf den Schreibtischen herumgelegen haben sollten. Gerade Fehling war als ein besonders penibler Beamter bekannt, der vor dem Verlassen des Büros pflichtgemäß alle Unterlagen im Tresor zu verstauen pflegte; zudem wurden nachts die Zimmer abgeschlossen.[62]

Auf der Seite der Gegenspieler, bei den Militärjuristen, bewahrheitete sich die alte Regel, daß der Erfolg viele Väter hat.[63] Unstreitig gebührt das Verdienst dem Verteidiger Graf von der Goltz, der den Namen Frisch im Adreßbuch fand. Allenfalls muß man ihm den Untersuchungsführer des Reichskriegsgerichts, Kriegsgerichtsrat Biron, zur Seite stellen, dessen Eingebung es war, noch einmal die Ferdinandstraße abzusuchen. Während Goltz an der Amtsführung Birons nichts auszusetzen fand, auch gut mit ihm zusammenarbeitete, haben andere ihn als «Mann Görings» – er war Luftwaffenrichter – und einen eher imkompetenten Richter abzuwerten versucht, damit um so strahlender die Verdienste des Protokollführers und späteren Widerstandskämpfers Karl Sack hervorträten, ja, er sogar Goltz noch in den Schatten stellte. Auch ein anderer Kriegsgerichtsrat, Dr. Kanter, der beim Prozeß als Hilfsrichter hinzugezogen wurde, hat an dieser Legende mitgewoben, die ja auch ihn ins Rampenlicht rückte. Gisevius[64] hat einen anderen Helden erkoren, den Reichskriminaldirektor Nebe, obwohl der doch lediglich dienstlich von der Entdeckung des Doppelgängers erfahren und dieses Dienstgeheimnis an seine Freunde in der Abwehr weitergegeben hatte.

Die Gestapo hat die Tragweite der Entdeckung von Frischs erst ermessen, als sie das von Heeresrichter Sack geschriebene Vernehmungsprotokoll des Untersuchungsführers Biron in Händen hielt. Dann aber reagierte sie blitzschnell. Ehe die Militärrichter zwecks klärender Nachfragen den Rittmeister von Frisch noch einmal aufsuchen konnten oder ihn in den Gewahrsam der Wehrmacht brachten, war er bereits aus seiner Wohnung verschwunden.[65] Es hieß sofort, er sei verhaftet worden. Rechtlich war daran nichts auszusetzen, da er sich einer strafbaren Handlung bezichtigt hatte. Doch eben das hatten Fritschs Freunde zu verhindern gesucht: Ihr Hauptalibizeuge durfte nicht in die Fänge der Gestapo und schon gar nicht in deren Folterkeller geraten.

Oberst Hoßbach und der Rechtsexperte des Oberkommandos der Wehrmacht, Rosenberger, hatten zuvor den Abwehrchef Canaris bewogen, Reichsjustizminister Gürtner um eine Sicherstellung Frischs zu ersuchen.[66] Gürtner teilte ihre Befürchtungen: «Die Gestapo schreckt vor nichts zurück! Sie müssen meine Worte in dem äußersten Sinne auffassen.» Aber selber wollte er mit der Sache nichts zu tun haben; dafür sei die Wehrmacht zuständig. Als nun Canaris und Rosenberger den Chef des Oberkommandos der Wehrmacht, General Keitel, zum Einschreiten aufforderten, natürlich vergeblich, brachte der neue Oberbefehlshaber des Heeres, Generaloberst von Brauchitsch, diese Episode auf die treffende Formel: «Das heißt also, Hannemann, geh du voran!»

Nun liegt aber die klare Aussage des Kriminaldirektors Erich Sanders vor, wonach der Rittmeister von Frisch niemals verhaftet worden ist! Mag sein, daß der kranke Mann nach all der Aufregung von sich aus ein Krankenhaus aufgesucht hat. Jedenfalls nahm ihn die Gestapo dort zunächst in ihre Obhut – so wie es die Abwehr ja auch vorgehabt hatte. Sie ließ die Militärjuristen nicht an ihn heran und verschanzte sich hinter dem schlechten Gesundheitszustand des Verhafteten. Vielleicht hat hierin das Gerücht seinen Ursprung, Frisch sei in der Haft «furchtbar mißhandelt» worden, und die Folterspuren seien noch während der Gerichtsverhandlung sichtbar gewesen.[67] Wäre es glaubhaft, so hätten gewiß Fritsch, Goltz, Hoßbach und Gisevius es nicht versäumt, dieses Verbrechen an die große Glocke zu hängen. Im Gegenteil: Gisevius wundert sich sogar darüber, daß der Alibizeuge so unversehrt geblieben sei...

Worin hätte auch der Sinn bestehen sollen, Frisch zu foltern oder ihn gar umzubringen? Die beeidete Aussage des Rittmeisters und die Quittung über das erpreßte Geld waren nicht mehr aus der Welt zu schaffen. Wohl aber wurde an diesen Fiktionen offenbar, mit welchem Mißtrauen sich die rivalisierenden Parteien beäugten. Fürchteten die Militärs um Leben und Gesundheit ihres Kameraden von Frisch, der sich anerkennenswert zu seiner Schuld bekannt und den Generalobersten von Fritsch entlastet hatte, so traute die Gestapo anscheinend der Wehrmacht zu, sie wolle diesen Zeugen manipulieren. Immerhin hat sich der Reichsjustizminister dann doch noch um die Sicherheit des Untersuchungshäftlings gekümmert und veranlaßt, sofern es nicht schon geschehen war, daß er in einem Krankenhaus untergebracht wurde.

Die Aussage des Rittmeisters, die aufs trefflichste durch andere Indizien ergänzt wurde, welche die Militärrichter zugunsten von Fritsch zusammengetragen hatten, gab den Ausschlag für einen Vorschlag des Reichskriegsgerichts bei Hitler, das Verfahren einzustellen.[69] Als der Präsident, General Heitz, zusammen mit den Kriegsgerichtsräten Biron und Sack in der Reichskanzlei vorsprach, schien Hitler zunächst nicht abgeneigt, dieser Bitte nachzukommen. Doch dann mischte sich der anwesende Reichsführer SS Himmler ein: Er wisse bestimmt, daß Fritsch und Frisch zwei ganz verschiedene Fälle seien, die nichts miteinander zu tun hätten. Daraufhin entschied Hitler, den Fall, wie von Anfang geplant, in einer Gerichtsverhandlung zu klären. Solange der Belastungszeuge Schmidt seine Behauptungen aufrechterhielte, so ungefähr hatte Hitler dem Präsidenten zu verstehen gegeben, sei der Verdacht für ihn nicht ausgeräumt. Heute wissen wir, daß Hitler zeitweise ernstlich vermutete, das Heer habe ihm anstelle des Generalobersten von Fritsch einen Rittmeister ähnlichen Namens unterschieben wollen, um den ehemaligen Oberbefehlshaber zu entlasten.[70]

Es waren einzig Verschlagenheit und Unverfrorenheit des Zeugen Otto Schmidt, die der SS-Führung und damit auch Hitler noch für weitere vierzehn Tage die Blamage ersparten. Schon am 3. März hatte ihn Untersuchungsführer Biron in geschickter Weise auf den Vorfall, den er angeblich mit dem General von Fritsch erlebt hatte, festgelegt, um ihm dann die Originalquittung des Rittmeisters von Frisch zu zeigen. Schmidt konterte prompt: «Das ist etwas ganz anderes.» Als ihm Biron vorhielt, eben zum erstenmal seine Aussage verändert zu haben, entfuhr es dem Zeugen: «Wie komme ich dazu, Ihnen noch mehr zu sagen!» Noch am selben Tage wurde Schmidt von der Gestapo dem Rittmeister a. D. von Frisch gegenübergestellt. Er bestätigte dessen Tatbeschreibung, redete sich dann aber bei der anschließenden Vernehmung durch die Gestapo auf ein Duplum heraus. Die verblüffenden Parallelen zwischen seinen Anschuldigungen gegen den Generalobersten von Fritsch und dem Geständnis des Rittmeisters von Frisch seien reiner Zufall. Selbstverständlich seien von Frisch und von Fritsch zwei ganz verschiedene Fälle.

So hatte denn der Generaloberst von Fritsch mit seiner Prophezeiung recht behalten. Als nämlich Graf von der Goltz ihm am Tage zuvor die frohe Botschaft von der Entdeckung des Doppelgängers überbrachte, hatte er skeptisch reagiert: «Auch das wird dem Führer nie genügen. Man will Derartiges nicht glauben.»[72]

II.
Der Prozeß vor dem Reichskriegsgericht
Freispruch für Fritsch

An einem historischen Ort, im Saale des einstigen preußischen Herrenhauses zwischen Leipziger Straße und Prinz-Albrecht-Straße, wurde am 10. März 1938 in Berlin die Hauptverhandlung in der Sache Fritsch eröffnet.[1] Presse und Öffentlichkeit waren natürlich ausgeschlossen. Generaloberst Freiherr von Fritsch erschien in voller Uniform und saß mit unbewegter Miene in der Bank neben seinem Verteidiger. Als das von Hitler eingesetzte Gericht den Raum betrat – an der

Spitze der Vorsitzende[2] Hermann Göring, der grüßend den frisch erworbenen Marschallstab schwenkte –, erhob sich Fritsch als einziger nicht von seinem Platz – ein Zeichen seiner Verachtung für dieses in seinen Augen entehrende, schwer zu ertragende Verfahren.

Neben Generalfeldmarschall Göring, dem Oberbefehlshaber der Luftwaffe, amtierten als Richter die Oberbefehlshaber der Kriegsmarine und des Heeres, Generaladmiral Raeder und Generaloberst von Brauchitsch, sowie als Beisitzer die beiden Senatspräsidenten des Reichskriegsgerichts, Sellmer und Dr. Lehmann, also die höchsten Militärrichter des Reiches. Als Vertreter der Anklage fungierte der Untersuchungsführer, Reichskriegsgerichtsrat Biron; das Protokoll führte wie schon bei den Vernehmungen Reichskriegsgerichtsrat Dr. Sack. Als stummer, aber aufmerksamer Prozeßbeobachter hatte sich auch Reichsjustizminister Gürtner in den Zuschauerraum gesetzt. Er hatte immer wieder auf dieser mündlichen Verhandlung bestanden, selbst dann noch, als der Präsident des Reichskriegsgerichts, Heitz, – nach der Entdeckung des Fritsch-Doppelgängers – um die Einstellung des Verfahrens ersucht hatte.[3]

Allerdings hatte sich Gürtner einen anderen Vorsitzenden gewünscht, nämlich den dienstälteren Admiral Raeder.[4] Dieser aber war heilfroh, daß der Kelch an ihm vorüberging. Zwar hegte er – wie vermutlich auch Gürtner – Mißtrauen gegen den Vorsitzenden Göring, den ja einige der Eingeweihten, Fritsch inbegriffen, für den Urheber der vermeintlichen Intrige hielten. Aber Raeder und auch Fritsch wurden eines Besseren belehrt. Der Admiral kam nicht umhin, dem Feldmarschall eine sachliche und korrekte Prozeßführung zu bescheinigen, und Fritsch selber mußte zugeben,[5] Göring habe sich anständig benommen, was um so mehr zählt, als sich der Generaloberst zuvor von seinem Luftwaffenkameraden verraten fühlte.

Der Prozeß vor dem militärischen Sondergericht[6] unterschied sich von gewöhnlichen Anklageverfügungen, die im Falle eines Schuldspruchs zu einer Verurteilung führen. Dieses Gericht aber sollte, so der Auftrag des Gerichtsherrn Hitler, «in einer Art Feststellungsverfahren» lediglich entscheiden, ob sich der Generaloberst nach § 175 Strafgesetzbuch «a) schuldig gemacht hat, oder b) ob er nicht überführt ist, oder c) ob er unschuldig ist». (Der beisitzende Richter Lehmann spricht denn auch von einem Ehrengerichtsverfahren.)[7] Nachgeprüft werden sollten die Behauptungen, daß Fritsch mit den Hitlerjungen Fritz Wermelskirchen und Gerhard Zeidler und mit dem Arbeiter Martin Weingärtner «widernatürliche Unzucht» getrieben habe.

Am ersten Tage stand, wie schon in der Voruntersuchung, Aussage gegen Aussage. Fritsch erklärte sich unter Eid für nichtschuldig, und der Kronzeuge Otto Schmidt, der unvereidigt blieb, behauptete abermals stur und dreist, «der Herr, an dem er diese Erpressung verübt habe, sei der Generaloberst Freiherr von Fritsch. Er erkenne ihn bestimmt wieder...» Und «bestimmt seien von Frisch und von Fritsch zwei ganz verschiedene Fälle».[8] Selbst durch eindringliche Vorhalte des Gerichts und der Verteidigung ließ sich der Belastungszeuge nicht beirren.

Ein Antrag des Verteidigers Graf von der Goltz, den Zeugen Schmidt aus der Gestapohaft in die Obhut des Reichsjustizministers zu überführen, damit während des Verfahrens jegliche Beeinflussung durch die Geheime Staatspolizei ausgeschlossen blieb, wurde von Göring abgelehnt,[9] da eine Annahme einem Mißtrauensvotum gegen den Chef der deutschen Polizei, den Reichsführer SS Himmler, gleichgekommen wäre – und genau das hatte Goltz bezweckt. Es kann also nicht verwundern, daß Fritsch und sein Verteidiger zunächst den Eindruck hatten, Göring habe es auf ein Unentschieden abgesehen – die Nichterweislichkeit der Unschuld des Generalobersten. Bei einem Freispruch mangels Beweises wäre der Verdacht an Fritsch für immer hängengeblieben, seine übereilte Entlassung durch Hitler wäre nachträglich gerechtfertigt worden, und das Heer hätte keine Handhabe mehr gehabt, für die Rehabilitierung seines ehemaligen Oberbefehlshabers zu kämpfen.

Tatsächlich aber hatte Göring, der doch anfangs wie Hitler von der Schuld Fritschs vollauf überzeugt gewesen war, nach Kenntnis der Akten aus der Voruntersuchung und nach einer Unterredung mit dem Rechtsexperten der Gestapo, Dr. Best, seine Meinung geändert. Er will schon mit der Absicht in die Hauptverhandlung gegangen sein, den Zeugen Schmidt, den nun auch er für unglaubwürdig erachtete, «aufs Kreuz zu legen».[10] Aber er war schlau genug, dieses Vorhaben nicht zu früh erkennen zu lassen, kannte doch niemand die Wünsche Hitlers und den Ehrgeiz der SS-Führung, Fritsch zu überführen, besser als er. In seiner Vorsicht hielt er die Formalien streng ein: Betont sprach er vom «Generalobersten a. D.» von Fritsch, wodurch sich dieser wiederum verletzt fühlte;[11] doch unzweideutig befand sich Fritsch seit vier Wochen außer Diensten, und so hat es denn auch Reichskriegsgerichtsrat Lehmann ins Urteil geschrieben.[12]

Der erste Verhandlungtag endete vorzeitig mit einer Sensation: Um die Mittagszeit erschien ein Kurier mit einer Meldung für den Vorsitzenden Göring, der daraufhin den Prozeß unterbrach – «aus das Reichsinteresse betreffenden Gründen» (über die Fritsch sofort vertraulich informiert wurde). Was war passiert? Die innenpolitische Entwicklung in Österreich hatte sich dermaßen überschlagen, daß Hitler Hals über Kopf beschlossen hatte, die Wehrmacht «aus den Kasernen» heraus in das Nachbarland einmarschieren zu lassen. Die drei Oberbe-

fehlshaber wurden jetzt anderswo dringender benötigt als im Gerichtssaal.[13]

Als «reine Ausgeburt schriftstellerischer Phantasie»[14] hat Richter
Lehmann mit Recht die Behauptung des Zeugen Gisevius in Nürnberg
gekennzeichnet, daß Göring den Einmarsch in Österreich eigens herbeigeführt habe, um durch einen außenpolitischen und militärischen
Erfolg die Wehrmacht von dem Fall Fritsch abzulenken. Gerichtster-
mine werden nun einmal nicht Knall und Fall festgesetzt, und nicht
Göring hat die österreichische Krise ausgelöst, sondern der Bundeskanzler Schuschnigg mit seiner Ankündigung einer Volksabstimmung, mit welcher er sich dem Druck Hitlers und der einheimischen
Nationalsozialisten entziehen wollte.[15]

Eine Woche später, am 17. März 1938, wurde die Verhandlung im
Preußenhaus in gleicher Besetzung wieder aufgenommen, jedoch in
einer gänzlich veränderten Atmosphäre: Aus dem Deutschen Reich
war über Nacht «Großdeutschland» geworden, aus Österreich die
Ostmark; die Fesseln der Friedensverträge von Versailles und St. Ger-
main waren gesprengt; ein jahrhundertealter nationaler Traum der
Deutschen hatte sich erfüllt. Und das neue Heer, die Schöpfung auch
des Mannes, der hier vor Gericht saß, hatte seine erste Bewährungs-
probe bestanden. Da fiel es den Prozeßbeteiligten und den Zuschauern
schwer, sich auf eine Sittenaffäre zu konzentrieren, deren Ursprung
nun weit entrückt erschien. Weil Himmler und Heydrich im «heimge-
kehrten» Österreich unabkömmlich waren – wo jetzt die politischen
Gegner und vor allem die jüdischen Einwohner verfolgt und ausge-
plündert wurden –, fiel es dem Vorsitzenden Göring leicht, den speku-
lativen Antrag der Verteidigung, die beiden hohen SS-Führer als Zeugen zu laden, zurückzuweisen.[16]

Und dann begann der große Aufmarsch der Entlastungszeugen[17] für
Fritsch. Als Gruppe erschienen die fünfzehn Burschen des Generalobersten, um allesamt zu bezeugen, wie schon in der Voruntersuchung, daß zwischen ihnen und dem Beschuldigten niemals Intimitä-
ten vorgekommen seien und daß der Generaloberst mit ihnen auch
niemals über sexuelle Dinge gesprochen habe. Der Wachtmeister Konrad trat nach dem Verhör noch einmal vor: ihm war etwas eingefallen,
was er – um auch ja alles vorzubringen, was er wußte – noch loswerden wollte: Wenn er manchmal auf der Landkarte einen Ort nicht fand
oder einen Gedenktag nicht angeben konnte, pflegte ihn der Generaloberst wohl mal am Ohr zu ziepen, ganz wie ein Lehrer, dessen Schüler nicht aufgepaßt hat. Anderen war etwas Ähnliches passiert: Gedacht hatte sich aber keiner etwas dabei.

Merkwürdig berühren mußten diese seltsamen schulmeisterhaften
Manieren des Generalobersten gleichwohl, um so mehr, als er auch bei

den beiden Hitlerjungen, die seine Tischgäste waren, solches praktiziert hatte. Der eine hatte sich gelegentlich sogar bücken müssen,
damit ihn der Generaloberst mit dem Lineal oder mit der Reitgerte
schlagen konnte. Ebenso wie den Burschen erschien den Jungen dieses
Verhalten Fritschs als harmlos und natürlich – der General hatte sie auf
diese Weise in die Kartographie eingeführt, dabei jedoch nie ge-
schlechtliches Interesse angedeutet. Immerhin hatten sich die Mütter
der beiden Jungen doch darüber Gedanken gemacht, ob Fritsch vielleicht «anders eingestellt sei als andere Männer»; zu dieser Sorge hatten
– wie damals bei vielen anderen Eltern auch – die Enthüllungen während der Röhm-Affäre beigetragen. Das Gericht hat sich die Meinung
der Burschen und Hitlerjungen zu eigen gemacht: «Der *persönliche
Eindruck,* den die Hauptverhandlung dem Gericht vermittelt hat, ergibt, daß diese leichten Berührungen nichts waren, woran man An-
stoß nehmen könnte.»[18]

Auch jene Offiziere, die den Freiherrn von Fritsch über lange Zeit
begleitet und aus der Nähe kennengelernt hatten – so der General-
major Graf von Sponeck, der seinen Zorn über die Behandlung des
Generalobersten nicht verbarg,[19] Major Siewert und Hauptmann von
Both –, sagten unisono aus, ihnen sei «niemals auch nur der geringste
Gedanke gekommen, daß der Generaloberst gleichgeschlechtlich ver-
anlagt sein könne». Im gleichen Sinne äußerte sich Fräulein Gertrud
Kunau, die seit zwölf Jahren Fritsch als Wirtschafterin betreut hatte.[20]

Wie immer auch das Verhalten des Beschuldigten im Umgang mit
Burschen und Hitlerjungen von den Richtern und Zuhörern im stillen
bewertet worden sein mag, eine etwa zugrundeliegende homoeroti-
sche oder homosexuelle Veranlagung war jedenfalls nicht strafbar, lediglich eine homosexuelle Handlung. Darum fielen diese Zeugenaussagen für Fritsch erheblich ins Gewicht. Darüber hinaus sind sie auch
für die historische Bewertung der Affäre Fritsch aufschlußreich: Alle
diese Zeugen waren zuvor auch von der Gestapo vernommen worden,
und Kriminalinspektor Fehling mußte – so schwer es gerade ihm gefallen sein mag – vor Gericht bestätigen, daß ihre Aussagen mit denen in
der Hauptverhandlung übereinstimmten. Da drängt sich geradezu die
Frage auf, warum die Gestapo eine Intrige gegen den Generalobersten
von Fritsch inszeniert haben sollte, ohne zuvor die notwendigen «Beweise» und «Zeugen» zu präparieren, wie es doch zur selben Zeit die
sowjetische Geheimpolizei in den Schauprozessen gegen hohe Offiziere der Roten Armee so beispielhaft demonstriert hat.

Ebensowenig wie die Gefreiten, Schirrmeister, Wachtmeister, Feldwebel und Unteroffiziere hat der Rittmeister von Frisch im Sinne der
Gestapo ausgesagt:[21] Das ist um so beachtlicher, als sich gerade dieser
für Fritsch wichtigste Entlastungszeuge in einer äußerst prekären Si-

tuation befand: Sofort nach seinem Geständnis war ein Verfahren wegen strafbarer unsittlicher Handlungen gegen ihn eingeleitet worden.
Da muß man gar nicht erst noch «Mißhandlungen... in furchtbarem
Maße» bemühen, denen der Rittmeister in der angeblichen Gestapohaft ausgesetzt gewesen sein soll, eine Behauptung, die nach dem
Krieg von dem seinerzeitigen Reichskriegsgerichtsrat Dr. Kanter verbreitet worden ist; er berief sich auf eine Mitteilung des protokollführenden Beisitzers Dr. Sack, der freilich nicht mehr selber befragt werden konnte, da er im April 1945 mit Canaris, Oster und anderen
Widerstandskämpfern hingerichtet worden war.[22]

Der kränkelnde Entlastungszeuge von Frisch wurde in einem Roll-
stuhl in den Gerichtssaal gefahren und hat dort genauso freimütig
ausgesagt wie schon zuvor bei den Vernehmungen durch die Militärrichter und die Gestapobeamten. Trotz der etwaigen für ihn üblen
Folgen seines Eingeständnisses hat er nicht ein Jota abgelassen. Generaloberst von Fritsch war äußerst angetan von diesem anständigen
Verhalten des pensionierten Rittmeisters.[23]

Mithin blieben der Gestapo nur noch die Belastungszeugen aus dem
Milieu der Strichjungen und der Erpresserbanden. Wenn man hypo-
thetisch annähme, Otto Schmidt sei ein gedungener Zeuge gewesen –
wie dies vielfach behauptet wurde –, wäre es doch zwingend logisch
gewesen, daß die Gestapo gleichfalls seine Komplizen für «richtige»
Aussagen mit Geldzuwendungen oder Haftverschonung belohnt
hätte. Kielmansegg behauptet, «wir wissen», ohne es zu belegen, daß
während Schmidts Haft auf sein Konto eine größere Summe Beste-
chungsgeld eingezahlt wurde.[24] Dabei würde ein Wink mit der Über-
weisung ins Konzentrationslager, vor dem alle – auch Schmidt –
Angst hatten, vielleicht schon genügt haben, das gewünschte Ergebnis
zu erzielen.

Was jedoch im Gericht passiert, ist das Gegenteil:[25] Der Zeuge «Bayern-Seppl» (Weingärtner), zum erstenmal Aug in Aug mit dem Generalobersten, verneint «auf das bestimmteste», daß dieser der Erpreßte
vom November 1933 sein könne. Und Schmidts Komplize «Bucker»
(Heiter), der damals bei der Geldübergabe durch Rittmeister von
Frisch dabeigewesen war, muß nach dem Kreuzverhör einräumen, er
habe gelogen aus Angst vor dem KZ (und wohl auch vor Schmidt, der
ihn sogar noch aus dem Gefängnis beeinflussen konnte). Kurzum:
jener Herr im Lokal sei nicht der Generaloberst gewesen.

Und dann folgte der Auftritt des Zeugen Ganzer, der – unter Eid –
seine früheren Aussagen noch um die alles entscheidenden Angaben
ergänzte. Ihm hatte Schmidt einmal das Haus Nr. 20 in der Ferdinandstraße gezeigt: dort wohne ein Hauptmann oder Rittmeister, bei dem
noch was zu holen sei. Schmidt habe die Idee gehabt, Ganzer solle den

«Bayern-Seppl» mit seinem hinkenden Gang nachahmen und den Offizier abermals erpressen. Er hatte den Mann genau beschrieben: «ein kränklicher alter Herr, der ständig eine Krankenschwester bei sich habe, man bekomme bei ihm einen Cognac» (Dazu Frisch selber: «Man bemüht sich ja, mit solchem Kerl sich einigermaßen gut zu stellen.»). Sogar die Bank des Erpreßten, in der Schmidt sein Geld abgeholt hatte, zeigte er seinem Kumpan.

Nun hatte Schmidt jedoch unvorsichtigerweise behauptet, er habe zwischen 1933 und 1935 dreimal mit dem Zeugen Ganzer in jener Gegend nach dem Generalobersten gesucht. Die jetzt genannten Einzelheiten hingegen paßten alle haargenau einzig und allein auf den Rittmeister von Frisch. Andere Indizien kamen hinzu:[26] Frisch besaß tatsächlich einen Pelzmantel, wie ihn Fritsch nie getragen hatte; Frisch war starker Raucher, Fritsch schon seit 1926 Nichtraucher; Frisch hatte ein Konto bei der Depositenkasse der Dresdner Bank, Fritsch hatte keines. Es konnte demnach nur ein und denselben Fall Frisch geben. Schmidt saß in der Falle.

Nachdem Goltz und Göring durch geschickte Fragen dieser Ausweg aus einer scheinbar völlig festgefahrenen Lage gelungen war, Schmidt aber dennoch weiter leugnete, packte den Vorsitzenden Göring die Wut: Er postierte den Belastungszeugen in die Mitte, den Entlastungszeugen Frisch links und den Beschuldigten Fritsch rechts vor sich. In einem zupackenden Kreuzverhör[27] trieb Göring den Erpresser mehr und mehr in die Enge, um ihn dann anzubrüllen: «Sie sind ja der verlogenste Mensch, der mir je vorgekommen ist! Glauben Sie denn, uns hier noch weiter belügen zu können?» Daraufhin, wie ein Schüler, der zur Ordnung gerufen wird, riß sich Schmidt zusammen und sagte in der für ihn typischen Mischung aus Unterwürfigkeit und Frechheit: «Jawoll, ick habe jelogen!»

Die Wirkung dieser Worte auf die Versammelten muß ungeheuerlich gewesen sein: die Richter waren konsterniert, Fritsch und seine Freunde atmeten tief erleichtert auf, die Gestapo anderseits war fassungslos und deprimiert.[28] Ein Zeuge berichtete, er werde nie vergessen, wie sich Göring voller Zorn und Verachtung den Gestapobeamten zugewandt habe: «Meine Herren...!» Dann stand er auf, begab sich zu Fritsch, grüßte mit dem Marschallstab und schüttelte ihm die Hand.[29]

Der Generaloberst hat hernach, bei allen Vorbehalten gegen Göring, dem er den «Verrat» am 26. Januar in der Reichskanzlei nicht verzeihen konnte, dennoch unumwunden zugegeben: «Es ist das ausschließliche Verdienst von Göring, den Erpresser zu diesem Geständnis veranlaßt zu haben.»[30] So sah es auch Generaladmiral Raeder, während Verteidiger Graf von der Goltz, verständlicherweise, in der Erinnerung seinen eigenen Anteil an diesem Erfolg sehr viel höher bewertete.[31]

Jene Autoren,[32] die in Göring unbedingt den Intriganten sehen woll-
ten, legten ihm seine Handlungsweise als Bemäntelung seiner bösen
Tat aus, als Preisgabe des (vermeintlich präparierten) Zeugen Schmidt,
die nun wohlfeil war, nachdem mit dessen Hilfe bereits der Sturz des
Oberbefehlshabers gelungen war. Sie ignorierten den Umstand, daß
Görings Vorgehen keineswegs im Sinne Hitlers lag, der sich unzwei-
deutig auf die Schuld Fritschs festgelegt hatte. In der Konsequenz der
Komplott-These hätte es jedenfalls gelegen, Schmidt eben nicht zum
Widerruf zu zwingen, denn solange er nicht die Wahrheit bekannte,
konnte auch Fritsch nicht als entlastet gelten.

Gericht und Verteidigung haben nach dem überraschenden Widerruf
Schmidts versucht herauszufinden, warum er so hartnäckig gelogen
hatte.[33] Er redete sich darauf hinaus, ein anderer, der ebenso aussehe
wie der Generaloberst, habe sich ihm mehrere Wochen nach dem Vorfall mit dem Rittmeister als «Herr von Fritsch» ausgegeben. Schmidt
wörtlich: «Ich will sofort umsinken, wir gingen tatsächlich in das
Haus 21 rein. Ich habe an dem Abend gedacht: Donnerwetter!» Weil
«tatsächlich etwas Ähnlichkeit vorhanden war», habe er auch bei den
Gegenüberstellungen am Namen des Generalobersten festgehalten.

Rechtsanwalt Graf von der Goltz, der nach wie vor die Gestapo
verdächtigte, sie habe Schmidt zu seinen Behauptungen inspiriert, be-
drängte den Zeugen mit der Frage, ob irgend jemand ihn für den Fall
eines Wechsels in der Aussage bedroht habe, so lange, bis Schmidt
lapidar antwortete, Kriminalrat Meisinger habe ihm am Morgen erklärt, wenn er nicht «bei der Wahrheit bliebe, dann...» Dabei zeigte
der Zeuge mit dem rechten Daumen nach oben. Goltz (oder Göring?):
«Dann? Was soll das heißen? – «Dann fahr ick nach'n Himmel!»[34]
Göring rief daraufhin den Gestapo-Abteilungsleiter Meisinger in den
Zeugenstand, wo dieser den Vorgang bestätigte: er habe den Zeugen
lediglich zur Wahrheit ermahnt.[35]

Diese Szene gehört seither zum Repertoire der Fritsch-Literatur.
Einigen Autoren kam es dabei auf den genauen Wortlaut erkennbar gar
nicht an, wenn sie ihn nicht ohnehin verfälschten.[36] Der Tenor: Die
Gestapo habe also den Zeugen Schmidt bei Leib und Leben bedroht,
falls er nicht weiterhin gegen Fritsch aussage. Es ist schon erstaunlich,
wie selbst umsichtige Autoren bei der Interpretation so sehr voreingenommen waren,[37] daß sie die Logik außer acht ließen. Nach den Regeln des vermuteten Komplotts hätte doch Meisinger unter Andro-
hung des Todes dem Zeugen Schmidt auferlegen müssen, bei der *Unwahrheit* zu bleiben...

Übrigens: Massive Ermahnungen[38] zu unbedingter wahrheitsgemä-
ßer Aussage hatte bereits der Kriminalrat Huber während der Gegenüberstellung Fritsch–Schmidt am 27. Januar in der Prinz-Albrecht-

Straße ausgesprochen. Sogar im Urteil ist festgehalten, Schmidt sei, weil alle seine Behauptungen so unglaubwürdig erschienen, während der Vorermittlungen «unter den denkbar schwersten (!) Druck gesetzt worden, um die Wahrheit an den Tag zu bringen». Göring selber hatte ihn schon Ende Januar angebrüllt und schwerste Strafen für den Fall angedroht, daß sich später seine Aussagen als Lügen herausstellen sollten. Ein Grund für Schmidt, an seiner Lüge festzuhalten.

Dem Zeitzeugen Gisevius blieb es vorbehalten, diese drastischen Verwarnungen in die Formel zu kleiden, Göring habe Schmidt mit Erschießen bedroht, «falls er nicht zu seinen Angaben stünde». [39] Damit hat Gisevius wohl als erster die Akzente verschoben. Demnach wäre Schmidt also von Göring genötigt worden, stur weiterzulügen. Aber hätte sich des Reiches zweiter Mann, der doch selber ein gerissener, schlauer Politiker war, jemals auf ein so gefährliches Spiel eingelassen? Ein Ganove wie Schmidt, «ein ganz geriebener Bursche», [40] hätte doch jederzeit in der Verhandlung diese Lage ausnützen können! In Wirklichkeit war es gerade die Unverfrorenheit, mit der dieser Zeuge wider besseres Wissen und trotz schlimmster Vorhaltungen hartnäckig den Generalobersten bezichtigte, was für seine Glaubwürdigkeit sprach – sofern man ihn nicht wie Fritsch, der es ja von allen am besten wußte, für einen pathologischen kriminellen Fall hielt. [41]

Nachdem die Anklage gegen Fritsch in sich zusammengefallen war, ging alles sehr schnell über die Bühne: [42] Anklagevertreter Biron beantragte die Feststellung erwiesener Unschuld; Verteidiger Graf von der Goltz brauchte noch weniger Zeit als Biron für sein Plädoyer. Doch hatte sich Goltz, der ehemalige Gardeoffizier und Frontsoldat, ein paar pathetische Sätze zurechtgelegt, um die von ihm verdächtigten Drahtzieher der Affäre Fritsch und zugleich die Gegner des Heeres aus der Reserve zu locken: «Tage des Unglücks habe die deutsche Armee nach Tagen des Sieges erlebt und ertragen, Tage der Schande bisher noch nicht. Die ungeheuerlichste Beschimpfung des ganzen Heeres durch ein einmalig ungeheuerliches Vorgehen gegen seinen Oberbefehlshaber von Verbrecherhand sei in Nichts verflogen, das (*sic!*) Schild des Heeres und seines Oberbefehlshabers rein.» Natürlich mußte ihm Göring sofort widersprechen: Das tragische Schicksal Fritschs sei unabänderlich, doch dadurch werde keineswegs die Ehre des Heeres belastet.

In einer Gemütsverfassung zwischen Genugtuung und Zorn schrieb Fritsch nach dem Prozeß an seine Freundin, Baronin Schutzbar, das Ehrenwort, das er dem *Führer* gegeben, bleibe zu Recht bestehen. «Tatsache bleibt aber auch, daß ich auf Grund der erlogenen Bezichtigungen eines ehrlosen Lumpen u(nd) Verbrechers mit Schmach u(nd) Schande überhäuft u(nd) mit einem Fußtritt aus meiner Stellung beseitigt bin.» [43]

Dieser wunde Punkt war auch dem Ehrengericht durchaus bewußt. Deshalb ließ Göring in das Urteil aufnehmen, was auf seinen Wunsch Reichskriminaldirektor Arthur Nebe im Gericht vorgetragen hatte und geeignet schien, das scheinbar so unverständliche Verhalten Hitlers und auch Görings einige Wochen zuvor zu rechtfertigen: «Es liegen zu viele und zu trübe Erfahrungen vor, die beweisen, daß gleichgeschlechtliche Veranlagung und Betätigung in allen Kreisen, in jedem Stand und auch bei geistig und kulturell sehr hochstehenden, sonst untadeligen Menschen auftreten. Ebenso steht fest, daß auch solche Menschen bei Angaben über ihre Veranlagung als unglaubwürdig gelten müssen.» [44] Es wäre zuviel verlangt, wollte man von dem unschuldigen Fritsch auch noch die Einsicht erwarten, sich mit diesem Sachverhalt einfach abzufinden. Der Urteilsspruch des Gerichts vom 18. März 1938 jedoch war unmißverständlich: «Die Hauptverhandlung hat die Unschuld des Generaloberst a. D. Freiherr von Fritsch in allen Punkten ergeben.»

Zweifelsohne war dieser Ausgang nicht nur ein Erfolg der Verteidigungsstrategie des Grafen von der Goltz, sondern ebenso auch der Verhandlungsführung des Vorsitzenden Göring.[45] Mag auch eine gehörige Portion schlechten Gewissens mit im Spiel gewesen sein, wie es Fritsch empfand, und mag auch die Skepsis der Kritiker Görings gegen alle seine Äußerungen in diesem Fall noch so berechtigt sein, so läßt sich doch nicht übersehen, mit welch geradezu kindlicher Freude der Feldmarschall seinen Erfolg betrachtete. In seiner jovialen, unverblümten Art tröstete er Fritsch mit den Worten, daß nur ein Idiot ihn jetzt noch als schuldig betrachten könne. Mit dem Stolz des Nichtjuristen erzählte er sogar dem Gestapo-Rechtsexperten Best, aber ebenso den Kameraden von der Luftwaffe, wie er den Lügner Schmidt «aufs Kreuz gelegt» habe.

Hitler wurde durch den Chef des Oberkommandos der Wehrmacht, Generaloberst Keitel, sofort von dem Freispruch informiert. Er soll «tief erschüttert»[46] gewesen sein, wozu er in der Tat allen Grund hatte. Zwei Tage nach der Urteilsverkündung empfing er den neuen Oberbefehlshaber des Heeres, Generaloberst von Brauchitsch, der sich von Anfang an für die Rehabilitierung seines Vorgängers stark gemacht hatte, zum Vortrag.[47] Brauchitsch bekam die Erlaubnis, den Urteilstenor der Generalität schriftlich bekanntzugeben. (Allerdings durfte auf Geheiß des Oberkommandos der Wehrmacht darüber nicht diskutiert werden.) Der Bitte Brauchitschs, einen Brief an Fritsch zu schreiben, kam Hitler nicht sofort nach; er brauche noch Bedenkzeit, was der ungeduldig auf ein Zeichen des Obersten Befehlshabers wartende Fritsch mißmutig zur Kenntnis nahm.

Aber von bewußter Verzögerung kann keine Rede sein: Hitler wollte, entgegen der sonstigen Übung, als Gerichtsherr das Urteil –

das erst noch formuliert und ins reine geschrieben werden mußte – vorher selber prüfen. Am 28. März 1938 hat er dann das Urteil bestätigt,[48] am 30. März wurde es von Reichskriegsgerichtsrat Dr. Sack beurkundet.

Am selben Tage schrieb Hitler mit eigener Hand einen Brief, den der Wehrmachtadjutant Major Schmundt anderntags dem Generalobersten von Fritsch, der sich in die Lüneburger Heide zurückgezogen hatte, persönlich aushändigte. Das Schreiben[49] ist, wie sich selbst der Empfänger eingestehen muß, «ganz herzlich gehalten». «Dankbewegten Herzens» habe er das Urteil bestätigt, schreibt der Diktator. «Denn so entsetzlich der furchtbare Vorwurf auf Ihnen selbst lasten mußte, so sehr habe auch ich unter den dadurch ausgelösten Gedanken gelitten.»

Bei Hitler kann man sich nie ganz sicher sein, ob der aufrichtig klingende Ton nicht bloßer Ausdruck einer gewissen Doppelzüngigkeit war. Fritsch jedenfalls war enttäuscht: «Kein Wort des Bedauerns, geschweige der Entschuldigung über seine Handlungsweise mir gegenüber».[50] Aber warum sollte sich Hitler entschuldigen, da doch auch er sich unschuldig fühlte? Und Großmut zählte nicht zu seinen herausragenden Tugenden. Ohnehin tun sich Diktatoren schwer, einen Fehler zuzugeben, und schon gar, wenn sie sich wie Hitler nach seinem Triumph in Österreich mehr und mehr in ein Sendungsbewußtsein hineinsteigern und von der Realität abheben.[51] Wie der Brief aufzeigt, hat der Diktator einfach seine eigene seelische Bedrückung am Anfang der Affäre – Fritsch selber hatte Hitlers Verzweiflung wahrgenommen –[52] mit dem Leid des Generalobersten aufgerechnet. Er hatte geglaubt, so handeln zu müssen, wie er es tat. Und er läßt klar erkennen, daß er eine öffentliche Rehabilitierung des so übel verleumdeten ehemaligen Oberbefehlshabers gar nicht für erforderlich hält: «Sie Herr Generaloberst sind in den Augen des deutschen Volkes nicht belastet worden und vor allem nicht als belastet erschienen.»

In der Tat hatte das Volk am 4./5. Februar 1938 lediglich erfahren, daß der Generaloberst wegen seiner angegriffenen Gesundheit den Abschied erbeten habe. Und nun, am 1. April, erschien in der Presse eine kleine Meldung, daß der *Führer* dem Freiherrn von Fritsch zur Genesung gratuliert habe.[53] Immerhin hatte Hitler am Ende seines Briefes noch eine öffentliche Würdigung in Aussicht gestellt, wobei er vermutlich an eine Reichstagssitzung dachte, die irgendwann nach der bevorstehenden Volksabstimmung über den bereits vollzogenen Anschluß Österreichs fällig wurde: «Der von mir für den 12. März dieses Jahres zum erstenmal befohlene Einsatz des Heeres aber ergab eine höchste Bewährung Ihres Wirkens und Ihrer Arbeit. Ich werde dies der Nation zur Kenntnis bringen.»[54] Hitler beschloß seinen kurzen Brief «mit den dankbarsten und aufrichtigsten Wünschen».

Wenn er gehofft haben sollte, damit habe die Angelegenheit Fritsch jetzt ihr Bewenden, so mußte er nur zu bald seinen Irrtum einsehen. Was er indes nicht ahnte und erst nach dem gescheiterten Putsch des 20. Juli 1944 zu seinem Schrecken aus den Untersuchungen der Gestapo erfahren sollte:[55] Eine Gruppe von Offizieren und bürgerlichen Oppositionellen nahm den Freispruch Fritschs zum Anlaß, mit dem Gedanken an einen Staatsstreich zu spielen, zwar noch nicht gegen Hitler selbst, wohl aber gegen die Stützen seiner Willkürherrschaft – gegen die Gestapo, gegen Himmler und die SS.

12.
Militärputsch gegen die Gestapo?
Die Demarche

Zwischen dem Einmarsch in Österreich und der Sudetenkrise scheint die Heeresführung und das höhere Offizierskorps im Frühling 1938 nur ein Thema bewegt zu haben: die Rehabilitierung des Generalobersten a. D. Freiherr von Fritsch. Wenn schon nicht als Kriegsminister, so mußte er jetzt, nach allgemeiner Auffassung,[1] zumindest wieder als Oberbefehlshaber an die Spitze des Heeres zurückkehren oder auf eine andere ehrenvolle Weise wiederverwendet werden. Fritsch selber hatte ganz andere Vorstellungen: Für ihn war die abrupte Verabschiedung am 4. Februar 1938 irreparabel. In diesem Punkte konnten, wie er sarkastisch anmerkt, Hitler und die Partei beruhigt sein: «Nach allem, was ich erlebt habe, ist es mir unmöglich, je wieder eine amtliche Funktion im Staate Adolf Hitlers auszuüben.»[2]

Für Fritsch gab es nur *eine* Wiedergutmachung: Jene SS-Führer, allen voran Himmler und Heydrich, in denen er die Anstifter des Skandals vermutete, mußten zur Rechenschaft gezogen werden. «Über die Hintergründe dieser ganzen Angelegenheiten sehe ich fast vollständig klar», schrieb er seiner Freundin, fügte aber ehrlicherweise hinzu: «Nur beweisen kann ich meine Auffassung nicht.»[3] Wie denn auch? Es war einfach nicht zu beweisen, was Fritsch und einige seiner Vertrauensleute in die Affäre hineinlegten. Fritsch verließ sich in diesem Punkte auf das Heer, «das sich ganz für mich einsetzt» und schon das Nötige tun werde.

Mit «Heer» meinte er besonders seinen Nachfolger von Brauchitsch, seinen alten Amtskollegen Generalstabschef Beck und seinen Mitstreiter Oberst Hoßbach. Es waren denn auch Beck und Hoßbach, die dem Generalobersten vorschlugen oder auch ihn drängten,[4] Hitler einen Antwortbrief zu schreiben, in welchem er die Wiedergutmachung anmahnen sollte. Im Ton geziemend, in der Sache beinahe verletzend hart, brachte Fritsch in seinem Schreiben vom 7. April 1938[5] vor dem Diktator die grenzenlose Enttäuschung eines Mannes zu Papier, der «sich zu Ihnen in ein besonderes Vertrauensverhältnis gestellt zu sehen glaubte», obschon jahrelang «der mir unbekannt gebliebene Schatten jenes Vorwurfs lagerte, der zu meiner Entfernung aus dem Heer führte».

War schon diese Kritik am Verhalten des Diktators ungewöhnlich, so zielte seine nächste Anmerkung mitten in das Herrschaftsgefüge des «Dritten Reiches»: «Mit allem Freimut» machte er dem Obersten Befehlshaber klar, «daß Ihnen und mir und damit auch der Armee und dem Volke die Lage der letzten Wochen bei rechtzeitiger und erschöpfender Unterrichtung durch die Gestapo hätte erspart werden können». Er berief sich dabei auf die – wie wir inzwischen aus unserer Untersuchung wissen, irrtümliche – eidliche Aussage des Kriminalinspektors Fehling, aus der man entnehmen mußte, daß die Namensverwechslung Frisch–Fritsch schon am 15. Januar 1938 aufgedeckt worden sei. Der Generaloberst ersuchte Hitler dringend, «im Interesse von Führer und Armee diejenigen Persönlichkeiten zur Rechenschaft zu ziehen, denen von Amts wegen die Behandlung meines Falles sowie die rechtzeitige und vollständige Unterrichtung Ihrer Person und des Generalfeldmarschalls Göring oblag». Außer Fehling nannte er keine weiteren Namen, aber nach den Regeln des Führerstaates konnte kein Zweifel aufkommen, daß auch die obersten Vorgesetzten, Himmler und Heydrich, belangt werden sollten.

Die Beschwichtigung Hitlers, daß der Generaloberst in den Augen des Volkes unbelastet geblieben sei, parierte Fritsch mit der übertriebenen Behauptung, daß der wahre Anlaß seiner Verabschiedung «sowohl in weiten (!) Kreisen der Wehrmacht wie des Volkes nicht unbekannt geblieben sei». Tatsächlich wußten viele höhere Offiziere überhaupt nicht Bescheid.

In seiner begreiflichen Unfähigkeit, die komplizierten Zusammenhänge des Skandals zu durchschauen, meinte Fritsch sogar, «volle Übereinstimmung» mit Hitler voraussetzen zu können. Er schloß mit Worten, die schon für die Geschichtsbücher vorbestimmt zu sein schienen, in ihrer Form freilich auch etwas über das Verhältnis zwischen Generalität und Diktator aussagen: «Die Wiederherstellung meiner Ehre gegenüber der Armee und dem Volk bleibt der weisen Einsicht Ihrer Person, des Obersten Befehlshabers, vorbehalten. Heil, mein Führer!»

Hitler dachte nicht daran, einen Brief zu beantworten, der ihm nicht mehr und nicht weniger abverlangte, als zwei bewährte Parteigenossen, zwei unentbehrliche Stützen des Systems, schimpflich zu entlassen und die Gestapo quasi zu enthaupten. Viele Wochen lang entzog er sich allen Bemühungen, ihn auf eine demonstrative Ehrung des Generalobersten festzulegen, die er in seinem Dankesschreiben immerhin schon angedeutet hatte.

Fritschs Brief an Hitler war nur der erste Schritt. Seit Wochen schon trug er einen Gedanken in sich, der sich mehr und mehr festigte: den Reichsführer SS und Chef der deutschen Polizei, «den Lumpen» Heinrich Himmler, zum Duell zu fordern,[6] also einen der mächtigsten Männer des Staates, von dem er sich in seiner Ehre tief verletzt fühlte. Man mag dieses Vorhaben aus heutiger Sicht kurios oder komisch finden,[7] doch zu Fritsch, der sich einem altpreußischen Ehrenkodex verpflichtet wußte, paßte es ganz und gar. Der Brauch in höheren Gesellschaftskreisen, schwierige persönliche Probleme oder Konflikte in Ehrensachen mit Degen oder Pistolen zu lösen, war unter den Nationalsozialisten keineswegs aus der Mode gekommen:[8] Reichskriegsminister von Blomberg hatte sogar noch 1937 Richtlinien für ein Duell unter Offizieren erlassen; desgleichen hatte Himmler für seine SS-Männer die Modalitäten eines Zweikampfes festgelegt.

Die Vorstellung indes, ein Generaloberst des Heeres und der Reichsführer SS (im vergleichbaren Range eines Feldmarschalls) stünden sich im Morgengrauen auf einer Waldlichtung im märkischen Sand mit gezogenen Pistolen gegenüber und feuerten auf Kommando gleichzeitig aufeinander, war aberwitzig. Wenn schon nicht der auf seine Ehre versessene Fritsch über die politischen Folgen nachgedacht hat – seine Aufzeichnungen und Briefe hinterlassen den Eindruck, daß er auf nichts so sehr aus war wie auf seine private Genugtuung –, so wird man das von seinen Ratgebern Beck und Hoßbach nicht sagen können, und erst recht nicht von den anheizenden Ratgebern im Hintergrund wie Oberst Oster und dem Regierungsrat Gisevius.

General Beck, der das Duell zwischen Fritsch und Himmler befürwortet hat, und Oberst Hoßbach hatten auch nach dem 4. Februar 1938 den alten Kampf zwischen Heer und Wehrmacht um die Spitzengliederung im Kriegsfall nicht aufgegeben. Offensichtlich haben sie gehofft, das Heer könne nach einem solchen Zweikampf um die Ehre der Armee wieder stärker auftreten und, wenn man es nur richtig anfinge, bei Hitler eigene Interessen durchsetzen.[9] Hätte aber Himmler den Zweikampf verweigert, also (wie es im Studenten- und Kasinojargon hieß) «gekniffen», so hätte die Blamage des gefürchteten SS-Rivalen gewiß die Aussichten verringert, die SS als vierte Teilstreitkraft aufzustellen.

Die Duellforderung[10] an Himmler hat nicht Fritsch selber, sondern offensichtlich Oberst Hoßbach entworfen, der sich dabei vom Rechtsamtsleiter der Wehrmacht, Rosenberger, juristisch beraten lassen haben will; Fritsch hat lediglich einen ihm vorgelegten, mit Maschine geschriebenen Entwurf handschriftlich korrigiert und verändert. Das Dokument, anscheinend in großer Eile angefertigt, ist auffallend schlecht gegliedert, enthält mehrere Wiederholungen und ist nicht so präzise formuliert, wie man es von einem geschulten Generalstäbler hätte erwarten können. In zwölf Punkten wurden Vorgänge aufgezählt, für die man Himmler verantwortlich machte und die Fritsch «als Beschimpfung meiner Person und der Armee» betrachtete: so die Geheimhaltung der Polizeiakte von 1936; deren Aufbewahrung entgegen Hitlers Vernichtungsbefehl; das Verhör der Wirtschafterin und der Burschen des Generalobersten; die heimliche Beobachtung Fritschs durch Strichjungen im Gestapo-Hauptquartier.

Einige der Vorwürfe beruhten einzig auf Vermutungen, Gerüchten oder Irrtümern: die polizeiliche Überwachung schon im Herbst 1937 oder die Wiederaufnahme der Untersuchungen bereits Mitte Januar – obschon jemand im zweiten Entwurf angemerkt hat, diese beiden Punkte seien in der Hauptverhandlung «nicht geklärt» (!) worden – und ebenso die Annahme, das vertrauliche Gespräch zwischen Fritsch und dem hohen Gestapobeamten Best sei heimlich aufgenommen worden. Aufgeführt wurde sogar die vermeintliche Verhaftung des Entlastungszeugen Rittmeister Frisch durch die Gestapo, mit der unzutreffenden Behauptung, es habe dafür gar kein gesetzlicher Grund vorgelegen (was eigentlich dem sonst so peniblen Rosenberger hätte auffallen müssen). Aus alledem schloß Fritsch, die Gestapo sei «einseitig bestrebt» gewesen, ihn als den Schuldigen hinzustellen. Fritsch an Himmler: «Ich fordere Sie daher zum Zweikampf mit gezogenen Pistolen.»

Bei der Abfassung der Forderung sollen nach Aussagen des Widerständlers und späteren ersten Verfassungsschutzpräsidenten der Bundesrepublik, Otto John, auch Justizminister Gürtners Referent Dohnanyi und Reichskriegsgerichtsrat Sack mitgewirkt haben; zumindest sollen sie Fritsch ermuntert und die Aktion gutgeheißen haben, mit dem Ziel, durch die Duellforderung eine Erhebung des Heeres gegen die SS und letztlich gegen das nationalsozialistische Regime zu provozieren.[11]

Fritsch hatte für die Zustellung der Duellforderung Generalstabschef Beck als Kartellträger vorgesehen, doch der lehnte ab, so wie er es schon während der Voruntersuchungen gegen Fritsch vermieden hatte, sich offen einzumischen, weil er aus bestimmten Gründen seine Stellung nicht gefährden wollte. Man darf daraus folgern, daß in der Prioritätenliste Becks der Kampf um die Spitzengliederung vor der Rehabilitierung des Generalobersten Fritsch rangierte. Gemeinsam erkoren dann Beck und Fritsch den alten General von Rundstedt[12] als Übermittler der Forderung. Rundstedt trug die Duellforderung einige

Tage lang unschlüssig mit sich herum und gab sie Ende März an Fritsch zurück, mit der Empfehlung, doch besser von einem Duell abzusehen: Die Sache würde zum Schaden der Armee nur Staub aufwirbeln, zumal zu befürchten stand, daß Hitler den Zweikampf nicht genehmigte. Dennoch hat sich Fritsch noch etliche Wochen lang seine Forderung vorbehalten.

Nach dem Brief Fritschs an Hitler und seiner Duellforderung an Himmler wurde im Umkreis von Generalstab und Abwehr ein dritter, noch viel weiter gehender Schritt geplant: eine «Demarche» des Heeres an Hitler.[13] Unter der Leitung des neuen Oberbefehlshabers, des Generalobersten von Brauchitsch, sollte die Generalität dem Diktator zweierlei abfordern: *erstens* »die restlose Wiederherstellung der Ehre» des Generalobersten von Fritsch «in eindrucksvollster Weise» und *zweitens* »wesentliche Änderungen in der Führerstellenbesetzung der Geheimen Staatspolizei».

Für die Rehabilitierung Fritschs versprachen sich die Autoren am meisten von einem baldigen Besuch des Diktators in Achterberg, wo sich der Generaloberst seit dem Freispruch aufhielt. Dieser Besuch sollte Hitler mit dem Argument schmackhaft gemacht werden, daß er damit auch seinem eigenen Interesse diene. Zugleich aber wollte man Hitler zumuten, die gesamte Führungsspitze der Gestapo und der SS auszuwechseln: Himmler, Heydrich, Joost (Sicherheitsdienst), Best sowie die verantwortlichen Untersuchungsbeamten wie Meisinger und Fehling. Eine solche Säuberung hätte durchaus den Wünschen Fritschs entsprochen: «Unter normalen Umständen müßte es unmöglich sein, daß Himmler, Heydrich, Best, u. s. w. im Amt verbleiben. Es kann dem Heere nicht zugemutet werden, mit diesen Leuten weiterhin in dienstliche Berührung zu kommen.»[14] Ganz in seinem Sinne wird denn auch die Demarche begründet: Eine weitere gedeihliche Zusammenarbeit sei «nach Lage der Dinge untragbar», wobei den führenden Personen der Gestapo nicht nur die Diffamierung des Generalobersten vorgeworfen wird, sondern auch ein «beleidigende(r) und niederträchtige(r) Angriff auf das Heer».

Für den internen Gebrauch innerhalb der Generalität wird das Ziel der Demarche unverblümt genannt: Es handele sich «um die Befreiung der Wehrmacht von dem Alpdruck einer Tscheka». Die Wortwahl läßt erahnen, wie tief das Vorgehen Stalins und seiner Geheimpolizei gegen das Offizierskorps der Roten Armee die deutschen Generäle beeindruckt haben muß. Nicht nur weil die Rote Armee für ein Jahrzehnt ein wertvoller Partner der Reichswehr gewesen war,[15] sondern weil die SS jederzeit dem deutschen Diktator hätte einflüstern können, eines Tages nach dem Beispiel des (von ihm im stillen bewunderten) sowjetischen Herrschers zu verfahren. Darum sollte die Blamage der

Gestapo nach dem Freispruch Fritschs von der Wehrmacht ausgenutzt werden, um sich die Rivalität der SS ein für allemal vom Halse zu schaffen: Dazu heißt es im Demarche-Entwurf: «Eile scheint geboten, damit der Oberste Befehlshaber der Wehrmacht nicht durch andere Kräfte in seinen Überlegungen in falsche Richtung durch Einreden abgedrängt wird.»

Die Generäle sollten sich im vorhinein gegen das übliche Argument wappnen, «daß der Führer sehr wohl die Psyche der Masse des Volkes genau kennt und beherrscht», indem sie berücksichtigen (oder womöglich ihm vorstellen) sollten, «daß er aber nicht lebt in dem Bewußtsein der Reinhaltung des Ehrenschildes einer Wehrmacht und ihrer Führer». (Rundstedt hat es einfacher gesagt: «Als Gefreiter hatte er eben keinen Begriff von Offiziersehre.»)[16]

Es fällt an dem Dokument auf, wie stark darin der aristokratische Ehrenkodex betont wird. Dies ist die Sprache einer Elite, die das Eigeninteresse der Armee als Teilhaber und Garant der staatlichen Macht herausstellt. Nicht das deutsche Volk – dessen Bürger ja, wie Tausende von Österreichern gerade am eigenen Leibe erfahren mußten, ebenfalls jederzeit dem Zugriff der Gestapo ausgeliefert waren – sollte vom «Alpdruck einer Tscheka» befreit werden, sondern einzig das Heer und die gesamte Wehrmacht.

Auch dieser Plan bestätigt den innenpolitischen Hintergrund der Fritsch-Krise: Es ist ein Machtkampf zwischen führenden Eliten des «Dritten Reiches». Die Autorität des Diktators und Obersten Befehlshabers bleibt unangetastet. Keineswegs will man «gegen die Institution einer geheimen Staatspolizei als solche» angehen. «Es muß nur gesagt werden, daß sich genügend anständige und ehrliche Nationalsozialisten finden, die diese Vertrauensaufgabe erfüllen können.» Im Gespräch war damals zum Beispiel als Nachfolger Heydrichs der Berliner Polizeipräsident und hohe SA-Führer Graf Helldorff.[17] Vielleicht hat auch an jener Formulierung der umtriebige ehemalige Gestapobeamte Gisevius mitgewirkt, der schon 1933 gerne Gestapochef geworden wäre und später, wie er selbst behauptet, für den Fall eines gelungenen Putsches am 20. Juli 1944 Reichspolizeichef werden sollte.[18]

Man vermeint den Einfluß des Generalstabschefs Beck zu spüren, der in jenen Tagen auf strikte Loyalität achtete und behutsam vorgehen wollte, wenn die Autoren sich schärfstens dagegen verwahren, ihre Demarche «als eine Meuterei, ein(en) Militärputsch oder eine andere gegen die Partei gerichtete Aktion» auszulegen. Unstrittig ist jedenfalls die Herkunft des letzten Gesichtspunktes, mit dem die Demarche begründet wird: «Die ehemaligen Frontkämpfer des großen Krieges und Soldaten der Wehrmacht des nationalsozialistischen Staates gehören zu den besten, uneigennützigsten und selbstlosesten Nationalsozialisten.» Die gleiche Formulierung taucht schon in einer Ansprache auf, die der Chef der Abwehr, Konteradmiral Canaris, am 3. März 1938 vor seinen Mitarbeitern gehalten hat. Canaris meinte es ernst: er war zu jener Zeit innerlich ein überzeugter Nationalsozialist,[19] auch wenn später die Gestapo diese Worte als «Tarnung» reaktionärer Offiziersverschwörer deutete (ein Mißverständnis, dem nach 1945 auch die Bewunderer des Widerstandskämpfers Canaris nur zu leicht erlegen sind).

Es läßt sich heute nicht mehr klären, wer alles sein Scherflein zu diesem Demarche-Entwurf beigetragen hat. Lange Zeit wurde das Dokument Canaris und Hoßbach zugeordnet.[20] Anscheinend hat Hoßbach jedoch lediglich eine Kopie dem Generalstabschef Beck überbracht. Wäre er Mitautor gewesen, so hätte er – seiner ganzen Mentalität nach – die Begebenheit in seinen Memoiren wohl ebenso erwähnt wie seine Autorenschaft an der Duellforderung. Auf Gisevius als einen der Verfasser oder Stichwortgeber deuten dessen eigene Memoiren.[21] Demnach hat er, der von Anfang an für einen Schlag gegen die Gestapo plädierte, schon Ende Januar 1938 im Kriegsministerium eine «Niederschrift» diktiert, die sofort von Canaris zum Generalstabschef Beck und zu Generaladmiral Raeder gebracht und in den nächsten Tagen auch anderen Generälen zugeleitet worden sei. Zumindest scheint er den Inhalt der geplanten Demarche gekannt zu haben, denn die Grundgedanken der sogenannten «Stellungnahme» finden sich in seinen Erinnerungen wieder: Unmittelbar nach dem Freispruch Fritschs spielte er den Gedanken durch, Hitler entließe unverzüglich Himmler oder wenigstens Heydrich, um einem Schritt der Generäle vorzubeugen und vor allem zu verhindern, daß man noch einmal in die Hintergründe des Skandals hineinleuchte.

Und wirklich hatten die Autoren des Dokuments bereits überlegt, welche führenden Generäle des Heeres neben dem Oberbefehlshaber von Brauchitsch sich an der Demarche beteiligen sollten: nämlich List (der neue Gruppenbefehlshaber im Westen), Beck (als Generalstabschef), der von Hitler so geschätzte Rundstedt und Bock (der Oberbefehlshaber der 8. Armee; seine Berufung hielt man für «sehr wesentlich», weil er den Einmarsch in Hitlers österreichische Heimat befehligt hatte). In Aussicht genommen wurde auch, führende Persönlichkeiten der anderen Wehrmachtteile einzubeziehen wie den Chef des Oberkommandos der Wehrmacht, Keitel, Generaladmiral Raeder und – überraschenderweise – sogar Generalfeldmarschall Göring; vielleicht gedachte man Göring gegen die Gestapo ausspielen zu können, nachdem er ihr im Prozeß gegen Fritsch eine so peinliche Niederlage bereitet hatte.

Nach einem Ermittlungsbericht der Gestapo, die das Dokument 1944 in den Tresoren der Abwehr gefunden hat,[22] stammt die Aufzeichnung von Oster und Dohnanyi. Tatsächlich haben sich beide während der Fritsch-Krise näher kennengelernt, und beide wollten die Affäre als Hebel benutzen, um das Gestapo-Regime zu stürzen. Für diese Version spricht auch das Gedächtnisprotokoll, das der Regierungsdirektor Huppenkothen vom Reichssicherheitshauptamt nach dem Krieg angefertigt hat.[23] Er weiß nicht nur von der «Demarche», sondern erinnert sich auch an Pläne für den Fall, daß sie bei Hitler nicht zum Ziele führte. Dann nämlich wollte «man» mit Gewalt vorgehen. Huppenkothen nennt zwar keine Namen, aber mit Sicherheit sind Oberst Oster und sein Freund Gisevius gemeint, die sich damals für einen Putsch stark machten, für den weder Fritsch noch Beck zu haben waren.

Oster soll bereits während der Voruntersuchung gegen Fritsch, als die Gestapo im ganzen Reich die Burschen des Generalobersten zum Verhör bestellte, in seiner drastischen Unbekümmertheit ausgerufen haben,[26] man müsse den ganzen Laden der Gestapo an der Prinz-Albrecht-Straße ausheben und besetzen! Denn die Gauleiter *(der NSDAP, Hitlers Alte Kämpfer)* machten auch, was sie wollten, und Hitler habe bisher immer vollzogene Tatsachen anerkannt. Doch selbst Oster plante keinen Putsch gegen Hitler, sondern gegen die SS, sozusagen im Namen und im Interesse des *Führers*, den man vor den bösen Parteileuten in Schutz nehmen müsse. Ein solcher Trugschluß lag nahe, denn genausowenig wie Fritsch vermochte Oster die wahren Zusammenhänge zu erkennen; auch er hielt Hitler für ein Opfer der vermeintlichen Intriganten Himmler, Heydrich und Göring und verkannte zunächst die eigene Initiative des Diktators.

Nach den bemerkenswert präzisen Erinnerungen Huppenkothens wollten die Putschisten versuchen, die Aktion gegen das Gestapo-Hauptquartier nicht unmittelbar durch die Potsdamer Garnison, sondern durch die «SS-Leibstandarte Adolf Hitler» ausführen zu lassen, um das Ganze als eine Auseinandersetzung innerhalb der Partei zu tarnen. Den Kommandeur der Leibstandarte, Sepp Dietrich, dessen Männer anfangs vom berühmten Potsdamer Infanterie-Regiment Nr. 9 ausgebildet wurden, gedachte man zu ködern, indem man ihn als General in die Wehrmacht übernehmen und seine angeblich hohen Schulden ablösen würde. Nach der Gefangensetzung Himmlers, Heydrichs und anderer SS-Führer sollte sodann der Reichskriminaldirektor und SS-Obersturmbannführer Nebe zusammen mit seinem Freund Gisevius das Archiv der Gestapo nach belastendem Material durchsuchen, das man Hitler vorlegen wollte. Auf diese Weise sollte der Diktator gezwungen werden, die moralischen Grundsätze des Offizierskorps anzuerkennen.

Auch wenn die Gestapo, als sie bei den Ermittlungen nach dem 20. Juli 1944 auf diese Pläne stieß, einen fast fanatischen Haß der Armee

gegen die Geheime Staatspolizei auszumachen glaubte und Hitler, als
ihm das Ausmaß der Verschwörung schon in den Jahren 1938 bis 1940
nachträglich bekannt wurde, in einen Schockzustand geriet, so haben
die Fahnder doch zumindest für das Frühjahr 1938 festgestellt, daß
damals all jene Überlegungen über bloße Redereien nicht hinausge-
kommen sind.[26]

Um so bemerkenswerter ist es, daß die SS selber nach dem Freispruch Fritschs eine Zeitlang mit einem Schlag des Heeres gerechnet
hat.[27] Heydrich hieß sogar seine Leute im Gestapohaus sich bewaffnen.
Doch scheint sich diese Befürchtung bei einigen SS-Führern mit der
Hoffnung gepaart zu haben, endlich die Chance zu bekommen, im
Gegenschlag das «reaktionäre» Offizierskorps der Armee auszuschal-
ten. Es wurde nach dem Krieg behauptet, in und um Berlin seien
bereits 20000 bewaffnete SS-Männer zusammengezogen worden.
Auch eine Demarche oder ein Kollektivstreik der Generalität wäre der
SS nur recht gewesen – dann hätte Hitler sofort das ganze Heer in eine
Waffen-SS umwandeln können.

Nicht zuletzt diese Gefahr mußte Fritsch wie Beck vor einer gewaltsamen Aktion zurückschrecken lassen; das Risiko, die Einheit der Armee, ihre noch verbliebenen Privilegien, ihr Ansehen aufs Spiel zu
setzen, wäre zu groß gewesen. Ein Teil des Offizierskorps, auch die
jungen Leutnants, wären wohl für den verehrten Oberbefehlshaber
von Fritsch marschiert, wenn er sie denn dazu aufgerufen hätte [28] – nur
hätte dies schon ganz am Anfang der Krise geschehen müssen, als
Fritsch noch aktiver Heeresführer war. Seine Freunde meinten, es hätte
auch in den drei Wochen vor dem Prozeß Chancen gegeben, das Blatt
zugunsten der Armee zu wenden.[29] Nach dem triumphalen Einzug
Hitlers und seiner Armee in Österreich war auch die allerletzte Möglichkeit dahin, so daß die «Widerstandsgruppe» Oster–Dohnanyi–
Sack–Gisevius für ihre Umsturzpläne keinen maßgeblichen Heerführer mehr gewinnen konnte.

Fritsch hatte es sogar von Anfang an abgelehnt, das Heer für seine
persönliche Ehrenrettung zu mobilisieren.[30] Und selbst zu dem frühen
Zeitpunkt war er sich schon nicht mehr sicher, ob ihm wirklich noch
alle Teile der Armee folgten. Zum Beispiel war auszuschließen, daß
ein Mann wie Reichenau für ihn Partei ergriffen hätte. Ohnehin hegte
Fritsch, gebranntes Kind der Novemberrevolution, einen Widerwillen
gegen Militärerhebungen. «Mit Bajonetten kann man nicht regieren»,
pflegte er zu sagen.

Die gängige Meinung der Generalität hat Manstein wiedergegeben,
der in jenen Tagen noch Oberquartiermeister I im Generalstab war:
Wer in einem Falle die Auflehnung fordere, erkläre sie damit grundsätzlich für zulässig: «Auf der Disziplin und Unterordnung der Wehr-

macht aber ruht der Staat.»[31] Und als der Oberquartiermeister II,
Franz Halder, den Generalstabschef Beck während der Fritsch-Krise
um seine Meinung bat, antwortete der General mit einem berühmten
Zitat: «Meuterei und Revolution sind Worte, die es im Lexikon des
deutschen Soldaten nicht gibt.»[32]

Wenn die als vorbildliche Führer anerkannten höchsten Generäle –
Fritsch, Beck, auch Brauchitsch[33] – sich einer Erhebung verweigerten,
war die an Befehl und Gehorsam orientierte Armee in dieser Hinsicht
handlungsunfähig. Nicht ein einziges Bataillon wäre marschiert, es sei
denn, man hätte das auf Hitler persönlich eingeschworene Heer mit
falschen Parolen versehen, wie es dann die Verschwörer im Krieg
versucht haben. Man wird dem Urteil Rundstedts zustimmen dürfen,
daß ein Putsch im Frühjahr 1938 noch aussichtsloser gewesen wäre als
der vom 20. Juli 1944.[34]

Was eigentlich erwarteten die Regimegegner 1938 von einer Armee,
die von ihrem Oberbefehlshaber, Kriegsminister von Blomberg, dazu
bestimmt worden war, «ein nationaler und gesellschaftlicher Schmelz-
tiegel für die Erziehung eines neuen deutschen Menschen» zu sein?[35]
Was von einem Offizierskorps, das in wenigen Jahren um das Sechs-
fache vergrößert worden war und zum großen Teil aus überzeugten
Anhängern Hitlers bestand? Soweit sich ehemalige Generäle nach 1945
zu diesem Thema überhaupt geäußert haben, so standen sie unverkennbar unter einem nur zu verständlichen Rechtfertigungszwang.
Jene Autoren hingegen, die sich ausmalten,[36] wie Deutschland durch
einen Putsch schon im Frühjahr 1938 vom Nationalsozialismus hätte
befreit und die Menschheit vor dem Zweiten Weltkrieg bewahrt werden können, übersahen großzügig die Realität.

Das gleiche gilt erst recht für Gisevius und seine Freunde, zu deren
Putschabsichten Generaloberst Jodl 1946 in seiner Aussage vor dem
Nürnberger Gerichtshof Bedenkenswertes gesagt hat, was ebensogut
von Fritsch und Beck, hätten sie denn noch gelebt, geäußert worden
sein könnte:[37] «Die ganzen Attentäter und Putschisten waren allein.
Um dieses System zu stürzen, hätte es einer Revolution bedurft,
mächtiger und gewaltiger, als es die nationalsozialistische gewesen ist.
Hinter dieser Revolution mußte die Masse der Arbeiterschaft stehen,
und es mußte hinter ihr stehen im wesentlichen die ganze Wehrmacht
und nicht nur vielleicht der Kommandeur der Garnison Potsdam.»
(Zuvor hatte Gisevius den Potsdamer Garnisonskommandeur von
Brockdorff-Ahlefeld als einen der Offiziere benannt, die im Frühjahr
1938 zu allem bereit gewesen seien.)[38]

Als Carl Goerdeler, empört über die Behandlung des Generalobersten von Fritsch, schon im Januar 1938 an die Militärs in Dresden das
Ansinnen richtete, unverzüglich das Hauptquartier der Gestapo auszu-

räuchern, stellte ihm der dortige Chef des Stabes, Generalmajor Olbricht – er wird in der Nacht des 20. Juli 1944 neben Stauffenberg auf den Sandhaufen im Hof des Bendlerblocks fallen –, die alles entscheidende Frage: Wo seien die politischen Kräfte, die einen Putsch trügen? Und er gab sich gleich selber die Antwort: «Das Volk steht hinter Hitler.»[39] Auch nach drei Jahrzehnten wird man sich noch dem abgewogenen Urteil des Goerdeler-Biographen und -Freundes Gerhard Ritter anschließen dürfen, «daß die ‹Fritsch-Krise› als Anlaß zu einem Aufstand der Generäle völlig ungeeignet war».[40]

Dieser bitteren Erkenntnis hat sich auch Fritsch beugen müssen, als die Heeresführung seinetwegen nicht einmal eine gewaltlose Demonstration zustande brachte. Noch im Mai 1938 hatte sein Freund, der General Wilhelm Ulex, plötzlich eine Möglichkeit zum Vorgehen gegen die SS aufgetan, nachdem sich der Stabschef der SA, Viktor Lutze, bereit erklärt hatte, mit seinen Männern an einer Aktion der Wehrmacht gegen Himmler teilzunehmen[41] – die SA hatte der SS noch nicht die Ermordung ihrer Kameraden während der Röhm-Affäre 1934 verziehen. Lutze soll auch versprochen haben, zu beweisen, «daß der Verbrecher Schmidt durch Himmlers Zwangsmaßnahmen zu seinen Aussagen gebracht wäre», ohne dies allerdings näher zu spezifizieren. Es wäre auch ihm schwergefallen, hatte Otto Schmidt doch seine Aussagen gegen Fritsch bei der Kripo gemacht, bevor Himmler für Homosexualität und Abtreibung zuständig wurde.

General Ulex fuhr nach Achterberg, um Fritsch den erfreulichen neuen Tatbestand zu melden. Doch Fritsch zeigte sich keineswegs erbaut; er war ohnehin seit der Hauptverhandlung vor dem Reichskriegsgericht überzeugt, daß der Zeuge Schmidt durch Todesdrohungen zu seinen falschen Angaben gezwungen worden sei. Resigniert winkte er ab, als ihm Ulex die neuen Putschpläne unterbreitete: Es hätte das alles gar keinen Zweck, denn Hitler wisse das alles und sei «an der ganzen Schweinerei» genauso schuldig wie Himmler.

Seit drei Monaten wartete Fritsch nun schon auf seine öffentliche Rehabilitierung. Hitler hatte es noch nicht einmal für nötig befunden, die beunruhigte Generalität detailliert über Ursache und Verlauf der Affäre bis zum Freispruch des Generalobersten zu informieren. Darum wollte sich Fritsch nun selber an jeden einzelnen kommandierenden General wenden und ihn brieflich aufklären.[42] Er schickte den Brief aber nicht mehr ab, weil Hitler unerwartet am 13. Juni 1938 das Versäumte nachholte. Doch dieses Ereignis gehört bereits zur dritten Generalsaffäre, über die es nun zu berichten gilt: zum Fall Brauchitsch.

Fritsch und Brauchitsch, Groß-Born, 11. August 1938

Dritter Teil

Der Fall Brauchitsch

Vorspann
Das Gerücht

Am Nachmittag des 28. Januar 1938, kurz nach vier Uhr, wird der Befehlshaber der motorisierten Heeresgruppe 4 in Leipzig, General der Artillerie Walther von Brauchitsch, vom Chef des Wehrmachtamtes angerufen. Keitel will ihn noch am Abend in Berlin sprechen. Gegen neun Uhr abends meldet sich der General zur Stelle. Sechs Tage später wird Brauchitsch zum neuen Oberbefehlshaber des Heeres ernannt und zugleich zum Generalobersten befördert. Nur wenige Jahre danach wird er den Tag seiner Ernennung verfluchen.[1]

Brauchitsch,[2] sechsundfünfzig Jahre alt, entstammt einem schlesischen Adelsgeschlecht, das den Preußenkönigen viele Offiziere gestellt hat. Sein Vater, General der Kavallerie, war eine Zeitlang Flügeladjutant bei Kaiser Wilhelm I. gewesen und später Direktor der Kriegsakademie geworden. Er selber hatte als Page der Kaiserin Auguste Viktoria das Hofleben kennengelernt und duzte sich mit dem Kronprinzen und mit dem Prinzen Eitel-Friedrich. Ebenso wie sein Vorgänger von Fritsch war er der Typ des Nur-Soldaten, klar, klug und knapp, von betont kühler, unpersönlicher Sachlichkeit, dabei zurückhaltend, weder ein Bramarbas noch ein Eisenfresser, feinfühlig, ritterlich, tief religiös. In den Augen der Nationalsozialisten gehörte er zur Reaktion, also zur konservativen Elite. Als Militär wurde er geprägt im Kaiserreich und ausgeformt in der Seecktschen Reichswehr.

Wie kommt solch ein Mann zu dem Ruf, er habe das deutsche Heer an Hitler verkauft? Wie gerät er in den Ruch von Korruption und Meineid? Wieso steht ausgerechnet sein Name für Knechtschaft, Unterwürfigkeit, Charakterlosigkeit, Sittenverfall? Denn keiner dieser Vorwürfe, von denen sein Bild in der Literatur jahrzehntelang bestimmt wurde, hält einer genauen Prüfung stand.

Anders als der Freiherr von Fritsch, der nach 1945 eine unverdient wohlwollende Aufwertung erfuhr, ist von Brauchitsch seit Kriegsende das Opfer gezielter, besonders bösartiger Falschbehauptungen und Gerüchte geworden. Die rufmörderischen Beschimpfungen gegen ihn und seine Frau wurden von vielen Autoren mehr oder weniger gutgläubig übernommen. Durch ständiges Abschreiben und Zitieren

General Walther von Brauchitsch

wurde so das Andenken des toten Feldmarschalls zunehmend und dauerhaft verunglimpft.

Auch dieses dritte Kapitel der Generalsaffäre im Januar/Februar 1938 muß von Grund auf neu geschrieben werden.

1.
«Zu allem bereit»?
Die Berufung des Generals von Brauchitsch

Hitlers Kandidat war er nicht. Brauchte man noch einen weiteren Beweis für unsere These, daß der Blomberg-Fritsch-Affäre keine eiskalt geplante Intrige des Diktators oder seiner Paladine zugrunde lag, ersonnen zu dem Zwecke, die Wehrmacht gleichzuschalten, so ist es die tagelange, hilflos wirkende Suche nach einem Nachfolger für Fritsch.[1] Als in jenen Tagen der Marineadjutant, Korvettenkapitän Karl-Jesko von Puttkamer, im Auftrage seines Oberbefehlshabers Raeder in der Reichskanzlei Hitler auf die Nachfolgefrage ansprach, nahm dieser die «Rangliste des Heeres», die immer auf seinem Schreibtisch lag, und reichte sie dem Adjutanten mit den Worten: «Schlagen Sie mir doch einen vor! Wissen Sie denn einen? Wen soll ich nun ernennen?» Und dann hakte er selber die Namen an der Spitze einen nach dem anderen ab; jeden konnte er mit – wie Puttkamer schien – zwingenden Gründen ablehnen.

Der Name Brauchitsch war Hitler zuerst von Blomberg bei dessen Abschiedsbesuch genannt worden.[2] Der Kriegsminister hatte ihn jedoch in einem Atemzug mit dem seines einstigen engen Mitarbeiters Reichenau genannt, von dem er annehmen konnte, daß er Hitler am ehesten gefallen würde. General Walter von Reichenau, derzeit kommandierender General des VII. Armeekorps in München, kam zwar ebenfalls aus der preußischen Garde, aber er hatte sich frühzeitig den Ideen des Nationalsozialismus aufgeschlossen gezeigt, dabei freilich immer die Eigenständigkeit des Militärs, der zweiten Säule des neuen Reiches neben der Staatspartei, entschlossen behauptend. Rückblickend meinte Blomberg, General von Reichenau hätte mit mehr Erfolg als Brauchitsch das stete Mißtrauen der Partei gegen das «reaktionäre» Heer abbauen können.

Was Brauchitsch nicht voraussehen konnte: Er war schon vor seiner Ankunft in Berlin eine Schachfigur in den Auseinandersetzungen zwischen der Heeresleitung und der Wehrmachtführung um die Spitzengliederung der Streitkräfte geworden. Um einen Reichenau, der bereits unaufgefordert im Wehrmachtamt antichambrierte, von der Spitze des Heeres fernzuhalten, mußte ein Kompromißkandidat her.

General Keitel war es, der den Vorschlag Blombergs wieder aufgriff und Brauchitsch abermals ins Spiel brachte.[3] Er schilderte ihn als unpolitischen Soldaten und als große Begabung in Organisation, Ausbildung und Führung. Der Kandidat hatte eine blendende Laufbahn hinter sich,[4] war 1932 Inspekteur der Artillerie geworden und wurde am 30. Januar 1933, als Nachfolger des ins Kabinett Hitler berufenen Blomberg, mit dem verantwortungsvollen Kommando eines Wehrkreisbefehlshabers in der vom Reich abgeschnittenen Provinz Ostpreußen betraut. Brauchitsch zählte zur Führungselite der Reichswehr, auch wenn ihn später der Feldmarschall von Manstein, seiner eigenen operativen Begabung wohl bewußt, nur ins zweite Glied einreihen mochte.

Brauchitsch selber hatte keinen Ehrgeiz nach noch Höherem. Bereits ein Jahr zuvor hatte er Fritsch um seine Ablösung gebeten, war jedoch abschlägig beschieden worden, weil der Oberbefehlshaber des Heeres nicht auf sein «bestes Pferd» verzichten wollte.[5] Für ihn hatte sich bei Hitler auch sein einstiger Dienstvorgesetzter, der General von Rundstedt[6] – den Hitler sehr schätzte – in höchsten Tönen verwendet: ein vornehmer Mann, ein sehr guter Führer, der Armee durchaus als Nachfolger für Fritsch willkommen. Was also lag näher, als daß sich Hitler selber ein Bild von dem Kandidaten der Armee machen wollte.

Keitels Telefonanruf bei Brauchitsch war Ausweis eines neuen Selbstbewußtseins der Wehrmachtführung, das Hitler in der Krise Ende Januar 1938 noch durch seinen Vertrauensvorschuß zu stärken wußte. Generalstabschef Beck empörte sich über diese Eigenmächtigkeit. Aber bei einem so loyalen Offizier wie Keitel fällt es schwer zu glauben, er habe ohne Einverständnis Hitlers gehandelt. Sogleich versuchte er, Brauchitsch auf die neuen Verhältnisse einzuschwören. Der künftige Chef des Oberkommandos der Wehrmacht fragte ihn,[7] ob er, erstens, «in der Lage» sei, «das Heer enger an den Staat und an sein Gedankengut heranzuführen», und zweitens, wenn nötig, einen ebensolchen Generalstabschef zu nehmen (will sagen: den Widersacher Beck auszubooten). Schließlich wollte Keitel wissen, ob sein Kandidat die neue Spitzengliederung anerkenne, wozu auch der von Hitler seit langem gewünschte Wechsel in der Personalabteilung des Heeres gehörte.

Es ist mißlich für die Forschung, daß wir über die Unterhaltung zwischen Keitel und Brauchitsch einzig durch ein paar dürftige Notizen im Tagebuch Jodls unterrichtet werden. Jodl ist Partei; er gibt lediglich wieder, was ihm Keitel berichtet hat, richtiger: wie er Keitel verstanden hat oder, der eigenen gemeinsamen Sache wegen, verstanden wissen wollte. In diesem Falle lesen sich die Eintragungen so, als habe sich Brauchitsch, noch ehe er sich überhaupt bei Hitler gemeldet hatte, bereits für das Amt des Oberbefehlshabers entschieden, was mitnichten der Fall war, wie sich rasch zeigen sollte. Vielmehr hat sich der General, wie es seine Art war, klug zurückgehalten: Die neue Spitzenordnung, also den wichtigsten Punkt, akzeptiert er keineswegs sofort, sondern er will sich erst eine eigene Meinung bilden. Unmittelbaren Widerspruch, womöglich noch verletzenden, pflegte er zu vermeiden; da mochte sein Gegenüber aus diesem Verhalten folgern, man sei einer Meinung, doch Brauchitsch hatte sich Hintertüren offengelassen, ein Ausweichmanöver eingeleitet und sich in der Sache nicht gleich festgelegt.

Den ersten Punkt Keitels konnte er indes ohne weiteres billigen, denn da wurde Selbstverständliches verlangt. Selbst Generaloberst von Fritsch hatte erklärt, der Nationalsozialismus sei die Grundlage der Armee und müsse es auch bleiben. Allerdings machte sich Keitel auch zum Vollstrecker der Ideen seines eben gestürzten Chefs, des Feldmarschalls von Blomberg. Der hatte beim Neujahrsempfang am 11. Januar – zur Verwunderung Fritschs – erklärt, die Wehrmacht müsse sich in ganz anderer Weise als bisher zum Nationalsozialismus bekennen. Mag sein, daß ihn dabei der Gedanke an seine Heirat, bei der Hitler am nächsten Tag Trauzeuge sein sollte, noch besonders beflügelt hat.[8] Von Brauchitsch wurde erwartet, daß er dem Heer den reaktionären Anstrich nehme, doch gerade dafür eignete sich dieser königlich-preußische Generalstäbler am wenigsten – das hatte Blomberg richtig erkannt. Brauchitsch war es schon zuwider, wenn ihm die Menschen beim «Deutschen Gruß» die Finger ins Gesicht streckten, wie er mit feiner Ironie anzumerken wagte.[9]

Zu Keitels zweitem Punkt ist Jodls Aussage unzutreffend, Brauchitsch habe die Entlassung Becks gutgeheißen. Die es anders interpretieren, haben offensichtlich das Wörtchen «wenn nötig» übersehen: Es gab Brauchitsch die Möglichkeit, scheinbar zuzustimmen. In Wirklichkeit hat er Beck noch viele Monate als Generalstabschef behalten, ja bereits nach ein paar Wochen dessen neue Denkschrift zur Spitzengliederung an Hitler weitergeleitet,[10] sehr zu dessen Ärger. Das alles spricht nicht dafür, daß ihn Keitel mit seiner Konzeption überzeugt hatte.

Am 29. Januar empfing Hitler den General, im Beisein Keitels, um ihn kennenzulernen. Abends berichtet Keitel seinem Mitarbeiter Jodl, der folgendes ins Tagebuch einträgt:[11] «Er [*Hitler*] hat sich mit Brauchitsch auseinandergesetzt. [*Die Wortwahl spricht nicht gerade für Einvernehmlichkeit.*] Dieser zu allem bereit.» Wie oft sind Brauchitsch diese Worte hohnvoll nachgerufen worden. «Zu allem bereit» – war das nicht der handfeste Beweis für die «Wahlkapitulation», zu der sich der General hergeben mußte? Nur haben alle Kritiker eins übersehen: es sind gar nicht seine Worte, sondern Jodls. Und ob dieser die Schilderung Keitels in der Verkürzung richtig wiedergegeben hat, steht dahin. Denn ganz anders liest sich, was unter dem «29.1.» Keitels Adjutant Wolf Eberhard in sein Diensttagebuch eingetragen hat:[12] «Aktion Brauchitsch fehlgeschlagen, wie Keitel sagt (Familie nicht in Ordnung).» Brauchitsch hatte, wie es seiner hohen Pflichtauffassung entsprach, dem Obersten Befehlshaber seine Selbstzweifel gestanden, ob er wegen privater Gründe überhaupt für das hohe Amt in Frage käme. Denn er wollte sich von seiner Frau, der Mutter seiner bereits erwachsenen drei Kinder, scheiden lassen – nach dem strengen preußischen Comment hatte er sich damit eigentlich schon disqualifiziert.[13]

Damit nicht genug, gedachte er auch, wieder zu heiraten, eine junge Frau, Charlotte Rueffer, die aus erster Ehe schuldlos geschieden und aus zweiter Ehe verwitwet war. Diese Umstände, betrachtet man sie unter dem noch nicht überstandenen Schock des Blomberg-Skandals, waren einigermaßen ungewöhnlich,[14] so daß Hitler sich genötigt sah, sich durch die Gestapo über die Verhältnisse Klarheit zu verschaffen. Das würde Zeit kosten. Das große Revirement, das dem eigenen Volke und dem Ausland die ungebrochene Stabilität des Regimes vorspiegeln sollte, konnte bis zum 30. Januar, dem fünften Jahrestag der Machtergreifung durch die Nationalsozialisten, nicht mehr verkündet werden. Hitler mußte die traditionelle Reichstagssitzung verschieben.

Aber nicht nur die privaten Skrupel des Generals störten das so perfekt ausgedachte Konzept der Keitel und Jodl. Brauchitsch zeigte sich in den sachlichen Fragen obstinat – er war keineswegs «zu allem bereit». Bei einem Gespräch,[15] das Keitel und er am 1. Februar mit Göring führten, ließ er durchblicken, daß es ihm mit den personellen Veränderungen nicht eile; das müsse er sich erst überlegen. Nun war aber just der Wechsel im Personalamt conditio sine qua non, schon um Hitler einen langgehegten Wunsch zu erfüllen. Und der dafür in Aussicht genommene Kandidat hatte sich auch schon im Wehrmachtamt eingefunden: Bodwin Keitel, der Bruder des Generals. Die Neuerung sollte also mit einem Stück beginnen, das bedenklich nach Vetterliwirtschaft roch.[16]

Noch am Abend desselben Tages reiste Brauchitsch nach Leipzig ab. Keitel und Jodl gerieten in Panik,[17] denn Hitler schien nun doch wieder mehr Reichenau zuzuneigen. Was sie nicht wußten: Am Vortag hatte Reichspropagandaminister Joseph Goebbels[18] in einer zweistündigen Audienz bei Hitler vor Brauchitsch gewarnt, sozusagen im Namen der Partei: «Brauchitsch hatte viel Krach mit (*Gauleiter*) Koch-Ostpreußen. Liegt politisch nicht gerade, sonst aber ein absoluter Fachmann.» Statt dessen setzte sich Goebbels für Generalstabschef Beck als Kandidaten ein: «Er kommt direkt aus der Schule Schlieffen.» Vielleicht fühlte er sich durch die Intellektualität des Generals angezogen; jedenfalls meinte er, Hitler für Beck gewonnen zu haben. Hitler hatte sogar ganz am Anfang der Krise Beck den Oberbefehl über das Heer angetragen. Beck wollte jedoch nicht annehmen, da die Schuld Fritschs noch gar nicht erwiesen, sein Rücktritt also nicht dringlich schien.[19]

Im Zusammenhang mit dem Vorschlag Goebbels' fällt auf, daß Keitel am 1. Februar den «Kandidaten» Beck aufsucht. Man hat vermutet, Keitel habe Hitler von einer Kandidatur Becks abgebracht; diese Vermutung hat viel für sich, denn Beck war und blieb der energischste Gegner der geplanten Spitzengliederung. Erst ein paar Tage zuvor hatte er Jodl zugemutet, doch seine Abteilung Landesverteidigung dem Generalstab anzuschließen. Die Spannungen verschärften sich derart, daß Beck seinen Offizieren den dienstlichen Verkehr mit dem neuen Oberkommando der Wehrmacht, quasi mit der «Feindseite», untersagte.

Brauchitsch kann kaum in Leipzig angekommen sein, da wurde er schon wieder in die Reichshauptstadt zurückbeordert. Keitel und Jodl wollten ein letztes Mal probieren,[20] ihn doch noch bei Hitler durchzusetzen, indem sie Brauchitsch dort zu packen suchten, wo er am empfänglichsten war – bei seinem Pflichtgefühl. Als sich Keitel am 2. Februar früh um neun Uhr mit dem General im Hotel «Continental» traf, wird er ihm die Situation so düster, ja deprimierend vorgestellt haben, wie er sie zuvor schon mit Jodl eingeschätzt hatte: Wenn Brauchitsch nicht annähme, komme Reichenau, und das bedeute Unheil für die Armee. Viele der älteren Generäle würden abtreten, und weder Beck noch der als dessen Nachfolger ausersehene Halder würden Generalstabschef bleiben oder werden wollen. Brauchitsch mußte sich aufgerufen fühlen, die Einheit der Armee zu wahren. Jedenfalls ließ er sich von Keitel umstimmen, und Jodl rief nach der Ernennung des neuen Oberbefehlshabers triumphierend aus: «Die Schlacht ist gewonnen!»

In einer Aufzeichnung vom Sommer 1945 sagt Brauchitsch über seine Annahme lapidar: «Ich hatte mich dazu nur sehr ungern auf wiederholtes Bitten und nur mit Rücksicht darauf bereit erklärt, weil ich hoffte, dem Heer helfen zu können.» Ähnlich vor der Generalität am 5. Februar 1938 in der Bendlerstraße: Er habe den Posten des Oberbefehlshabers nur widerstrebend und unter erheblichen Bedenken angenommen. Auch seine Frau spricht von seinen inneren Kämpfen in jenen Wochen.[21]

Vorgeworfen hat man ihm später, daß seine Amtsübernahme mit der Entlassung oder Versetzung von rund sechzig höheren Offizieren einherging, darunter ein Dutzend zum Teil hoch angesehener Generäle. Gleichsam entschuldigend hat Brauchitsch vor den kommandierenden Generälen erklärt, er habe die «Maßnahmen des Führers» als vollzogene Tatsachen hinnehmen müssen.[22] Tatsächlich hat nicht Brauchitsch die Liste zusammengestellt, sondern zweifelsohne Keitel.

Oberst Jodl mußte Keitel sogar ermahnen, doch behutsam vorzugehen: Man dürfe nicht aus eher politischen Gründen der Armee unabsehbaren Schaden zufügen, und man könne es sich nicht leisten, über das Revirement die Führer der Armeen und Heeresgruppen zu verlieren.

Nun soll sich aber Brauchitsch, laut Jodls Tagebuch,[23] «fast» mit allen wesentlichen Änderungen einverstanden erklärt haben. Diese Aussage läßt sich indes auch gegen den Strich bürsten: Der neue Oberbefehlshaber war eben nicht mit allen Änderungen einverstanden. Das Wörtchen «fast» könnte zum Beispiel meinen, daß er an Generalstabschef Beck festhalten wird oder, was ihm auch gelingt, an Rundstedt. Es fällt auf, daß auf einmal auch Jodl findet, es sei am besten, Beck bliebe im Amt. Wenn Brauchitsch von vollzogenen Tatsachen sprach, lag darin eine für die Generalität erkennbare Distanzierung von Hitlers Revirement.

Manche Kritiker der Generalsaffäre täuschten sich über die wahren Machtverhältnisse, mit denen Brauchitsch rechnen mußte. Die Armee war auf Hitler persönlich vereidigt; schon seit 1934 hätte er als Oberster Befehlshaber der Wehrmacht all das durchsetzen können, was nun geschah; aber jetzt war er sogar der unmittelbare Vorgesetzte der Generäle als Oberbefehlshaber der Wehrmacht. Nur aus zunächst noch ungebrochenem Respekt vor den preußischen Generälen und aus dem Wunsch nach einer ungestörten Aufrüstung hatte sich Hitler in den ersten Jahren zurückgehalten. Das wurde jetzt anders, wie gerade Brauchitsch bald bitter zu spüren bekommen sollte.

Brauchitsch hätte sich, bevor er die Ernennung annahm, erst mit seinen Generalskameraden absprechen sollen, lautet ein weiterer Vorwurf.[24] Das verrät einen Mangel an Kenntnis der hierarchisch-autoritären Struktur des Militärs, zumal unter einer Diktatur. Solchen demokratischen Gepflogenheiten vor der Berufung – ganz abgesehen von der Geheimhaltung laufender Personalgespräche – hätte etwas Verschwörerisches angehaftet. Man wird Brauchitsch nach seinen Erfahrungen mit der Partei und der SS in Ostpreußen zugestehen müssen, daß auch er die Armee gegen Übergriffe oder Ambitionen aus der Ecke des Reichsführers SS Himmler schützen wollte und nicht zuletzt deswegen die Berufung annahm. Da mußte er nicht erst Beck fragen.

Der Jubel der Keitel und Jodl über die gewonnene Schlacht kann nicht lange vorgehalten haben. Noch in der Nürnberger Gefängniszelle hat der Chef des Oberkommandos der Wehrmacht seinem Herzen Luft gemacht:[25] Brauchitsch hätte nicht die auf den «vergötterten»

Fritsch eingeschworenen Stabsoffiziere behalten dürfen, sich vielmehr Mitarbeiter eigenen Vertrauens heranholen müssen. So hatte Hitler es ihm angeraten. Sachlich ist diese Meinung zu vertreten, aber die Haltung des neuen Oberbefehlshabers muß als menschlich begreif- und achtbar gewürdigt werden. Aus der Sicht des Oberkommandos der Wehrmacht war es freilich verhängnisvoll, daß Brauchitsch Generalstabschef Beck schalten und walten ließ. Keitel sah in Beck sogar den «bösen Geist seines neuen Herrn».

Der schwerste Vorwurf,[26] der im stillen wohl schon 1938, nach dem Krieg aber offen gegen Brauchitsch gerichtet wurde, ist seine Bereitschaft, überhaupt die Nachfolge eines Fritsch anzutreten. «Charakterlos» lautet das harte Verdikt. Wer so urteilt, hat die Zusammenhänge der Fritsch-Affäre nicht durchschaut (so wenig wie damals Brauchitsch) und ist nicht frei von der überzogenen Verehrung für Fritsch (die Brauchitsch ebenfalls nicht fremd war). Aber der General mußte, seinem engen soldatischen Verantwortungsbegriff gemäß, die Interessen der Armee höher stellen.

Bestärkt darin wurde er ausgerechnet von dem Mann, dessen Nachfolger er unter derart entwürdigenden Umständen werden sollte. Fritsch ließ ihn nämlich wissen, er halte es für gut und richtig, wenn Brauchitsch und nicht eine parteigebundene Persönlichkeit den Oberbefehl übernähme. Sein Nachfolger hat sich von Anfang an für die Rehabilitierung Fritschs eingesetzt, aber es war allen klar, daß sie nicht mit einer Wiedereinsetzung in das alte Amt enden konnte, zumal Fritsch von sich aus eine Wiedereinsetzung abgelehnt hatte. Wie hätte er da dem von ihm so geschätzten Brauchitsch zürnen sollen?

Der Historiker und Goerdeler-Biograph Gerhard Ritter hat denn auch Brauchitsch gegen die Anschuldigung in Schutz genommen, das Heer den Nationalsozialisten ausgeliefert zu haben. «Er hat», so schreibt Ritter aufgrund des Zeugnisses aller Beteiligten, [27] «von Beginn seiner Tätigkeit als Heeresbefehlshaber an einen zähen, oft nervenzermürbenden Kleinkrieg durchgeführt, um in Personalfragen, im Kampf um die Militärseelsorge (der er sich als kirchlich gesinnter Protestant eng verbunden fühlte), wider die Übergriffe der Parteiverbände, besonders der SS, gegen das Propagandaministerium u.dgl. so viel von den alten Traditionen der Reichswehr wie möglich zu retten.»

Aber es war ja nicht bloß ein falsch interpretiertes, ja womöglich falsch wiedergegebenes Zitat aus Jodls Tagebuch, das dazu diente, Brauchitsch in Mißkredit zu bringen, sondern ein anderes, viel übleres Gerücht, das sich ihm schon zu seiner Amtszeit und erst recht nach 1945 an die Fersen heftete, so daß es dann nur noch logisch schien, die Jodl-Notiz gegen ihn zu verwenden: Es ist die Behauptung, Brauchitsch habe sich die Scheidung von seiner Frau durch Hitler bezahlen lassen, dafür also das Heer an den Diktator verkauft und sich selber in innere Abhängigkeit begeben, die ihm in Auseinandersetzungen mit dem Diktator die Hände gefesselt habe, vor allem im Kriege.

2.
Hitlers Geldgeschenk in der Scheidungssache Brauchitsch
Gerücht oder Tatsache?

Einer der ersten – wenn nicht überhaupt der erste – aller Autoren, die mit der Behauptung hervorgetreten sind, der General von Brauchitsch habe sich bei Übernahme seines Amtes als Oberbefehlshaber des Heeres von Hitler «kaufen» lassen, ist Hans Bernd Gisevius. In seinem Erinnerungsbuch heißt es in der Ausgabe von 1947: «Unser von jeher großmütiger Führer erleichtert diese Eheschließung, indem er Brauchitsch *einen stattlichen Scheck* zur Abfindung seiner bisherigen Ehefrau in die Hand drückt.»[1] Diese pikante, Detailkenntnisse andeutende Behauptung sollte fortan ungehindert ihren Weg durch die Fachliteratur nehmen, wie eine Zitatenlese aus mehreren Jahrzehnten belegt:[2]

Gerhard Ritter: «... *erhebliche Geldsumme*»

Helmut Krausnick: «... *erhebliche finanzielle Hilfe*»

Gerd Buchheit: «*mit einem nicht unbeträchtlichen Geldbetrag*» *und* «*eine größere Summe*»

Lew Besymenski: «... *ein ansehnliches Sümmchen*»

Joachim C. Fest: «... *einen höheren Geldbetrag*»

Jürgen Thorwald: «... *eine nicht unbedeutende Summe*»

Reinhard Spitzy: «... *eine überaus großzügige Schenkung aus seiner (Hitlers) Privatschatulle*» (Im «Spiegel» wurde aus dieser Schatulle eine «Zigarren-Kiste».)

Nachdem Gisevius wohl eingesehen hatte, daß er mit seiner Erwähnung des «stattlichen Schecks» allein stand, schloß er sich in den späteren Ausgaben[3] seines Buches der allgemeinen Lesart an, zum Beispiel 1964: «... eine erhebliche Geldsumme»; eine zahmere Variante findet sich in seiner 1967 erschienenen Hitler-Biographie: «... Zahlung einer Abfindungssumme». Freilich war er auch jetzt noch lange nicht so rücksichts- und taktvoll wie manch andere Autoren:[4]

Walter Görlitz: «*Wahrscheinlich ... finanzielle Unterstützung*»

Otto E. Moll: «... *Zuwendung aus staatlichen Mitteln*»

Kurt Zentner: «*Hitler bezahlte Brauchitschs Schulden ... der Generalsgattin die Abfindungssumme*»

Franz Halder: «... pekuniäre Hilfeleistung»

Noch zartfühlender gaben sich jene, die das Wort Geld überhaupt vermieden, zum Beispiel:[5]

Otto Ernst Schüddekopf: «... persönliche Gefälligkeiten»

Gerhard Binder: «... durch persönliche Umstände Hitler gegenüber nicht frei»

Theodor Schieder: «... unter persönlichen Begleitumständen, die ihn Hitler gegenüber unfrei machten»

Manfred Messerschmidt: «... durch Hitler noch in besonders persönlicher Weise für sich verpflichtet»

Milton Shulman: «Hitler in hohem Maße moralisch verpflichtet»

Heinz Guderian: «... in einer nicht ganz unabhängigen Lage»

All diese Anschuldigungen und Anspielungen weisen eine bemerkenswerte und verdächtige Übereinstimmung auf: In keinem einzigen Falle wird die Höhe der von Hitler aufgewandten Geldsumme genannt, sondern immer nur allgemein, wenn überhaupt, von Dotation, Schenkung oder Abfindung gesprochen.

Lediglich in drei Publikationen, und auch das erst in den sechziger und siebziger Jahren, wurde ein genauer Betrag genannt. Als erster wagte sich Hauptmann a. D. Fritz Wiedemann[6] hervor, Hitlers militärischer Vorgesetzter im Ersten Weltkrieg und bis 1939 einer seiner persönlichen Adjutanten. Ohne einen Namen zu nennen, erwähnte er 1964 in seinen Memoiren einen Oberbefehlshaber, der sich schon im Frieden 120000 Mark habe geben lassen, um heiraten zu können. Zum erstenmal hatte er diese Summe in einer Befragung dem Münchner Institut für Zeitgeschichte angegeben und sich dabei auf eine Mitteilung des einstigen Reichsbankpräsidenten und Reichsministers Hjalmar Schacht berufen. Schacht war aber zum Zeitpunkt der Generalsaffäre bereits von Hitler kaltgestellt. Er kann also den Betrag nur vom Hörensagen haben, hat ihn auch bezeichnenderweise in seinen Memoiren nirgendwo angeführt. Wiedemann selber variiert die Summe – mal sind es 120000, dann nur 100000. Am auffälligsten: Wiedemann, der im Februar 1938 und den folgenden Monaten noch zum inneren Kreis Hitlers gehörte, verfügt über kein eigenes Wissen in dieser Sache, sondern gibt nur Gerüchte wieder, die er womöglich erst nach 1945 gehört hat.

Vier Jahre später – 1968 – schrieb Generalleutnant a. D. Curt Siewert,[7] immerhin ein Vertrauter des Oberbefehlshabers, in seinem selbstkritischen Buch *Schuldig? Die Generäle unter Hitler* folgenden Satz: *«Soweit wir wissen,* erhielt Brauchitsch 80000 Mark.» (In der

Zeitschrift «konkret» wurde dieser Betrag noch um eine Null ergänzt.) Der seltsame Vorbehalt «... soweit wir wissen...» läßt jedoch keinen Zweifel zu, daß selbst dieser Autor aus dem inneren Kreis
des Generalobersten nichts Genaues weiß.

Im dritten Falle findet sich die angebliche «Kaufsumme» für Brauchitsch in dem 1969 erschienenen Buch von Harold C. Deutsch (*Verschwörung gegen den Krieg*):[8] Er weist, ohne Angabe einer Quelle, auf
«eine Reihe besonderer Umstände» hin, die Brauchitschs «persönliche
Schwächen... in gewisser Weise entschuldigten»: «Beispielsweise die
Sache mit einem Geschenk von 250 000 Reichsmark, mit dem Hitler es
Brauchitsch ermöglicht hatte, seine erste Ehe zu lösen und eine zweite
einzugehen.» Offensichtlich kannte Deutsch das Buch von Siewert
noch nicht. Bei solch extremer Differenz zwischen den beiden Summen muß zumindest eine ein Phantasieprodukt sein. In seinem Buch
Das Komplott(1974)[9] ließ Deutsch seine so bestimmte Zahl zugunsten
der weniger bestimmten von Siewert stillschweigend unter den Tisch
fallen.

Nun wäre Siewert eigentlich der berufenste Zeuge gewesen, die
merkwürdige Streitfrage, ob Brauchitsch von Hitler «gekauft» wurde
oder nicht, autoritativ zu entscheiden, da er als 1. Generalstabsoffizier
der engste und, wie er glaubhaft versichert, vertrauteste Mitarbeiter
des Generalobersten und späteren Generalfeldmarschalls gewesen ist.
Doch wie sich zeigen wird, ist gerade er dafür mitverantwortlich, daß
sich der zunächst völlig klare Sachverhalt in ein verworrenes Knäuel
von Widersprüchen verwandelte, das im Folgenden entwirrt werden
soll.

Siewerts Kehrtwendung erscheint rätselhaft und unverständlich. Er
hatte noch zwei Jahre, bevor er die Zahl 80 000 einführte, klar und
unmißverständlich das Gegenteil zu Protokoll gegeben[10]: In dem Buch
Das Heer und Hitler von Klaus-Jürgen Müller ist nämlich festgehalten:
«Generalleutnant a. D. Siewert, damaliger 1. Generalstabsoffizier, bezeugt, Brauchitsch habe ‹von Hitler keine Abfindungssumme für seine
Scheidung erhalten›.» Außerdem, so wird Siewert weiter zitiert, bewiesen die späteren jahrelangen Auseinandersetzungen mit Hitler, daß
sich der Oberbefehlshaber des Heeres «nicht in eine unzulässige Abhängigkeit begeben habe».

Daraus ergibt sich zwangsläufig, daß Siewert innerhalb von ein bis
zwei Jahren sein angebliches, wenn auch mit dem bewußten Fragezeichen versehenes «Wissen» zwanzig Jahre nach dem Tod des Feldmarschalls wieder eingefallen oder von besserwisserischer dritter Seite vermittelt worden ist. Aber auch dann wäre noch unerklärlich, warum er,
angesichts der Bedeutung dieser Frage für Ruf und Ehre des toten
Feldmarschalls, seine Quelle oder seinen Zeugen verschwiegen hat, die

ihn veranlaßten, das Gegenteil dessen in der Öffentlichkeit zu vertreten, was er eben noch so nachdrücklich bekundet hatte ...

Deutsch jedoch hat diese Quelle wie folgt aufgedeckt:[11] «80 000,–
RM wurden Major Siewert gegenüber bestätigt, und zwar von Rittmeister von Both, Fritschs Adjutant (Siewert-Interview, 15. Januar
1970).» Wäre das richtig, dann hätte der damalige Major Siewert bereits durch Fritschs Adjutanten eine Bestätigung des eigenen Wissens
von der Geldzuwendung Hitlers an Brauchitsch erhalten. Logischerweise hätte er dann bis zum Jahre 1968 nicht nur geschwiegen, was
sein Recht gewesen wäre, sondern nachweislich und vorsätzlich die
Unwahrheit gesagt. Selbst dann bliebe zu fragen, warum Siewert trotz
dieser Bestätigung den Vorbehalt «soweit wir wissen» gemacht und
Both nicht als Zeugen genannt hat. Und völlig rätselhaft bliebe, wieso
der relativ außenstehende Adjutant des gerade abgelösten Generalobersten von Fritsch über eine Geldtransaktion von Hitler zu Brauchitsch, die sicherlich streng geheim und diskret abgewickelt worden
sein mußte, zuverlässig informiert gewesen sein soll, nicht aber Brauchitschs Vertrauter Siewert ...

Nun hat aber Siewert selber im November 1974 dem Sohn des
Feldmarschalls, Oberst a. D. Bernd von Brauchitsch, als seinen Gewährsmann für die «Dotation» von 80 000 Mark keineswegs den
(schon 1938 bei einem Rennen tödlich verunglückten) Rittmeister von
Both genannt, sondern sich auf den einstigen Heeresadjutanten Hitlers, General a. D. Gerhard Engel, berufen.[12] Womöglich haben wir es
lediglich mit einem Flüchtigkeits- oder Abschreibfehler zu tun: Autor
Deutsch könnte den Adjutanten Hitlers mit dem Adjutanten Fritschs
verwechselt haben.

Der ehemalige Heeresadjutant Engel kommt erst 1953 in dieses Verwirrspiel:[13] Frau von Brauchitsch bat ihn, den Ruf ihres toten Gatten
zu schützen, nachdem General a. D. Hermann Foertsch in seinem
Buch *Schuld und Verhängnis* zwei Jahre zuvor folgendes ausgeführt
hatte: «General von Brauchitsch hatte, so wurde schon damals *gemunkelt* und *so hat es sich bestätigt,* zur Regelung dieser Scheidung von
Hitler eine nicht unbeträchtliche Summe erhalten.» Auf eine Anfrage
der Witwe hat Foertsch nicht reagiert. Engels Antwort nun läßt den
Schluß zu, daß er es war, der seinem Generalskameraden Foertsch das
«Gemunkel» bestätigt hat, denn er gibt zu, von Foertsch wegen dieser
Sache angesprochen worden zu sein. Eine genaue Zahl habe er nie
genannt. Doch bei Frau von Brauchitsch gibt er diese Vorsicht auf:
«Ich glaube mich jedoch daran erinnern zu können, daß es ein unge-
fährer Betrag von RM 20 000,– war.» Beschwichtigend fügt er hinzu,
der Feldmarschall habe niemals von sich aus um eine derartige Hilfe
bei Hitler nachgesucht, sondern sie sei ihm «aufgedrängt» worden.

Foertsch habe ihm bereits versichert, in einer verbesserten Auflage Korrekturen anzubringen.

Dem Brief an die Witwe legte Engel die Kopie eines Schreibens[14] bei, das er ein Jahr zuvor an Dr. Uhlig vom Münchner Institut für Zeitgeschichte gerichtet hatte, um sein Wissen über die «Scheidungsgelder des OB (Oberbefehlshabers)» kundzutun. Demzufolge soll Hitler um Ostern 1938 herum bei Spaziergängen «mehr oder weniger inoffiziell» und «in taktvoller Weise» geäußert haben, er werde die finanzielle Angelegenheit übernehmen und in Ordnung bringen, da er «nur von Belastungen freie OB's gebrauchen könne». Auch wollte sich Engel erinnern können, daß Brauchitsch Ende Mai 1938 nach einem Vortrag Hitler um ein Gespräch unter vier Augen in «einer persönlichen Angelegenheit» gebeten habe. Messerscharf schloß der Adjutant, es könne nur eine familiäre Angelegenheit gewesen sein.

Etwa vierzehn Tage später habe er den Wagen des Oberbefehlshabers mit Kommandoflagge vor der «Kanzlei des Führers» stehen sehen. Dieses Parteibüro wurde von Reichsleiter Philipp Bouhler, dem Geschäftsführer der NSDAP, geleitet, der, so Engel, über private Mittel Hitlers verfügt habe. *«Ich reimte mir schon damals sofort zusammen, daß es sich um die besagte Angelegenheit handeln müsse.»* Und im August habe ihm dann Hitler erzählt, daß er Brauchitsch zu Bouhler geschickt habe. Schon damit verrät Engel seine Ignoranz,[15] denn Bouhler war dafür gar nicht zuständig.

In merkwürdigem Widerspruch dazu steht eine Aufzeichnung in dem viele Jahre später, 1974, herausgegebenen «Tagebuch»[16] des Generals Engel. Dieses sogenannte Tagebuch ist als Quelle eher dubios; sogar die Herausgeberin warnt vor «Irrtümern und Erinnerungsfehlern», da man – was einigermaßen überrascht – «nicht mit Sicherheit auseinanderhalten könne, wo in diesen Aufzeichnungen Hitler selbst und wo der Autor spricht», es sich also «um eine Mischung aus zeitgenössischer Substanz und Erinnerung» handele. Unter dem Datum 18. Oktober 1938 hat Engel folgendes vermerkt: «F. (Führer) spricht über Scheidung Generaloberst von Brauchitsch. Hatte kurz vorher Besuch von Reichsleiter Bouhler. Thema war Scheidung des OB. F. sprach ganz offen hierüber. F. war großzügig. Bietet weitgehende Unterstützung an für Befriedigung materieller Forderungen (von) Fr(au) v. Br. und will, daß OB auf keinen Fall durch Scheidung seelisch belastet bleibt. Alles weitere (wird) unmittelbar mit RL. Bouhler (geregelt werden). Der verwaltet F.s Sonderkonten und (habe entsprechende) Verfügungen.»[17] Angemerkt wird dann noch, daß Brauchitsch daraufhin mehrmals bei Bouhler gewesen sei.

An dieser Notiz ist so gut wie alles falsch. Zu dem angegebenen Datum war Brauchitsch bereits über sechs Monate geschieden und seit drei Wochen neu verheiratet. Hitler kann also unter gar keinen Umständen noch über die seelische Belastung des Oberbefehlshabers besorgt gewesen sein. Logischerweise kann zum Zeitpunkt des Gesprächs Brauchitsch noch keine Unterstützung bekommen haben, denn Hitler spricht von einem Angebot und von Absichten. Daraus aber folgt: Brauchitsch ist Anfang Februar Oberbefehlshaber des Heeres geworden, *ohne* sich durch eine «beträchtliche Summe» von Hitler «kaufen» zu lassen! Hätte der Generaloberst den Reichsleiter Bouhler wegen der Scheidungskosten aufgesucht, so hätte er es im März/April tun müssen, aber nicht, wie Engel angibt, im Sommer oder gar erst nach dem 18. Oktober.[18]

Der Brief Engels an Uhlig, seine Briefe an Frau von Brauchitsch und seine angebliche Tagebuchnotiz entlarven den einstigen Heeresadjutanten als einen wichtigtuerischen, aber ahnungslosen Zeitgenossen. Offensichtlich konnte er es angesichts seiner Vertrauensstellung bei Hitler für sich nicht akzeptieren, daß er so gar nichts erfahren durfte über einen Transfer, von dem Gisevius und andere so beredt schrieben. Also reimte er sich die Dinge nachträglich zusammen, übertrieb sie und griff zu nachweislich falschen Behauptungen. Es spricht auch nicht für seine Glaubwürdigkeit, wenn er im Brief an die Witwe[19] einerseits pathetisch von der «Verantwortung für das, was ich unserem toten Feldmarschall schuldig bin» spricht, ihn anderseits jedoch aufgrund bloßer Vermutungen und bloßen Dafürhaltens diffamiert.

Deutsch jedoch ließ sich durch Engel zu einer übertriebenen, wenig noblen Kritik an Brauchitsch verleiten:[20] Es sei vielleicht «mehr der Einfalt als mangelndem Taktgefühl» zuzuschreiben, daß Brauchitsch seinen Dienstwagen so sichtbar vor der Kanzlei Bouhlers habe parken lassen. Und er phantasiert hinzu, Hitler habe Engel persönlich über eine entsprechende «Vereinbarung» informiert, von der nun wirklich keine Rede sein kann.

Aber nicht nur Deutsch, sondern auch General Siewert ist auf die Ungereimtheiten des Generals Engel hereingefallen.[21] Siewert selber war es gewesen, der seinen Regimentskameraden, den er für vertrauenswürdig hielt und mit dem man offen reden konnte, für das Amt des Heeresadjutanten bei Hitler vorgeschlagen hatte. Als ihm die Widersprüche in den Engelschen Versionen aufgedeckt wurden und er erfahren mußte, daß sich die ursprünglich von Engel vermuteten 20000 Mark auf wundersame Weise um 60000 vermehrt hatten, fiel es ihm trotzdem sehr schwer, sich von seiner Buchversion zu trennen. Nun muß man Engel nicht gleich bewußte Täuschung unterstellen – es kommt gerade bei hochintelligenten, hochgestellten Persönlichkeiten öfter vor, daß sich mit zunehmendem Alter unter dem Einfluß von Lektüre und Erzählungen anderer ihr Gedächtnisinhalt unbemerkt verändert, mit dem Ergebnis, daß sie selber glauben, was sie sagen, und daran – wie Engel – festhalten, auch wenn man sie aus den Quellen widerlegen kann.

Was Siewert getan hat, wiegt freilich viel schwerer. Denn er kannte über seine Beziehung zu Frau von Brauchitsch seit Jahren die wirkliche Aktenlage in der Scheidungssache. Deswegen konnte er ja noch 1966, zwei Jahre vor Erscheinen seines Buches mit dem ominösen Hinweis auf die 80000 Mark, so klar bezeugen, Brauchitsch habe von Hitler *kein* Geld für seine Scheidung bekommen. In seinem Buch und im Gespräch mit Deutsch hat er also höchst fahrlässig Brauchitsch zu Unrecht belastet – er hat sich später bei der Witwe dafür entschuldigt.[22]

Wenn schon all die vagen Vermutungen über Abfindungs- und Scheidungsgelder nicht ausreichten, konnten sich die Kritiker Brauchitschs wieder einmal auf die Tagebuchnotizen des Obersten Jodl[23] zurückziehen, die während der Nürnberger Prozesse bekannt geworden waren. Dort heißt es unter dem 30. Januar 1938: «K. (=Keitel) bestellt Sohn Brauchitsch zu sich, um ihn zu seiner Mutter zu schikken. Soll in die von Br. (=Brauchitsch) beabsichtigte Scheidung willigen.» Zwei Tage darauf vermerkt Jodl: «Sohn Br. kommt mit sehr vornehmem Brief seiner Mutter zurück.» Aber an derselben Stelle erwähnt er noch folgende, auf den ersten Blick verdächtige Begebenheit: «General K. (=Keitel) mit General von Brauchitsch waren bei Göring. Zur Diskussion stehen die Familienverhältnisse von Br. (=Brauchitsch). G. (=Göring) wird sie prüfen und dann unter Umständen vor Br. (= Brauchitsch) treten, wenn Ergebnis der Ermittlungen befriedigend.»

Zunächst ist unstreitig, daß diese summarischen Notizen Jodls nicht den geringsten Hinweis auf eine etwaige «Dotation» an Brauchitsch enthalten. Mit den «Familienverhältnissen», die Göring prüfen soll, ist Brauchitschs geplante Scheidung und Neuverheiratung gemeint. Diese Prüfung schien, nach den bösen Erfahrungen mit der jungen Frau von Blomberg, schon aus Gründen der Staatsräson unerläßlich – darüber wird noch zu berichten sein. Was an jenem Tage wirklich geschah, fügt sich erst zu einem Gesamtbild, wenn man die Eintragungen aus dem Diensttagebuch Major Eberhards, des Adjutanten Keitels, hinzuzieht.[24] Unter dem 2. Februar, also dem Tag, an dem Brauchitsch zum zweitenmal nach Berlin gekommen ist, notiert der Adjutant: «9.00 Keitel bei Br. [=Brauchitsch] (Konti)! – 11.30 Keitel b. Göring – 16.30 Keitel mit Göring b. Fhr. (=Führer) anschl. b. Lammers.» Offensichtlich hat sich Jodl in einem Punkt geirrt: Brauchitsch war nicht mit Keitel bei Göring, was einleuchtet, weil die Angelegenheit – Überprüfung seiner Braut – für ihn nur peinlich sein mußte.

Keitel hatte alles Interesse daran, nicht im letzten Moment noch die Kandidatur Brauchitschs an dessen Scheidungs- und Heiratsabsichten scheitern zu lassen. Deshalb hatte er schon vorher – quasi im halbdienstlichen Auftrag – den ältesten Sohn des Generals mit dem Brief an seine Mutter losgeschickt. Für Hitler waren die Bedenken Brauchitschs eher Kinkerlitzchen. Jahre später, als er dem Oberbefehlshaber des Heeres während der Winterschlacht vor Moskau den Laufpaß gegeben hat, wird er sich noch über dessen «völlig falsche Dienstauffassung» aufregen:[25] Er hätte doch wegen seiner Ehe- und Scheidungsprobleme nicht mit der Annahme des Postens zögern dürfen!

So hat denn Hitler am 2. Februar 1938 rasch entschieden: Göring hatte sich um die Gestapo-Überprüfung der Braut zu kümmern, und für die materielle Sicherstellung der ersten Frau hatte Reichsminister Heinrich Lammers, sozusagen sein Kanzleramtsminister, zu sorgen. Lammers verfügte über einen Fonds für allgemeine Zwecke im Haushalt der Reichskanzlei. Er sollte die Versorgung der geschiedenen Ehefrau Brauchitsch «im Benehmen mit dem Chef des Oberkommandos der Wehrmacht möglichst entgegenkommend und großzügig» regeln.[26]

Keitel spielt in seinen Gefängnis-Aufzeichnungen auf seine Vermittlerdienste in jenen Tagen an:[27] Er habe Brauchitsch persönlich geholfen, «die Ehe mit seiner ersten Frau endgültig zu lösen und deren Existenz sicherzustellen aus kameradschaftlichen Gründen, obwohl mich das direkt nichts anging». Anscheinend hat er hiernach auch die briefliche Demarche mit Brauchitsch abgesprochen.

Elisabeth von Brauchitsch geborene von Karstedt,[28] damals 57 Jahre alt, wohnte auf dem Lande in Scharteucke bei Genthin. Das Ehepaar hatte sich schon gleich nach der Rückkehr Brauchitschs aus dem Ersten Weltkrieg entfremdet. Seit 1933 lebten die Eheleute getrennt; wiederholt willigte die Ehefrau in eine Scheidung ein, blockierte aber dann wieder alle Bemühungen ihres Gatten. Der General zahlte für sie und die bei ihr wohnende minderjährige Tochter Heilwig eine monatliche Unterhaltsrente von 670 Reichsmark, eine für damalige Verhältnisse angemessene Summe. Die Rente war also nicht der Stein des Anstoßes, auch war Frau von Brauchitsch nicht auf eine Abfindung aus. Was sie wünschte, war eine Kapitalreserve, ein Notgroschen für den Fall einer Wiederverheiratung ihres geschiedenen Gatten oder dessen vorzeitigen Ablebens. Anders als heute war es damals offenbar in das Ermessen der Heeresleitung gestellt, ob im Falle eines vorzeitigen Todes außer der zweiten auch die geschiedene «mitschuldige» Ehefrau Witwenbezüge erhielt. Bis dahin war zwischen dem General und seiner Frau, schon um einen öffentlichen Skandal zu verhindern, immer nur von beidseitiger Schuld die Rede gewesen.

Mit seinem Brief[29] hat Brauchitsch offensichtlich die Barrieren für eine Scheidung aus dem Wege geräumt. Er bedeutete seiner Frau, daß von ihrer Einwilligung die Annahme des Oberbefehls abhänge. Da wollte sie seiner Karriere nicht im Wege stehen und gab nach. Dafür hatte er sich freilich erboten, alle Schuld auf sich zu nehmen – Verweigerung des ehelichen Verkehrs – und sich bereit erklärt, ihre Forderung nach einer Kapitalabsicherung zu erfüllen.

Das ist die so schlichte und von der Geschichtsschreibung ein halbes Jahrhundert lang übersehene Wahrheit:[30] Nicht Hitler, sondern General von Brauchitsch selber hat die Scheidungsfolgekosten gezahlt: insgesamt 25000 Reichsmark. Im einzelnen: das von der Frau eingebrachte Vermögen, 5000 Mark in Wertpapieren, wurde zurückgegeben; dazu kamen weitere 15000 Mark in Papieren und 5000 Mark in bar, die sich Brauchitsch erst bei einer Bank borgen mußte. Das war alles! Im Gegensatz zu den publizierten Verdächtigungen und Anschuldigungen gegen Brauchitsch, im Gegensatz zu den ins Blaue fabulierten Summen von 80000 bis 250000 Mark lassen sich diese Angaben glücklicherweise auch belegen.

In kürzester Zeit haben die Anwälte beider Seiten die Modalitäten geregelt,[31] so daß bereits am 8. April 1938 die Scheidung glatt und unauffällig über die Bühne gehen konnte. Binnen vierzehn Tagen ging dann der finanzielle Transfer vonstatten, wie die Quittungen beweisen. Damit war – oder besser: schien – das gesamte Ehe- und Scheidungsproblem auf privatem Wege im Einvernehmen bestens gelöst . . .

Daß dennoch die Gerüchte bald immer bösartiger zu wuchern begannen, ist auf die Großzügigkeit Hitlers in Geldsachen und auf nicht vorhersehbare Mißverständnisse zurückzuführen. Denn inzwischen hatte sich Reichsminister Lammers daran gemacht, den ihm von Keitel überbrachten Auftrag auszuführen. Ohne daß Brauchitsch etwas ahnte, verhandelte Lammers mit dem Rechtsanwalt der geschiedenen Frau über eine finanzielle Sicherstellung. Umgekehrt wußte wiederum Lammers nicht, daß Brauchitsch die Dinge bereits von sich aus geregelt hatte. Lammers auf Anfrage im Sommer 1953: «Ich habe mit Herrn von Brauchitsch über die Angelegenheit weder vor noch während noch nach ihrer Regelung gesprochen.»[32]

Die Verhandlungen dauerten lange, wohl bis in den Herbst, weil Frau von Brauchitsch zögerte, das unverhoffte Angebot des Staates anzunehmen. Es war umstritten, ob die Versorgung über eine Kapitalabfindung oder, wozu Lammers riet, eine lebenslängliche Rente laufen sollte. Schließlich stimmte sie dem Rate des Ministers zu und erhielt eine Urkunde, worin ihr das Deutsche Reich eine Rente in Höhe von 800 Mark zusagte. (Mit der deutschen Kapitulation im Mai 1945 hörten die Zahlungen auf.)[33] Der ahnungslose und pflichtbewußte Lammers hat also der geschiedenen Ehefrau Elisabeth von Brauchitsch völlig überflüssigerweise eine stattliche Zusatzrente zuerkannt.

Als Brauchitsch um Weihnachten 1938 zufällig davon erfuhr, reagierte er äußerst ungehalten: «Ihre Geldgier hat gesiegt!»[34] Dieser Unmut ist verständlich, da ihm die Einschaltung der Reichskanzlei so unbegreiflich wie peinlich war. Er hat wohl angenommen, seine erste Frau hätte ein Angebot des Reiches stolz ablehnen müssen, nachdem er seine ganzen Ersparnisse für ihre Versorgung hergegeben und sich auch noch ihretwegen verschuldet hatte. Dennoch ist wahrscheinlich die Kritik des Generalobersten ungerecht gewesen, denn man muß seiner geschiedenen Frau zugute halten, die Zusammenhänge nicht durchschaut zu haben (seit April gab es keinen Kontakt mehr zwischen den Geschiedenen). Sie und ihr Anwalt konnten guten Glaubens sein, die außerordentlich günstige Zuwendung sei eine Beigabe zum Oberbefehl, was sie in der Tat wohl auch sein sollte. Anderseits war es schon aus rechtlichen Gründen für Brauchitsch als Geschiedenen unmöglich, die Einstellung der ungerechtfertigten Rentenzahlungen zu verlangen – das verbot überdies der Takt gegenüber der jahrzehntelangen Lebensgefährtin und Mutter seiner Kinder; außerdem hätte der Skandal ruchbar werden können. Auf nichts hatte aber Brauchitsch so viel Wert gelegt wie auf eine diskrete Behandlung seiner Eheaffäre, erst recht nach dem Ehedebakel Blombergs.

Die Entwicklung war für ihn schon von dem Moment an nicht mehr aufzuhalten, als er im ersten Testgespräch mit Hitler seine privaten Schwierigkeiten wegen der angestrebten Scheidung anführte und Hitler «mit einer Handbewegung» darüber hinwegging. Über so profane Dinge wie Renten und Abfindungssummen wurde ohnehin zwischen Diktator und General nicht gesprochen; für derlei Dinge hatte Hitler seinen Keitel und seinen Lammers. Die nicht näher konkretisierte Hilfszusage Hitlers oder Keitels auszuschlagen, hätte in jener Situation einen Affront bedeutet, zumal die Berufung fraglich blieb. Offensichtlich hat aber die unerwartet positive Reaktion Hitlers – der gerade in Scheidungssachen sich gern über die engen preußischen Standes- und Stilregeln hinwegsetzte – Brauchitsch beflügelt, nun selber die Sache in die Hand zu nehmen. Als er das zweite Mal von Hitler empfangen wurde, ging es für ihn gar nicht mehr um die Scheidungsprobleme – denn inzwischen hatte ja seine Frau in einem «vornehmen»[35] Briefe in die Scheidung eingewilligt.

Nur mittelbar – durch das Angebot des Oberbefehls – hat Hitler ihm somit geholfen, seine Eheschwierigkeiten zu beheben, und mittelbar auch Keitel, der sich Hitler gegenüber für diese Kandidatur verantwortlich fühlte und wohl der Vater der Idee war, Frau von Brauchitsch durch ihren Ältesten, einen für höhere Aufgaben ausersehenen Oberleutnant, den Brief des Vaters zu überbringen. Brauchitsch hat also weder das Heer an Hitler verkauft noch sich selber von Hitler den Schneid abkaufen lassen. Die ohne sein Zutun und ohne sein Wissen verfügte Rentenzahlung an seine erste Frau war wahrlich kein Grund für ihn, Hitler, mit dem er inzwischen schon etliche bittere Erfahrungen hatte machen müssen, «dankbar» zu sein. Aber die spätere Kenntnis mochte ihn dennoch befangen gemacht haben – dieser Umstand dürfte der Grund gewesen sein, warum sich Brauchitsch nicht auflehnte, als er nach dem Sieg über Frankreich als Oberbefehlshaber finanziell nicht besser gestellt wurde als die ihm unterstellten neuen Feldmarschälle.[36] Er nahm die Zurücksetzung schweigend hin; auf diese Weise konnte er vor sich selber die von ihm nicht gutgeheißene Rentenzahlung an seine geschiedene Frau indirekt auszugleichen.

Als nach Kriegsende die ersten Gerüchte über Brauchitsch und seine zweite Frau auftauchten, schrieb er ihr in einem Brief aus britischer Kriegsgefangenschaft: «Verleumdungen sind nun einmal das Los von Menschen, die irgendwie heraustreten. Was man über dich behauptet, ist ebenso niederträchtig, wie wenn man schreibt, ich wäre von Hitler durch Geld gekauft worden.»[37]

3.
Eine versteckte «Dotation» für den Feldmarschall?

Im Zeugenstand vor dem Internationalen Militärtribunal in Nürnberg hat Brauchitsch mit einem klaren Nein die Frage beantwortet,[1] ob er eine Dotation von Hitler bekommen habe. Nach seinem Tode ist er deswegen des Meineids bezichtigt worden. In einer Aufzeichnung, die in seinem Nachlaß gefunden wurde und offenkundig nach Mai 1945 entstanden ist, hält Brauchitsch in seiner knappen Art fest: «Vereinzelte höhere Offiziere sollen in der zweiten Hälfte des Krieges eine besondere Dotation erhalten haben. Einzelheiten sind darüber nicht bekannt.»[2] Demnach kann er selber nicht zu diesen Offizieren gehört haben.

Nun haben allerdings amerikanische Ankläger und Verhörspezialisten des Geheimdienstes behauptet, Brauchitsch habe bereits *vor* Kriegsbeginn eine Dotation erhalten.[3] Wenn einer darüber Bescheid wußte, so der Reichsminister Lammers, denn aus den von ihm verwalteten Reichsmitteln wurden die Dotationen an Offiziere, Minister und Parteifunktionäre gezahlt. Nach seiner Aussage sind aktive Generäle vor dem September 1939 überhaupt nicht von Hitler bedacht worden. Eine Dotation an Brauchitsch schon im Frieden wäre, so Lammers, «unter den ohnehin schon seltenen Fällen von Dotationen eine ganz besondere seltene Ausnahme gewesen, die, wenn sie sich ereignet hätte, mir umsomehr in Erinnerung sein würde».[4]

Als Brauchitsch von den Zuwendungen an ehemalige Generalskameraden hörte, war er darüber keineswegs verwundert:[5] Hitler habe doch die Gepflogenheiten deutscher Monarchen fortgesetzt. Tatsächlich wurden nach den Freiheitskriegen von 1813/15 die preußischen Heerführer Blücher, Yorck, Gneisenau, Bülow und Tauentzien vom König mit Grundbesitz beschenkt – als Dank für ihre Verdienste im Felde. Kaiser Wilhelm I. verfuhr nach den Einigungskriegen ebenso: außer seinem Kanzler Bismarck erhielten auch Generalstabschef Moltke und Kriegsminister Roon Güter zugewiesen. Alle kommandierenden Generäle bekamen je 300 000 Reichsmark, die Chefs ihrer Stäbe und die Divisionskommandeure je 150 000 – sie sollten sich dafür Land kaufen.

Aber das geschah jedesmal nach gewonnenen Kriegen. Hitler jedoch schüttete sein Füllhorn aus, als der Kriegsausgang noch völlig ungewiß war. Seinem Heeresadjutanten Engel hat der Diktator seine Geschenkpraxis erläutert:[6] «Je mehr man eine Heldentat und Leistung honoriere, um so mehr verpflichte man sich den Betreffenden und binde ihn, ganz unabhängig von dessen Einstellung, doch an seinen Eid und verpflichte ihn demjenigen gegenüber, dem er diese Ehrung zu verdanken habe.» Auch in der Verteilung von Land werde er – ganz wie sein Vorbild Friedrich der Große – «nicht kleinlich» sein.

Das war er wirklich nicht:[7] der Panzerführer Guderian bekam einen Hof im Werte von 1,2 Millionen Mark, die Witwe des Feldmarschalls von Reichenau an Aufwendungen für Grundbesitz 1,1 Millionen, Feldmarschall Keitel zusätzlich zu einer Dotation von einer Viertelmillion noch Waldbesitz im Werte von 739 000 Mark; ebenso großzügig ausgestattet wurde Feldmarschall Ritter von Leeb: zur Viertelmillion ließ er sich von Hitler noch einen Staatswald im Werte von 638 000 Mark zuschanzen. Dotationen von jeweils 250 000 Mark erhielten auch Großadmiral Raeder und die Feldmarschälle Milch, Kluge und Rundstedt. Als der alte Rundstedt, der «preußischste» unter Hitlers Generälen, den Scheck zurückweisen wollte, wurde er von Minister Lammers belehrt, daß man ein Geschenk des *Führers* nicht ausschlagen dürfe. Noch Ende 1944 schenkte Hitler dem Armeeführer General Hoßbach, seinem einstigen Adjutanten, zum 50. Geburtstag 50 000 Reichsmark.

Nur: Brauchitsch ging leer aus. Lediglich zu seinem 60. Geburtstag am 4. Oktober 1941, kurz vor seinem Abschied, bekam er von seinem Oberbefehlshaber ein Bild im Werte von 12 000 Reichsmark geschenkt;[8] die Darstellung eines Lagerlebens aus der frühen Neuzeit. (Natürlich hat daran kein Preisschild gehangen!). Es hat den Brauchitschs so wenig bedeutet, daß sie es bei ihrer Flucht aus Schlesien im Januar 1945 hängen ließen.

Hitler schenkte gern,[9] und besondere Freude machte es ihm, Ölge-
mälde zu verteilen, auch solche, neben denen das für Brauchitsch sich
eher armselig ausnimmt. Die Spannungen zwischen ihm und dem
Feldmarschall waren im Herbst 1941 schon so aufgeladen, daß man
dieses Geburtstagsgeschenk schwerlich als Bestechungsversuch ausle-
gen kann.

Dennoch ist Brauchitsch nicht dem Vorwurf entgangen, er habe
sich, wie die anderen Feldmarschälle auch, von Hitler mit monatlich
4000 Mark «Taschengeld» korrumpieren lassen.[10] «Das angenommene
Geld warf auf alle Empfänger den Schatten der Korruption», meint
der Widerstandsexperte Peter Hoffmann. Worum handelte es sich?
Auch hier hat wieder General Engel für Verwirrung gesorgt, weil er
nicht scharf zwischen Dotation und Aufwandsentschädigungen unterschieden hat. Nach dem Sieg über Frankreich im Sommer 1940, als
Hitler zwölf Generäle aus Heer und Luftwaffe zu Feldmarschällen
beförderte (Volksmund: «Im Dutzend billiger»), teilte er seinem
Adjutanten mit,[11] er werde damit eine «steuerfrei geldliche Ehrung
verbinden»: Feldmarschälle erhielten 4000, Generalobersten 2000
Mark. Zugleich war dies aber als Ausgleich gedacht, denn in der
Reichsbesoldungsordnung waren für diese Dienstgrade keine Gehälter
vorgesehen.

Auch Brauchitsch wurde am 19. Juni 1940 zum Generalfeldmarschall erhoben. Die monatlichen 4000 Reichsmark kassierte er jedoch
schon seit Mai 1938, nicht als Ehrung für besondere Verdienste, sondern als «Repräsentationszulage», als einen Dispositionsfonds, der,
unabhängig von der Person des jeweiligen Inhabers, an die Institution
der Oberbefehlshaber geknüpft war.[12] Nicht nur Brauchitsch, sondern
auch die Oberbefehlshaber der Kriegsmarine und der Luftwaffe,
Raeder und Göring, haben diese Zulage bezogen. Die drei Oberbefehlshaber waren im Rang den Reichsministern gleichgestellt, doch
diese erhielten nur eine Aufwandsentschädigung von 1000 Mark. Darüber erboste sich noch nach dem Krieg der ehemalige Reichsfinanzmi-
nister Graf Schwerin von Krosigk:[13] «Das war doch nichts anderes als
eine laufende Dotation!» Doch scheint der Unterschied eher zu belegen, wieviel höher die Militärs von Hitler wertgeschätzt wurden als
die Zivilisten seines Kabinetts, das ohnehin nicht mehr zusammentrat.

Brauchitsch jedenfalls hat die 4000 Mark, die monatlich auf seinem
Postscheckkonto eingingen – die anderen Bezüge liefen über seine
Bank –, niemals als eine Dotation betrachtet, sondern nur als Rücklage
für die besonderen Aufwendungen,[14] die sein Amt mit sich brachte. In
seinem Nachlaß fand sich ein Oktavheftchen, in dem er akribisch, ja
pedantisch alle Ausgaben für Einladungen, Veranstaltungen und wohl-
tätige Zwecke eingetragen hat,[15] so daß er jederzeit über die Verwen-

dung Rechenschaft ablegen konnte, und sei es nur eine Arztrechnung über acht Mark. So hat er in den dreieinhalb Jahren, in denen diese Zahlungen liefen, allein 26000 Mark für das Winterhilfswerk und für das Deutsche Rote Kreuz gespendet; andere Beträge gingen an einen Blindenverein, ein Lazarett und eine Holzschnittschule. Registriert hat er auch erhebliche Beträge für offizielle Essen, die über seine Adjutanten abgewickelt wurden. Vermerkt sind außerdem die Ausgaben für ein Porzellanservice, das der Generaloberst Edda Göring zur Taufe schenkte. In diesem Falle wollte er auch seine Genugtuung darüber zu erkennen geben, daß der zweite Mann im nationalsozialistischen Staate überhaupt seine Tochter taufen ließ.

Auch diese Aufwandsentschädigung für den Oberbefehlshaber des Heeres taugt also nicht als Grund, daraus eine größere Unterwürfigkeit oder gar Knechtschaft des Generals von Brauchitsch herzuleiten.

4.
Die zweite Ehe Brauchitschs
Ein zweiter Fall Blomberg?

Die schlimmen Folgen der Heirat des Feldmarschalls von Blomberg mit einer Prostituierten haben den amerikanischen Historiker Harold Deutsch dazu verleitet, auch die Scheidungsaffäre des Generalobersten von Brauchitsch im gleichen Lichte zu sehen, indem er in seiner Voreingenommenheit «nicht allzuviel Unterschied zu Blombergs Affäre»[1] bemerken wollte. Seine verzerrende Darstellung, gestützt auf fragwürdige Hinweise und gespickt mit ehrverletzenden Formulierungen, gipfelte in der These: Gerade wegen der «zwielichtigen Vergangenheit» der zweiten Frau Brauchitschs habe sich Hitler für diesen General als neuen Oberbefehlshaber des Heeres entschieden.

Als Zeugen zitiert Deutsch sogar den britischen Außenpolitiker Sir Robert Vansittart,[2] der schon im August 1938 – also noch etliche Wochen vor der Wiederheirat des Generalobersten – festgestellt habe: «Hitler hält aus irgendwelchen privaten und entehrenden Gründen den Strick für Brauchitsch bereit. Ob dies mit seiner Scheidung oder mit noch schmutzigeren und übleren Dingen zu tun hat, vermag ich zur Zeit nicht zu sagen.» Vermutlich griff der britische Diplomat Berichte von Geheimdienstagenten auf oder auch Informationen aus der deutschen Widerstandsbewegung, die sich gerade damals während der Sudetenkrise formierte. Berlin schwirrte seit der Blomberg-Fritsch-Affäre von Gerüchten – eine Folge der Pressezensur –, und sie wurden gern von Nazi-Gegnern kolportiert und angereichert. Zum Beispiel notierte der Oberstleutnant der Abwehr und Widerständler Groscurth

Hochzeit Brauchitschs mit Charlotte Schmidt

in jenen Tagen in sein Tagebuch ungeprüft ein unzutreffendes Gerücht:
«Der OdH (=Oberbefehlshaber des Heeres) will eine Gräfin G...
heiraten.»[3]

Deutsch ist noch Jahrzehnte danach Verbreiter von Klatsch und bös-
willigen Unterstellungen geworden. So spricht er von «den wenigen
Leuten, die eine Vorstellung von dem tatsächlichen Umfang des gesellschaftlichen Sumpfes (!) hatten, der den verzweifelten General zu
verschlingen drohte». Wegen seiner «gefährlichen Situation» sei Brauchitsch gezwungen gewesen, «in allen Verhandlungen mit dem Führer
seinem Selbstbewußtsein Zügel anzulegen».[4]

Natürlich haben in den Offizierskasinos des Heeres manche die
Brauen hochgezogen, als sich der neue Oberbefehlshaber nach jahr-
zehntelanger Ehe von seiner Frau, die im Offizierskorps anerkannt
war, scheiden ließ und eine wesentlich jüngere, dazu noch sehr char-
mante und attraktive Frau heiratete. Wer die Hintergründe nicht
kannte – und Brauchitsch behandelte seine privaten Angelegenheiten
so diskret, daß selbst der Heeresadjutant Engel weder den Scheidungs-
noch den Hochzeitstermin erfuhr[5] –, mußte annehmen, der General-

oberst mache es den hohen Nazi-Bonzen nach, die ihre altgewordene Frau einfach gegen eine junge neue austauschten. Die alten Kameraden fanden es commentwidrig, daß ein Offizier in dem Moment, da ihm das höchste Amt des Heeres angetragen wurde,[6] nicht auf die Scheidung verzichtete – um der Ehre der Armee willen. Die Handlungsweise des Oberbefehlshabers schien sich auch nicht mit dessen bekannter kirchlicher Einstellung zu vertragen.

Jüngere Kameraden urteilten weniger streng. Wie sich die jahrelange Entfremdung in der ersten Ehe auswirkte, schildert ein Offizier, der 1928 Brauchitsch, damals Chef des Stabes im Wehrkreis VI, kennenlernte:[7] «(Er) arbeitete wie ein Pferd, denn zu Hause war es ungemütlich: eine wenig lebensfrohe Frau, noch weniger Geld und vier (*richtig: drei*) Kinder, die durchgebracht werden mußten.» Im Jahre 1936 bat Brauchitsch – wie vorerwähnt – seinen Oberbefehlshaber von Fritsch, ihn als kommandierenden General des I. Korps zu entlassen, weil er sich scheiden lassen und neu verheiraten wolle. Fritsch, ein Junggeselle, hatte ihm die Bitte verweigert, da er nicht sein «bestes Pferd» mitten in der Aufrüstung der neuen Wehrmacht aus dem Stall lassen wollte, nur einer Scheidung wegen.[8]

Deutsch behauptet aufgrund falscher Informationen, die zweite Frau sei der Scheidungsgrund gewesen.[9] Dies war, ausweislich des Scheidungsurteils, nicht der Fall. Weiter unterstellt er dem General sogar langjährigen Ehebruch.[10] Er zeichnete so von der Persönlichkeit des Generalobersten ein völlig verzerrtes Bild. Seine Vorstellung, der als besonders korrekt, zurückhaltend und besonnen bekannte General habe bei noch bestehender Ehe mit seiner späteren zweiten Frau dauernd Ehebruch treiben können oder auch nur wollen, ist angesichts der strengen moralischen Normen in der Armee absurd. Brauchitsch hätte ein Hasardeur sein müssen, um seine künftige Frau und sich selbst dem Risiko auszusetzen, bei einem Ehebruch ertappt zu werden.

Was der Amerikaner Deutsch offensichtlich übersehen hat: Deutschland war unter der Naziherrschaft ein Polizeistaat. Alle Übernachtungsstätten wurden überwacht; daneben gab es die Überwachung durch die Blockwarte der Partei und die Neugierde der Nachbarn, die sich im «Dritten Reich» geradezu zur Denunziation ermuntert fühlen mußten. Aber außer der berechtigten Angst vor der Gestapo hatte Brauchitsch auch noch andere sachliche Gründe, die ihn davon abhielten, Karriere, Ehre und Ansehen aufs Spiel zu setzen. Erstens hätte seine Frau einen Ehebruch über Jahre sicherlich nicht toleriert. Zweitens verlangte die «Heiratsordnung für Angehörige der Wehrmacht» von 1936, eine Eheschließung nur dann zu erlauben, wenn die Braut einen «einwandfreien Ruf» genoß; also mußte Brauchitsch peinlich darauf bedacht sein, Ruf und Achtbarkeit seiner künftigen Ehefrau unversehrt zu halten.[11] Schließlich war Ehebruch nach § 172 des Strafgesetzbuches strafbar, und außerdem konnte nach § 1312 BGB eine neue Ehe – nach Scheidung der ersten wegen Ehebruchs – mit dem Ehebrecher oder der Ehebrecherin nicht ohne weiteres eingegangen werden. Deutsch hingegen sieht das neue Ehepaar Brauchitsch in der ewigen Angst, Hitler könnte über die «fragwürdige Vorgeschichte» etwas erfahren oder gar schon wissen.[12]

Tatsächlich hatte Göring damals – mit Wissen des Generalobersten – die Gestapo angewiesen, das Vorleben der künftigen Frau von Brauchitsch zu durchleuchten, und dies ist «gründlichst» geschehen.[13] Das Ergebnis war so günstig, daß sich Hitler hernach bemüßigt fühlte, sich bei der neuen Frau des Heerführers für die Prüfung zu entschuldigen und ihr zu dem Ergebnis zu gratulieren. Da Hitler unbedingt einen zweiten Fall Blomberg vermeiden mußte, hat er ohne Rücksicht auf Takt und Diskretion die künftige Ehepartnerin Brauchitschs unter die Lupe nehmen lassen. Nicht die Scheidung störte ihn – darin war er großzügig –, aber zwielichtige Verhältnisse seiner Mitarbeiter wollte er nicht dulden. Wäre das Ergebnis der Gestapo-Untersuchung negativ ausgefallen, so hätte Hitler Brauchitsch vor die Wahl stellen müssen, entweder auf die Heirat zu verzichten oder auf den Oberbefehl. Hätte Deutsch mit seiner These recht gehabt, so wäre völlig unverständlich, warum Hitler Blomberg zum Rücktritt zwingen mußte – einen willfährigeren General als Blomberg hätte er sich nicht wünschen können. Und gerade das ist Brauchitsch nicht gewesen, wie noch zu zeigen sein wird.

Nur wer wie Deutsch den wahren Sachverhalt nicht kannte und sich auf bösartige Gerüchte einließ, konnte der zweiten Frau von Brauchitsch eine «fragwürdige Vergangenheit» unterstellen, die «alles andere als ein wohlbehütetes Geheimnis und gegnerischen Kräften, die Brauchitsch bearbeiteten, bestens bekannt» gewesen sei. Und so versteigt er sich dann zu der nachweislich falschen Behauptung, Brauchitsch habe die «bezaubernde Charlotte Rüffer» 1925 als «geschiedene Gattin eines Offizierskameraden» in Breslau kennengelernt und sei – wiederum eine fatale Formulierung – «einer ihrer Beschützer» geworden.[14]

Was Deutsch als «gesellschaftlichen Sumpf» verunglimpft, war in der Wirklichkeit eine ganz normale familiäre gutbürgerliche Beziehung.[15] Walther von Brauchitsch war ein Kriegskamerad und guter Freund des Amtsgerichtsdirektors Georg Rüffer; zum Beispiel nahm er 1921 an der Konfirmationsfeier des Sohnes Ernst teil. Die kleine Charlotte nannte den Freund des Hauses «Onkel Walther». Sie war ein wohlerzogenes, vielumschwärmtes «Mädchen aus gutem Hause». Mit achtzehn heiratete sie den schneidigen Reichswehr-Oberleutnant Hans

Schrader. Vier Jahre später wurde die Ehe wegen alleinigen Verschuldens des Ehemanns geschieden, der gemeinsame Sohn Hans Wolfgang der Mutter zugesprochen; er ist im Zweiten Weltkrieg gefallen.

Im Jahre 1929 heiratete Charlotte Schrader geborene Rüffer den Direktor der Deutschen Bank in Reichenbach, Gerhard Schmidt, der später nach Berlin versetzt wurde. Dort ist er im März 1933 nicht, wie Deutsch behauptet,[16] während eines Besuches «in einer Badewanne» ertrunken, sondern im Urban-Krankenhaus im Beisein seiner Frau an den Folgen einer Vergiftung gestorben. Mit der Ehe hatte sein Tod nichts zu tun.

Unverzeihlich für den Autor Deutsch wie für seinen Verlag ist die Art, in welcher mittels einer Fußnote[17] im Anhang des Buches das «Vorleben» der Frau von Brauchitsch noch einmal in den Schmutz gezogen wird: «Dieser Bericht, der eine noch lebende Person einschließt, wird nur widerwillig mitgeteilt. Er erklärt so treffend das bis dahin Unerklärliche – Brauchitschs lähmende Hemmungen bei Verhandlungen mit Hitler –, daß er kaum übergangen werden darf. Er wurde durch einen Informanten zugänglich, der lange Zeit im Intimleben der zweiten Frau Brauchitschs eine Rolle spielte.»

Zunächst einmal scheint Professor Deutsch vergessen zu haben, daß der Bericht nicht eine, sondern zwei lebende Personen einschließt, den Informanten und Frau von Brauchitsch. Sodann bleibt es das Geheimnis des Autors, wieso gerade dieser Bericht und sogar noch «treffend» etwas ganz und gar nicht Unerklärliches erklären soll, nämlich die Hemmungen des Generals im Umgang mit Hitler. Dieses Phänomen, die Suggestivwirkung des Diktators auf Besucher, wird auch von vielen anderen Gesprächspartnern Hitlers bezeugt. Zur Erklärung bedarf es nicht der geheimnisvollen Informationen eines «Kavaliers». Umso eigen- und einzigartiger in der zeithistorischen Literatur ist das Geheimverfahren Deutschs, das weder für das Gewissen des Informanten noch für ein ausgeprägtes Feingefühl des amerikanischen Autors spricht, nämlich die rufmörderischen Behauptungen eines Informanten zu publizieren, zugleich aber dessen Namen und die Einzelheiten geheimzuhalten, und zwar mit der umwerfenden Begründung, der Informant wünsche das nicht.[18]

Obwohl Deutsch falsche Spuren gelegt hatte, um die Identität des Informanten zu verbergen, wurde der Mann eher durch Zufall doch ausfindig gemacht:[19] Es handelte sich um einen Rechtsprofessor und ehemaligen Militärrichter, der in ein unveröffentlichtes Manuskript über seine Kriegserlebnisse auch acht bis neun Seiten über Brauchitsch aufgenommen hatte; noch nicht druckreif, wie er sagt. Er nahm sie dann ganz heraus und schenkte sie Deutsch. Die Aufklärung: Seine Eltern und die der Frau von Brauchitsch waren befreundet, die Kinder kannten sich. Ernst Rüffer, der Bruder Charlottes, war ein Klassenkamerad, Konabiturient und Korpsbruder des Informanten. Erst nachdem Frau von Brauchitsch glaubwürdig versichert hatte,[20] daß sie von keinerlei intimen Beziehungen, ja nicht einmal von einer womöglich romantischen Verehrung des Denunzianten für sie wußte, gab Deutsch dem Übersetzer die Schuld für diese Verleumdung. Die Wendung *«figured intimately and for a long period»* hätte lediglich besagen wollen, daß der Betreffende lange Zeit mit der Dame bekannt war oder irgendwie in Verbindung blieb, nicht nötigerweise, daß diese Beziehung immer «eine intime» war. Außerdem bedauert er, während seiner Besuche in Deutschland nicht auch Frau von Brauchitsch und die damals noch lebenden Söhne des Feldmarschalls interviewt zu haben. Er habe sich aber wegen des Inhalts jenes 8–9-Seiten-Kapitels nicht getraut. Seine Zusage, einen richtigstellenden und die Ehre von Brauchitschs und seiner Frau respektierenden Aufsatz in den «Vierteljahresheften für Zeitgeschichte» zu veröffentlichen, ist bislang nicht eingelöst worden.[21]

Es liegt in der Natur der Sache, daß eine alle Zweifel für immer ausschließende «negative» Beweisführung für das *Nicht*vorhandensein einer «fragwürdigen Vergangenheit» nicht möglich ist. Selbst wenn man heute den sicherlich ausführlichen und eingehend begründeten Gestapobericht über die makellose Vergangenheit der Frau von Brauchitsch hätte vorlegen können, würden die von Deutsch erwähnten Zeugen und Zeuginnen – sie waren allesamt Frau von Brauchitsch unbekannt – ihr Zeugnis und damit die ihnen liebgewordene Auffassung der Dinge wohl kaum korrigiert haben. Dazu gehört auch die in der Literatur immer wiederkehrende Behauptung, die zweite Frau von Brauchitsch sei eine fanatische Nationalsozialistin gewesen.

5.

Eine «200prozentige rabiate Nationalsozialistin»?

Der ehemalige Generalstabschef Franz Halder hat sich im Jahre 1952 zu der schwierigen psychologischen Situation des Generalfeldmarschalls von Brauchitsch geäußert,[1] so wie er sie in jahrelanger, täglicher Zusammenarbeit mit dem Oberbefehlshaber des Heeres einzuschätzen gelernt hatte. Freilich ging auch er dabei nachträglich von der falschen Prämisse aus, Brauchitsch habe von Hitler eine «pekuniäre Hilfeleistung» erhalten, die «der feinfühlige Mann dem Diktator nie vergessen» habe. Die Einwirkung der zweiten Frau sei «unverkennbar in gleicher Richtung tätig» gewesen. Da aber Halder selber einräumt, der Feldmarschall habe nie davon gesprochen, hat auch er sein Urteil offensichtlich auf Hörensagen oder auf die Nachkriegsliteratur gestützt. Gleichwohl wird man Brauchitsch und seiner zweiten Frau zumindest für die ersten Monate zubilligen dürfen, daß sie Hitler insofern Dank wußten, weil er sich über den Comment des Offizierskorps hinweggesetzt und Scheidung und Wiederheirat nicht zum Problem hatte werden lassen.

Hitler selber war angetan von der Natürlichkeit und Aufrichtigkeit der jungen Frau, die er kennenlernte, als er das neuvermählte Paar im Herbst 1938 zu sich einlud. Bei dieser Gelegenheit gratulierte er ihr zu dem bereits erwähnten positiven Ergebnis der Gestapo-Ermittlungen, die er habe anordnen müssen, um, eingedenk des Falles Blomberg,[2] einem weiteren Prestigeverlust vorzubeugen. Bei einem späteren Festessen hat der Diktator die Frau des Generalobersten besonders ausgezeichnet: er führte sie zu Tische und nicht, wie es das Protokoll eigentlich verlangt hätte, die Frau des Generalfeldmarschalls Göring. Das Raunen in der Damenwelt kann man sich unschwer vorstellen, ebenso, was Menschen vor Neid und Mißgunst in solchen Fällen kolportieren. Von der Tischdame zur Anhängerin Hitlers und zur engagierten Nationalsozialistin – so Gisevius – ist es da nicht weit!

Zum wichtigsten und wahrlich folgenschwersten Belastungszeugen der Frau Charlotte von Brauchitsch wurde jedoch der Diplomat und Widerstandskämpfer Ulrich von Hassell,[3] der nach dem 20. Juli 1944 hingerichtet worden ist. Sein Tagebuch erschien gleich nach dem Krieg in der Schweiz, herausgegeben von seiner Witwe. Eine Reihe von denunziatorischen Behauptungen über noch lebende Zeitgenossen wären heutzutage, im Zeichen scharfer Datenschutzgesetze, vorsorglich gar nicht gedruckt worden. Erstaunlicherweise sind die Behauptungen über Frau von Brauchitsch auch in der stark erweiterten, kritisch-kommentierten und wissenschaftlich edierten Neuauflage der Tagebücher wiederholt worden, ohne daß sich der Herausgeber um eine Nachprüfung bemüht hätte. Er läßt sogar in den Anmerkungen die unbelegte Behauptung stehen: «dessen [gemeint ist Generaloberst von Brauchitsch] (zweite) Frau hegte für das NS-System starke Sympathien.»[4]

Bereits deutlich negativ ist die erste Erwähnung[5] in Hassells Tagebuch. Sein Regimentskamerad, der Karstadt-Direktor Heinrich von Brauchitsch, hatte ihn und seinen Vetter, den Heeresoberbefehlshaber, samt seiner jungen Gattin eingeladen. Hassell charakterisiert sie als «neue gewöhnliche, aber scheinbar recht energische Frau». Da schwingen, sicherlich mitbeeinflußt von der vetterlichen Verwandtschaft, gewisse Assoziationen an die «fragwürdige Vergangenheit» mit, desgleichen Vorstellungen von der «Energie» – gemeint wohl Herrschsucht oder Dominanz – dieser «gewöhnlichen» Frau mit (wobei Hassell allerdings «scheinbar» mit «anscheinend» verwechselte).

Weitaus folgenschwerer dann die nächste Eintragung vom 29. August 1939,[6] zwei Tage vor dem Beginn des Zweiten Weltkrieges. Hassell versuchte in jenen Tagen vergeblich, an den Generalobersten heranzukommen, den er zum Widerstand gegen die Kriegspläne Hitlers ermutigen wollte. An diesem Morgen teilte ihm die Frau seines Regimentskameraden mit, es sei besser, vorläufig gar keine Beeinflussung zu versuchen, denn der General «sei besonders durch den Einfluß seiner 200 Prozent rabiaten Frau sehr stark auf die Nazis eingeschworen». Hier zeigt sich wieder das unter der Diktatur häufig anzutreffende Phänomen, jede Person, die für die Ziele der Verschwörer kein Verständnis hat oder sich ihnen versagt, als einen potentiellen Feind anzusehen, vor dem man sich hüten muß. In diesem Falle konnte Charlotte von Brauchitsch die Ursache jener Notiz leicht entschlüsseln.[7] In ihrem Notizkalender vom 26. August 1939 steht der Vermerk: «... Im Garten gelegen. Heinz und Irmgard da. Toll!» Das Wörtchen «toll» brachte ihr jene Gartenszene wieder ins Gedächtnis: Ihre Verwandten hatten sich in solch lautstarker und damit gefährlicher Weise über Hitlers Kriegstreiberei geäußert, daß sie – alles andere als eine «rabiate Nationalsozialistin», vielmehr politisch weitgehend indifferent – aus nicht unverständlichen Gründen darum bat, doch auf die schwierige Position ihres Mannes, immerhin des Oberbefehlshabers des Heeres, Rücksicht zu nehmen.

Zwei Jahre später – unter dem Datum des 21. Dezember 1941[8] – hat Hassell die Einstufung der Frau von Brauchitsch auf der Nazi-Skala um ein Viertel reduziert. Er schreibt: «Schon am 2. Dezember fiel mir auf, daß bei einem Empfang bei Sztojay (dem ungarischen Gesandten) die 150prozentige Frau von Pappenheim (Brauchitsch) ganz unmotiviert auf mich zurauschte und mich mit Freundlichkeit übergoß, unter Klagen über die Schwierigkeiten, die ihr Mann hätte. Bald darauf hat sie ihrem Neffen Haeften ähnliche Vorträge gehalten und sich lebhaft bereit erklärt, eine Teestunde bei ihr mit Pappenheim (Brauchitsch) und mir zustande zu bringen. Dann aber hat Pappenheim (Brauchitsch) selbst seinem Neffen ein Bekenntnis zur Notwendigkeit des Eingreifens und Besprechung mit mir abgelegt.»

Zunächst einmal: Hassell hat sich im Datum geirrt (oder der Herausgeber hat Teile falsch zusammengefügt).[9] Nach dem zuverlässig geführten Tagebuch der Frau von Brauchitsch fand der Empfang bei Sztojay erst am 20. Dezember statt (am Tag zuvor hatte der Generalfeldmarschall in der Schlacht vor Moskau, nach langen, zermürbenden Auseinandersetzungen mit Hitler, als Oberbefehlshaber des Heeres resigniert). Es kann nur mit dem psychologisch verständlichen Vorurteil Hassells zu tun haben, wenn er die Freundlichkeit der Marschallin mißversteht. Es fällt ihm nicht einmal auf, wie unsinnig die

Unterstellung ist, eine 150prozentige Nazianhängerin sei bereit, sich konspirativ zu betätigen. Sie hingegen sah in ihm lediglich einen achtbaren Kavalier der alten Schule.

Obwohl sich Frau von Brauchitsch genauso wie ihr Gatte in politischen Fragen sehr zurückgehalten hat, gerieten die bösen Abstempelungen in den Hassell-Tagebüchern nach 1946 in den Rang einer historischen Tatsache. Bei der Verbreitung auch dieses Gerüchtes ging wieder Gisevius voran.[10] Andere Autoren folgten ihm darin, bis schließlich Deutsch aus der zweiten Frau von Brauchitsch «eine glühende Anhängerin des Dritten Reiches» machte.[11] Später hob er dann ihre «überspannte Pro-Nazi-Einstellung» hervor, und in der keineswegs unlogischen Erwägung, daß ein solcher Fanatismus nicht erst nach 1933 schlagartig aufgetaucht sein mochte, fügte er hinzu: «Solche Gesinnung trug sie schon vor der Machtergreifung zur Schau.» Inzwischen steht fest, von wem diese Behauptung stammte: eben von jenem Rechtsprofessor, den Deutsch fälschlich als jugendlichen Intimfreund der Charlotte Rueffer eingeführt hatte.[12]

Von dem Vater der Frau von Brauchitsch wissen wir, daß er als Deutschnationaler und Monarchist Vorbehalte gegen die Nationalsozialisten hatte. Sicherlich war es auch kein Zufall, daß seine Tochter mit 18 Jahren einen Reichswehroffizier heiratete. Soweit in solchen Angelegenheiten, die auf nichts als auf Klatsch und Gerüchten beruhen, überhaupt ein – negativer – Beweis möglich ist, muß die Auskunft des Berliner Document Center[13] genügen: Demnach war Charlotte von Brauchitsch niemals Mitglied der NSDAP, und sie hat auch keiner einzigen anderen NS-Organisation angehört, insbesondere nicht – was doch nahegelegen hätte – der NS-Frauenschaft. Sie wurde lediglich als Mitglied des Deutschen Roten Kreuzes geführt. Damit erweist sich ihre eigene Angabe zunächst einmal als richtig, politisch nie sonderlich interessiert gewesen zu sein. Im Entnazifizierungsverfahren[14] wurde Frau von Brauchitsch daher in die Kategorie der «Nichtbetroffenen» eingegliedert. Wäre sie jene «rabiate, fanatische, glühende» Nationalsozialistin gewesen – ob mit oder ohne Parteibuch –, als die sie bis heute in den Geschichtsbüchern herumgeistert, so wäre das nach 1945 sicherlich nicht geheimgeblieben.

Die Ironie und Tragikomik dieser Begebenheit will es hingegen, daß alle namentlich genannten Belastungszeugen nationalsozialistische Parteigenossen gewesen sind:[15] jener angebliche «Freund» und Rechtsprofessor wurde ausgerechnet im Krisenjahr 1938 Parteimitglied! Hasso von Etzdorff war Stahlhelmer, Parteigenosse seit 1933 und SA-Sturmbannführer. Und Ulrich von Hassell ist, damals bereits Botschafter in Rom, im November 1933 der Partei beigetreten, obschon ihm hohe Nazis wie Goebbels nicht über den Weg trauten und ihn für keinen «richtigen» Nazi hielten. 1937, kurz vor dem Besuch Mussolinis in Deutschland, ließ sich Hassell mit dem Rang und der Uniform eines NSKK-(Kraftfahrer Korps)-Brigadeführers ausstatten. Im Zusammenhang mit dem Revirement nach der Blomberg-Fritsch-Krise wurde von Hassell von seinem Posten in Rom abgelöst, aber danach antichambrierte er noch bei Hermann Göring, dem er während seiner römischen Zeit einmal sehr zu Diensten gewesen war,[16] um eine neue Verwendung zu finden. Nach Kriegsbeginn ließ sich Hassell (wie er ironisch anmerkt, «im Sinne einer Mobilmachungsordre») auf eine diplomatische Sondermission nach Skandinavien schicken[17] – in der ersten Ausgabe seiner Tagebücher wurde dieser Umstand noch unterschlagen.

Der Fehler der parteilosen Frau von Brauchitsch war es, ebenso auch der ihres Gatten, sich nicht schon 1938 der sich formierenden Widerstandsbewegung angeschlossen zu haben, wo sich nicht nur Gisevius und Hassell kennenlernten, sondern sogar «Alte Kämpfer» wie der Chef der Reichskriminalpolizei, SS-Gruppenführer Nebe, und der Berliner Polizeipräsident und SA-Obergruppenführer Helldorff mitmachten. Der ganze Ehrgeiz der jungen Marschallin erstreckte sich darauf, ihrem Gatten eine gute und fürsorgliche Hausfrau zu sein. Als nach dem Krieg die Verleumdungen publiziert wurden, tröstete sie sich mit einem Brief des Feldmarschalls aus der Gefangenschaft: «Über solchen Schmutz muß man achtlos hinweggehen. Wer es glaubt, ist auch nicht mehr wert wie der Urheber.»[18]

6.
Brauchitsch –
ein meineidiger Verschwörer?

Schon wenige Wochen nach seiner Ernennung zum Oberbefehlshaber des Heeres soll Generaloberst von Brauchitsch mit dem jungen Regierungsrat Gisevius, dem Abgesandten einer Widerstandsgruppe, gemeinsame Putschpläne gegen das Staatsoberhaupt erwogen haben:[1] Am 9. August 1946 hat Brauchitsch im Zeugenstand des Nürnberger Prozesses unter Eid diese Behauptung dementiert.[2] Dennoch ist sie in die zeitgeschichtliche Literatur aufgenommen worden, obwohl es für diese angeblichen konspirativen Gespräche nur ein Zeugnis gab – das des Widerständlers und Doppelagenten Gisevius. Mehrere Jahre nach dem Tod des Feldmarschalls hat Gisevius ihn des Meineids bezichtigt – warum eigentlich nicht schon zu dessen Lebzeiten, an Ort und Stelle in Nürnberg? –, und Deutsch hat 1974 diesen schwerwiegenden Vorwurf wiederholt.[3]

Behauptung und Beschuldigung sind gleicherweise absonderlich, denn sie widersprechen nicht nur dem Persönlichkeitsbild des Feldmarschalls, sondern auch der Logik seiner Kritiker: Wie kann ein von Hitler angeblich «gekaufter», in dessen «Knechtschaft» befindlicher, sich gelegentlich «wie ein Wurm windende(r)» Brauchitsch zugleich über einen Putsch gegen seinen «Wohltäter» und «Sklavenhalter» verhandeln? Und wieso sollte sich der von eigenen Kameraden und von den Siegern gescholtene Brauchitsch nach dem Kriege und überdies durch einen Meineid um die Chance bringen, vor aller Welt als «Widerstandskämpfer» gemeinsam mit Gisevius glanzvoll in die Geschichte einzugehen? Es widerspräche doch aller Vernunft und Lebenserfahrung, hätte er in Nürnberg wider besseres Wissen, entgegen der Wahrheit und vor allem gegen seine und die Interessen der Wehrmachtführung bewußt falsch ausgesagt!

Doch prüfen wir die Darstellungen Gisevius' auf ihren Wahrheitsgehalt. Er will am 18. März 1938[4] zum erstenmal mit Brauchitsch zusammengetroffen sein (an diesem Tage hatte das Reichskriegsgericht mit Brauchitsch als Beisitzer den Freispruch für Fritsch verkündet und Hitler vor dem Reichstag seinen triumphalen Bericht über die «Heimkehr» Österreichs ins Reich abgegeben). Gleich nach der Urteilsverkündung und noch vor der Reichstagssitzung soll die Fronde um Canaris und Oster versucht haben, Brauchitsch und das Heer zum Losschlagen gegen die Gestapo zu bewegen. Gisevius schildert, wie er in hektischen Stunden ein Gespräch zwischen dem Generalobersten und dem Reichsjustizminister Gürtner zuwege bringt. In seinen Worten: «Ich erkläre nun kurzerhand, jetzt würde ich persönlich diese welthistorische Unterredung vermitteln.» Vor dem Nürnberger Gericht spielte er das Ganze freilich herunter: «So ein großes Ereignis war es nun wieder nicht. Feldmarschälle waren auch nicht so große Leute im Dritten Reich.»[5]

Der «kleine» Regierungsrat Gisevius, ranggleich einem Major, läßt «unverzüglich» bei dem ihm unbekannten «großen» Oberbefehlshaber des Heeres anrufen, «es käme jemand zu ihm, um die schwebende Angelegenheit zu besprechen». Also nicht der Regierungsrat Gisevius, sondern ein anonymer «jemand» wird angekündigt. Trotzdem wird Gisevius – wie er behauptet – «sofort» vorgelassen, als er im Hotel «Continental» (wo der Generaloberst damals noch wohnte) ankommt, obgleich er – wie er hervorhebt – «noch gar nicht das Vergnügen einer persönlichen Bekanntschaft gehabt hatte». Dennoch gibt er vor, Brauchitsch habe in dieser Angelegenheit genug von ihm gehört, daß «ich ihm ein wohlvertrauter Begriff bin». Der Memoirenschreiber vergißt auch nicht das Lokalkolorit: «Dieses erste Zusammentreffen entbehrt nicht einer gewissen Komik. Brauchitsch... kommt mir... in

Hemdsärmeln entgegen, den Uniformrock übergehängt.» Deutsch
steigert diese Komik noch,[6] indem er Brauchitsch seinen Uniform-
mantel tragen läßt. Der allgemein als im Umgang unnahbar und ver-
schlossen geschilderte Brauchitsch soll, glaubt man Gisevius, beim
Empfang sogar «verschmitzt» gelächelt haben.

Bei allen Mitarbeitern, die Brauchitsch über lange Zeit und aus der
Nähe erlebt hatten, rief diese Schilderung heftige Zweifel und ebensol-
che Heiterkeit hervor.[7] Sie halten es für völlig ausgeschlossen, daß der
in seinem Auftreten peinlich korrekte General jemals einen Besucher,
überdies einen ihm fremden jungen Zivilisten, ohne gehörige Voranmeldung und noch in Hemdsärmeln empfangen hätte. Auch vertraute
Personen kamen nie ohne ordentliche Voranmeldung zu ihm durch.
Selbst in seiner Wohnung trat er täglichen Mitarbeitern nur in Uniform, allenfalls in der Litewka entgegen. Generalstabschef Franz Halder, der fast drei Jahre lang mit Brauchitsch zusammengearbeitet hat,
urteilt über Gisevius' Schilderung:[8] «Das Ganze liest sich wie ein Roman. Jedenfalls müßte der hier auftretende von Brauchitsch eine Wesensart und eine Haltung gezeigt haben, die ich . . . nie erlebt habe und
an die ich absolut nicht glauben kann.» Diese Aussage hat um so mehr
Gewicht, als Halder – teils mit Wissen Brauchitschs – zu einigen der
Verschwörer bereits 1938 gefährliche Kontakte hatte und sich nach
dem Krieg zu erinnern glaubte, er habe Brauchitsch sogar vor Gisevius
gewarnt.

Einer der engsten Mitarbeiter des Oberbefehlshabers in jenen Tagen, der spätere Generalleutnant Siewert,[9] erklärte entschieden, bei
ihrem Vertrauensverhältnis hätte ihn Brauchitsch bestimmt über ein
solches Ereignis aus der Fritsch-Krise informiert. Der Name Gisevius
sei nie gefallen.

Doch hören wir Brauchitsch selber: Als ihn der Rechtsanwalt Laternser, Verteidiger des Generalstabs, in Nürnberg fragte,[10] ob ihm der
Zeuge Gisevius bekannt sei, bekam er eine unerwartete Antwort. Er
habe, sagte der Generalfeldmarschall a. D., von dessen Existenz zum
erstenmal im April 1946 aus der Zeitung erfahren. Der Name sei ihm
nur deswegen aufgefallen, «weil ein Dr. Gisevius in den neunziger
Jahren Hausarzt bei meinen Eltern war». Zu den angeblichen Putsch-
gesprächen äußerte er: «Jeder, der mich nur etwas kennt, wird bei dem
Gedanken lachen, daß ich mit einem jungen Menschen, der mir gänzlich fremd ist, über Putschpläne gegen das Staatsoberhaupt sprechen
würde.» Es handele sich «um vollkommen haltlose Kombinationen»,
und zwar «von einem Manne, der glaubt, daß die Erde sich allein um
ihn dreht».

Dieses Urteil über einen Zeugen der Verteidigung, der sich in die
Rolle eines Anklägers begeben hatte, beeindruckte den britischen Vor-

sitzenden des Internationalen Gerichtshofes dermaßen, daß er am
Schluß der Vernehmung Brauchitsch nochmals fragte, ob die ihn betreffenden Aussagen von Gisevius «vollständig unrichtig» seien. Der
Zeuge antwortete mit einem knappen «Jawohl». Den überzeugenden
Auftritt des Feldmarschalls beschreibt die Augenzeugin Luise Jodl in
einem Brief an den einstigen Adjutanten Brauchitschs, Oberstleutnant
a. D. Rudolf Seeliger:[11] «Es wird Sie freuen zu hören, daß nach dem
Urteil kompetenter Kritiker sein Auftreten die stärkste Wirkung
hatte . . . so hat bei dem alten Chef die ungemein ruhige Art des Spre-
chens, die außerordentliche Zurückhaltung ihren Eindruck nicht verfehlt», dies um so mehr, als er die gemeinsamen Putschpläne mit
Gisevius lächelnd abgetan habe. Als der Zeuge den Saal verließ, hätten
ihm alle Richter nachgeblickt.

Nun hatte aber Gisevius von *zwei* Begegnungen mit Brauchitsch
berichtet, und für die zweite, angeblich etliche Wochen nach dem
18. März 1938, hat er ein Vierteljahrhundert danach eine Zeugin
benannt:[12] Elisabeth Gärtner-Strünck, die Gattin des Versicherungs-
direktors und Abwehr-Offiziers Hauptmann Strünck. In jenen Wochen, als sich Hitler immer noch nicht zu einer öffentlichen Rehabilitierung des Generalobersten von Fritsch durchgerungen hatte und die
Ungeduld in Offizierskreisen zunahm, will sich Gisevius schließlich
ein Herz gefaßt haben: er «geht selber zu Brauchitsch», und zwar
macht er sich diesmal «die Sache einfach» und paßt ihn im Hotel ab.
«Es klappt; nach dem Essen stoßen wir zufällig aufeinander.» In einem
kleinen Nebenzimmer sollen dann die beiden die Köpfe zusammenge-
steckt und zwei Stunden lang miteinander konspirativ getuschelt haben. Brauchitsch habe sich «mehrfach vor Vergnügen auf die Schenkel» geklopft, sei überhaupt «recht aufgekratzt», ja «unternehmungs-
lustig» gewesen, so daß Gisevius, wie er schreibt, auch die letzten
Hemmungen fallen ließ. Diesmal war das Thema angeblich, wie man
das Gestapo-Hauptquartier in der Prinz-Albrecht-Straße ausheben
könne.

Nun hat freilich die Zeugin Strünck «Gespräche» zwischen den beiden, bei näherer Betrachtung,[13] überhaupt nicht bestätigt, weder das,
welches im März, noch jenes, welches in den Wochen unmittelbar
nach dem Prozeß gegen Fritsch geführt worden sein soll. Frau Strünck
sagt nämlich aus, «im Sommer 1938» habe Gisevius sie und ihren
Mann gebeten, ein Zusammentreffen mit Brauchitsch zu vermitteln,
um festzustellen, «ob dieser zu einer Stellungnahme gegen Hitler gewonnen werden könnte». Also luden sie Gisevius ins «Continental»
zum Essen ein, und als Brauchitsch den Speisesaal betrat, habe sie wie
zufällig Brauchitsch mit Gisevius «bekanntgemacht». Für eine «Dreiviertelstunde» hätten sich die beiden dann ins Klubzimmer zurückge-

zogen. Gisevius habe hinterher mitgeteilt, nach seinem Eindruck sei Brauchitsch «für unsere Sache gewonnen».

Hätten sich die beiden[14] wirklich schon im März getroffen, als doch Gisevius dem Generalobersten schon «ein wohlvertrauter Begriff» gewesen sein soll, wozu brauchte er dann Wochen später die Hilfe anderer, um die Einstellung Brauchitschs zu Hitler zu testen? Somit kann Brauchitsch damals Gisevius noch nicht gekannt haben; die eidliche Aussage des Nürnberger Kronzeugen über das Gespräch im Hotel «Continental» muß somit falsch sein. Da aber die Darstellungen von Gisevius und Frau Strünck über das sogenannte zweite Treffen überhaupt nicht in Einklang zu bringen sind, muß man davon ausgehen, auch dieses existierte nur in der Phantasie von Gisevius. Allein seine Schilderung ist dergestalt, daß sie unmöglich auf eine Persönlichkeit wie Brauchitsch zutreffen kann. Fällt es schon schwer sich vorzustellen, daß sich der Generaloberst vor Vergnügen auf die Schenkel klopft und das gleich mehrmals, ausgerechnet dieser typisch preußische Offizier, dem undiszipliniertes Auftreten und Unbeherrschtheit ein Greuel waren, so wirkt es geradezu lächerlich, daß Brauchitsch den «Vogel» gezeigt haben soll, als ihm Gisevius die kriegerischen Absichten Hitlers vorstellte. Dieser Nur-Soldat, der die Politik den Politikern überließ, soll wie ein südamerikanischer Putschgeneral den «leidenschaftlichen» Vorschlag seines Gesprächspartners gutgeheißen haben, «die Räuberhöhle in der Prinz-Albrecht-Straße unverzüglich» auszuheben? Lediglich wegen des einzuschlagenden Verfahrens habe Brauchitsch Bedenken geäußert, behauptet Gisevius, der daraufhin konkrete Vorschläge gemacht haben will.

Das Ganze hört sich an, als hätte sich der Oberbefehlshaber des Heeres einfach mir nichts, dir nichts wie der Hauptmann von Köpenick ein Militärkommando aus Potsdam unterstellen und im Handstreich die Zentrale des damals bereits bestehenden SS-Staates besetzen können. Welcher noch einigermaßen vernünftige Militär hätte sich auf ein solches Abenteuer einlassen können, das nach Gisevius' fixer Idee mit der Verhaftung des «ganzen Gestapogelichters» enden sollte, «angefangen vom kleinsten Häscher über Himmler und Heydrich bis hinauf zu Göring». Nur ein Phantast wie Gisevius konnte es für möglich halten, daß irgendeine Gerichtsstelle die angeblich von Gisevius «sozusagen aus dem Handgelenk (aufgezählten) Dutzende von völlig einwandfreien Haftbefehlen» – etwa gegen Himmler, Heydrich oder sogar den Generalfeldmarschall Göring – erlassen würde. Ebenso aberwitzig war seine Vorstellung, der Oberste Befehlshaber der Wehrmacht, Führer und Reichskanzler Adolf Hitler werde sich vor vollendete Tatsachen stellen lassen und Brauchitsch für die Wiederherstellung des Rechtsstaates belobigend auf die Schulter klopfen...

Freilich läßt sich mit alledem nicht der unauflösliche Restzweifel hartnäckiger Skeptiker ausräumen, die Darstellung von Gisevius könne, auch wenn sich zumindest die erste Begegnung mit Brauchitsch nicht beweisen läßt, eben doch möglich, das angebliche Verhalten des Generalobersten eine Abkehr von der Norm gewesen sein. Anders verhält es sich mit der zweiten Begebenheit: Will man nicht unterstellen, das schriftliche Zeugnis der Frau Strünck sei eine Gefälligkeit gewesen, um Gisevius in einem Gerichtsverfahren zu helfen, so könnte man annehmen, die Zeugin sei das Opfer einer Personenverwechslung geworden.

Was immer die Ursache der Giseviusschen Putschgeschichten gewesen sein mag – Irrtum, Bosheit, Verwechslung, blühende Phantasie einer sich selbst überschätzenden Randfigur der Widerstandsbewegung, vielleicht auch bloß ein Mißverständnis –, es ändert nichts an der Tatsache, daß es eben dieser Gisevius gewesen ist, der die falsche Behauptung von der Dotation an Brauchitsch in die Welt und in die Geschichtsbücher gesetzt hat. Allein diese Behauptung, neben ungezählten sonstigen unzutreffenden Angaben, macht ihn zu einer dubiosen, grundsätzlich unglaubwürdigen Quelle. Der Publizist Rudolf Pechel, der selber der Widerstandsbewegung nahestand, hat Gisevius den «Karl May des deutschen Widerstands»[15] genannt. Für ihn ist er «un homme qui s'aimait sans avoir des rivaux», ein narzißtischer Fall «von gefälliger Selbsttäuschung aus übergroßer Selbstliebe». Sein Ressentiment gegen alle Männer, deren Ablehnung er fühlte, könne Gisevius nicht verbergen, besonders in seinem Urteil über die Generäle.

Zu ähnlichen Schlüssen kommt Generaloberst Halder.[16] Er hat dafür gesorgt, daß Gisevius im «Widerstandskreis» des Generalstabs des Heeres keine Rolle spielte. «Wahrscheinlich hat diese Tatsache ihn gegen den Generalstabskreis eingenommen.»

Natürlich war sich auch Halder bewußt, daß seine Unkenntnis oder auch das Absolut-für-unmöglich-Halten eines konspirativen Treffens zwischen Gisevius und Brauchitsch «kein historisch bindender Gegenbeweis» sei. Aber da ihm der Oberbefehlshaber nie etwas gesagt habe, sei dies Beweis, daß von Brauchitsch «völlig unbeeindruckt geblieben» sei (falls wirklich eine Begegnung stattfand). Zugleich aber nimmt er den «unbedingt lauteren, tief religiösen» Brauchitsch gegen den Meineidsvorwurf in Schutz: Er hätte eine Bekanntschaft mit Gisevius nie in Abrede gestellt, «wenn in ihm nur der leiseste Schimmer einer Erinnerung bestanden hätte».

Vierter Teil

Die Rehabilitierung

I.

Brauchitschs Ringen um die Ehre
seines Vorgängers

«Meine erste Aufgabe war die Rehabilitierung des Generalobersten von Fritsch, meines Vorgängers, von den schweren gegen ihn erhobenen Anschuldigungen», schrieb Brauchitsch nach dem Krieg in einem Rückblick[1] auf seine Amtszeit als Oberbefehlshaber des Heeres. Man muß diese Worte schon genau lesen: Es ging ihm um die Ehre des Gestürzten, nicht um dessen Rückkehr ins Amt. Wie vorerwähnt,[2] hatte Fritsch von Anfang an zu erkennen gegeben, daß er nicht mehr mit einem Obersten Befehlshaber zusammenarbeiten könne, der ihm sein Ehrenwort nicht abgenommen hatte. Also mußte sich Brauchitsch nicht als vorübergehender Amtswalter, sondern lediglich als Sachwalter des entlassenen Heerführers verstehen.

Wie alle Generäle war auch Brauchitsch zutiefst bestürzt über die Beschuldigungen gegen den von ihm verehrten Oberbefehlshaber, und auch er mußte zunächst die Begründung, die Hitler für die Entlassung gab, unter dem Gesichtspunkt der Staatsräson für plausibel halten. Um so höher ist es ihm anzurechnen, wenn er nach der Rede Hitlers vor der Generalität am 5. Februar 1938 seinen Kameraden versichert, sein persönliches Verhältnis zu Fritsch bleibe das gleiche wie bisher. Zu dieser Haltung paßt, daß er sich Glückwünsche zu seiner Ernennung verbat.[3] Die Kommandeure im Reich ließ er wissen,[4] Fritsch habe ausscheiden müssen, weil es für ihn nach der Übernahme des Oberbefehls über die Wehrmacht durch Hitler selber keine andere Verwendung mehr gegeben habe. Nur war ihm klar, wie wenig diese Erklärung zufriedenstellen konnte, andernfalls hätte er wohl nicht «weitergehende Gerüchte, Kombinationen und Kommentare innerhalb des Heeres» verboten und Gespräche mit außerhalb stehenden Persönlichkeiten untersagt.

Ebenso wie Generalstabschef Beck hat sich Brauchitsch sogleich bei Hitler für eine gerichtliche Klärung verwendet. Als Beisitzer des Reichskriegsgerichts achtete er auf ein ordentliches Verfahren. Nach dem Freispruch für Fritsch war er es, der Hitler veranlaßte, angeblich mit starkem Druck, dem Generalobersten ein Schreiben zu schicken.[5] Den Kommandeuren teilte er kurz mit, Fritsch sei von «Anklagen privater Natur» betroffen gewesen, aber wegen erwiesener Unschuld freigesprochen worden. Das Schweigegebot von Anfang Februar ließ er bestehen,[6] und Hitler machte es sich zunutze, indem er die zugesagte öffentliche Rehabilitierung des ehemaligen Oberbefehlshabers hinauszögerte.

Die selbstgesetzte Aufgabe wurde dadurch für Brauchitsch noch schwieriger, doch ließ er sich durch Hitlers Hinhaltetaktik nicht entmutigen. Was ihm und anderen höheren Offizieren zumindest als deutliche Zeichen der Wiedergutmachung vorschwebte,[7] waren ein persönlicher Besuch Hitlers bei Fritsch, dessen Ernennung zum Generalfeldmarschall und eine Ehrenerklärung vor dem Reichstag. Ursprünglich scheint auch Brauchitsch entschlossen gewesen zu sein, die bei der Gestapo vermuteten Hintermänner der Affäre oder sogar Himmler selber zur Rechenschaft zu ziehen. Aber die ihm aus Kreisen der Abwehr zugedachte Demarche des Heeres beim Obersten Befehlshaber, die auf die Entmachtung der Gestapo und des Reichsführers SS zielte, hat er dann doch abgelehnt.

Statt dessen entschied sich Brauchitsch für ein Vorgehen, wie es seinem Wesen am ehesten entsprach: In geduldiger, zäher Kleinarbeit, teils in persönlichem Gespräch mit Hitler, teils mit Hilfe des Heeresadjutanten Engel trat er wieder und wieder für seinen Vorgänger ein. Ungeachtet des erkennbaren Widerwillens Hitlers bedachte er seinen so schnöde behandelten Vorgänger nun erst recht ostentativ mit Ehrungen und Aufmerksamkeiten.[8] Er verschaffte Fritsch ein «Asyl» in der Lüneburger Heide, das frühere Jagdhaus Achterberg im Bereich des Truppenübungsplatzes Belsen bei Soltau, wo er sich vor den immer noch befürchteten Übergriffen der Gestapo oder der SS sicher fühlen durfte. Hier, in sein «kleines Haus», zog sich der Gestürzte mit seinen Pferden zurück, um in der Einsamkeit der Heidelandschaft Ruhe von den Geschehnissen zu finden. Das Heer stellte ihm auch Adjutanten und Autos zur Verfügung. Mehr noch: im ganzen Reich sammelte das Offizierskorps für den ehemaligen Oberbefehlshaber und schenkte ihm eine Villa in Berlin-Zehlendorf. Er taufte es demonstrativ «Haus Treue». In alledem mußte Hitler mit Recht eine versteckte, aber dennoch deutliche Kritik erblicken.

Je länger die von Hitler vorgesehene Sitzung des ersten großdeutschen Reichstages, in der er anerkennende Worte für Fritsch aussprechen wollte, auf sich warten ließ, desto mehr wuchsen Unmut und Ungeduld im Offizierskorps, und desto unerträglicher wurde dieser Zustand für Brauchitsch. Die Belastung für ihn war schließlich so quälend, daß er im Frühsommer 1938 zum erstenmal an Rücktritt dachte.[9] Mit ihm wollten zumindest die Generäle von Kluge, Ritter von Schobert (der bei seinen Kameraden als parteihörig galt!) und

Ulex ihren Abschied nehmen, für den Fall, daß sich für den Generalobersten von Fritsch eine angemessene Genugtuung nicht erreichen ließ.[10]

Nach vielen entnervenden Gesprächen mit Hitler, in denen Brauchitsch «seine ganze Persönlichkeit» einsetzte,[11] hat er schließlich den Diktator überzeugen können, daß er angesichts der erregten Stimmung und der zunehmenden Gerüchte im Heer nicht länger warten dürfe. Der neue Wehrmachtadjutant und Nachfolger Hoßbachs, Oberst Schmundt, sekundierte ihm, da er wegen der drohenden Gefahr eines Krieges mit der Tschechoslowakei unbedingt eine Krise im Heer vermeiden wollte. Selbst Göring sprach von «vielen Unterhaltungen» mit Hitler, und auch Raeder wurde mobilisiert.[12]

So hat denn Hitler die Spitzen der Wehrmacht – in fast derselben Zusammensetzung wie am 5. Februar 1938 – für den 13. Juni 1938[13] zusammengerufen, um sie über Ablauf und Stand des Falles Fritsch zu informieren. Als Anlaß diente eine große Luftwaffenvorführung mitsamt einem Flakschießen im Fliegerhorst Barth auf der Halbinsel Zingst nahe Stralsund.

Am Vormittag sprach zunächst Generaloberst von Brauchitsch[14] zu den Generälen des Heeres. Er mußte eingestehen, daß er nicht das erreicht habe, was er angestrebt hatte. Weder mochte Hitler dem ehemaligen Oberbefehlshaber von Fritsch den Charakter eines Generalfeldmarschalls verleihen, noch hatte er die Empfehlung Brauchitschs befolgt, Fritsch als Inspekteur nach Ostpreußen zu entsenden, was bedeutet hätte, ihm im Kriegsfalle eine Armee anzuvertrauen.

Von den angekündigten persönlichen Konsequenzen sah Generaloberst von Brauchitsch dennoch ab, und er hatte einen plausiblen Grund dafür: Der völlig überraschten Generalität teilte er mit, nach Ansicht Hitlers sei die sudetendeutsche Frage nur noch gewaltsam zu lösen. Er hielte es in solch angespannter Lage für unverantwortlich, von der Fahne zu gehen, und bat auch seine Kameraden, ihn nicht zu verlassen. (Dies hat auch keiner getan, allerdings holte General Ulex,[15] der bei seinem Freund Fritsch im Worte war, vorher dessen Zustimmung ein). Fritsch hat, genauso wie Brauchitsch, Hitler auch die Entschuldigung abgenommen,[16] daß er wegen der tschechischen Krise die für Ende Mai/Anfang Juni vorgesehene Reichstagssitzung verschieben mußte, in welcher er Fritsch öffentlich hatte ehren wollen.

Hitler erschien erst mittags.[17] Auffallend herzlich begrüßte er den Kommandanten des Fliegerhorstes, Hauptmann Axel von Blomberg, den Sohn des geschaßten Feldmarschalls – immerhin eine vielsagende Geste. Nach dem Essen verlas der Präsident des Reichskriegsgerichts, General Heitz, das bis dahin geheime Urteil im Fritsch-Prozeß. Die Verlesung[18] – unklar ist, ob Hitler ihr beiwohnte – dauerte anderthalb

Stunden und mußte von den Generälen und Admirälen stehend angehört werden, eine ungewöhnliche (und sehr ermüdende) Form der
Ehrerbietung für den ehemaligen Oberbefehlshaber. Anschließend
hielt Hitler eine Ansprache mit «ausführlichen, gefühlsbetonten Darle-
gungen», wie Oberquartiermeister Franz Halder anderntags dem (in
Barth nicht anwesenden) Generalstabschef Beck berichtete.[19]

Die Barther Rede Hitlers, deren Wortlaut nicht überliefert ist, war
sicherlich eine der gelungensten und wichtigsten seiner ganzen Laufbahn. Entschlossen, das neue Volksheer zum erstenmal aufs Schlacht-
feld zu schicken, mußte er alle Register seines demagogischen Talents
ziehen, um die drohende Vertrauenskrise zwischen Teilen der Generalität und seinem Regime abzuwenden. In Berichten von Teilnehmern
dieser Versammlung ist noch die nachhaltige Wirkung zu spüren, die
Hitlers Worte und mehr noch seine spürbare Ergriffenheit bei den etwa
vierzig Zuhörern hinterlassen haben. Erst nach dem Kriege traten bei
einigen Bedenken auf, ob sie damals nicht doch den Verführungskün-
sten eines verlogenen Diktators erlegen seien.

Aber man kann diesem Ereignis im Juni 1938 historisch nicht gerecht werden, wenn man es aus der Erfahrung von Auschwitz und der
des 8. Mai 1945 betrachtet. Damals waren die Zuhörer überzeugt von
der Aufrichtigkeit ihres Obersten Befehlshabers; sein Bedauern über
die «Tragik» des Falles Fritsch schien «richtig von Herzen gekommen».[20] Wie anders sollte denn Hitler den teils unwissenden, teils
skeptischen Generälen seine Motivation für die Entlassung des Generalobersten glaubwürdig machen, als durch das Eingeständnis der
«Nervenkrise»,[21] die ihn nach dem Blomberg-Skandal befallen hatte?
Gab sich der Diktator damals im Januar die Blöße einer bedenklichen
Entscheidungsschwäche, so räumte er jetzt vor diesem engen Kreise
eigenes fehlerhaftes Handeln ein, das er mit seinem Schock über die
Erwähnung der Hitlerjungen begründete – und diese Schwäche werden jene ihm umso eher verziehen haben, die bei der Urteilsverlesung,
als von den Hitlerjungen die Rede war, vom Verhalten des Generalobersten eher peinlich berührt waren, wie zum Beispiel General Curt
Liebmann, für dessen Gefühl «ein nicht ganz geklärter Rest» ver-
blieb.[22]

Sehr geschickt auf die Mentalität des Offizierskorps eingestellt, erklärte Hitler, warum er sich nunmehr nicht vor der Nation desavouieren könne, sondern an der falschen öffentlichen Festlegung auf die
Krankheit Fritschs festhalten müsse. Um einem Schaden für das Ansehen der Armee vorzubeugen, werde er auch in künftigen Fällen so
verfahren. Er beschwor das ihm, dem einstigen Gefreiten, aber auch
den Generälen, den einstigen jungen Offizieren des Weltkrieges, gemeinsame Schockerlebnis der Novemberrevolution 1918, als das Ver-

trauen der Nation zur obersten militärischen Führung schwersten Schaden erlitten habe.

Indirekt ging Hitler auch auf die Beschwerden ein, die Fritsch in seinem (unbeantworteten) Brief vorgebracht hatte: Er bestritt entschieden, daß die Anschuldigungen gegen den Generalobersten «von amtlicher Stelle leichtfertig oder gar wider besseres Wissen erhoben worden seien». Er nahm somit die Gestapo in Schutz vor dem Verdacht, gegen die Wehrmacht intrigiert oder hinter seinem Rücken ermittelt zu haben. Das Versäumnis der Gestapo im Falle des Rittmeisters von Frisch entschuldigte er mit Fehlern untergeordneter Beamter, «die eine einmal aufgenommene Fährte nicht rechtzeitig hätten verlassen können». Er garantierte der Wehrmacht, daß sich derartiges nicht wiederholen werde – und in der Tat haben Himmler und Heydrich in den folgenden Monaten peinlich darauf geachtet, die Empfindlichkeit der Wehrmacht zu schonen. Hitler bestätigte also erneut den hohen Rang, den die bewaffnete Macht im neuen Reiche einnahm.

Eine weitere Bemerkung Hitlers hörte sich an, als habe ihm Brauchitsch ein Argument aus dem Demarche-Entwurf der «Gruppe Gisevius» angedeutet: die Furcht vor einer «Tscheka». Ein bewußter Kampf anderer Kräfte gegen die Wehrmacht sei unmöglich, beteuerte Hitler, und er wiederholte sein Versprechen vom Februar, daß Stellen in der Wehrmacht nur aus ihr heraus besetzt werden könnten. Ja, er antwortete sogar direkt auf den Tscheka-Vorwurf (von dem außer Beck und Brauchitsch niemand aus diesem Kreise etwas wußte): «Ein Einfluß anderer Faktoren, wie in Rußland, sei ausgeschlossen.»

Leicht fiel es Hitler zu begründen, warum Fritsch eine Wiederkehr in sein Amt nicht mehr zuzumuten sei; es hatte sich schon herumgesprochen, daß Fritsch selber die Vertrauensbasis für jegliche weitere Zusammenarbeit zerstört sah. Der Diktator versprach der Armee, dem juristisch freigesprochenen Generalobersten volle Genugtuung zu geben, allerdings mit dem Vorbehalt «soweit möglich».

So verstand sich denn Hitler zu einer – gemessen an den weitgesteckten Forderungen der Armee – halbherzigen Ehrung, die aber unter den gegebenen Umständen tatsächlich die einzig mögliche war: Er verfügte die Ernennung des Generalobersten von Fritsch zum Chef des Artillerie-Regiments Nr. 12, das aus seinem einstigen Regiment Nr. 2 hervorgegangen war. Diesen alten Brauch hatte Hitler von der Monarchie übernommen[23] und bereits beim einstigen Chef der Heeresleitung, dem Generalobersten von Seeckt, und dem alten Feldmarschall von Mackensen praktiziert, sowie bei Blomberg, dessen Ernennung widerrufen wurde. Es war immerhin die höchste militärische Ehrung, die das nationalsozialistische Deutschland zu vergeben hatte.

Darum hoffte Hitler, die Armee werde diese Geste richtig verstehen. Manstein[24] gibt die Stimmung bei einem Teil der Generalität wohl treffend wieder: Zwar räumt er ein, daß die Ehre Fritschs durch die Ernennung zum Chef auch vor der Öffentlichkeit wiederhergestellt sei, aber zugleich moniert er, das sei «wohl das mindeste, was Hitler tun konnte». Fast einhellig wurde denn auch die Geste Hitlers von überlebenden Generälen sowie von Historikern und Publizisten als ungenügend empfunden oder sogar mit krassen Worten abgewertet.[25] Dafür gibt es drei Erklärungen: entweder verkannten die Generäle seinerzeit die Zwangslage des Diktators, über die noch zu reden sein wird, oder sie legten nach 1945 bewußt Maßstäbe an, die ihr eigenes Verhalten in Barth positiv erscheinen ließen; bei anderen Autoren bestimmten Ignoranz oder Voreingenommenheit das Urteil.

Wurde in Barth die letzte Chance des Heeres verpaßt, sich gegen seinen Obersten Befehlshaber in der Ehrensache Fritsch durchzusetzen? Hätte die Generalität nicht wenigstens jetzt, nachdem sie von Brauchitsch erfahren hatte, daß seine Maximalforderungen nicht akzeptiert worden waren, geschlossen für den ehemaligen Oberbefehlshaber eintreten müssen? Hätten die hohen Offiziere nicht Hitler nach den staatspolitischen Gründen fragen können, warum er Fritsch die Feldmarschallswürde verwehrte? Aber das wäre im Beisein des Feldmarschalls Göring, der seinen Marschallstab ja einzig der Fritsch-Krise zu verdanken hatte, taktlos und politisch unklug gewesen. Hitler als Parteichef hätte seinen alten Kampfgefährten, den zweiten Mann im Staate, desavouieren müssen, anderseits aber auch den Titel abgewertet, der diesmal weniger wert war als der «Ehrenoberst». Fritsch selber[26] hat die Ernennung – aus der Sicht der Armee und des Staates – als eine nach außen «gute und notwendige Geste» bezeichnet, obwohl er sie für sich persönlich als ungenügend empfand.

Seine Kameraden in Barth schwiegen jedenfalls. Sie nahmen die Entscheidung Hitlers hin und nahmen ihm auch sein Bedauern ab, seinen guten Willen. Sofern sie den Zweifel nicht los wurden, Himmlers SS stecke hinter allem und habe doch einen heimtückischen Schlag gegen das Heer im Schilde geführt, hielten sie Hitler zugute, daß er selbst getäuscht worden war.[27] Mehr noch: als er sie zum Schluß bat, ihm ihr Vertrauen zu bewahren, an sie appellierte, angesichts der drohenden Kriegsgefahr die Fahne nicht im Stich zu lassen, da gehorchten sie und gaben sich zufrieden. Die Krise war erledigt, Wichtigeres stand auf der Tagesordnung...

Jene Autoren, die nach 1945 den Eindruck erweckt haben, Hitler habe sich einer vollwertigen öffentlichen Rehabilitierung des Generalobersten entzogen, um nicht seine Schuld bekennen zu müssen,[28] verwechseln offenbar das totalitäre Hitler-Regime mit einem demokratischen Rechtsstaat. Hitler hat sich in Barth klar auf die Staatsräson berufen, die das Eingeständnis einer solchen Blamage der Staatsführung, das heißt des als «unfehlbar» bejubelten *Führers*, vor dem Ausland und vor der Nation nicht zugelassen habe. Denn das oberste Gesetz im Führerstaat hieß: «Der Führer hat immer recht.»[29] Und dieses Gesetz wurde auch von der Armee, die persönlich auf diesen *Führer* vereidigt war, bis zum bitteren Ende anerkannt.

Hitler hat also, im Rahmen seiner Möglichkeiten, den so übel verleumdeten Freiherrn von Fritsch «rehabilitiert». Er hat lediglich nicht, wie es sich Gisevius und seine Freunde und vor allem Fritsch selber erhofft hatten, die vermeintlichen «Intriganten» Himmler und Heydrich bestraft, weil sie ihm hatten glaubhaft machen können, daß sie selber Opfer einer fatalen Fehlleistung subalterner Beamter geworden waren. Gegen den Kriminalinspektor Fehling, der sich selber von dem Zeugen Schmidt «verladen» fühlte, wurde jedoch nicht einmal ein Disziplinarverfahren eröffnet. Er blieb bis Kriegsende in seiner Dienststellung, wurde allerdings nicht mehr befördert.[30] Der eigentlich verantwortliche Kriminalrat Meisinger büßte seine Reichszentrale für die Bekämpfung der Homosexualität ein und wurde gleich nach dem Fritsch-Prozeß abkommandiert nach Österreich; er kehrte nicht mehr ins Amt zurück (Nach dem Krieg wurde er in Polen als Kriegsverbrecher gehängt).[31] Kriminalrat Huber, der andere Sachbearbeiter, wurde ebenfalls versetzt, und zwar nach Wien, wo er es bis zum Polizeigeneral gebracht hat.[32]

Als Hauptschuldigen stellte Hitler vor der Generalität den Verbrecher Otto Schmidt hin. Da aber ein gerichtliches Verfahren nur eine Freiheitsstrafe erwarten lasse, die «der niederträchtigen Handlungsweise und der Schwere ihrer Folgen» nicht gerecht werde,[33] kündigte er die Hinrichtung Schmidts an. Admiral Boehm erinnerte sich, wie sich Hitler kurz zu Göring gewandt habe mit den Worten: «Das Individuum wird erschossen!» Boehm will über diese Art Justiz entsetzt gewesen sein; sein Entsetzen hat ihn indes nicht daran gehindert, weiterhin der Hakenkreuzflagge treu zu bleiben. Ähnliche Reaktionen bei den anderen Zuhörern sind nicht bekannt. Jedenfalls ist niemand in Barth dem Diktator entgegengetreten. Das Schweigen durfte Hitler wohl als Zustimmung dafür deuten, daß sie alle die Todesstrafe für diesen «Lumpen»,[34] wie Fritsch ihn nannte, für angemessen hielten. Und er brauchte auch nicht mit ihrem Widerspruch zu rechnen, da sie schon vier Jahre zuvor schweigend die Ermordung ihrer Kameraden Schleicher und Bredow hingenommen hatten.

Die bittere Ironie dieser Episode liegt darin, daß Schmidt, von dem einige in Barth meinten, er sei längst umgebracht,[35] noch ein paar Jahre im KZ hat leben dürfen, eine Tatsache, die allein schon jene widerlegt, die Hitler und der Gestapo unterstellten, sie hätten sich rasch des unbequemen oder auch gefährlichen Zeugen entledigen wollen.[36] Irgendwann drang zu Fritsch[37] das Gerücht, Schmidt sei gar nicht erschossen worden, und schon spekulierte er, dann habe ihn Himmler gewiß aufbewahrt, um ihn zu gegebener Zeit gegen Göring als Belastungszeugen zu verwenden. Nicht ohne Ironie ist es auch, daß in jener Zeit Generalstabschef Beck, der über Hoßbach mit Fritsch in Verbindung stand, für möglich hielt, Göring könnte sich eines Tages, so wie er schon Blomberg und Fritsch beseitigt habe, auch Hitlers entledigen.

Weder Hitler noch Göring haben sich um den Vollzug des Mordbefehls gekümmert, und Heydrich, der schon die Fritsch-Akte nicht verbrannt hatte, ließ auch den Zeugen Schmidt am Leben. Himmler wurde erst auf den KZ-Häftling Schmidt aufmerksam, als sich dieser allzu auffällig benahm.[38] Er hatte sich in der Lagerhaft gebrüstet, eines Tages seine Erlebnisse mit Prominenten ganz groß herauszubringen. Einen Arzt, der ihm gemeingefährliche Schizophrenie bescheinigte, hat er sogar tätlich bedroht. Das hatte Folgen:

Am 29. Juli 1942 bat Himmler[39] als Chef der deutschen Polizei den Reichsmarschall Hermann Göring um sein Einverständnis, «daß ich Schmidt dem Führer zur Genehmigung der Exekution vorschlage». Er kennzeichnete den Erpresser als «arbeitsscheuen Asozialen» und fügte das ärztliche Attest bei. Nach den Kriterien der Nazi-Euthanasie handelte es sich also bei dem Verbrecher Schmidt um «lebensunwertes Leben». Göring schrieb so erstaunt wie zynisch an den Rand des Schreibens: «Der sollte doch schon *längst* erschossen werden.» Am 30. Oktober 1942 wird der 36jährige «Schutzhäftling» Otto Schmidt im Konzentrationslager Sachsenhausen gehenkt.[40] Er hat sein Opfer Fritsch um drei Jahre überlebt.

Doch zurück zum Sommer 1938. Am Abend des 15. Juni erschien Generaloberst von Brauchitsch bei seinem Vorgänger in Achterberg[41] und brachte ihm die Verfügung des Diktators, wonach Fritsch zum Chef des Artillerie-Regiments 12 ernannt worden war. Fritsch betrachtete diese Geste persönlich als fragwürdig, weil sich Hitler dazu ja erst auf Drängen Brauchitschs und anderer hin bereitgefunden hatte. Für ihn hätte es nur eine Rehabilitierung geben können: die Bestrafung der Schuldigen Himmler und Heydrich. Da zu seiner Enttäuschung Hitler das Handeln der Gestapo gedeckt und gebilligt hatte, erschien es ihm nun selber etwas lächerlich, wollte er nach so langer Zeit den Reichsführer SS Himmler noch zum Duell fordern.

Da sich Fritsch von Hitler «aufs schwerste» in seiner Ehre verletzt fühlte, hatte er zumindest erwartet, sein *Führer* würde ihm mit der Verfügung, wie es üblich war, «ein Wort persönlicher Natur» schriftlich oder mündlich durch Brauchitsch übermitteln. Da es ausblieb, empfand er die Ernennung als «doppelt verletzend». Aber Hitler oder das Personalamt des Heeres hatten es sich anders gedacht: Erst zur feierlichen Regimentsübergabe einen Monat später schrieb ihm der *Führer* den Brief,[42] der sogar in der Presse veröffentlicht wurde. Seiner ursprünglichen Zornesregung, die Ernennung zurückzuweisen, hat Fritsch dann doch nicht nachgegeben. Er wollte den Zwiespalt zwischen dem Offizierskorps und Hitler beseitigen und stellte die Sache über die Person. So brachte er es denn über sich, am 11. August 1938 auf dem pommerschen Truppenübungsplatz Groß-Born,[43] wo neben seinem Regiment auch noch andere Einheiten des Heeres aufmarschiert waren, hoch zu Roß und in Paradeuniform, auf Adolf Hitler, «der neuen deutschen Wehrmacht Schöpfer und oberster Befehlshaber», ein dreifaches strammes «Sieg Heil» auszurufen. Im internen Kreis – abends im Kasino vor mehreren hundert Offizieren und am anderen Morgen beim Frühstück vor dem Offizierskorps des Artillerie-Regiments – kehrte er am Ende seiner Ansprachen zum unpolitischen, soldatischen «Hurrah» zurück.

Aber was nötigte ihn eigentlich, im Kasino «das Genie Adolf Hitlers» zu rühmen, der «Deutschlands Fesseln zerriß und uns wieder vorwärts und aufwärts führte»? Und was eigentlich hat er sich dabei gedacht, als er das Glas hob und seinem Regiment – mitten in der sich zuspitzenden Sudetenkrise –, den Wunsch auf den Weg gab: «Mögen seine Standarten ihm stets zum Siege voranwehen, wo auch seine Geschütze donnern»? Ein Jahr später verfolgt er durchs Fernglas,[44] wie die Granaten seiner Geschütze die fliehenden Kolonnen polnischer Kavallerie zerfetzen...

Wie sich zeigt, wünschten sich nicht nur die jungen, vom Nationalsozialismus begeisterten Offiziere des Heeres, endlich das Schwert aus der Scheide zu ziehen,[45] sondern auch ihr alter verehrter Oberbefehlshaber a. D. Er hat die Antwort selber gegeben, indem er sich noch einmal zu der selbstgesetzten Aufgabe bekannte, das «Erbe preußisch-deutschen Soldatentums mit dem sieghaft vorwärts stürmenden Geist des Reichs Adolf Hitlers zu verbinden und zu verschmelzen». Nur zu gern ließ Propagandaminister Goebbels seine gleichgeschaltete Presse aus den Reden des rehabilitierten Generalobersten zitieren.[46]

In seinem Tagebuch kommentierte Goebbels[47] den Tag von Groß-Born mit den schadenfrohen Worten: «Eine späte Rechtfertigung. Furchtbare Niederlage für Himmler». Der Prestigeverlust für Himmler wurde sogar im Ausland bemerkt. Ausgerechnet in der im Ausland erscheinenden «Neuen Weltbühne»[48] wurde der Machtkampf zwischen Heer und Partei genüßlich ausgebreitet, mit erstaunlich genauen und detaillierten Informationen über die Untersuchungen gegen Fritsch und den Prozeß. Das Material der Emigrantenzeitung kann nur aus Militärkreisen stammen, denn der Fall Fritsch war «Geheime Kommandosache».

Hitler hatte die Feier in Groß-Born durch Brauchitsch ausrichten lassen. Er selber kam erst einige Tage danach ins Manövergebiet [49] – eine psychologisch nicht unverständliche Scheu scheint ihn davon abgehalten zu haben, Fritsch jemals wiederzusehen. Dem Heer aber ließ er nicht lange Zeit, seinen Triumph über die SS und die Gestapo auszukosten. Bereits am 17. August folgte ein Erlaß, worin er der SS-Verfügungstruppe quasi den Rang einer vierten Teilstreitkraft zusprach,[50] die in Friedens- *und* Kriegszeiten ausschließlich ihm unterstand; im Krieg konnte er sie als mobile Einheit innerhalb des Kriegsheeres verwenden.

Dieser Erlaß, «die eigentliche Geburtsurkunde der späteren Waffen-SS», war ein Trostpflaster für Himmler. Damit hatte der Diktator wieder einmal bewiesen, wie er mit den Machtfaktoren nach Belieben spielen konnte. Es waren dies die Wochen, da Generalstabschef Beck seinen Oberbefehlshaber von Brauchitsch mit Denkschriften traktierte,[51] in denen er einen Streik der Generäle vorschlug, damit ein durch den Angriff auf die Tschechoslowakei ausgelöster zweiter Weltkrieg vermieden werden konnte. Wenn Hitler wirklich die Fritschkrise inszeniert hätte, um Blomberg und Fritsch loszuwerden, so würde er ganz gewiß nicht als Nachfolger in der Heeresführung das Gespann Brauchitsch–Beck erwählt haben, mit denen er noch viel mehr Schwierigkeiten bekam als mit den entlassenen Generälen.[52]

Die Entfremdung zwischen Hitler und dem Nachfolger Fritschs setzte schon in den ersten Wochen und Monaten der Amtsführung Brauchitschs ein,[53] als dieser sich unermüdlich für die Rehabilitierung Fritschs verwendete. Es gehörte damals kein geringer Mut dazu. Von Mal zu Mal machte sich der Generaloberst unbeliebter. Diese Disharmonie führte schon während der Sudetenkrise und dann im Kriege zu schweren Auseinandersetzungen und schließlich während der Winterschlacht vor Moskau 1941 zur Entlassung des letzten Oberbefehlshabers des deutschen Heeres.

Mit seinen Bemühungen um die Ehre seines Vorgängers wollte Brauchitsch nicht zuletzt ein Zeichen von Anstand setzen. Die Armee, besser gesagt: die meisten ihrer führenden Repräsentanten, haben ihm diesen Einsatz schlecht gedankt. Nicht nur Hitler machte später den Generalfeldmarschall von Brauchitsch zum Sündenbock[54] für alle Fehlschläge im Krieg; unter anderem warf er ihm «dauernden Ungehorsam» vor. Die Nachwelt hat es Hitler gleichgetan und, wie schon ausgeführt, an Brauchitsch kaum ein gutes Haar gelassen.

Einer aber wußte genau, was Brauchitsch für ihn getan hatte – der Generaloberst a. D. von Fritsch.[55] Schon in Groß-Born hat er ihm öffentlich «aufrichtigst und herzlichst» gedankt. Im September 1938 schrieb er für sich nieder: «Immer wieder hat er – Brauchitsch – mir durch sein Handeln Beweise seiner Treue und Anhänglichkeit gegeben... für alles bin ich ihm zu tiefem Dank verpflichtet.»

2.
Tod vor Warschau

Bis zu seinem Tode wird der Freiherr von Fritsch den jähen Abschied von der Macht nicht verschmerzen. Der Mann, der vier Jahre lang vom Schreibtisch Moltkes aus die Dinge bewegen konnte, der für eine Million Soldaten verantwortlich war und mit Milliardenaufträgen umging, fühlte sich zur Untätigkeit verdammt, überflüssig, wie ein Aussätziger im eigenen Lande. Depressive Stimmungen und Krankheiten suchten ihn heim, die er mit eiserner Disziplin, die ihm zur zweiten Natur geworden war, ja mit nahezu unmenschlicher Härte gegen sich selbst immer wieder überwand. Gewiß, er hat die Aufmerksamkeiten dankbar angenommen, die ihm von seinen Kameraden im Heer und in der Marine erwiesen wurden – als Gast bei «seinem» Regiment in Schwerin oder beim Flottenmanöver in der nördlichen Nordsee, im täglichen Umgang mit Offizieren und Soldaten auf dem Truppenübungsplatz in der Lüneburger Heide, in der Unterhaltung mit den vielen Besuchern in Achterberg und Zehlendorf – aber über das ihm widerfahrene Unrecht konnte ihn niemand hinwegtrösten. [1]

Unfähig, die Tragik seines Schicksals zu begreifen oder die verwikkelten Hintergründe seiner Entlassung zu durchschauen, verfiel er von Zeit zu Zeit ins Grübeln. In seiner Verbitterung und Verzweiflung fand er eine Deutung nach der anderen. Jedes noch so abstruse Gerücht über Machenschaften der SS und der Gestapo, jedweden Tratsch aus Adjutantenkreisen griff er begierig auf. Ein Jahr nach seinem Sturz[2] hielt er zwar immer noch Himmler für den «Hauptschuft», aber jetzt traute er auch Göring nicht mehr über den Weg, sah in ihm nicht nur den Nutznießer der Affäre, sondern einen aktiven Mitschuldigen. Neben seinem alten Widersacher Blomberg verdächtigte er schließlich sogar noch den sogenannten «Stellvertreter des Führers», Rudolf Heß, der mit seinen Leuten aus der Partei hinter der Intrige stehe. Dieser Verdacht gründete sich einzig auf seine Beobachtung, daß Hitler angeblich gar nicht reagiert hatte, als ihm der Generaloberst nach seiner Rückkehr aus Ägypten Grüße der Eltern Heß' aus Alexandria ausrichtete.

Für Fritsch steht nun fest, daß man ihn «lediglich aus politischen Gründen» beseitigt habe. «Man wollte nicht nur mich, sondern gleichzeitig das ganze Heer entehren» (wohlgemerkt: das Heer, mit dem

Hitler einige Wochen später nach Prag marschieren will!). Und das alles nur, damit das Heer von der «Partei» übernommen werden könne, wobei Fritsch die übliche Verwechslung von Partei und SS unterläuft. Und er folgert so logisch wie falsch: «So haben die Schuldigen es dann dahin gebracht, daß der Führer vor die Alternative gestellt wurde, dem Heer oder der Partei die Treue zu halten. Herr Hitler hat sich gegen das Heer entschieden.» Nach wie vor verkennt er, daß der Diktator *beide* seinem Willen unterworfen hat. Jedenfalls kann Fritsch «kein Vertrauen mehr zu diesem Manne haben».

Ein andermal kommt er nicht darüber hinweg, «daß der Mann, für den ich auch persönlich (!) 4 Jahre gearbeitet habe und gerade dieser Mann mich verraten und im Stich gelassen hat».[3] Diese Ambivalenz der Gefühle – einerseits Verachtung für den Treulosen, anderseits widerwillige Bewunderung für den *Führer* des Großdeutschen Reiches – durchzieht auch seine Ansichten zur politischen Lage.[4] Er versucht, sich sine ira et studio ein Urteil zu bilden und begrüßt offensichtlich die außenpolitischen Erfolge Hitlers: das Münchner Abkommen (das heißt, die erzwungene Abtretung des Sudetenlandes mitsamt allen tschechischen Grenzbefestigungen an Deutschland), die Besetzung der Rest-Tschechei und den Satellitenstatus der Slowakei, schließlich die Rückkehr des Memellandes. Aber jedesmal ist ihm der Gedanke an die erlittenen Demütigungen im Wege: «Wie sehr könnte man sich aller Erfolge freuen...» Als Hitler Ende April 1939 das Flottenabkommen mit Großbritannien und den Nichtangriffspakt mit Polen kündigt, findet Fritsch die Rede des Diktators – er hat sie im Radio gehört – sogar «sehr gut und sehr geschickt». Und folgert aus dem Ende der Appeasement-Politik genau das, was in jenen Tagen auch Hitler schon durch den Kopf geht: Deutschland müsse sich jetzt mit Rußland verständigen, «so widerwärtig die herrschende russische Mörderbande auch ist». Entsprechend betrachtet er denn auch Mitte September 1939 das Eingreifen der Russen in den deutsch-polnischen Krieg «als großen politischen Erfolg».

Natürlich treibt ihn im Ruhestand weiter die alte Sorge um, die auf vollen Touren laufende Hochrüstung könne zu Lasten der Qualität gehen. Wohl auch deshalb klammert er sich monatelang an die Hoffnung, der Krieg in Europa möge noch auf sich warten lassen. Freilich hält er ihn für unausweichlich. Die Begründung dafür könnte der Goebbelsschen Propaganda entnommen sein, obschon Fritsch den politischen Teil der Zeitungen nicht liest, weil ihm der Inhalt zuwider ist: «Der Kampf mit dem Weltjudentum», so schreibt er einige Wochen nach den Judenpogromen im Reich, «hat allerdings jetzt schon offiziell begonnen. Folgerichtig muß das zum Krieg mit England u(nd) U. S. A., den politischen Hochburgen des Judentums, führen.»[5]

Als dann wirklich der Krieg begonnen hat, schätzt er den weiteren Verlauf richtig ein: Es wird ein sehr langer Krieg werden, sofern die Westmächte nach dem Eingreifen Rußlands ihre Haltung nicht ändern. In seinem letzten Feldpostbrief an Baronin Schutzbar verführt ihn die katastrophale Niederlage Polens dazu, das deutsche Kriegsziel großzügig zu formulieren: «Es wird also nicht zuletzt, wahrscheinlich hauptsächlich darum gehen, ob die kleinen Staaten (die nordischen Staaten, Holland, Belgien, Schweiz, Balkan pp.) Anschluß an Deutschland oder England nehmen. Das ergibt bei siegreichem Ausgang die Vereinigten Staaten von Mitteleuropa unter Deutschlands Führung, im starken kontinentalen Block.» Da ist sie: die Wiederauflage der wilhelminischen Kriegszielpolitik des Ersten Weltkriegs, die Kontinuität des Großmachtdenkens bei den alten Machteliten! Daß Fritsch-Biograph Kielmansegg nach 1945 diese Worte des Generalobersten als Vorwegnahme einer demokratischen Neuordnung Europas (bei Verzicht auf gewisse Souveränitätsrechte) verstanden wissen will, ist, gelinde gesagt, eine arge Geschichtsklitterung.[6]

Weniger mit Fritsch als vielmehr mit dem Wunschdenken einer schuldbeladenen, mißbrauchten Heimkehrergeneration hat anscheinend auch die Behauptung zu tun, der Generaloberst habe sich während der Sudetenkrise im September 1938 zum Tyrannenmord bekehren lassen und Verbindung zu jener Offiziersgruppe aufgenommen, die Hitler durch einen Putsch stürzen wollte, falls er wirklich den Angriff gegen die Tschechoslowakei befehlen und damit den europäischen Krieg auslösen würde. Die Indizien dafür sind dürftig und nicht überzeugend.[7] Tatsache bleibt, daß der neue Generalstabschef, General Franz Halder, der damals die Doppelbelastung auf sich nehmen wollte, gleichzeitig einen Feldzug in Böhmen und einen Putsch in Berlin zu planen, in Achterberg um Rat angefragt hat. Die Antwort des Generalobersten war ein «glattes Nein»; Halder solle die Finger davon lassen. In seiner Schicksalsergebenheit rechtfertigte Fritsch die Putschabsage mit fast den gleichen Worten, die Halder schon 1937 einmal von ihm gehört hatte und die sich einige Monate später auch der Diplomat Ulrich von Hassell nach einem Plauderstündchen im Achterberger Herrenhaus notiert hat: «Dieser Mann – Hitler – ist Deutschlands Schicksal im Guten und im Bösen. Geht es jetzt in den Abgrund» – was damals, wie Hassell anmerkt, auch Fritsch glaubte –, «so reißt er uns alle mit. Zu machen ist nichts.»[8]

Als Soldat scheint Fritsch aber nichts Widersinniges darin zu sehen, wenn er sich bei der (verdeckten) Mobilmachung im September 1938 sofort freiwillig meldet, um mit seinem Artillerie-Regiment ins Feld zu ziehen. Das gleiche wiederholt er dann während der Polenkrise im August 1939, da es ihm unerträglich ist, in einer kriegerischen Situation zu Hause herumzusitzen.[9] Bei alledem ist ihm völlig klar, daß er sein Regiment nur als «Scheibe» begleitet, will sagen, lediglich als Frontbeobachter, da ihm jede Befehlsgewalt versagt ist.[10] Mit dem Schiff «Tannenberg» fuhr er am 21. August über die Ostsee seinem Regiment hinterher, das sich – angeblich zu Manöverzwecken – bereits in Ostpreußen aufgestellt hatte. Mit ihm überschritt er am 1. September 1939 die polnische Grenze: «Ich laufe als 5. Rad am Wagen mit, was mir schwer erträglich ist.»[11]

Diese seelische Qual wird erst recht verständlich, wenn es stimmt, daß man ihm hinterbracht habe, es sei im Führerhauptquartier über eine Wiederverwendung des ehemaligen Oberbefehlshabers diskutiert worden.[12] Sein Nachfolger, Generaloberst von Brauchitsch, und auch General Keitel, der Chef des Oberkommandos der Wehrmacht, hatten Hitler gebeten, Fritsch im Polenfeldzug eine Heeresgruppe oder zumindest die aus Ostpreußen angreifende 3. Armee zu unterstellen. Aber wie hätte dieses Arrangement funktionieren sollen, wo die Vertrauensbasis zwischen Generaloberst und Kriegsherr irreparabel zerbrochen war? Hitler konnte sich der Bitte mühelos mit dem plausiblen Argument entziehen, daß er dann auch Blomberg rufen müßte, dem er dies – anders als bei Fritsch – sogar versprochen hatte.

Blomberg war als Soldat jedoch noch schlechter daran als Fritsch: Da man ihn aus der Rangliste der aktiven Offiziere gestrichen hatte – nicht nur als Generalfeldmarschall, sondern auch als Ehrenoberst seines ihm verliehenen Regiments –, konnte er sich nicht einmal an der Front blicken lassen.

Den Generalobersten von Fritsch hingegen haben viele Soldaten erlebt, wenn er, zumeist zu Pferde, unvermittelt in den vordersten Linien auftauchte und sich in die Lage einweisen ließ. Zu seinem Bedauern hatte die 12. Division, der sein Regiment zugehörte, nur wenig Feindberührung; am gefährlichsten waren noch die versprengten polnischen Soldaten in den Wäldern hinter der Front. So verliefen denn die meisten Kriegstage für Fritsch «bodenlos langweilig» – er legte Patiencen.[13] Der Polenfeldzug war schon beinahe zu Ende, als bei Praga, einer Warschauer Vorstadt, für den Morgen des 22. September 1939 eine gewaltsame Erkundung gegen die feindlichen Linien vorgesehen war, bei der die Artillerie Feuerschutz geben sollte. Dieses Spektakel wollte sich Fritsch unbedingt aus der Nähe ansehen. In aufgeräumter Stimmung rückte er mit den angreifenden Soldaten vor und ging mit ihnen vor schwerem feindlichen Feuer in Deckung.

Da sich der Generaloberst für diesen Tag beim Armeeoberkommando zu einem Besuch angesagt hatte, begab er sich nach etwa einer Stunde mit seinem Begleitoffizier, Leutnant Rosenhagen, auf den Rückweg, halb robbend, halb im gebückten Laufschritt. Dabei gerieten sie unversehens in das Schützen- und Maschinengewehrfeuer polnischer Soldaten, die sich beim deutschen Angriff hatten umgehen lassen. Die beiden Offiziere suchten Schutz in einem Straßengraben. Dort wurde Fritsch durch einen Querschläger so schwer am Oberschenkel verwundet, daß er binnen einer Minute verblutete. Der Generaloberst nahm sein Monokel ab und sagte dem Leutnant, der ihm das Bein abbinden wollte, lediglich noch: «Lassen Sie nur...» Die Leiche wurde unter schwerem Beschuß geborgen; einer der Zeltplanträger, der Schütze Zelle, fiel durch Kopfschuß.[14]

Die sogleich im In- und Ausland aufkommenden Gerüchte, Fritsch sei hinterrücks von der SS ermordet worden, sind durch die gründliche Untersuchung von Gerd Brausch klar widerlegt worden.[15] Ebenso unhaltbar ist die weitverbreitete Meinung, der Generaloberst habe in Polen den Tod gesucht und gefunden, gewissermaßen in einer Art Opfergang um Deutschlands, des Heeres und seiner eigenen Ehre willen.[16] Zwar hat er einmal in einer depressiven Phase einen gerade verstorbenen Generalskameraden um seinen Tod beneidet, weil er sich selber in Deutschland keinen Platz mehr vorstellen konnte, ja sich wie ein «Staatsfeind» behandelt fühlte (und jetzt, nach seinem Sturz, mehr denn je überzeugt war, daß seine Post mitgelesen und sein Telefon abgehört werde).[17] Doch bei seiner tiefreligiösen Einstellung und vor allem bei seiner liebevollen Fürsorge für seine achtzigjährige Mutter hätte Fritsch einen «passiven» Selbstmord nie für sich akzeptiert.

Er wollte überleben: das zeigt schon sein Tagesprogramm am 22. September. Ehe er im August auszog, hatte er mit Baronin Schutzbar ein Wiedersehen in Berlin vereinbart; und gewiß wollte er nach dem Feldzug wieder seine edlen Pferde reiten, die er in Achterberg zurückgelassen hatte. Als alter Soldat wußte er jedoch, daß man sich im Kriege in Gefahr begibt und jederzeit mit dem Tod rechnen muß. So hatte er vorsorglich ein Testament[18] geschrieben, in dem er neben seiner Schwester auch seine Wirtschafterin und seine früheren Adjutanten bedachte. Dem Obersten Hoßbach, der inzwischen aus dem Generalstab ausgeschieden war und ein Regiment kommandierte, vermachte er einen silbernen Teller mit eingravierter Schlachtdarstellung, «weil er mir in schwerster Stunde die Treue gehalten hat». Seine Schwester, selber eine Soldatenfrau, äußerte hernach: «Mein Bruder hat den Tod gefunden, den er als Soldat immer für den ehrenwertesten hielt.»[19]

Der Zufall wollte es, daß sich am Mittag jenes 22. September Adolf Hitler nur einige Kilometer von jener Stelle, wo Fritsch den Tod fand, ebenfalls an die Front begeben hatte. Er wollte von der Plattform einer Kirche aus die Beschießung Pragas beobachten. Dort erreichte ihn die schlimme Kunde, die er schweigend, aber sichtlich betroffen entgegennahm. Als ihn Stunden später Generalmajor Jodl bei der Lagekonferenz in Zoppot auch offiziell unterrichtete – «Mein Führer, ich melde, daß die Wehrmacht heute ihren besten Soldaten verloren hat» –, reagierte er unwirsch vor Ärger, daß er den Frontbesuch des Generalobersten nicht hatte verhindern können.[20] Er ordnete ein Staatsbegräbnis an, wozu er selber erscheinen wollte. Doch am Tage des Begräbnisses lag dichter Nebel über Hinterpommern, so daß es Hitler ganz willkommen gewesen sein mag, daß sein Flugzeug nicht starten konnte. Keitel, der es dennoch versuchte, entging nur eben einer Bruchlandung und gelangte erst im letzten Moment zum Trauerakt.[21]

Dieser «Heldentod» Fritschs versetzte das Regime in einige Verlegenheit.[22] Die Todesnachricht durfte in den Zeitungen nur einspaltig auf der zweiten Seite mit einem kurzen, vorgegebenen Lebenslauf veröffentlicht werden. Die Tagesbefehle Hitlers und des Generalobersten von Brauchitsch wurden im Wortlaut nur der Truppe mitgeteilt, dem Volk, wenn überhaupt, nur in arg gekürzter Form. Der Nachruf Brauchitschs, den ein Stabsoffizier, der Fritsch noch aus alter Reichswehrzeit kannte, formuliert hatte, war aus der Sicht Hitlers und seiner Paladine eine Art Majestätsbeleidigung, rechnete Brauchitsch seinem Vorgänger doch als Verdienst an, daß dieses um ihn trauernde Heer «in so Vielem sein Werk» und «dank seiner Schöpferarbeit jetzt sieggekrönt» sei.[23] Selbst Fritsch hätte einen solchen Fauxpas nicht durchgehen lassen, denn ihm war bewußt, daß Hitler selber als «Schöpfer des Heeres» gewürdigt sein wollte. Es ist die Szene überliefert, wie Göring, als Hitler von diesem Nachruf erfuhr, mit den Fingern gegen die Fensterscheibe trommelte: «Und den, mein Führer, wollten Sie zum Feldmarschall machen!» – Hitler: «Er wird es nicht!» Brauchitsch wurde es erst nach dem rauschenden Sieg über Frankreich 1940, nun aber in einer Reihe mit elf anderen Feldmarschällen. Göring wurde als Reichsmarschall herausgehoben, der Oberbefehlshaber des Heeres jedoch nicht.

Das Staatsbegräbnis am 26. September in Berlin[24] war einer jener bewegenden Trauerakte, an denen während des Krieges kein Mangel herrschte, und die das Regime, für den Totenkult besonders empfänglich, immer effektvoll zelebrierte. Diesmal war es jedoch die kirchliche Feier im Bendlerblock, im großen Saal des Kriegsministeriums, von der sich die anwesenden Offiziere anrühren ließen. Als Feldbischof Dohrmann in seiner Trauerpredigt Theodor Körners Schlachtenlied «Vater, ich rufe dich» zitierte und dazu von der Empore dezent die Choralmelodie geblasen wurde, kämpften ergraute Generäle mit den Tränen. Einer Teilnehmerin war zumute, «als würde Preußen heute an diesem Tag und mit diesem Manne begraben».[25]

Beim offiziellen Staatsakt vor dem Ehrenmal Unter den Linden hielt Brauchitsch die Trauerrede am aufgebahrten Sarge, der mit der Reichskriegsflagge geschmückt war. (Diesmal durfte die Presse ausführlich zitieren.) Göring legte den Kranz Hitlers nieder und hob den Marschallstab, in welchem das Datum des für Fritsch so tragischen 4. Februar 1938 eingeritzt war, und selbst Himmler sah man in der Schar der Kondolenten, also die beiden von Fritsch so titulierten «Schufte» und «Schurken». Trotz strömenden Regens säumten Tausende von Berlinern die Straßen, durch die sich der Trauerzug zum Invalidenfriedhof bewegte. Der alte Feldmarschall von Mackensen in seiner Husarenuniform, den die Nationalsozialisten bei großen Paraden gern vorzeigten, betete am Grabe. Ein Offizier der Abwehr notierte nach dem Begräbnis: «Wundervolle Musik. Zapfenstreich und Halali. Gute geschlossene Salven. Ein großes Erlebnis!»[27]

Ein Jahr später bat der Kommandeur des Feldartillerie-Regiments 12 einen seiner Offiziere, am Todestag ihres Chefs und Ehrenobersten von Fritsch einen Kranz mit mecklenburgischen Farben auf dem Invalidenfriedhof niederzulegen. Der Kranz war schon bestellt, als ein Anruf der Abwehr den Offizier ereilte: Der *Führer* habe durch Geheimerlaß dergleichen Ehrungen an der Grabstätte verboten.[28] Der Diktator, inzwischen zum «größten Feldherrn aller Zeiten» ausgerufen, duldete keine anderen Götter neben sich.

Ein Meisterstück an Verdrängung

Für die Freunde und Verehrer des Generalobersten von Fritsch muß es unfaßbar gewesen sein, als ihn der amerikanische Hauptankläger im ersten Nürnberger Kriegsverbrecherprozeß gleich zu Anfang seines großen Plädoyers unter die «Nazi-Verschwörer» einreihte. Beim Aufzählen der nationalsozialistischen Verbrechen gegen die Menschheit hielt er sich an eine Einteilung, die er einem Brief Fritschs an Baronin Schutzbar entnommen haben wollte. Demnach müsse Deutschland in drei Schlachten siegen: gegen die Arbeiter, die katholische Kirche und die Juden.[1]

Rechtsanwalt Hans Laternser, der Verteidiger des Oberkommandos der Wehrmacht und des Generalstabes – beide waren als verbrecherische Organisation angeklagt –, verlangte sofort Einsicht in das Originaldokument. Es existierte jedoch lediglich eine Schreibmaschinenkopie des aus dem Englischen rückübersetzten Briefes; das Original ließ sich nicht auffinden. Da Baronin Schutzbar an Eides statt erklärte, niemals ein solches Schreiben erhalten zu haben und dergleichen Empfindungen der wirklichen Meinung des Generalobersten kraß widersprächen, und als auch das Gericht das vorgelegte Dokument nicht als Beweismittel anerkannte, war es für viele nationalkonservative Deutsche, für die Überlebenden der Widerstandsbewegung und auch für die meisten Historiker klar: Es konnte sich nur um eine geschickte Fälschung alliierter Geheimdienste handeln. So urteilte denn auch Fritsch-Neffe Graf Kielmansegg 1949 am Ende seiner Fritsch-Biographie über den angeblichen Inhalt des Briefes voller Überzeugung: «Wenn er zuträfe, müßte alles, was in diesem Buch über Fritsch und seine Einstellung gesagt worden ist, falsch sein.»[2]

Das war gewagt. Denn drei Jahrzehnte später tauchte das Original in England wieder auf. Und der Originaltext ist noch erschütternder als das von Ankläger Jackson vorgelegte Zitat: Fast ein Jahr nach seiner Entlassung, ein paar Tage vor einem Besuch des ehemaligen, inzwischen ebenfalls von Hitler entlassenen Generalstabschefs Ludwig Beck und nur einen Monat nach den Judenpogromen in der sogenannten Reichskristallnacht schrieb der Mann, der angeblich nicht gewollt hatte, was Hitler wollte, folgende Sätze nieder: «Bald nach dem Kriege kam ich zur Ansicht, daß 3 Schlachten siegreich zu schlagen seien, wenn Deutschland wieder mächtig werden sollte. 1. die Schlacht gegen die Arbeiterschaft, sie hat Hitler siegreich geschlagen. 2. gegen die katholische Kirche, besser gesagt gegen den Ultramontanismus u. 3. gegen die Juden. In diesen Kämpfen stehen wir noch mitten drin. Und der Kampf gegen die Juden ist der schwerste. Hoffentlich ist man sich über die Schwere dieses Kampfes überall klar.»[3]

Der vorhergehende Absatz ist eher noch entlarvender. Nach seinen Gesprächen mit zahlreichen Besuchern, die ihn im Heidehaus von Achterberg in letzter Zeit aufgesucht hatten, fand es Fritsch «eigentlich merkwürdig, daß so viele Menschen trotz der doch unbestreitbaren gewaltigen Erfolge des Führers in diesem letzten Jahr mit wachsender Sorge in die Zukunft sehen». Posthum hat sich Fritsch selber der Gloriole beraubt, mit der ihn so manche seiner ehemaligen Untergebenen umkleidet hatten.

Aber inzwischen hatte die Legende vom untadeligen Vorbild Fritsch – einem der wenigen führenden Deutschen aus dem «Dritten Reich», die man der Welt noch ungeniert vorzeigen, ja, auf die man stolz sein konnte – längst ihre tiefreichende Wirkung gehabt. Die Bundeswehr nahm «diesen aufrechten Mann des Widerstandes» in ihre Tradition auf.[4] Allein fünf Kasernen wurden nach Fritsch benannt, und lediglich einem Protest der Sozialdemokraten war es zu verdanken, daß nicht auch noch ein Raketen-Zerstörer der Bundesmarine den Namen «Fritsch» über die Weltmeere trug.

Nicht von ungefähr waren es drei ehemalige Offiziere der Wehrmacht, allesamt einst begeisterte und gehorsame Soldaten des *Führers*, die den Fritsch-Mythos begründen halfen:[5] der General Friedrich Hoßbach, der noch im November 1944 eine Dotation von Hitler entgegengenommen hatte, der General Hermann Foertsch, der einst das «Innere Gefüge» der Wehrmacht mit nationalsozialistischem Geist erfüllt hatte und in den Anfängen der Bundesrepublik zu den Planern der neuen Bundeswehr zählt, und schließlich der ehemalige Panzeroffizier und Generalstäbler Oberst Johann Adolf Graf von Kielmansegg, der gleichfalls von Anfang an die Bundeswehr mitaufbaut und zuletzt als Vier-Sterne-General einen der höchsten Posten in der Nato bekleiden wird.

Das geschönte Bild von der Fritsch-Krise entstand bereits Ende der vierziger Jahre, zu einer Zeit, als ehemalige deutsche Militärs vor alliierten Gerichten noch um ihr Leben oder ihre Freiheit kämpften, als ehemalige Hitler-Generäle Expertisen für den amerikanischen Geheimdienst schrieben und die Bahnen späterer Kriegsgeschichtsschreibung auf Jahrzehnte hin festlegten, und als andere Offiziere ihre Tagebücher und Erinnerungen aufbesserten.[6] Die mit Geheimnissen umrankte Blomberg-Fritsch-Affäre eignete sich hervorragend dazu, dem militärischen Widerstand gegen Hitler, der viel zu spät eingesetzt hatte und dann auch noch erfolglos geblieben war, eine lange Tradition zu geben und somit die unbestreitbare Mitschuld der Wehrmacht an der Niederlage und ihre Beteiligung an ungeheuerlichen Verbrechen erträglicher zu machen und zu relativieren. Um die Ehre der Armee zu retten, wurden ehedem loyale, nationalsozialistische Offiziere zu überzeugten Kriegsgegnern und Widerstandskämpfern der ersten Stunde hochstilisiert.

Jahrzehnte gingen ins Land, ehe jüngere Forscher den wirklichen Anteil der Wehrmacht an den Entscheidungsprozessen des «Dritten Reiches» und an den Untaten im Kriege aufdeckten.[7] Bis dahin hatten es sich manche Historiker, Publizisten, Militärs und Politiker allzu bequem gemacht. Nicht nur, daß der Hauptanteil der Schuld auf den Diktator verlagert wurde, der in seiner angemaßten, angeblich durch Usurpation erworbenen Feldherrnrolle Deutschland ins Verderben geführt hatte – Titel von Generalsmemoiren wie «Verlorene Siege» und «Verratene Schlachten»[8] sprechen für sich. Überdies wurde der Feldmarschall von Brauchitsch, der keine Memoiren mehr schreiben konnte, zum Sündenbock erkoren. Mithin ist die Umdeutung der Generalsaffäre von 1938 geradezu ein Meisterstück an Verdrängung im bundesdeutschen Geschichtsbewußtsein.

Es ist schwer verständlich, daß sogar der – ansonsten mit Verachtung gestrafte – Generalfeldmarschall von Blomberg als ein Mann gepriesen wurde, der mutig dem kriegslüsternen Diktator widersprach und deshalb gestürzt werden mußte. Denn Blomberg selber hat vor dem Nürnberger Gericht nichts beschönigt: «Mir ist weder eine Handlung oder eine bestimmte Stellungnahme von Generalen gegen Hitler und sein NS-Programm bekannt geworden ... Wenn jetzt so viele Generale ihre damalige Stellungnahme ableugnen und behaupten, daß sie von jeher Hitler feindlich gesonnen gewesen wären, so spielt offenbar das Gedächtnis einen Streich, ein Vorgang, der vom Bestreben nach einer Entlastung, vielleicht sogar unbewußt, getragen wird.» Blomberg scheute sich auch nicht zuzugeben, daß die deutschen Generäle, ihn selber eingeschlossen, seit dem Versailler Friedensvertrag von 1919 bis ins Jahr 1938 hinein, also weit über den Zeitpunkt der berühmten Konferenz vom 5. November 1937 hinaus, bereit gewesen seien, «wesentliche Territorialforderungen nötigenfalls durch Waffengewalt» zu verfolgen. Ein Krieg gegen Polen zwecks Revision der Ostgrenzen sei «als eine heilige Pflicht, wenn auch bittere Notwendigkeit» betrachtet worden.[9]

Dieses Eingeständnis mag Blomberg leichter gefallen sein, nachdem ihn die einstigen Kameraden wie einen Aussätzigen behandelt hatten. Anderseits hatte er, der den Krieg zwangsweise in Bad Wiessee verbringen mußte, nicht an der Bürde schwerer Kriegsverbrechen mitzutragen. Sein Zeugnis bestätigt noch einmal die weitgehende Identität der macht- und wehrpolitischen Interessen von Armee und Staat im nationalsozialistischen Deutschland. Der Diktator, seit dem Tod Hindenburgs Oberster Befehlshaber der Wehrmacht mit allen Vollmachten, sah bis zum Frühjahr 1938 keinen Anlaß, sich von den Repräsentanten der Wehrmacht zu trennen. Er hatte es nicht nötig, zu diesem Zweck umständliche und gefährliche Ränke einzuleiten.

Nicht planvoll inszenierte Aktivitäten gegen die Führer von Wehrmacht und Heer haben die Krise ausgelöst, sondern ein unerwarteter Zufall: das private Versagen des Reichskriegsministers und Generalfeldmarschalls von Blomberg, der leichtfertig gegen die von ihm selbst gesetzten Verbote verstieß und sich damit um Amt und Würden brachte. Menschliche Leidenschaften und Unzulänglichkeiten, Enttäuschung und Erbitterung, Ehrgeiz und Machtgier, falsche Informationen und amtliche Pannen verwoben sich zu einem Skandal, der eine Systemschwäche des autoritären Führerstaates bloßlegte und den Diktator für ein paar Tage rat- und hilflos machte.

In einem demokratischen Rechtsstaat hätte ein solcher Skandal kaum vierzehn Tage unter der Decke gehalten und dann durch ein grandioses Täuschungsmanöver vertuscht werden können. Eine freie Presse und eine wachsame Opposition hätten eine parlamentarische oder amtliche Untersuchung erzwungen. Nicht so in einem totalitären Staat, dessen Führer sich keine Prestigeeinbuße erlauben und seinen Unfehlbarkeitsanspruch nicht antasten lassen darf. Auch an den Generalsaffären läßt sich der eigentümliche improvisatorische Charakter des Führerstaates ablesen: Das plötzliche Ausscheiden des Kriegsministers und die Entlassung des Heerführers ließen den Ämterkampf innerhalb der nationalsozialistisch infizierten Militärelite wiederaufleben. Der Diktator wartete – für das Gefühl seiner Parteigenossen beängstigend lange – zunächst die Entwicklung ab, um dann blitzschnell und selbstherrlich zu handeln – zugunsten der stärkeren Gruppe, und das war in diesem Falle das von Blomberg geprägte Wehrmachtamt.

Vor dem Hintergrund dieser systemimmanenten Auseinandersetzung[10] um die Spitzengliederung, um die Abgrenzung gegen die Partei und die rivalisierende SS haben die Sittenaffären von Anfang an und erst recht nach dem verlorenen Krieg eine historische Bedeutung erlangt, die weit übertrieben und dramatisiert wurde.[11] Nicht erst am 4. Februar 1938 begann das Unglück des Vaterlandes oder das Ende der preußisch-deutschen Armee. Gleichwohl entstand damals eine schwere Vertrauenskrise zwischen Armee und Staat.[12] Die Kluft ließ sich niemals mehr ganz überbrücken. Eine winzige Gruppe von Offizieren, die an den altüberlieferten Werten von Recht und Anstand und Ehre festhielt (obwohl sich auch im Offizierskorps seit der Kaiserzeit die Sitten gelockert hatten),[13] erlebte ihre erste große Desillusionierung im nationalsozialistischen Staat. Das Mißtrauen, zunächst gegen SS und Gestapo, mehr und mehr aber auch gegen den Diktator selber nahm allmählich zu, wurde dann vom Siegesrausch nach dem Frankreichfeldzug zeitweilig überdeckt, bis es nach Stalingrad stärker denn je auflebte. Am Ende steht die Verschwörung des 20. Juli 1944.

Auf der anderen Seite – bei Hitler und seinen Paladinen – waren Enttäuschung und Erbitterung vielleicht noch größer. Das alte Ressentiment der Nationalsozialisten gegen die «reaktionären» Offiziere brach wieder durch. Hitler war sich nie sicher gewesen, ob sich die älteren Offiziere von seinen Worten motivieren ließen; er wußte nicht, was sich hinter ihrer «starren, maskenhaften Miene» verbarg. Im April 1945 wird er dann wehleidig bedauern, daß er sich am 30. Januar 1933 auf einen Kompromiß mit den nationalkonservativen Kräften eingelassen hatte. Der wahre Hitler, seine hemmungslose Rachsucht und Grausamkeit, kommt in jener Bunkerszene zum Vorschein, als es ihn gereut, nach der Machtübernahme nicht Tausende potentieller Gegner beseitigt zu haben. «Ich hatte vorher die Absicht, Leute wie [*Generaloberst von*] Hammerstein [*den Vorgänger Fritschs*], Schleicher und andere rücksichtslos zur Verantwortung zu ziehen und den ganzen Klüngel um dieses Geschmeiß.»[14]

Aber auch 1938 und bis tief in den Krieg hinein bleibt Hitler auf die verachteten monarchistischen Generäle angewiesen. Weder wagte er es, dem Heer einen Reichenau vorzusetzen – dem er im tiefsten Inneren wohl auch nicht über den Weg traute – noch Himmler an die Spitze zu bringen. Auch hat er dem neuen Oberkommando der Wehrmacht keineswegs den Generalstab untergeordnet, sondern nur nebengeordnet, ein System, das dann im Kriege geteilte Verantwortung für die verschiedenen Kriegsschauplätze zur Folge hat.[15] Und all das soll das Ergebnis einer langfristig angelegten zielstrebigen Intrige gewesen sein?

Nur in seinem eigenen Machtanspruch blieb Hitler konsequent. Als er seinen treuen Blomberg nicht mehr zur Seite hatte, trat er selber an die Rampe und spielte fortan seine dritte Hauptrolle: Auf den Parteiführer Hitler und den Staatsmann Hitler folgte nun der Feldherr Hitler.[16] Schon in seiner ersten Reichstagsrede nach der Krise spricht er für jedermann verständlich aus, was er künftig von seinen Soldaten bis hin zum General erwartet: blinden Gehorsam.[17]

Jene Offiziersfronde, die sich im Frühjahr 1938 zu formieren begann, traute dem Obersten Befehlshaber nicht zu, daß er den Ehrenschild der Armee reinhalten könne.[18] Fritsch und seine Freunde verlangten sogar die öffentliche Rehabilitierung auch der Armee, weil deren Ehre mitbeleidigt worden sei. Wie eng, standesbezogen und anachronistisch dieser Ehrbegriff gewesen ist, wurde erst im Kriege offenbar. Nicht Hitler oder die SS haben die Armee entehrt, das hat sie vielmehr selber besorgt, als sie mit fatalistischem Gehorsam in den Krieg zog. Spätestens beim Eroberungs- und Vernichtungskrieg gegen die Sowjetunion, diesem «absoluten Tiefpunkt der ganzen Militärgeschichte»,[19] war es um ihre Ehre geschehen. Selbst ein Brauchitsch, der sein Vertrauensverhältnis zum Diktator aufs Spiel setzte, um die verletzte Ehre seines Kameraden Fritsch wiederherzustellen, hat sich, wie fast alle anderen deutschen Generäle, in schwere Schuld und beispiellosen Kriegsverbrechen verstricken lassen. Es hat einen tiefen Sinn, daß die beiden Protagonisten des Hitlerschen Feldherrntums in jenem Februar 1938, Keitel und Jodl, im Mai 1945 auch den Schlußakt protokollieren müssen – die bedingungslose Kapitulation der deutschen Wehrmacht und des Deutschen Reiches.

Anhang

Anmerkungen

Vorwort

1 Zuletzt hat es der amerikanische Historiker Harold C. Deutsch versucht (ders., Das Komplott oder Die Entmachtung der Generale. Blomberg- und Fritsch-Krise. Hitlers Weg zum Krieg, Zürich 1974), jedoch die Lage noch mehr verwirrt, weil er auf die Erfindungen eines gerichtsnotorischen Hochstaplers hereingefallen war. Vgl. die Rezension von Peter Hoffmann in: Militärgeschichtliche Mitteilungen (MGM) 20 (1976), S. 196 ff.

2 Als Roman: Hans Hellmut Kirst, Generalsaffären, Gütersloh 1977; als Fernsehspiel: «Geheime Reichssache» von Edmund Wolf und Michael Kehlmann, ARD 1988.

Prolog
Das Hoßbach-Protokoll – Die Legende von den Kriegsgegnern Blomberg, Fritsch und Neurath

1 Walter Bußmann, Zur Entstehung und Überlieferung der «Hoßbach-Niederschrift», in: Vierteljahreshefte für Zeitgeschichte (VfZG) 16 (1968), S. 384.

2 Noch 1986 ließ die französische Journalistin Stéphane Roussel (Die Hügel von Berlin, Reinbek 1986) «natürlich» auch Goebbels teilnehmen.

3 Der Prozeß gegen die Hauptkriegsverbrecher vor dem Internationalen Militärgerichtshof (International Military Tribunal = IMT, 42 Bde., Nürnberg 1947–1949, Bd. I, S. 39; der Text des Protokolls Bd. XXV, S. 420 ff.

4 S. das Literaturverzeichnis bei Dankwart Kluge, Das Hoßbach-Protokoll – die Zerstörung einer Legende, Leoni 1980, S. 149–162.

5 Beispiele: Milton Shulman, Die Niederlage im Westen, Gütersloh 1949, S. 39; Kurt Assmann, Deutsche Schicksalsjahre, Wiesbaden, 2. Aufl. 1951, S. 466 f.; Theodor Schieder, Hitler und der Nationalsozialismus, in: Deutsche Geschichte im Überblick, hrsg. von Peter Rassow, 3. Aufl., Stuttgart 1973; Karl Dietrich Erdmann, Deutschland unter der Herrschaft des Nationalsozialismus und der Zweite Weltkrieg, in: ders., Die Zeit der Weltkriege, Gebhardt. Handbuch der deutschen Geschichte, Bd. 4, Stuttgart 1976, S. 464; Peter Hoffmann, Widerstand, Staatsstreich, Attentat. Der Kampf der Opposition gegen Hitler, 3. Aufl., München 1979, S. 58; Klaus Hildebrand, Das Dritte Reich, München 1991, S. 51; zuletzt noch Charles Bloch, Das Dritte Reich und die Welt, Paderborn 1993, S. 215.

6 Friedrich Hoßbach, Zwischen Wehrmacht und Hitler, 1934–1938, Wolfenbüttel 1949, S. 163; vgl. Nicolaus von Below, Als Hitlers Adjutant, 1937–45, Mainz 1980, S. 35.

7 Walter Bußmann, Sein Name steht im Geschichtsbuch, in: Frankfurter Allgemeine Zeitung (FAZ), 13. 9. 1980.

8 Schriftliche Mitteilung des Ministerialrats a. D. Walter Seifert vom 11. 9. 1979; vgl. Below, Adjutant, S. 18, 34, 71.

9 Hoßbach, Wehrmacht, S. 9.

10 Karl-Jesco von Puttkamer, Institut für Zeitgeschichte, München (IfZ), Zeugen-
     schrifttum (ZS) 285; Below, Adjutant, S. 48 f.
11 Bernd-Jürgen Wendt, Großdeutschland. Außenpolitik und Kriegsvorbereitung
     des Hitler-Regimes, in: Deutsche Geschichte der neuesten Zeit, hrsg. von Mar-
     tin Broszat u. a., München 1987, S. 25 f.
12 Friedrich Hoßbach, Von der militärischen Verantwortlichkeit in der Zeit vor
     dem 2. Weltkrieg, Göttingen 1948, S. 30; Below, Adjutant, S. 49.
13 IMT, Bd. XXII, S. 488; Göring sagte am 14. 3. 1946 aus, Hitler habe es abge-
     lehnt, seine Nachfolger durch ein politisches Testament festzulegen. IMT,
     Bd. IX, S. 344.
14 Telegramm des französischen Botschafters François-Poncet an den Quai d'Or-
     say vom 6. 5. 37, 19.20 Uhr, nach Kluge, Hoßbach-Protokoll, S. 107 ff.; David
     Irving, Göring, Hamburg 1987, S. 283.
15 Adolf Hitler, Mein Kampf, München 1933, S. 739 ff.; im Reichstagswahlkampf
     Juli 1932 forderte er «Ostpolitik im Sinne der Erwerbung der notwendigen
     Scholle für unser Volk» (Reichsprogagandaleitung der NSDAP, Kampfschrift
     Heft 15, S. 28); vgl. Theodor Heuss, Hitlers Weg, Neuauflage Tübingen 1968,
     S. 99: «Die Bodennahme im europäischen Osten ist also das Kernstück der
     Hitlerschen Außenpolitik.»
16 Persönliche Erlebnisse des Generals der Infanterie a. D. Curt Liebmann, IfZ, ZS
     ED-1; vgl. General der Artillerie a. D. Horst von Mellenthin, Hitlers Rede in
     der Bendlerstraße, S. 14, IfZ, Zs 105.
17 Akten der Reichskanzlei, Die Regierung Hitler 1933–1938, hrsg. von Konrad
     Repgen und Hans Booms, Teil I, Boppard 1983, vor allem die Dokumente
     Nr. 164, 166 und 174.
18 Erinnerungen des Generalfeldmarschalls von Weichs, Bundesarchiv/Militärar-
     chiv (BA/MA), N 19/5. Weichs hatte die Rede mitstenographiert.
19 Walter Görlitz (Hrsg.), Generalfeldmarschall Keitel. Verbrecher oder Offizier?
     Erinnerungen, Briefe, Dokumente des Chefs OKW, Göttingen 1961, S. 128.
20 Keitel, a. a. O., S. 90 f.; Walter Görlitz, Hitlers rheinischer Seiltanz, in: Die
     Welt, 7. 3. 1967; vgl. Klaus-Jürgen Müller, Das Heer und Hitler. Armee und
     nationalsozialistisches Regime 1933–1940, Stuttgart 1969, S. 213 ff.
21 Aussage des Chefdolmetschers Dr. Paul Schmidt in Nürnberg, IMT, Bd. X,
     S. 247; vgl. Fritz Wiedemann, Der Mann, der Feldherr werden wollte, Velbert
     1964, S. 188 (er nennt auch noch Reichswirtschaftsminister Hjalmar Schacht,
     der ebenfalls Hitler den Rücken gestärkt habe). Das folgende Hitler-Zitat findet
     sich in Neuraths eigenhändig korrigierter Biographie: BA, NL-177, S. 50. Zitat
     «dickschädelig» bei Liebmann, Aufzeichnungen, IfZ, ZS 178/51.
22 Wilhelm Treue, Hitlers Denkschrift über den Vierjahresplan, in: VfZG 3
     (1955), S. 184 ff.
23 Dazu Bericht Puttkamer, IfZ, ZS 285; vgl. Das Deutsche Reich und der Zweite
     Weltkrieg, hrsg. vom Militärgeschichtlichen Forschungsamt (MGFA), Stutt-
     gart 1979, Bd. 1: Ursachen und Voraussetzungen der deutschen Kriegspolitik,
     von Wilhelm Deist u. a., S. 445, 462 ff.
24 Hoßbach, Wehrmacht, S. 119; Alfred Kube, Pour le mérite und Hakenkreuz.
     Hermann Göring im Dritten Reich, München 1986, S. 195. Damit entpuppt
     sich auch das angebliche Blomberg-Zitat: «Wir hatten keine Ahnung» (vor der
     Konferenz) als falsch: vgl. Raymond Cartier, Vom Ersten zum Zweiten Welt-
     krieg, München 1982, S. 466.
25 Das «Dampf»-Zitat bei Werner Bross, Gespräche mit Göring, Flensburg 1950;

vgl. Görings Schilderung vor dem Nürnberger Gerichtshof, IMT, Bd. XV, S. 402; bestätigt wird sie vom ehemaligen Marine-Oberbefehlshaber Raeder, IMT, Bd. XIV, S. 44 f.

26 Dazu ausführlich Ursachen und Voraussetzungen, Bd. 1, Dritter Teil: Die Aufrüstung der Wehrmacht, S. 371 ff.; vgl. Below, Adjutant, S. 40; Hans Frank, Im Angesicht des Galgens, München 1953, S. 254 (über ein Gespräch mit Generaloberst von Fritsch). Hitler tadelte die führenden Militärs wegen ihrer Zaghaftigkeit bei der Aufrüstung (Aussage des Generalfeldmarschalls a. D. von Rundstedt, IfZ, ZS 129). Vgl. die Aussage des Generals a. D. Maximilian Fretter-Picot (eidesstattliche Versicherung, 2. 7. 1946, IfZ): «Nur durch Improvisation und durch Inkaufnahme großer Risiken war das Tempo zu halten. . . . Es kann heute gesagt werden, daß in vielen Fällen mit ‹Bluff› gearbeitet wurde.»

27 Ursachen und Voraussetzungen, Bd. I, S. 710, 712.

28 Zitat bei Max Domarus, Hitler. Reden und Proklamationen 1932–1945, Bd. 1, Würzburg 1962, S. 745. Zur Todesfurcht Hitlers: Albert Speer, Erinnerungen, Frankfurt a. M. 1969, S. 120 f.; Rede Hitlers beim Nürnberger Parteitag, 16. 9. 1935; Helmut Heiber, Adolf Hitler, Berlin 1960, S. 113 f.; Ernst Deuerlein, Hitler, München 1969, S. 130 f. Vgl. auch Hans-Jürgen Eitner, Der Führer. Hitlers Persönlichkeit und Charakter, München 1981.

29 Ursachen und Voraussetzungen, Bd. I, S. 446 f.

30 Klaus-Jürgen Müller (ders., Die nationalkonservative Opposition vor dem Zweiten Weltkrieg, in: Militärgeschichte. Jubiläumsschrift zum 25jährigen Bestehen des MGFA, Stuttgart 1982, S. 227) zitiert General Beck: die Existenz der Tschechoslowakei «in ihrer jetzigen Gestalt» sei für Deutschland unerträglich.

31 Hans von Seeckt, Deutschland zwischen Ost und West, Hamburg 1940.

32 Aufzeichnungen Blombergs aus den Jahren 1940–1944, BA/MA, (Lebenserinnerungen H 08-52/1-7).

33 Eberhard Jäckel, Hitlers Herrschaft, Stuttgart 1986, S. 73; Müller, Die nationalkonservative Opposition, S. 227.

34 Einer der couragierten Warner war der Militärattaché in London, Leo Geyr von Schweppenburg. Vgl. ders., Erinnerungen eines Militärattachés, Stuttgart 1949.

35 Hoßbach, Wehrmacht, S. 169.

36 Ebd., S. 167.

37 Zur Übereinstimmung der außenpolitischen Ziele Neuraths und Hitlers s. Protokoll der Ministerbesprechung vom 7. 4. 1933 (Regierung Hitler, Bd. I, S. 313 ff.). – Zur antisemitischen Haltung des Außenministers s. Hans-Dieter Döscher, Das Auswärtige Amt im Dritten Reich. Diplomaten im Schatten der ‹Endlösung›, Berlin 1987, S. 127 f. Zum Folgenden (Verteidigungslinie in Nürnberg): IMT, Bd. XVI, S. 700 f. Von den angeblichen Herzattacken, belegt durch eine fragwürdige eidesstattliche Erklärung der Zeugin Theda Freifrau von Ritter, IMT, Bd. XL, S. 444 ff., findet sich in Neuraths Memoiren (BA, NL-177), worin er jede Erkrankung oder Erkältung anführt, kein Wort. Unglaubwürdig und nirgendwo belegt ist Neuraths Behauptung, zwei Tage nach dem 5. November 1937 hätte er mit den Generälen von Fritsch und Beck abgesprochen, Hitler alle militärischen Gründe gegen dessen Kriegspolitik vorzutragen – das hatten Blomberg und Fritsch bereits in der Konferenz getan. Auf den Mythos vom Kriegsgegner Neurath stößt man immer noch in der Literatur, zum Beispiel Romedio Galeazzo Graf von Thun-Hohenstein, Der Verschwörer. General Oster und die Militäropposition, München 1984 (dtv Tb 10291), S. 57; Hans-Ulrich Thamer, Verführung und Gewalt. Deutschland 1933–1945, Berlin 1986, S. 564.

38 Akten zur Deutschen Auswärtigen Politik 1918–1945. Aus dem Archiv des
   Auswärtigen Amts (ADAP). Serie D (1937–1941) Baden-Baden 1950–Göttingen 1970, Bd. I, S. 174 f.; Bd. II, S. 127 ff.; Bd. V, S. 24, 77, 169; Bd. VII, S. 544;
   vgl. IMT, Bd. XXXII, S. 136 ff.; Neuraths eigene Aufzeichnungen (BA, NL-
   177, S. LVI, LXI); Neville Henderson, Fehlschlag einer Mission, Zürich 1939;
   Hans Erwin Leitner, Das haben wir damals nicht gewußt, Eschwege 1949.
39 Blomberg behauptete, die Teilnehmer seien sich einig gewesen, daß Hitlers
   Ausführungen nicht ernstzunehmen waren (IMT, Bd. XXXX, S. 405 f.);
   Raeder sagte, Hitler habe sehr übertrieben (IMT, Bd. XIV, S. 193 f.); sogar
   Neurath hat sich später dieser Verharmlosung angeschlossen: «ob es jemals zu
   einer kriegerischen Auseinandersetzung im Osten käme, das war durchaus
   zweifelhaft und offen» (IMT, Bd. XVI, S. 705 f.). Noch deutlicher konnte Neurath nicht bekunden, daß für ihn am 5. November 1937 nicht der geringste
   Anlaß zur Aufregung oder gar zu einem Herzanfall bestand.
40 Blomberg-Zitat bei Görlitz, Keitel, S. 101; Nachtrag zum «Fall Grün»: IMT,
   Bd. XXXIV, S. 745 ff.; ADAP D VII, S. 547; noch am 5. November 1937
   schreibt Blombergs Mitarbeiter Jodl, Leiter der Abteilung Landesverteidigung
   (L) im Wehrmachtamt, in sein Tagebuch: »Absicht L: Gedanken zu Papier
   bringen und Wehrmachtteilen (Ob. d. L.) übermitteln, ferner in Aufmarschan-
   weisung einarbeiten«, Jodl, Tagebuch, IMT, XXVIII, S. 356 ff.
41 MGFA, Ursachen und Voraussetzungen, Bd. I, S. 626.
42 Die Tagebücher von Joseph Goebbels, hrsg. von Eike Fröhlich, München 1987,
   Bd. 3, S. 26.
43 Hoßbach, Wehrmacht, S. 119.
44 Blomberg, Aufzeichnungen (BA/MA N 52/3).
45 Mitteilung des Generalleutnants a. D. Curt Siewert an Fritz Tobias, 17. 11. 1980
   (Siewert war 1. Generalstabsoffizier bei Fritsch und dessen Nachfolger Brauchitsch); sie enthält das Gegenteil der Behauptung Edmund Wolfs, dem Siewert
   auf Band gesagt haben soll, Fritsch habe ihn voll eingeweiht, «allerdings erst
   unmittelbar nach Einreichung seines Abschieds», also Anfang Februar 1938
   (Brief Wolfs an Tobias, 22. 2. 1989). Auch Fritschs Nachfolger von Brauchitsch
   wurde nicht informiert (Erklärung Brauchitschs in Nürnberg, 9. 8. 1946, IMT,
   Bd. XX, S. 620); zu Neurath: Ernst von Weizsäcker, Erinnerungen. Mein Leben, hrsg. von Richard von Weizsäcker, München 1950, S. 147.

Erster Teil
Der Fall Blomberg

Vorspann
Die Peinlichkeit

1 Z. B. Erdmann, Die Zeit der Weltkriege, S. 464.
2 Hoßbach, Wehrmacht, S. 108.
3 In dem Artikel «Ein leichtes Mädchen für den General», «Bild am Sonntag»
   vom 20. 6. 1982 hieß es: «Die SS hatte ihm Erna ins Bett geschmuggelt.» Der
   Name der Braut Blombergs, Margarethe, wird in der Literatur oft mit «Eva»
   oder «Erna» wiedergegeben, auch «Elsbeth» und «Luise» kommen vor. Blomberg selber gab als Vornamen an: «Margret Eva», laut Geburtsurkunde Margarethe Luise.

1. Kapitel
«Vor Sonnenuntergang»: Die heimliche Verlobung

1 Karl Boehm-Tettelbach, Als Flieger in der Hexenküche, Mainz 1981, S. 54.
2 Zu den Versionen: Deutsch, Komplott, S. 81 («Der Weiße Hirsch»); so auch
   Michael Salewski, Der Griff nach der Wehrmacht, in: Kieler Nachrichten, 6. 2.
   1988; Jochen von der Lang, Der Adjutant, München 1985, S. 81 (Hotel); bei
   Roussel (Hügel, S. 258) und John Toland (Adolf Hitler, S. 564), wird Frl.
   Gruhn zur Sekretärin im Kriegsministerium, wo Blomberg sie kennengelernt
   haben soll; bei Jürgen Schmädeke (Widerstand gegen den Nationalsozialismus,
   S. 181) wird «Erna Gruhn» bei Blomberg «eingeschleust». Ebenso phantastisch
   ist die Annahme, «Eva Gruhn» habe als Tischdame 1935 an der Hochzeit Görings teilgenommen (Werner Maser/Heinz Höhne, Adolf Hitler. Aufriß über
   meine Person, in: Der Spiegel, 22/1973).
3 Der Spiegel, 4/1948.
4 Blomberg, Aufzeichnungen, BA/MA – Blombergs erste Frau starb 1932.
5 Verlobungsanzeige, Deutsche Allgemeine Zeitung, 22. 1. 1938.
6 Der Spiegel, 4/1948 («Der Marschall-Plan»).
7 U. a. Heinrich Manns «Professor Unrat», berühmter noch durch den Film «Der
   blaue Engel» mit Emil Jannings und Marlene Dietrich in den Hauptrollen; Gerhart
   Hauptmanns Drama «Vor Sonnenuntergang» und sein Roman «Wanda».
8 HVBl. 1936, S. 121, Nr. 364, Heiratsordnung vom 1. 4. 1936; vgl. Rudolf
   Absolon, Die Wehrmacht im Dritten Reich, Bd. IV, Boppard 1969, S. 319.
9 Zum folgenden: Polizeiprotokolle vom 23. und 27. 1. 1932; Polizeivermerke
   vom 10. Mai und 19. September 1932; Strafakte gegen Löwinger, Gruhn,
   Mickler – 130.C.109/32 (beim Generalstaatsanwalt Berlin).
10 Görlitz, Keitel, S. 102.
11 Below, Adjutant, S. 51.
12 Jodl, Tagebuch, IMT, Bd. XXVIII, S. 356ff.; Görlitz, Keitel, S. 101; Boehm-
    Tettelbach, Hexenküche, S. 57.
13 Deutsch, Komplott, S. 82; S. 395 Anm. 25 (angebliche Fehlgeburt).
14 Theodor Eschenburg, Die Rolle der Persönlichkeit in der Krise der Weimarer
    Republik, Beilage zu «Parlament», Nr. 12/61; vgl. Lutz Graf Schwerin von
    Krosigk, Memoiren, Stuttgart 1977, Bd. 2, S. 63: Der verwitwete 62jährige
    Groener hatte 1930 wieder geheiratet und zwar seine Hausdame. Da die Frau
    vorzeitig ein Kind gebar, distanzierte sich der sittenstrenge Reichspräsident von
    Hindenburg von seinem General.
15 Boehm-Tettelbach, Hexenküche, S. 57.
16 Ludendorff starb am 20. Dezember 1937. Zum Beisetzungstag s. Jodl, Tage-
    buch, a. a. O.; Hoßbach, Wehrmacht, S. 105; Interview David Irvings mit Kon-
    teradmiral a. D. von Puttkamer am 26. 5. 1958 (IfZ).
17 Briefliche Mitteilung der Frau Ursula von Friedeburg vom 23. 10. 1984 (Archiv
    Tobias, AT).
18 Nach §3 des Personenstandsgesetzes können die Verlobten auf Antrag vom
    Aufgebot befreit werden (Mitteilung des Standesamts Berlin-Tiergarten vom
    18. 4. 1972). – Zum Fall Schacht IMT, Bd. XXX, S. 8f., Dokument 3729 PS;
    Hjalmar Schacht, 76 Jahre meines Lebens, Bad Wörishofen 1953, S. 521.
19 Ausgewählte Dokumente zur Geschichte des Nationalsozialismus 1933–1945,
    hrsg. von Hans-Adolf Jacobsen und Werner Jochmann, Bielefeld 1961–1963,
    Dokument CF vom 1. 6. 1933.

20 Görlitz, Keitel, S. 106; Lutz Graf Schwerin von Krosigk, Es geschah in Deutschland, Tübingen 1951, S. 278; Hans-Bernd Gisevius, Bis zum bitteren Ende, 2 Bde., Hamburg 1947, S. 371; Deutsch, Komplott, S. 83, 396. Deutsch hat den Namen des Emigranten nicht erfahren können, was verwunderlich ist, da sein Mitarbeiter Gisevius behauptet, er kenne die Personalien (ohne sie zu nennen).

21 Protokoll Puttkamers vom 12. 3. 1952, IfZ, ZS 285; zur Einschaltung Daßlers vgl. die Erklärung von Bodenschatz, IfZ, ZS 10. Nach Mitteilung Boehm-Tettelbachs vom 11. 6. 1984 ist der Nebenbuhler nicht wieder zurückgekehrt.

22 Gisevius, Bis zum bitteren Ende, S. 371 f.; dazu die mündliche Mitteilung von Frau Charlotte von Brauchitsch vom 10. 6. 1977 (AT).

23 Goebbels-Tagebücher, Bd. 3, S. 406; Aufzeichnungen des ehemaligen Pressereferenten Moritz von Schirrmeister, S. 64 f. (AT).

2. Kapitel
Blombergs Rolle im NS-Staat
«Hitlerjunge Quex» und «Gummilöwe»?

1 Zur Berufung durch Hindenburg s. Franz von Papen, Der Wahrheit eine Gasse, München 1952, S. 271; Walther Hubatsch, Hindenburg und der Staat, Göttingen 1966, S. 369; Aussage Görings, 13. 3. 1946, IMT, Bd. IX, S. 282; Aussage Hitlers nach Erich von Manstein, Aus einem Soldatenleben, Bonn 1958, S. 302; Aufzeichnungen Blombergs, BA/MA, N 52/3. – Falsch sind die Darstellungen über vorherige Absprachen Hitler–Blomberg oder Hindenburg–Blomberg u. a. bei Otto Meissner, Staatssekretär unter Ebert, Hindenburg, Hitler, Hamburg 1950, S. 266. Opfer des Gedächtnisfehlers Meissners wurden u. a. Karl Dietrich Bracher, Die Auflösung der Weimarer Republik, Villingen 1964, S. 712; Thilo Vogelsang, Reichswehr, Staat und NSDAP, S. 375 f.; Hans Rudolf Berndorff, General zwischen Ost und West, Hamburg o. J., S. 227 f.; Thamer, Verführung, S. 222; Görlitz, Keitel, S. 60. Die Ahnungslosigkeit Blombergs am 30. Januar 1933 belegen Blombergs Aufzeichungen 1943, BA/MA N 52/3; Erich Kordt, Nicht aus den Akten. Die Wilhelmstraße in Frieden und Krieg. Erlebnisse, Begegnungen und Eindrücke 1928–1943, Stuttgart 1950, S. 51.

2 Umstritten bleibt der Zeitpunkt der Vereidigung Blombergs als Minister: nach Göring, IMT, Bd. IX, S. 283, wurde Blomberg zwei Stunden vor dem Kabinett vereidigt; so auch Erich Eyck, Geschichte der Weimarer Republik, Erlenbach 1956, S. 592; Blomberg selber erwähnt seine Teilnahme an der Vereidigung des Kabinetts: Vernehmung am 24. 9. 1945, 7. Army Interrogation Center APO 758 (AT); Blombergs Aufzeichnungen, BA/MA.

3 Zu den falschen Putschgerüchten gibt es eine Flut von Berichten, z. B. bei Heinrich Brüning, Memoiren, Stuttgart 1970, S. 446; John W. Wheeler-Bennett, Der hölzerne Titan. Paul von Hindenburg, Tübingen 1969, S. 438; Kurt Zentner, Illustrierte Geschichte des Widerstandes in Deutschland und Europa 1933–1945, München 1966, S. 456. Das Gerücht widerlegt hat Rudolf Diels schon nach einem Telefongespräch mit Schleicher in der Nacht zum 30. Januar 1933 (Diels, Lucifer ante portas, Stuttgart 1950, S. 385) – Dennoch hielten die führenden Nationalsozialisten bis zuletzt das Gerücht für echt: Erich Gritzbach, Göring, München 1942, S. 12; Görings Wiedergabe zum 30. Januar 1935 (Oldenburgische Staatszeitung, 30. 1. 1935; Völkischer Beobachter, 27. 1. 1935);

Aussage Görings am 13. 3. 1946, IMT, Bd. IX, S. 82 f.; Hitler am 21. 5. 1942 (Henry Picker, Hitlers Tischgespräche im Führerhauptquartier 1941–1942, Stuttgart 1976, S. 327); Hitler vor den Gauleitern am 4. 8. 1944 (Helmut Sündermann, Hier stehe ich, Leoni 1975, S. 225); Hitlers Lagebesprechung am 27. 4. 1945 (Der Spiegel, 10. 1. 1966). S. auch Entwurf einer Gegendarstellung des Generalobersten a. D. Kurt von Hammerstein, in: «Ursachen und Folgen». Eine Urkunden- und Dokumentensammlung zur Zeitgeschichte, hrsg. von H. Michaelis u. F. Schraepler, Bd. VIII, S. 760.

4 Blomberg hat Hitler auch nicht vor der Ernennung und Vereidigung am 30. 1. 1933 schon im Hotel «Kaiserhof» gesehen, wie es Robert Wistrich (ders., Wer war wer im Dritten Reich, München 1983, S. 23 f.) vermutet.

5 Diels, Lucifer, S. 303. Seine Schilderung gilt nur für die Jahre 1933/34.

6 Daten aus dem «Archiv für publizistische Arbeit» (Intern. Biogr. Archiv) vom 2. 9. 1943, S. 2396[6]. – Hoßbach, Wehrmacht, S. 44.

7 In seinen Aufzeichnungen gibt sich Blomberg «erstaunt und erschreckt» über die Wesensart der Parteigenossen.

8 Vgl. Müller, Heer und Hitler; Blomberg, Aufzeichnungen (BA/MA), mokiert sich über die Selbstüberschätzung der Generalität («Generalskrankheit»); Martin H. Sommerfeldt, Das Oberkommando der Wehrmacht gibt bekannt..., Frankfurt a. M. 1952, S. 23.

9 Below, Adjutant, S. 102.

10 Goebbels-Tagebücher, 10. 3. 1936.

11 Deutschland-Berichte der Sozialdemokratischen Partei Deutschlands (Sopade) 1934–1938, Prag 1938, S. 121.

12 S. Gesetz über die Vereidigung der Beamten und der Soldaten der Wehrmacht vom 1. 12. 1933 – RGBl. 1=33 O S-1P17 und RGBl. 1934 I S. 765; HVBl. 1934, S. 141 – Otto-Ernst Schüddekopf, Die Wehrmacht im Dritten Reich, Hannover o. J.; Absolon, Die Wehrmacht im Dritten Reich, Bd. II, S. 157; Hermann Foertsch, Der Offizier der deutschen Wehrmacht – eine Pflichtenlehre, 7. Aufl., Berlin 1942, S. 27; ders., Schuld und Verhängnis, Stuttgart 1951, S. 27; Edgar Röhricht, Pflicht und Gehorsam, Stuttgart 1965, S. 76 f.; Aufzeichnungen Blombergs (BA/MA); Michael Salewski, Handbuch zur deutschen Militärgeschichte, Bd. VII, Wehrmacht und Nationalsozialismus 1933–1939, München 1978, S. 76 f.

13 Aufzeichnungen Blombergs, a. a. O.

14 Michael Freund, Deutsche Geschichte, Gütersloh 1960, S. 611.

15 Gerhard Ritter, Carl Goerdeler und die deutsche Widerstandsbewegung, 4. Aufl., Stuttgart 1984, S. 137.

16 Zur angeblich theosophischen Haltung Blombergs und zu den daraus abgeleiteten Folgen Helmut Krausnick, Vorgeschichte und Beginn des militärischen Widerstandes gegen Hitler, in: Die Vollmacht des Gewissens, Frankfurt 1960, S. 211 («Gedankengänge im Sinne Steiners»); Olaf Groehler, Werner von Blomberg – Die Reichswehr schultert das Gewehr, in: Sturz ins Dritte Reich, Leipzig 1985, S. 91 («seine theosophische, im mystischen Glauben wurzelnde Hoffnung auf eine geistige Erneuerung»); André Brissaud, Canaris, Berg. Gladbach 1979, S. 33 («Verfechter Rudolf Steiners»); Heinz Höhne, Die Machtergreifung, Reinbek 1983, S. 275 («romantischer Steiner-Anhänger»); die Aussage des Generalfeldmarschalls von Rundstedt (IfZ, ZS 219): «er schwebte in anderen Regionen. Er war... etwas theosophisch und so weiter») hat wieder andere Autoren inspiriert.

17 Blombergs Aufzeichnungen, Bd. I, S. 89 (BA/MA).
18 Diels, Lucifer, S. 303, 383; Speer, Erinnerungen, S. 83.

3. Kapitel
Heirat als Geheime Kommandosache

1 Boehm-Tettelbach, Hexenküche, S. 59 f.; Below, Adjutant, S. 60.
2 Karl-Jesco von Puttkamer, interviewt von David Irving am 21. 11. 1967, IfZ, ZS 235.
3 Wiedemann, Feldherr, S. 109.
4 Görlitz, Keitel, S. 102
5 Bei Deutsch (Komplott, S. 91) wird die Besetzung der Trauungszeremonie falsch angegeben. Es waren weder die drei Adjutanten noch der frühere Marineadjutant und Freund von Friedeburg dabei – er war auf See –, wohl aber die Kinder Blombergs, wie die Schwiegersöhne bekundet haben.
6 Hoßbach, Wehrmacht, S. 106; Erich Raeder, Mein Leben, Tübingen 1957, S. 119 ff.
7 Die erfundene Geschichte vom Trauzeugenwechsel bei Deutsch, Komplott, S. 89 f.
8 Bericht des Kriminalkommissars Franz Roeder, 24. 1. 1938, AZ: K.J.B. II/7.
9 Aussage des Göring-Vertrauten General a. D. Karl Bodenschatz, IfZ, ZS 10.
10 Irving, Göring, S. 230 f.
11 Völkischer Beobachter, 13. 1. 1938 auf der Titelseite mit der Schlagzeile «Adolf Hitler und Göring Trauzeugen bei der Hochzeit des Reichskriegsministers»; nüchterner die Titelzeile der Deutschen Allgemeinen Zeitung: «Heirat des Reichskriegsministers».
12 Görlitz, Keitel, S. 102 f.; Deutsch, Komplott, S. 91; die sterbenskranke Mutter wird auch von Goebbels (Tagebücher, Bd. 3, S. 406) erwähnt. Zum folgenden: Boehm-Tettelbach, Hexenküche, S. 65; Gotha, Briefadel (B) 1939, S. 52.
13 7. Army Interrogation Center APO 758 vom 24. 9. 1945 (AT).
14 Görlitz, Keitel, S. 103.

4. Kapitel
Der Skandal fliegt auf

1 In der Reihenfolge der Beispiele: Quick, 18. 7. 1974 («Mit wem die Mächtigen ihre schwachen Stunden verbringen»); Claus Jacobi, Fremde, Freunde, Feinde, Berlin 1991, S. 289; Wiedemann, Feldherr, S. 109 f.; H. S. Hegner, Die Reichskanzlei, Frankfurt a. M. 1959, S. 214; Erich Kern, Von Versailles nach Nürnberg, Göttingen 1967, S. 228; ebenso Foertsch, Schuld und Verhängnis, S. 86; Alexander Harder, Kriminalzentrale Werderscher Markt, München 1966, S. 268 ff.; ähnlich Gisevius, Bis zum bitteren Ende, S. 254; so auch Deutsch, Komplott, S. 93 f.
2 Curt Hellmuth Müller, Kriminalrat a. D., in Leserbrief an den Spiegel; vgl. Spiegel-Serie über Nebe («Mensch, Müller»), 2. 2. 1950.
3 Eidesstattliche Versicherung des Ministerialdir. a. D. Dr. Werner Best vom 23. 3. 1978 (AT). Der erwähnte Kommissar Christian Scholz, Jg. 1908, im Krieg gefallen, war zeitweise Verbindungsmann der Gestapo zu Görings Forschungsamt (Abhörzentrale). Bests Aussage wird bestätigt von Deutsch, Kom-

plott, S. 399. – Als die Gestapo bei der Sittenkartei des Polizeipräsidiums zugreifen wollte, war ihr, zum Ärger Heydrichs, Helldorff schon zuvorgekommen. Von nun an lief die Affäre ohne Mitwirken der Gestapo ab. (s. undatiertes Manuskript «Verhältnis Wehrmacht – Sicherheitspolizei» des Regierungsdirektors a. D. Walther Huppenkothen, AT; vgl. Lang, Adjutant, S. 80, der den Bericht des Himmler-Adjutanten Karl Wolff wiedergibt.)

4 Vgl. Tagebuch Jodls, IMT, a. a. O.

5 Mündliche Auskunft des Kriminalhauptkommissars Willi Berndt, Hannover, 17. 9. 1965 (AT).

6 Boehm-Tettelbach, Hexenküche, S. 68; Görlitz, Keitel, S. 103 f.

7 Es handelte sich um die beim Polizeirevier aufbewahrte Karteikarte, deren Vermerke als Grundlage für Führungszeugnisse, Strafregisterauszüge u. ä. dienten.

8 Die Verlobungsanzeige stand am nächsten Tage in der DAZ (s. Kap. 1, Anm. 5).

9 Görlitz, Keitel, S. 104 mit Anmerkung.

10 Die Hassell-Tagebücher 1938–1944, nach der Handschrift revidierte und erweiterte Ausgabe, hrsg. von Friedrich Freiherr Hiller von Gaertringen, Berlin 1988, S. 294.

11 Jodl über Keitel: IMT, Bd. XXX, Dok. Keitel–24, 17. 6. 46.

12 So Edward Crankshaw, Die Gestapo, Berlin 1956, S. 234. Von einer «Judasrolle» spricht Airey Neave, On Trial at Nuremberg, Boston 1978, S. 198.

13 Diesen Vorwurf erheben Müller, Heer und Hitler, S. 255, und ähnlich Gisevius, Bis zum bitteren Ende, Bd. 1, S. 339, Deutsch, Komplott, S. 95.

14 Foertsch, Schuld, S. 96.

15 Boehm-Tettelbach, Hexenküche, S. 69 f.

16 Vor allem Wheeler-Bennett, Nemesis, S. 389; Crankshaw, Gestapo, S. 104; Nicolas Reynolds, Beck. Gehorsam und Widerstand, München 1976, S. 110.

17 Unter dem 23. 4. 1938 wurde Helldorff bei Himmler auf dem Dienstwege denunziert, weil er Goebbels empfohlen hatte, alle SS-Führer, welche im SD (Sicherheitsdienst) tätig seien, aus seiner Umgebung zu entfernen (AT). – Zu Wolffs. Lang, Adjutant, S. 80 f.

18 Die Erinnerungen des Generalobersten Wilhelm Adam, hrsg. von Anton Hoch und Hermann Weiß, in: Miscellanea, Stuttgart 1980, S. 50; ähnlich Gisevius, Bis zum bitteren Ende, Bd. 1, S. 339, ebenso Deutsch, Komplott, S. 95; Hegner, Die Reichskanzlei, S. 220; Leitner, Das haben wir . . ., S. 17. Bei Wheeler-Bennett, Nemesis, S. 389, ist es umgekehrt Helldorff, der Keitel vergeblich nahelegt, die Unterlagen verschwinden zu lassen.

19 Görlitz, Keitel, S. 104.

5. Kapitel
Der Schock für Hitler: Blombergs Verabschiedung

1 Es existierten am 12. 12. 1939 – laut Beschriftung des Briefumschlages («darf nur mit persönlicher Zustimmung des Herrn Polizeipräsidenten geöffnet werden») – folgende Unterlagen zum Fall Gruhn: 1.) Strafakte gegen Löwinger, Gruhn, Mickler – 130.C.109/32 (dabei ging es um die Herstellung «grobunzüchtiger» Fotos), die beim Landeskriminalamt gelegen hatte – 2.) Fahndungsvorgang Margreth Gruhn, Abt. K.J.VII3; Fingerabdruckblatt Margreth Gruhn; Lichtbilder vom Reichskriminalpolizeiamt (das waren die Unterlagen, die Reichskriminaldirektor Nebe am 27. 1. 1938 auf Anforderung dem Polizeiprä-

sidenten Graf Helldorff übersandt hatte und bei denen es um den Beischlafdiebstahl von 1934 ging) – 3.) beigezogene Akten, welche die Witwe Luise Gruhn geb. Braun betrafen (Akte der Staatsanwaltschaft beim Landgericht Berlin wegen falscher eidesstattlicher Versicherung, kriminalpolizeiliche Strafakte G. 2590).

2 Vernehmung Görings durch Oberst J. H. Amen am 20. 10. 1945 in Nürnberg (Interrogation Division), Fragment, AT – Erklärung des Generals a. D. Karl Bodenschatz (IfZ, ZS 10) – Hoßbach, Wehrmacht, S. 106 f.

3 Es handelte sich um den am 8. 9. 1890 in Sered, Kreis Bratislava, geborenen arbeitslosen Ingenieur Heinrich Löwinger, verheiratet mit Mathilde geb. Mandel; sie hatten ein 13jähriges Kind (s. Polizeiakte) – Zitat Nebe in Leserbrief C. H. Müllers, Der Spiegel 2. 2. 1950 – Hitlers Waschzwang: Werner Brockdorff, Flucht vor Nürnberg, München 1969, S. 189 f.

4 Hoßbach, Wehrmacht, S. 107; Irving, Hitlers Weg, S. 47.

5 Görlitz, Keitel, S. 103; von einem «unvermittelten Weinkrampf» Hitlers wollte Gisevius wissen (Bis zum bitteren Ende, Bd. 1, S. 340); in Nürnberg behauptete er: «Hitler erlitt einen Nervenzusammenbruch» (IMT, Bd. XII, S. 220); Goebbels-Tagebücher, 27. 1. 1938: «Der Führer sieht aus wie eine Leiche»; Zitat bei Wiedemann, Feldherr, S. 110 f. Vgl. Jodl, Tagebuch, 27. 1. 1938 (IMT, Bd. XXIII, S. 358).

6 Bericht des Generalfeldmarschalls a. D. von Rundstedt (IfZ, ZS 129); zu Hitlers Äußerung vor der Generalität am 5. 2. 1938 s. Manstein, Soldatenleben, S. 302.

7 Hitlers Rede vor dem Reichstag am 13. 7. 1934, Berlin 1934, S. 20; Below, Adjutant, S. 67.

8 Hoßbach, Wehrmacht, S. 107 f.

9 Neue Weltbühne, 10. Februar 1938.

10 Hoßbach, a. a. O.; Vernehmung Görings am 5. 11. 1945 im Beisein von General William Donovan, Interrogation Summary Division, AT; Erklärung Bodenschatz', a. a. O.; Görlitz, Keitel, a. a. O.; Jodl, Tagebuch, a. a. O.

11 Görlitz, Keitel, a. a. O.

12 Jodl, Tagebuch, IMT, Bd. XXIII, S. 356.

13 Hildegard von Kotze (Hrsg.), Heeresadjutant bei Hitler, 1938–1943. Aufzeichnungen des Majors Engel, Stuttgart 1974, S. 20 f.

14 Görlitz, Keitel, S. 105 f.; Hoßbach, Wehrmacht, S. 113; Jodl, Tagebuch, a. a. O.; Blombergs Aussage am 13. 9. 1945, 7. Army Interrogation Center APO 758 (AT).

15 Diensttagebuch des Keitel-Adjutanten Hauptmann Eberhard (AT); Deutsch, Komplott, S. 109 f.; Görlitz, Keitel, S. 107; Jodl, Tagebuch, a. a. O.; Goebbels-Tagebücher, 29. 1. 1938; Boehm-Tettelbach, Hexenküche, S. 66 f.

16 Zu Stennes: Karl-Heinz Janßen, Der Haudegen, in: Zeitmagazin, 49/50, 1979; zu Schulz: Paul Schulz, Meine Erschießung am 30. Juni 1934, Selbstverlag 1948.

17 Hoßbach, Wehrmacht, S. 113.

18 Görlitz, Keitel, S. 104 ff.

19 Boehm-Tettelbach, Hexenküche, S. 66 f.

6. Kapitel
«Zorn, Wut und Scham»: Die Reaktion der Generalität

1 Mündliche Mitteilungen des Generalleutnants a. D. Curt Siewert vom 19. 3. 1976, 31. 12. 1977 und 17. 11. 1980 (AT) – Die Schilderung bei Deutsch (Kom-

plott, S. 92) stützt sich lediglich auf Berichte von Hoßbach und Gisevius, die beide ihr Wissen nur vom Hörensagen haben.

2 Hoßbach, Wehrmacht, S. 106.

3 Hegner, Die Reichskanzlei, S. 215f.; nachgedruckt bei Zentner, Illustrierte Geschichte, S. 430.

4 Görlitz, Keitel, S. 107.

5 So Leopold Schwarzschild, Die Lunte am Pulverfaß, Hamburg 1965, S. 259ff.; Gordon A. Craig, Die preußisch-deutsche Armee, 1648–1945, Düsseldorf 1960, S. 532; Otto E. Moll, Die deutschen Generalfeldmarschälle, Rastatt 1961, S. 213; Absolon, Wehrmacht, Bd. 3, S. 196.

6 Jodl, Tagebuch, IMT, Bd. XXIII, S. 360.

7 Undatierte Aufzeichnung Rundstedts von 1946 (IfZ, ZS 129).

8 Jodl, Tagebuch, a.a.O., S. 357.

9 Röhricht, Pflicht, S. 113.

10 Zum folgenden Graf Thun, Verschwörer, S. 40f.; Fritz Stern, Gold und Eisen. Bismarck und sein Bankier Bleichröder, Frankfurt a. M. 1977, S. 591f.

11 Hoßbach, Wehrmacht, S. 108.

12 S. Abschnitt III, 7. Kap.; vgl. Below, Adjutant, S. 25f., 35f.; Hoßbach, Wehrmacht, S. 147; Salewski, Die bewaffnete Macht, S. 321ff.

13 Aufzeichnung Fritschs vom 1. 2. 1938, in: Hoßbach, Wehrmacht, S. 59f.

14 Aufz. Fritschs, a.a.O.; Aufz. Fritschs Februar bis September 1938 (AT); Aufz. Fritschs v. 18. 1. 1939 (Archiv Janßen – A 7).

15 Erinnerungen Blombergs, a.a.O.; Blombergs Vernehmung am 13.9. 1945 durch die Amerikaner, a.a.O. (AT); vgl. Hoßbach, Wehrmacht, S. 114, Fußnote (Aussage des Rechtsanwalts Graf von der Goltz über ein Gespräch mit Blomberg in der Nürnberger Gefangenschaft).

16 Mündliche Mitteilung des Generalleutnants a. D. Curt Siewert vom 13. 1. 1981 (AT). Blomberg war von einer Taxe angefahren und an den Beinen schwer verletzt worden, was er in seinen Aufzeichnungen (a.a.O.) ausführlich geschildert hat.

17 Dazu Hoßbach, Wehrmacht, S. 94.

18 Manstein, Soldatenleben, S. 304f.

19 Spiegelbild einer Verschwörung. Die Opposition gegen Hitler und der Staatsstreich vom 20.Juli 1944 in der SD-Berichterstattung. Geheime Dokumente aus dem ehemaligen Reichssicherheitshauptamt, hrsg. von Hans-Adolf Jacobsen, Stuttgart 1984, S. 303. – Zitat Adam, in: Jodl, Tagebuch, IMT, Bd. XXIII, S. 363.

20 Nach Müller, Heer und Hitler, S. 636.

21 Wortlaut nach Bremer Nachrichten, 5. 2. 1938.

22 Zum folgenden: Wiedemann, Feldherr, S. 110ff.; Jodl, Tagebuch, a.a.O., S. 360ff.; Goebbels-Tagebücher, a.a.O., 1.2. 1938; Boehm-Tettelbach, Hexenküche, S. 72f.; vgl. Below, Adjutant, S. 70.

23 Goebbels-Tagebücher, a.a.O., 27. 1. 1938 («Es bliebe einem Ehrenmann nur die Pistole» und «Da hilft nur noch die Pistole»).

24 Boehm-Tettelbach, Hexenküche, S. 72f.

25 Jodl, Tagebuch, a.a.O., S. 363.

7. Kapitel
Hitler, Göring, Himmler und Heydrich als Ränkeschmiede?

1 Hoßbach, Wehrmacht, S. 119; Der Spiegel, 16. 3. 1987, «Wenn Ribbentrop und Führer mich wollen».
2 Domarus, Hitler. Reden und Proklamationen, S. 776 ff.
3 Erinnerungen Blombergs, a. a. O.
4 Goebbels-Tagebücher, a. a. O., S. 415 f.
5 Heinrich Brüning, Briefe und Gespräche 1934–1945, Stuttgart 1974, S. 168, 176, 179.
6 Hegner, Die Reichskanzlei, S. 216 f.
7 Seit der akribischen Untersuchung des israelischen Historikers Shlomo Aronson (ders., Reinhard Heydrich und die Frühgeschichte von Gestapo und SD, Stuttgart 1971) steht fest, daß alle Behauptungen und Verdächtigungen zu einer «nichtarischen» Herkunft des SD-Chefs Zweckfälschungen oder Erfindungen sind.
8 Hans-Bernd Gisevius, Adolf Hitler, München 1967, S. 283 f.
9 IMT, Bd. XXII, S. 596; als eine der Begründungen für Görings angebliche Machenschaften müssen seine Auseinandersetzungen mit Blomberg und Fritsch wegen der Rüstungsanteile in der Konferenz vom 5. 11. 1938 herhalten; so Alexander Görner, Hitlers preußisches Engagement, Gladenbach 1966, S. 63; Kunrat Freiherr von Hammerstein, Spähtrupp, Stuttgart 1963, S. 174, wirft ihm Heimtücke vor. Am ausführlichsten bemüht sich Harold C. Deutsch, Göring die treibende Rolle zuzuschreiben: ders., Komplott, S. 77 ff.
10 Schwerin-Krosigk, Es geschah in Deutschland, S. 279; auch Ernst Niekisch (ders., Das Reich der niederen Dämonen, Hamburg 1953, S. 302) bezichtigt Göring der Intrige gegen Blomberg.
11 Stuttgarter Illustrierte, 29/1949.
12 Bross, Gespräche mit Göring, S. 125, 282.
13 Heinz Höhne, Der Orden unter dem Totenkopf. Die Geschichte der SS, Bd. 1, Frankfurt a. M. 1969, S. 238 f. – Bei Intelligenztests durch amerikanische Psychiater in Nürnberg schnitt Göring am besten und weit über dem Durchschnitt ab, vgl. Douglas Kelly, 22 Männer um Hitler, Olten 1947, S. 65.
14 Interrogation am 20. 10. 1945, a. a. O., AT.
15 Aussage Bodenschatz, IfZ, ZS 10.
16 So noch am 11. Juli 1971 im Interview mit Deutsch (ders., Komplott, S. 96 f., S. 400, Anm. 76).
17 Werner Picht, Schuld oder Verhängnis, in: Wort und Wahrheit 2/52, S. 607.
18 Gisevius, Hitler, S. 283.
19 Walter Hagen, Die Geheime Front, Linz 1950, S. 52.
20 Gisevius, Bis zum bitteren Ende, Bd. 1, S. 335 ff.; Brissaud (ders., Canaris, S. 142) berichtet von einem «ziemlich anrüchigen Massagesalon» und weiter, Luise Gruhn sei «zweimal wegen Prostitution und Begünstigung der Sittenlosigkeit» bestraft worden. Alles frei erfunden! Walter Görlitz, Wallensteins Lager, in: Frankfurter Hefte 6/48, S. 524: «Die Mutter besaß einen schlechtbeleumdeten Massagesalon»; Lang, Adjutant, S. 80 («Edel-Puff»).
21 Gisevius, a. a. O., S. 353 – Interviews mit dem Heydrich-Adjutanten H. H. N., 11. 1. 1977 (AT).
22 Der Roeder-Bericht, a. a. O., GStA Berlin.
23 Zit. von Fritz Wiedemann, IfZ, ZS 185/42.
24 Hegner, Die Reichskanzlei, S. 216 ff.

25 Der Zweite Weltkrieg. Bilanz des Völkermords 1939–1945, hrsg. von der Stadt Oberhausen und dem Internationalen Luxemburger Komitee (Generalsekretär Edouard Calic), S. 6f.

26 Edouard Calic, Reinhard Heydrich, Düsseldorf 1982, S. 256, 261. – In einem Gedenkartikel («Das Parlament», Nr. 5/6. Februar 1968, «Von der Taktik der Revision zur Politik der Gewalt») hat sich Manfred Funke gutgläubig von Calic mit der Geschichte von den gefälschten Pornobildern in die Irre führen lassen. – Unterlagen bei der Berliner Justiz unter «Betrifft: Margreth Gruhn verehel. von Blomberg».

27 Allen Dulles, Verschwörung in Deutschland, Zürich 1948, S. 59.

28 Summary of interrogation of Hermann Göring, 6. 2. 1945 (AT).

29 Handschriftliche Aufzeichnung Fritschs, Febr. bis Sept. 1938 (AT).

30 Johann A. Graf von Kielmansegg, Der Fritsch-Prozeß 1938: Ablauf und Hintergründe, Hamburg 1949, S. 97; Erklärung des Dr. Werner Best vom 13. 9. 1952; in einer Unterredung mit General a. D. Hermann Foertsch (IfZ, ZS 661/52); dazu eidesstattliche Erklärung Bests vom 23. 3. 1978 (AT).

31 Vermerk des Generals a. D. H. Foertsch vom 12. 8. 1952 über eine Aussage des Generals der Waffen SS a. D. Karl Wolff (IfZ, ZS 317 K.).

32 Mitteilung des ehem. Landeshauptmanns Robert Schulz vom 16. 5. 1965 (AT).

33 Vgl. Hans Peter Bleuel, Das saubere Reich, München 1972.

34 Ralf Georg Reuth, Goebbels, München 1990, S. 388 ff.

35 Shulman, Die Niederlage im Westen, S. 73.

36 Der Weg, El Sendero, Heft 6 und Heft 7–8, 1956.

37 Paulus van Obbergen (= Johann von Leers), Vom Reichstagsbrand zum Untergang des Reiches, Folge 2, in: Der Weg, 1/1955.

38 Diels, Lucifer, S. 95.

39 Görlitz, Keitel, S. 112.

40 Goebbels-Tagebücher, a. a. O., 27. 1. 1938: «Die schwerste Krise des Regimes seit der Röhmaffäre.»

41 Quick-Serie, Der Mensch, der Adolf Hitler hieß, Ausgabe vom 24. 5. 1964 (wissenschaftliche Beratung: Thilo Vogelsang).

8. Kapitel
Blomberg – von Hitler und der Welt enttäuscht

1 Graf Thun, Verschwörer, S. 73. Desgleichen Dr. Georg von Fritsch, Neffe des Generalobersten, in einem Leserbrief «Fritsch und Hitler», in: FAZ, 8. 7. 1974 – Blombergs Aufzeichnungen, a. a. O.

2 Görlitz, Keitel, S. 198 f.

3 Blombergs Aufzeichnungen, a. a. O.

4 Bad Wiessee, wo Blomberg ein Haus besaß, wurde ihm als Zwangsdomizil zugewiesen.

5 Engel, Heeresadjutant, S. 61.

6 Frau von Blomberg wurde während der ganzen Zeit bis 1945 von der Gestapo beobachtet (Interview Tobias' mit dem ehem. Gestapobeamten Otto Vatterott am 9. 11. 1979).

7 Goebbels-Tagebücher aus den Jahren 1942 bis 1943, hrsg. von Louis P. Lochner, Zürich 1948, S. 261.

8 Text in: Dokumentationen VfZG 1 (1953), S. 366.

9 Blombergs Aufzeichnungen, a. a. O.

10 Vgl. Görlitz, Keitel, S. 198 f.
11 Zu Friedeburg: schriftl. Mitteilung von Frau Ursula von Friedeburg vom 23. 10.
   1984; Himmlers Adjutant, General der Waffen SS Wolff, behauptet (Lang, Adjutant, S. 85), Friedeburg als Adjutant Blombergs habe ihn vor dessen Hochzeit
   gebeten, diskret bei der Polizei ein Leumundszeugnis über «Erna Gruhn» anzu-
   fordern. Dem war nicht so: Friedeburg bekam schon 1936 ein Bordkommando,
   und von der Wiederheirat seines ehemaligen Chefs erfuhr er erst hinterher durch
   die Kinder des Feldmarschalls. Als der Skandal aufflog, mußte Friedeburg mit
   seinem Kreuzer «Karlsruhe» eine Auslandsreise abbrechen und nach Kiel zurückkehren. Göring bestellte ihn zu sich, um seiner Enttäuschung Luft zu machen, als
   Trauzeuge derart getäuscht worden zu sein.
12 Blomberg-Zitat aus seinen Aufzeichnungen, a. a. O.
13 Zeugnis des ehemaligen Hitler-Adjutanten Fritz Wiedemann, IfZ, ZS 185/42.
14 Salewski, Der Griff nach der Wehrmacht.
15 Offensichtlich haben viele Offiziere nicht verstanden, daß Blomberg, anders als
   Fritsch, im Krieg daheimgeblieben war. So streng wurde das Geheimnis –
   Hitler verwehrt den Fronteinsatz – gehütet, daß nicht einmal sein «Stellvertreter» Rudolf Heß informiert war, der sich in britischer Gefangenschaft verächtlich über Blomberg äußerte. S. David Irving, Rudolf Heß, Graz 1987, S. 215.
16 David Irving, Die Tragödie der deutschen Luftwaffe, Frankfurt a. M. 1970,
   S. 378 f. (nach einer Tagebuchnotiz des Feldmarschalls Milch) – DPD-Meldung,
   13. 3. 1946.
17 Prozeßberichte aus Hamburg: Allgemeine, 2. 4. 1948; Freie Presse, 3. 4. 1948;
   Freie Presse, 24. 4. 1948; Allgemeine, 27. 4. 1948; Der Spiegel, 24. 1. 1948 («Der
   Marschall-Plan»).

Zweiter Teil
Der Fall Fritsch

Vorspann
Im Zerrspiegel

1 Engel, Heeresadjutant, S. 20.
2 Krausnick, Vorgeschichte, S. 290.
3 «Staatsstreich gegen die Wehrmacht», in: Der Spiegel, 36/1974; «Staatsstreich
  der Gestapo», in: Die Zeit, 27. 1. 1984.
4 So der Titel des Buches von Harold C. Deutsch.
5 Roger Manvell, Die Herrschaft der Gestapo, Rastatt 1982, S. 84.
6 Krausnick, a. a. O.
7 Hoßbach, Wehrmacht, S. 112; Foerster, Beck, S. 87; Martin Göhring, Alles
  oder Nichts, Tübingen 1966, S. 262; Hagen, Die geheime Front, S. 50 («präpa-
  rierter» Kronzeuge); Thamer, Verführung, S. 558 ff.; Hermann Weinkauff, Die
  deutsche Justiz und der Nationalsozialismus, Stuttgart 1968, S. 125.
8 Z. B. Erdmann, Die Zeit der Weltkriege, S. 464.
9 Kielmansegg, Fritsch-Prozeß, S. 100; Hans-Bernd Gisevius, Wo ist Nebe? Erinnerungen an Hitlers Reichskriminaldirektor, Zürich 1966, S. 273 f.; Foertsch,
  Schuld, S. 138 f.; Hoßbach, Wehrmacht, S. 120 f.; Karl Otmar Freiherr von Are-
  tin, Die deutschen Generale und Hitlers Kriegspolitik, in: Politische Studien,
  Nr. 10/1959, S. 572; Salewski, Wehrmacht, S. 198; Meissner, Staatssekretär,
  S. 435; Raeder, IMT, Bd. XXXIX, USSR, S. 525.

10 Heinrich Bücheler, Hoepner, Herford 1980, S. 72; Hajo Holborn, Deutsche Geschichte in der Neuzeit, Bd. III, München 1971, S. 571; Hoffmann, Widerstand, S. 59; Hildebrand, Das Dritte Reich, S. 53.

11 Deutsch, Komplott, S. 78; Theodor Schieder (Hrsg.), Deutsche Geschichte im Überblick, 3. Aufl., Stuttgart 1971, S. 709; Gerd R. Ueberschär, Generaloberst Franz Halder, Göttingen 1991, S. 25; Ulrich Heinemann, Ein konservativer Rebell. Fritz-Dietlof Graf von der Schulenburg und der 20. Juli, Berlin 1990, nimmt auch noch Goebbels dazu (S. 49).

12 Das Dritte Reich, seine Geschichte in Texten, Bildern und Dokumenten, hrsg. von Heinz Huber und Artur Müller, unter Mitwirkung von Professor Waldemar Besson, Wiesbaden 1964, S. 349 f.; Walter Görlitz, Leserbrief an die FAZ, 13. 10. 1961, («vermutlich ... via Hauptamt Sicherheitspolizei Heydrich/ Himmler»); Basil H. Liddell Hart, Die Strategie einer Diktatur, Zürich 1948, S. 34; Adolf Heusinger, Befehl im Widerstreit, Tübingen 1950, S. 35 ff.; Kordt, Nicht aus den Akten, S. 92 f.; Roehricht, IfZ, ZS 125; Rundstedt, IfZ, ZS 219 I; Foerster, Beck, S. 85 f.

13 Hagen, Geheime Front, S. 49 f.; Heinz Roth, Widerstand im Dritten Reich, Odenhausen, 2. Aufl. 1976, S. 10.

14 Otto John, Falsch und zu spät, München 1984, S. 94 ff. («Staatsstreich der SS»); William L. Shirer, Aufstieg und Fall des Dritten Reiches, Köln 1961, S. 303.

15 Leitner, Das haben wir ..., S. 18; Hermann Graml, Europa zwischen den Kriegen, München ⁵1982, S. 359 f.

16 In der Reihenfolge der Zitate: Karl Dietrich Bracher, Die deutsche Diktatur. Entstehung, Struktur, Folgen des Nationalsozialismus, Köln 1969, S. 336 («unsauber»); Shirer, Aufstieg, S. 303 («schamlos»); Ritter, Goerdeler, S. 149 («gemein»); Friedrich Georgi, Wir haben das Letzte gewagt, Freiburg 1990, S. 41 («üble»); Der Generalquartiermeister. Briefe und Tagebuch Eduard Wagners, hrsg. von Elisabeth Wagner, München 1963, S. 72 («infam»); Fabian von Schlabrendorff, Offiziere gegen Hitler, Zürich 1946, S. 22 («niederträchtig»); Dieter Sinn, Das große Verbrecher-Lexikon, Asnien 1976, 5. Der Fall Fritsch («hämisch»); Wheeler-Bennett, Nemesis, S. 386 («byzantinisch»); Sinn, a. a. O. («heimtückisch»); Johannes Fischer, Über den Entschluß zur Luftversorgung Stalingrads. Ein Beitrag zur militärischen Führung im Dritten Reich, MG 6 (1969), S. 25 («schimpflich»); Brief Edmund Wolfs an Fritz Tobias, 22. 2. 1989 («schändlich»); H. Küsel, Der Fall Fritsch, in: Die Gegenwart, 1. 5. 1949, S. 3 («Gaunerstück»); Carl Hans Hermann, Deutsche Militärgeschichte, Frankfurt a. M. 1968, S. 459 («Schurkerei»).

1. Kapitel
Die Polizeiakte Fritsch

1 Wiedemann, IfZ, ZS 185/42, ders., Feldherr, S. 112; vgl. Deutsch, Komplott, S. 400, Anm. 85; Manstein, Soldatenleben, S. 310; Foertsch, Schuld, S. 140 f.; Halder, Aufz. für Beck, 14. 6. 1938 (bei Klaus-Jürgen Müller, Armee und Drittes Reich, Paderborn 1987, Dok. Nr. 115).

2 Gisevius, IMT, Bd. II, S. 220: Hitler «habe von einer solchen Schweinerei nichts wissen wollen» (Gisevius verlegt den Vorgang fälschlich auf das Jahr 1935); vgl. Manstein, Soldatenleben, S. 304; Wilhelm Ulex, Erinnerungen (BA/ MA), erwähnt als einziger, Himmler habe vierteljährlich die Akte vorgelegt; es

könnte allenfalls gemeint sein, daß er regelmäßig, bis zum Vernichtungsbefehl, über den Stand der Schmidt-Erkenntnisse berichtet hat. Schon gar keinen Beleg gibt es für die Behauptung (Salewski, Der Griff nach der Wehrmacht), Hitler habe sofort das Material als wertlos erkannt, denn wir wissen nicht einmal, ob sich Hitler damals die Akte überhaupt angeschaut hat.

3 Liebmann, IfZ, ZS ED-1; vgl. Foertsch, Schuld, S. 116.

4 Hitlers Brief an Reichenau vom 4. Dezember 1932, in: VfZG, 7 (1959); ähnlich äußerte sich Hitler am 3. 2. 1933 vor der Generalität (Liebmann, a. a. O.).

5 Heinrich Rosenberger, Die Entlassung des Generalobersten Freiherrn von Fritsch, in: Deutsche Rundschau, 8/1946, S. 91 ff.; Rundstedt über die Unterredung mit Hitler am 31. 1. 1938 (IfZ, ZS 311/52); Aufz. Fritschs vom 1. 2. 1938, in: Hoßbach, Wehrmacht, S. 68 f.

6 Nach der Niederschrift des Generaladmirals a. D. Hermann Boehm über Hitlers Rede am 31. 1. 1935 (IfZ, ZS 18); vgl. Boehms Leserbrief an die FAZ, 25. 10. 1961 («Fritsch als Gast auf der ‹Gneisenau›»); ders., Ein Beitrag zur Fritschkrise, in: Nation Europa 4/1952; Fritsch-Zitat aus seiner Aufz. vom 1. 2. 1938, a. a. O.

7 Erklärung des Generals der Waffen SS a. D. und einstigen Himmler-Adjutanten Karl Wolff (IfZ, ZS 317; mit falschem Datum – 1937 statt 1936).

8 Kriegsgerichtsurteil (im folgenden: *Urteil*) gegen Generaloberst a. D. Freiherr von Fritsch (AT), S. 3.

9 Raeder, Mein Leben, S. 121.

10 Ritter, Goerdeler, S. 149.

11 Erklärung Wolff, IfZ, ZS 317; vgl. Urteil, S. 5; Himmlers Sicherheitspolizei hat also nicht, wie Walter Görlitz (Leserbrief an die FAZ, 13. 10. 1961: «Fritsch und Blomberg – falsch verteilte Gewichte») vermutet, von sich aus Hitler die Akte zugeschoben, noch mußte Himmler ihn erst darauf hinweisen, wie Edgar Röhricht (IfZ, ZS 125) annimmt. Kordt (Nicht aus den Akten, S. 92 f.) schmückt den Vorgang aus: Hitler habe befohlen, alle Belastungszeugen zu beseitigen(!).

12 Gisevius, IMT, Bd. XII, S. 220.

13 Darstellung des Prozesses gegen Fritsch durch Graf von der Goltz (IfZ, ZS 49), S. 15 und 17.

14 Kielmansegg, Der Fritsch-Prozeß, S. 100 f.

15 Leserbrief Foertschs an den «Notweg» (Heft 12/1952): »Noch einmal: Der Fall Fritsch«; Foertsch zieht die richtigen Schlüsse aus seiner Unterredung mit Best am 13. 9. 1952 (IfZ, ZS 661/52); präzisiert hat Best seine Aussage in einer Eidesstattlichen Erklärung vom 23. 3. 1978 (AT); vgl. Erfurth, Geschichte, a. a. O., S. 187; Schieder, Deutsche Geschichte, S. 707.

16 Foertsch, Schuld, S. 90 (sein Buch erschien 1951, also *vor* seiner Unterredung mit Best, vgl. Anm. 15); so auch Göhring, Alles oder Nichts, S. 124 («vorsorglich»); Olaf Groehler, Das Revirement in der Wehrmachtführung 1937/38, in: Dietrich Eichholz/Kurt Pätzold (Hrsg.): Der Weg in den Krieg, Köln 1989, S. 124 (mit dem falschen Datum 25. 1.); Irving, Göring, S. 294 («nicht der geringste Zweifel»!); Hoßbach, Wehrmacht, S. 121 («wahrscheinlich»); auf ihn beruft sich Deutsch (ders., Komplott, S. 131); Salewski, Die bewaffnete Macht, S. 198 («man kann davon ausgehen»).

17 Hoßbach, Wehrmacht, S. 106 f.; Bodenschatz (IfZ, ZS 10); Below, Adjutant, S. 61.

18 Wiedemann, Feldherr, S. 113; Bodenschatz (IfZ, ZS 10); Görlitz, Keitel, S. 106; Below, Adjutant, S. 67; vgl. Deutsch, Komplott, S. 114 ff. Die dort auftauchende Version, Göring habe den Oberbefehl über das Heer verlangt, beruht

offensichtlich auf einer Erinnerungstäuschung; sie wird von Bodenschatz klar widerlegt.

19 Bross, Gespräche mit Göring, S. 174; Görlitz, Keitel, S. 104 ff.

20 Bodenschatz (IfZ, ZS 10). Seine Aussage entkräftet auch den Verdacht des Feldmarschalls Erhard Milch, Göring habe eine Intrige inszeniert, um beide Posten – Kriegsministerium und Heeresoberbefehl – einzunehmen.

21 Aufz. Fritschs vom 5. 2. 1938 (AT) – Wie ein Photo zeigt, hatte Fritsch Göring zu seinem Geburtstag am 12. 1. 1938 einen silbernen Teller geschenkt – für ihn Ausdruck besonderer Wertschätzung (auch sein Verteidiger Graf von der Goltz erhielt ein solches Geschenk – Aufz. Goltz', IfZ, ZS 49, S. 15).

22 Jodl, Tagebuch, IMT, Bd. XXVIII, S. 357; Hoßbach, Wehrmacht, S. 110f.

23 Foertsch, Leserbrief im «Notweg», a. a. O.; Deutsch, Komplott, S. 98, 124.

24 Zitat bei Hoßbach, Wehrmacht, S. 110; auf S. 121 bestätigt er das Offizierentlassungsrecht Hitlers; vgl. Below, Adjutant, S. 67; Manstein, Soldatenleben, S. 299; Goltz (Aufz. S. 17, IfZ, ZS 49) bestätigt, daß Hitler für eine Entlassung Fritschs keinen Umweg nötig hatte.

25 Ritter, Goerdeler, S. 149.

26 Hoßbach, Wehrmacht, S. 111.

27 Kielmansegg, Fritsch-Prozeß, S. 98.

28 S. Der Spiegel 7/1993, S. 47 («Versiegelte Briefe. Schwule in der Armee?»).

29 Wolff, IfZ, ZS 317.

30 Wolff, a. a. O.

31 Ebd.

32 Schmidt wurde abgeholt von den Kriminalobersekretären Erik Art, Wilhelm Klude, Max Schilling und Otto Vatterott (Vermerk Tobias' über Interview mit den ehemaligen Gestapobeamten Erich Sanders, Franz Neuendorf und Otto Vatterott am 23. 4. 1979). Er hatte die Gef.-Nr. 717 (Strafgefangenenlager Papenburg), nach Akte Stage (GStA Berlin, s. Anm. 34).

33 Nach langer Untersuchungshaft war Schmidt Ende 1936 zu sieben Jahren Gefängnis verurteilt worden. «Diese Strafe verbüßt er», heißt es im Urteil (a. a. O., S. 10) des Reichskriegsgerichts.

34 Zum Lebenslauf des Zeugen Schmidt vgl. die Angaben im Urteil, a. a. O., Teil E und den Brief Himmlers an Göring vom 29. 7. 1942 (BA/EAP 104/3, Bd. 3, fol. 11) sowie die Daten in der Akte Verfahren gegen Stage, Aktz. 1 IS 11/65 RSHA bei der Generalstaatsanwaltschaft Berlin.

35 Gisevius, Bis zum bitteren Ende, S. 343, nennt ihn «Hans». Von ihm abgeschrieben haben u. a. Heinrich Fraenkel/Roger Manvell, Canaris, Bern 1969, S. 49; Shirer, Aufstieg, S. 303; Sinn, Verbrecher-Lexikon, a. a. O. Schmidt wurde geboren am 16. 8. 1908.

36 Da diese Strafe im Urteil selber nicht ausdrücklich vermerkt ist, ließ sich der Spiegel (1. 9. 1965, S. 46: «Dieser Dreck») zu der Behauptung verleiten, Schmidt sei kein einziges Mal wegen Homosexualität verurteilt worden. Goltz (Aufz., S. 2) meinte sich an mehr als zwölf Vergehen, im wesentlichen wegen Verstoßes gegen § 175 StGB und wegen Erpressung, zu erinnern.

37 Gisevius, Bis zum bitteren Ende, S. 343.

38 Urteil, S. 3. Als die Gestapo den Bereich Homosexualität an sich zog, hat sie Justus, der weder in der SA noch in der SS war, als Spezialisten in ihre Reichszentrale zur Bekämpfung der Homosexualität geholt (Interview Tobias' mit Otto Vatterott, ehem. Gestapobeamter, am 9. 11. 1979, AT).

39 Urteil, a. a. O. Da die Beteiligten in ihren Darstellungen immer die Zahl hun-

dert benutzen, handelt es sich in der Urteilsschrift bei der Angabe «mehrere Hundert» anscheinend um einen Hör- oder Abschreibfehler. Zum folgenden auch Urteil, S. 10.

40 So besonders in den Büchern von Gisevius und Kielmansegg.

41 Zum erstenmal wurde es in Teilen im Spiegel vom 1. 9. 1965 veröffentlicht. Das Nachrichtenmagazin erhielt das Dokument von Rechtsanwalt Fabian von Schlabrendorff, der es gleichzeitig auf englisch in einer Neuauflage seines Widerstandsbuches publizierte: ders., The Secret War against Hitler, New York 1965.

42 Aussage Raeder, IMT, Bd. XXXIX, S. 525 («Anreißer»); Gisevius, Bis zum bitteren Ende, S. 342 f. («Handlanger»).

43 Dieses Wort hat Hoßbach (ders., Wehrmacht, S. 112) am 26. 1. 1938 im Streit mit Göring eingeführt. Es wurde dann von anderen Autoren variiert: Foerster, Beck, S. 87 («von der Gestapo gedungener Zuchthäusler«); so auch Göhring, Alles oder Nichts, S. 262; Hagen, Geheime Front, S. 50 («auf Befehl Heydrichs als Kronzeuge... präpariert»); Josef Müller, Bis zur letzten Konsequenz, München 1975, S. 181 («von SS-Ermittlern angestifteter Krimineller»).

44 Zum folgenden: Heinrich Himmler, Geheimreden 1933 bis 1945, hrsg. von B. F. Smith/A. F. Peterson, Berlin 1974, S. 95. Zur Organisation der Gestapo: Heinrich Orb (d. i. Heinrich Pfeifer), 13 Jahre Machtrausch, Olten 1945, S. 142 f.; Aussagen der Gestapobeamten Willy Wauer und Hugo Hoffmann (Verfahren Stage, a. a. O.); vgl. Harder, Kriminalzentrale Werderscher Markt; Höhne, Totenkopf, S. 86, 176, 182 – Personaldaten zu Josef Albert Meisinger, geb. 14. 9. 1899, in Berlin Document Center (BDC); vgl. Hausmitteilung, in: Der Spiegel, 1. 9. 1965.

45 Aufzeichnung Werner Bests vom 18. 9. 1949 (AT).

46 Himmler, Geheimreden, S. 94; Zitat «Katastrophe» bei Best, a. a. O. Zu Hitlers Ansichten über Homosexualität s. Diels, Lucifer, S. 381; Veröffentlichung in «Das Schwarze Korps», 22. 5. 1935; Burckhard Jellonek, Homosexuelle unter dem Hakenkreuz, Paderborn 1990.

47 Zum folgenden: Urteil, S. 10 und 3; Max Häusserer wurde am 2. 11. 1890 geboren (vgl. Stage-Verfahren, a. a. O.).

48 Die Darstellung stützt sich auf: Urteil, Teil C (Aussagen Schmidts in der Hauptverhandlung; dort auch die Abweichungen von früheren Aussagen). Schmidts Aussagen im Protokoll der Vernehmung Fritschs bei der Gestapo am 27. 1. 1938 (AT).

49 Vgl. die Einzelheiten im 4. Kapitel.

50 Zur Laufbahn des Generalobersten von Fritsch: Gerd F. Heuer, Die Generalobersten des Heeres, Rastatt 1988.

51 Der genaue Zeitpunkt der Verhaftung im Jahre 1935 ist aus dem Urteil nicht zu ersehen.

52 Am ausführlichsten findet sich diese Version bei Deutsch, Komplott, S. 123 ff. Der Reichsgerichtsrat und spätere Bundesrichter Kanter, seinerzeit Assistent der Anklage im Fritschprozeß, soll am 3. 11. 1947 Graf Kielmansegg mitgeteilt haben, wie allmählich in den Gestapoprotokollen von den Vernehmungen Schmidts durch «suggestive Praktiken» aus dem «höheren Offizier» ein «General» geworden sei. Das Urteil, das Kanter 1947 nicht vorlag, widerlegt ihn: Schmidt hat bereits vor der Berliner Polizei den General bezichtigt.

53 Zum Werdegang Lehmanns, der kein Parteigenosse war, s. «Fall 12». Das Urteil gegen das Oberkommando der Wehrmacht, (Ost-)Berlin 1960; Werner Bross' Notizen über eine Unterredung mit Lehmann am 10. 5. 1946 im Gefan-

genenlager Hersbruck (AT); vgl. Bross, Gespräche mit Göring, S. 169 ff. Lehmann hielt es auch für möglich, daß sich Schmidt selber decken wollte. An letzter Stelle erwog er – acht Jahre nach dem Urteil, das ihm nicht vorlag und welches das Gegenteil bezeugt –, die Gestapo habe schon 1936 trotz besseren Wissens Fritsch aus politischen Motiven die Aussagen Schmidts untergeschoben.

54 Urteil, S. 20 f.

55 Dies folgerte Walter Huppenkothen, Regierungsdirektor im Reichssicherheitshauptamt, Leiter einer Sondergruppe für die Untersuchung der Verschwörung des 20. Juli 1944 (Aufz. über «Verhältnis Wehrmacht – Sicherheitspolizei», S. 5 [AT]). Schmidts Aussage im Gestapo-Hauptquartier (Protokoll der Vernehmung Fritschs, 27. 1. 1938, S. 29, AT) bestätigt diese Ansicht: «Ich sagte mir, du erzählst alles, das ist einmal und du machst deine Strafe ab. Erledigt der Fall.» Ähnlich steht es in der ansonsten sehr ungenauen Darstellung des SS-Obersturmbannführers Dr. Georg Kiesel, eines Mitglieds der «Sonderkommission 20. Juli», in: Nordwestdeutsche Hefte Nr. 2/1947: SS-Bericht über den 20. Juli.

56 Himmler, Geheimreden, S. 97.

57 Urteil, S. 10. Der Beisitzer im Fritsch-Prozeß, Senatspräsident Lehmann, der das Urteil verfaßte, konnte sich 1946 nur an 60 richtige Angaben Schmidts erinnern. Vielleicht liegt eine Verwechslung mit den abgeurteilten Fällen («großer Teil», heißt es im Urteil) vor. Huppenkothen (a. a. O.) zitiert Gestapochef Heinrich Müller, wonach alle hundert Beschuldigten gestanden hätten. Schmidt trug seine Bezichtigungen so überzeugend vor, daß selbst Fritsch bei der Gegenüberstellung am 27. 1. 1938 (Gestapo-Protokoll, S. 57, a. a. O.) befand, «daß ich das ihm beinahe jetzt als guten Glauben unterstellen muß».

58 Urteil, S. 34 f.

59 Interviews mit Kriminaldirektor Erich Sanders, dem Nachfolger des für den Fall Fritsch zuständigen Referatsleiters Meisinger in der Reichszentrale zur Bekämpfung der Homosexualität, am 16. 3. 1958, 4. 9. 1974, 12. 2. 1977 (AT); Aufz. Huppenkothens, S. 6 (AT); Walter Schellenberg, Memoiren, Köln 1959, S. 38 f.; Interview mit dem Heydrich-Adjutanten H. H. N. am 11. 1. 1977 (AT).

60 Interview mit Werner Best, IfZ, ZS 661/52 vom 13. 9. 1952.

61 Interview Sanders', 4. 9. 1974 (AT).

62 Personalien Friedrich («Fritz») Fehling im BDC und in Akte Stage, a. a. O. Fehling wurde am 22. 11. 1896 geboren und war NSDAP-Mitglied seit dem 1. 5. 1937.

63 Interview mit Sanders am 16. 3. 1968 und 4. 9. 1974; Interview mit Sanders, Neuendorf, Vatterott am 23. 4. 1979 (AT). Laut Schellenberg, Memoiren, S. 39, habe Meisinger «zu hastig und ungenau» gearbeitet.

64 Best (Interview 13. 9. 1952, a. a. O.) spricht von einem «Kunstfehler», aber nur nach Hörensagen, wobei er seine Antipathie durchklingen läßt. Er selber informierte den Generalobersten von Fritsch (Gestapo-Protokoll, 27. 1. 1938, a. a. O.), daß Schmidt dessen «Identität nach Bild» bestätigt habe, also nach einer allgemein üblichen Vernehmungsmethode. Kriminalrat Huber stellt jedoch gleich klar, daß Schmidt nicht durch vorgelegte Bilder auf Fritsch hingeführt worden sei. Man darf bei diesen z. T. widersprüchlichen Angaben nicht aus dem Blick verlieren, daß Schmidt von sich aus den «General der Artillerie von Fritsch» beschuldigt hat, und das – ohne Bild! – zuerst vor der Berliner Polizei.

65 Dazu die Aussage des Kriminalinspektors a. D. Hugo Hoffmann vom 3. 3. 1967 (Akte Stage). Es ist unsinnig, Löffner als den Erfinder der Erpressung Fritschs hinzustellen; auch diese Aussage hält dem Urteil im Fritsch-Prozeß nicht stand.

66 So Huppenkothen (Aufz., S. 6) nach Informationen des Gestapochefs Müller.

67 Huppenkothen unterschlägt in seiner Erinnerung die von Hitler angeordnete Ermittlungspause, so daß die Vorgänge von 1936 und 1938 ineinander übergehen. Obwohl Kriminalrat a. D. Huber, neben Fehling der andere Sachbearbeiter – nachdem ihm die Antwort quasi vom Interviewer in den Mund gelegt worden war (Interview Deutschs mit Huber, 3. 6. 1970, S. 18 IfZ) –, behauptet, Gestapochef Müller sei 1938 an einer Blinddarmentzündung erkrankt gewesen (was ja eine Erkrankung 1936 nicht ausschließen muß), halten wir es für logischer, den Ablauf auf 1936 zu legen. In der Nacht vom 24. auf den 25. 1. 1938 ging es nur noch um die von Hitler befohlene Rekonstruktion der Akte, was auch Müller nicht hätte verhindern können.

68 Himmlers Adjutant Wolff (IfZ-Vermerk) behauptet, Heydrich habe die Akte Himmler übergeben, verwechselt aber anscheinend den Ablauf im Sommer 1936 mit dem im Januar 1938, ohne zu wissen, daß Heydrich die Originalakte aufbewahrt hatte. Offensichtlich hat jedoch Heydrich, nachdem Meisinger vorgeprescht war, die Übergabe an Hitler mitverantwortet, sonst hätte er nicht über die ablehnende Haltung des Diktators enttäuscht sein müssen. Schellenberg (Memoiren, S. 38 f.), der sich ebenfalls auf Müller beruft, schildert die Dinge wieder anders: Demnach habe Heydrich das Material Meisingers nicht sorgfältig genug geprüft, und als ihm Bedenken kamen, war es schon zu spät. Man darf Huppenkothen den Vorzug geben, denn er war besser informiert als die anderen, gleichfalls nicht direkt Beteiligten: Müller hatte ihm die Heftordner zur Einsicht gegeben, in denen nach dem Freispruch für Fritsch die Ergebnisse der internen Untersuchung festgehalten waren. Völlig abwegig ist im übrigen die Darstellung bei Bernhard von Lossberg (ders., Im Wehrmachtführungsstab, Hamburg 1949, S. 16), wonach sich Himmler und Heydrich «die Akten eines geschlechtlich verirrten, heruntergekommenen Herrn von Frisch» verschafft und sie Hitler als Material gegen den Generalobersten von Fritsch vorgelegt hätten. Eine ‹Akte Frisch› gab es nicht...

69 Urteil, S. 3.

70 Es handelt sich um die Gestapobeamten Werner Best, Franz Josef Huber und den Himmler-Adjutanten Karl Wolff (Aussagen Bests und Wolffs, IfZ, ZS 317, Interview Deutschs mit Huber, IfZ).

71 Aussage des Heydrich-Adjutanten H. H. N. (Interview vom 11. 1. 1977, AT). Vgl. Hoßbach, Wehrmacht, S. 109 (teilweise Verbrennung).

72 Hoßbach, a. a. O., S. 106 f.

73 Zum folgenden vgl. Hoßbach, a. a. O., S. 109, 121; Bross, Gespräche mit Göring, S. 169 (Lehmann); Brief v. d. Goltz' an Krausnick vom 14. 7. 1955 (IfZ, Nr. 1599/56); Deutsch, Komplott, S. 128 (Huber); Foertsch, Schuld, S. 90, gibt eine Mitteilung Wiedemanns wieder, dem Meisinger 1941 in Tokio erzählt habe, er habe die Akten verbrannt – gab es zwei Originale? –, die Durchschläge aber behalten.

74 Notizen (in Englisch) David Irvings über ein Interview mit Puttkamer, 26. 11. 1970 (AT).

2. Kapitel
Die Befehlsverweigerung des Obersten Hoßbach

1 Zitat bei Deutsch, Komplott, S. 132; Hoßbach, Wehrmacht, S. 107 ff.
2 Hoßbach, a. a. O., S. 30; Below, Adjutant, S. 68.
3 In der Zitatenfolge: Nachruf von Walter Bußmann in der FAZ, 13. 9. 1980; Friedrich Andrae, Die Generäle versagten, Hitler handelte, in: Die Zeit, 10. 10. 1974; Göhring, Alles oder Nichts, S. 265 f.; Wilhelm Breucker, Die Tragik Ludendorffs, Stollham o. J., S. 142.
4 Zum folgenden Hoßbach, Wehrmacht, S. 109; Küsel, Der Fall Fritsch, S. 49.
5 Gisevius, Bis zum bitteren Ende, S. 346 (falsch ist sein Zusatz, Hoßbach habe Fritsch die Details verschwiegen).
6 Wiedemann, IfZ, ZS 185/42; ders., Feldherr, S. 117 ff.; vgl. Deutsch, Komplott, S. 105.
7 Komplott, S. 104 f.; Leitner, Das haben wir . . ., S. 19, spricht von der gegebenen Form des «Jagdunfalls».
8 Hoßbach, Wehrmacht, S. 111.
9 Aufzeichnung Fritschs, 5. 2. 1938 (AT); Hoßbach, a. a. O., S. 110. Falsch ist die Version Otto Johns (Falsch und zu spät, S. 97), Hoßbach habe Fritsch heimlich telefonisch informiert.
10 Hoßbach, a. a. O.
11 Wiedemann, Feldherr, S. 117 ff.; Goebbels-Tagebücher, 28. 1. 1938: «Er konnte sich also präparieren.»
12 Unsere Wiedergabe stützt sich auf: Urteil, S. 21 f., Teil J – Gestapoprotokoll 27. 1. 1938, S. 1 ff.; Aufzeichnung Fritschs, 5. 2. 1938 (alle Quellen AT); Hoßbach, a. a. O., S. 110 f.
13 Hoßbach, ebd.
14 Zum Beispiel Foertsch, Schuld, S. 90 ff.; Deutsch, Komplott, S. 135 ff.
15 Hoßbach, a. a. O., S. 109, Below, Adjutant, S. 64; Deutsch, Komplott, S. 139 («Marathondebatte»).
16 Termine nach Diensttagebuch des Keitel-Adjutanten Eberhard (AT); Goebbels-Tagebücher, S. 414.
17 Unklar bleibt, ob Göring damals schon den Zeugen Schmidt selber vernommen oder nur die Sachbearbeiter befragt hat.
18 Der Anachronismus bei Hoßbach, a. a. O., S. 111 ff., findet sich auch bei Deutsch, Komplott, S. 132; Below, Adjutant, S. 65, spricht von einer «Schlacht».
19 Das Gestapo-Kommando fuhr am 25. 1. 1938 über Bremen nach Papenburg.
20 So Wiedemann, Feldherr, S. 117 ff.; Kielmansegg, Fritsch-Prozeß, S. 37, mit falschem Datum: 25. 1. (statt 26.).
21 Hoßbach, Wehrmacht, S. 122.
22 Aufz. Fritschs 5. 2. 1938 (AT); Hoßbach, a. a. O., S. 111 f.
23 Schmidt mußte in der Reichskanzlei erst noch rasiert werden (Wiedemann, a. a. O.).
23 Nach Irving (Göring, S. 294) ließ sich Göring den Zeugen im Luftfahrtministerium vorführen.
24 Hoßbach, Wehrmacht, S. 111 f.; Below, Adjutant, S. 65.
25 Ebd. – Ursprünglich wollte Hitler erst am nächsten Tag mit Fritsch «unter vier Augen» sprechen und ihn mit einer Frage überraschen (Görlitz, Keitel, S. 104 f.). Da Hitler dies Keitel nach 17 Uhr sagte, kann sich die Szene mit Göring und Hoßbach erst abends ereignet haben.

3. Kapitel
Die Gegenüberstellung in der Reichskanzlei

1 Freund, Deutsche Geschichte, S. 90.
2 Below, Adjutant, S. 66.
3 Vgl. 1. Kap., Anm. 43.
4 Wiedemann (ders., Feldherr, S. 117) legt in diesem Sinne Bemerkungen Himmlers aus. Deutsch (ders., Komplott, S. 143) phantasiert, während einer kurzen Abwesenheit Hoßbachs habe Himmler mit Hitler und Göring die Form «ausgeheckt».
5 Hoßbach, Wehrmacht, S. 112.
6 Aufz. Fritschs vom 19. 1. 1939 (AJ). Der Ablauf des Vorgangs in der Reichskanzlei nach: Hoßbach, ebd.; Wiedemann, a. a. O.; Aufz. Fritschs vom 5. 2. 1938 (AT). Zu den Aussagen einiger Generäle über ihre Unterrichtung durch Hitler vgl. Manstein, Soldatenleben, S. 303, 309; Generaloberst Hermann Hoth, IfZ, ZS 75; Görlitz, Keitel, S. 104ff. (wichtig Anm. 195: Hitler beschönigt den Vorfall); Erklärung des Feldmarschalls von Rundstedt, IfZ, ZS 129.
7 Wiedemann, a. a. O.
8 Aufz. Fritschs, 5. 2. 1938 (AT). Göring zitiert Fritschs Frage so: «Meinen Sie die beiden Hitlerjungen?» (nach Bross, Gespräche mit Göring, S. 174f.).
9 So ein Mitarbeiter Ribbentrops, Reinhard Spitzy, So haben wir das Reich verspielt, München 1987, S. 215, aufgrund eigener Informationen.
10 Neben den genannten Generälen (Anm. 6) auch Generaladmiral Hermann Boehm (IfZ, ZS 18).
11 S. 4. Kapitel.
12 Wiedemann, Feldherr, S. 117f. Nachträgliche Zutat ist seine Behauptung, Fritsch sei gleich mit den Worten «Mein Führer, es kann sich dabei doch nur um die zwei Hitlerjungen handeln!» ins Zimmer gekommen. Sie entspricht nicht dem von Fritsch selber geschilderten Ablauf.
13 Aufz. Fritschs, a. a. O. (AT). Übereinstimmend mit Fritsch notiert sich General Curt Liebmann im November 1939, nach dem Bericht Hitlers vom 5. 2. 1938 vor der Generalität, der Zeuge sei in einem Nebenzimmer bereitgehalten worden (IfZ, ED-1).
14 Deutsch (ders., Komplott, S. 134f.) läßt Hitler und Göring mit Fritsch nach draußen auf einen Treppenabsatz im Flur gehen, wo ihnen Schmidt zugeführt wird. Er stützt sich auf ein Interview mit dem damaligen Gestapo-Sachbearbeiter Huber (vom 20. 11. 1969, IfZ), der dabeigewesen sei, was man mit Fug bezweifeln darf, denn sonst hätte Huber (Gestapo-Protokoll, 27. 1. 1938, AT) am andern Tag Fritsch kaum gefragt, ob ihm der «Anzeiger» gegenübergestellt worden sei.
15 Nach Goltz, Darstellung, IfZ ZS 49 hat Schmidt immerzu gerufen: «Jawohl, das ist er, das ist er!» Bei Gisevius, a. a. O., zeigt der Zeuge mit ausgestrecktem Arm auf Fritsch.
16 Hoßbach, Wehrmacht, S. 112f.; am andern Tag (Gestapo-Protokoll vom 27. 1. 1938, AT) erwähnt Schmidt ein typisches Brustherausrecken des Generalobersten. Nichts als eine Mutmaßung ist die Behauptung Hegners (ders., Reichskanzlei, S. 216), für dieses Schulterzucken sei Schmidt von Gestapo-Referatsleiter Meisinger präpariert worden.
17 Deswegen wird sie am nächsten Tag wiederholt (s. 4. Kap.).
18 Vielleicht wollte Göring auch nur von der heimlichen Beobachtung ablenken.

19 Aussage des Senatspräsidenten Lehmann (Bross, Gespräche mit Göring, S. 171); Aufz. Fritschs, a. a. O. Zum folgenden: Aussage Rundstedts (IfZ, ZS 129); Manstein, Soldatenleben, S. 303, 309.

20 Spitzy, So haben wir..., S. 215, hat anscheinend Äußerungen Hitlers im Sinn, die auch von Huppenkothen zitiert werden: Deutsch, Komplott, S. 145 f. und 412, Anm. 101.

21 Deutsch, a. a. O., S. 145 und 148.

22 Hoßbach, Wehrmacht, S. 122.

23 Zit. nach Foertsch, Pflichtenlehre, a. a. O.

24 Hoßbach, a. a. O., S. 111; vgl. zu Nebe im Prozeß Kielmansegg, Fritsch-Prozeß, S. 95; Wiedemann, Feldherr, S. 117 ff., der Himmler zitiert; ferner Himmler, Geheimreden, S. 96 f.

25 Interview Tobias' mit dem ehemaligen SS-Führer Robert Schulz am 16. 5. 1969 (AT).

26 Aufz. Fritschs Febr.-Sept. 1938 (AT). Zum Fall des Nato-Generals Kießling s. Der Spiegel 7/1993 («Versiegelte Briefe»).

27 Wiedergegeben im Gestapo-Protokoll vom 27. 1. 1938 (AT).

28 Hoßbach, a. a. O., S. 112.

29 Aufz. Fritschs, a. a. O.

30 Hoßbach, a. a. O., S. 113; von einem Befehl, in Zivil zu erscheinen (so Deutsch, Komplott, S. 146 f.), kann keine Rede sein.

31 Gisevius, Bis zum bitteren Ende, S. 347 f.; Deutsch, a. a. O., beruft sich auf ein Interview mit Gisevius von 1971; Beck habe Gisevius diese Szene mehrmals beschrieben. Vgl. Görlitz, Der deutsche Generalstab, Frankfurt a. M., o. J., S. 450 f.

32 Hoßbach (Wehrmacht, S. 113) konnte erst nach drei Unterredungen mit Beck am 26./27. 1. 1938 den Generalstabschef von seiner Meinung überzeugen, daß es sich um üble Machenschaften gegen die Heeresspitze handle.

4. Kapitel

Die Vernehmung im Gestapo-Hauptquartier

1 Die Zahl der Vernehmungen Fritschs bei der Gestapo wird unterschiedlich angegeben. Nach Kielmansegg (ders., Fritsch-Prozeß, S. 57) wurde Fritsch zwischen dem 27. und 29. 1. 1938 dreimal vernommen, wobei er die Vernehmung mit Dr. Best fälschlich für die letzte hält. Best (Brief an Tobias, 4. 6. 1978) meinte sich 1949 zu erinnern, der Generaloberst sei nur zweimal bei der Gestapo gewesen; so steht es auch im Urteil, S. 3: am 27. und 28. 1. 1938 (AT). Nach der Lektüre des Gestapo-Protokolls vom 27. 1. kam es Best so vor, als habe er nur diese eine Vernehmung geleitet, «denn was sollte darüber hinaus in einer 2. Vernehmung erörtert werden?» (Brief an Tobias, 4. 6. 1978). Wir folgen Fritschs eigener Darstellung, da ihm die erste Authentizität zusteht. In seiner Aufzeichnung von Febr.-Sept. 1938 heißt es: «Ich wurde sowohl einmal beim Reichskriegsgericht wie einmal bei der Gestapo vernommen.»

2 Dazu Interview mit Best, 19. 9. 1952 (IfZ, ZS 661/52); Best an Tobias, 8. 2. 1984; Interview Deutschs mit Huber, 3. 6. 1970, IfZ. Der Zeuge Weingärtner bezeugt, daß Best in Uniform war (Urteil, S. 14, AT).

3 Zur Person Hubers: BDC und Vernehmungsprotokoll der Münchner Staatsanwaltschaft, 16. 10. 1968 (AZ. I – A–K I 3). – Best hat später nicht, wie Deutsch

unterstellt, Huber völlig ignoriert. Im Vermerk vom 26. 6. 1949 nennt er ihn als Vernehmer; dem Generalobersten von Fritsch stellt er ihn als Sachbearbeiter vor. Hubers Behauptung (Deutsch-Interview, a. a. O.), er sei erst am Abend vorher mit der Sache betraut worden, wird durch das Protokoll widerlegt. Bei der Gestapo war Huber als Leiter der Dienststelle II C für die Überwachung der Rechtsopposition zuständig.

4 Kielmansegg, Fritsch-Prozeß, S. 153; Göhring, Alles oder Nichts, S. 262; am ärgsten entrüstet sich Gisevius (Wo ist Nebe?, S. 272).

5 Somit waren alle Überlegungen Deutschs (Komplott, S. 148, 153) überflüssig, ob und wann die Gestapo Fritsch herbefohlen habe oder ob man gespannt auf ihn gewartet habe.

6 Goebbels-Tagebücher, 29. 1. 1938, S. 419.

7 Zu Fritschs Gedankengängen äußerte sich sein damaliger 1. Offizier Major Siewert (Interview Uwe Storjohanns mit Siewert, 1977, AT).

8 Gestapo-Protokoll (AT), S. 16 f.

9 Das Protokoll ist 82 Schreibmaschinenseiten lang und, wie aus einem Vermerk hervorgeht, von Wachsplatten übertragen worden. Beim Abspielen nach Gehör sind viele Fehler unterlaufen. Auf den ersten 21 Seiten finden sich zahlreiche handschriftliche Korrekturen, die, wie ein Handschriftenvergleich nahelegt, von Kriminalinspektor Fehling stammen könnten. Später erlahmt der Eifer des Korrektors.

10 Anders als Deutsch (Komplott, S. 154 f.) behauptet, erweckt das Protokoll nicht den Eindruck, daß Huber die Anklagen gegen Fritsch für absurd gehalten habe.

11 S. Geheimsachenregelung der Gestapo: IMT, Bd. XXXXII, S. 312 ff.

12 Dies belegen auch die Aussagen im Stage-Verfahren (a. a. O.) und in den Interviews von Fritz Tobias mit ehemaligen Beamten der Gestapozentrale.

13 Er wird Monate später klagen, Otto Schmidt habe ihn «verladen» und in große Schwierigkeiten gebracht, Interview Tobias' mit dem ehemaligen Gestapobeamten Franz Neuendorf, 12. 2. 1978.

14 Protokoll, S. 23 f.

15 Zur äußeren Erscheinung des Zeugen: Goltz (Aufz., S. 6 f., IfZ); Interview Tobias' mit dem ehemaligen Gestapobeamten Franz Neuendorf, 13. 12. 1978 (AT).

16 Protokoll, S. 27.

17 Best an Tobias, Brief vom 8. 2. 1984; Best-Aussage, IfZ, ZS 661/52.

18 In der Zitatenfolge die Seiten 36 f., 57, 9, 7, 45, 41, 28.

19 Protokoll, S. 45 ff.

20 Protokoll, S. 82; dazu Best an Tobias, 12. 1. 1978 (AT).

21 2. Entwurf für eine Duellforderung an Himmler, mit handschriftlichen Korrekturen von Fritsch (AT).

22 Aufz. Goltz', S. 15.

23 Vermerk Bests vom 26. 6. 1949 (AT).

24 Das Protokoll hört mit der Bitte Bests an die Beamten auf, das Zimmer zu verlassen.

25 Urteil, S. 14; der Vorfall wird erwähnt in dem nicht abgeschickten Schreiben Fritschs an die kommandierenden Generäle vom Frühsommer 1938 (AT); zum folgenden: Wiedemann (ders., Feldherr, S. 117 ff.); Gisevius, Bis zum bitteren Ende, S. 349 f.

26 Zum folgenden: Goebbels-Tagebücher, S. 422, 419, 417 ff., 422.

5. Kapitel:
Das fatale Gutachten des Reichsjustizministers

1 Hoßbach, Wehrmacht, S. 111; Lothar Gruchmann, Justiz im Dritten Reich. 1933–1945, München 1987, S. 76; zu Gürtner s. Wistrich, Wer war wer, S. 133 f.; erschreckende Beispiele für die Machtlosigkeit Gürtners bei Kraus-nick, Vorgeschichte, S. 271; Ritter, Goerdeler, S. 70; vgl. Deutsch, Komplott, S. 137.

2 Below, Adjutant, S. 65, 261; Görlitz, Keitel, S. 104 ff. (Keitel meinte nach dem Krieg, Hitler habe ihm eine von Gürtner unterzeichnete «Anzeige» gezeigt. Vermutlich war es die Polizeiakte mit Gürtners Paraphe.) Deutsch, Komplott, S. 140 f., läßt sich auf Spekulationen ein, weil er gar nicht darauf kommt, daß auch Keitel sich geirrt haben kann. Mißverständlich ist die Eintragung in Jodls Tagebuch (IMT, Bd. XXVIII, S. 356 ff.) vom 28. 1. 1938: Nicht Gürtner kannte den Vorgang seit zwei Jahren, sondern Hitler.

3 Rosenberger, Entlassung, S. 2 f.

4 Verfügung Gürtners vom Dezember 1936 zum Fall Gründgens (AT); Kielmans-egg, Fritsch-Prozeß, S. 53; Rosenberger soll auch den Bischof von Berlin, Graf Preysing, als Opfer Schmidts erwähnt haben: Deutsch, Komplott, S. 410, Anm. 68. In der Zeit vor der Verhaftung Schmidts 1935 war aber Preysing noch Bischof von Eichstätt!

5 Urteil, S. 28; Hitler-Zitat bei Krausnick, Vorgeschichte, S. 287; Deutsch, Kom-plott, S. 140 (in Rückübersetzung aus dem Englischen); Gürtner-Zitat aus dem Gutachten (Urteil, a. a. O.).

6 Urteil, S. 14 f.

7 Bross, Gespräche mit Göring, S. 171, zitiert Senatspräsident Lehmann.

8 Urteil, S. 22 f.

9 Zum folgenden: Bross, Gespräche mit Göring, S. 171; Best an Tobias, 25. 1. 1977; Aufz. Liebmanns (IfZ, E–D1); zu Raeder: Deutsch, Komplott, S. 178.

10 Urteil, S. 1; Goebbels-Tagebücher, S. 421; Interrogation Görings, 6. 11. 1945 (AT).

11 Brief v. d. Goltz' (über ein Gefängnisgespräch mit Blomberg) an Hoßbach, 15. 5. 1947; Hoßbach, Wehrmacht, S. 116.

12 Zitiert nach Groehler, Revirement, S. 121.

13 Bross, Gespräche mit Göring, S. 173.

14 Vermerk Tobias' über Gespräch mit Siewert, 17. 11. 1980. Bei der Freundin handelt es sich um die verwitwete «Baronin» (so Fritschs Anrede) Margot von Schutzbar geb. Robitzsch auf Gut Wommen an der Werra (1887–1969).

15 Luise Jodl, Jenseits des Endes. Leben und Sterben des Generalobersten Alfred Jodl, München 1976, S. 34.

16 Erlaß des Chefs der Heeresleitung vom 21. 12. 1934, MGFA, H 24/88 a.

17 Fritsch richtete 1911 oder 1912 einen Heiratsantrag an Fräulein Dorothee Schwartzkopff (1893–1967), Tochter des Heinrich Schwartzkopff auf Brune und der Elisabeth Richter. Sie heiratete bald darauf einen Leutnant von Arnim, der im Oktober 1914 fiel, in zweiter Ehe den späteren Generalleutnant von Reiche (Wiedergabe mit freundlicher Genehmigung des Herrn Thomas von Fritsch).

18 Gisevius, Wo ist Nebe?, S. 283; Deutsch, Komplott, S. 177 ff. Nur Oberst Oster und Reichskriminaldirektor Nebe sollen jeden Zweifel ausgeschlossen haben.

19 Otto John, Zweimal kam ich heim, Düsseldorf 1969, S. 28 f.; ders., Falsch und zu spät, S. 98. – John war ein Freund von Klaus Bonhoeffer, dem Bruder des Bekenntnispfarrers Dietrich Bonhoeffer und Schwager Dohnanyis, über den sie «Nachrichten aus erster Hand» erhielten.

20 Dazu Gruchmann, Justiz im Dritten Reich, S. 256 f. Der persönliche Referent Gürtners wurde am 4. 9. 1938 zum Reichsgerichtsrat ernannt und zum Reichsgericht nach Leipzig wegbefördert.

21 Es ist im Urteil, S. 28 f., veröffentlicht und trägt kein Datum. Dem Inhalt zufolge muß es noch im Januar abgefaßt worden sein. Deswegen ist die Kritik von Gisevius (Bis zum bitteren Ende, S. 348 ff.) unberechtigt, Gürtner habe durch eigene Ermittlungen das Gutachten verzögert. Der Auftrag erging ja erst am 27. Januar.

22 Nach Wiedemann (ders., Feldherr, S. 115 ff.) hat ihm Gürtner erzählt, er habe in einer Nacht die Akte durchlesen und am andern Morgen das Gutachten erstatten müssen. Da aber Gürtner noch viele Akten nachforderte, scheint Wiedemann übertrieben zu haben. Zum folgenden: Goebbels-Tagebücher, S. 422; Viltor Lutze, Tagebuch (AT).

23 Vgl. Jodl, Tagebuch, 28. 1. 1938 (IMT, Bd. XXVIII, S. 356 ff.). Ferner die Generäle von Manstein, Hoth, Liebmann. Einzelheiten dazu in Kap. 9 und in Teil IV, Kap. 1.

24 Der Text des Gutachtens, den Wiedemann (a. a. O.) veröffentlichte, ehe das Urteil mit dem Originaltext auftauchte, stimmt inhaltlich überein, klingt nur viel harmloser. Deutsch, Komplott, S. 154 ff., bemerkt die Übereinstimmung nicht und erfindet gleich zwei Gutachten.

25 Gestapo-Protokoll, a. a. O., S. 30 (AT).

26 Siegfried Westphal (ders., Erinnerungen, Mainz 1975, S. 51) weiß von fieberhafter Suche in der Operationsabteilung; vgl. Goltz, Darst., S. 4 f.

27 Zeugnis des Feldmarschalls von Weichs, IfZ, ZS 182, zit. bei Krausnick, Vorgeschichte, S. 293.

28 Goebbels-Tagebücher, 31. 1. und 1. 2. 1938. Damit ist Wiedemann (IfZ, ZS 191) widerlegt, der behauptet, Gürtner habe Hitler trotz des Gutachtens gewarnt, mit diesem Material gegen Fritsch vorzugehen.

29 Deutsch, Komplott, S. 139 und 410, Anm. 72.

30 Hitler-Zitat nach Hermann Boehm, Ein Beitrag zur Zeitgeschichte, in: Nation Europa, 4/1952, S. 52 f.

31 Lutz Graf Schwerin von Krosigk, Persönliche Erinnerungen, Bd. II, Privatdruck, S. 189 (AT).

32 Goltz, Darst., S. 1.

33 Goebbels-Tagebücher, S. 433 (6. 2. 1938): Himmler sagt dies, als Hitler das Kriegsgericht noch nicht eingesetzt hat. Vgl. General a. D. Röhricht (IfZ, ZS 125): Himmler habe die gerichtliche Erledigung in den Händen der SS behalten wollen.

34 Goltz, Aufz., S. 3 f. Demnach muß man den Vorwurf des obersten Wehrmachtjuristen Rosenberger (IfZ, ZS 127, Fragebogen), Gürtner habe das Eindringen der Polizei in das Gebiet der Justiz geduldet, doch etwas modifizieren.

35 Deutsch, Komplott, S. 140 (auf S. 411, Anm. 7, schwächt er seine Behauptung wieder ab); vgl. Siewert (Interview, S. 22, AT). Fritsch beschäftigt sich mit dem Gedanken noch Anfang 1939 (Aufz. 18. 1. AJ).

36 Hoßbach, Wehrmacht, S. 111.

37 Aufz. Rundstedts (IfZ, ZS 129). Er nennt für seine Unterredung mit Hitler

fälschlich das Datum 4. 2. 1938. Das richtige Datum steht in Jodls Tagebuch, Darst. – Goltz (Darst., S. 1) traf sich mit Rundstedt vormittags am 31. 1. bei Fritsch. Rundstedt suchte Hitler am nächsten Tag noch einmal auf, um sein Begehren zu wiederholen.

38 Rosenberger, Entlassung, S. 91 f.

39 Otto P. Schweling, Die deutsche Militärjustiz, Marburg 1978, S. 85 f. (zur Persönlichkeit Rosenbergers).

40 Das Datum der Besprechung mit Gürtner ist unbekannt.

41 Einige Formulierungen Rosenbergers deuten darauf hin, daß man sich erst nach der Entlassung Fritschs am 4. 2. 1938 einigte, womöglich am 5. 2., an dem Hitler das Ermittlungsverfahren anordnete.

42 Die genaue Amtsbezeichnung Bests lautete damals – vor der Gründung des Reichssicherheitshauptamtes –: Chef des Amtes I (Verwaltung und Recht) im Hauptamt Sicherheitspolizei im Reichsministerium des Inneren.

6. Kapitel
Die Nachfolgekrise: Fritschs Rivalen
Göring, Himmler und Reichenau

1 Hitler vor der Generalität, 5. 2. 1938 (s. Teil II, Kap. 9, Anm. 31); Hermann Bösch, Heeresrichter Dr. Karl Sack im Widerstand, München 1967, S. 42; Aufz. Fritschs 1938 (AT).

2 Hoßbach, Wehrmacht, S. 110; Below, Adjutant, S. 64 f.

3 Hoßbach, Wehrmacht, S. 111, 120; Goebbels-Tagebücher, S. 423.

4 Über seinen Chefadjutanten Bodenschatz, Hitlers persönlichen Adjutanten Wiedemann und General Keitel (vgl. Teil II, Kap. 1, Anm. 18).

5 Salewski, Die bewaffnete Macht, S. 321; vgl. Puttkamer, IfZ, ZS 285.

6 Görlitz, Keitel, S. 106 f.; Aussage Blombergs, 13. 9. 1945 (7. Army Interrogation Center APO 758); Bodenschatz, IfZ, ZS 10; Wiedemann, Feldherr, S. 112 f.

7 Im August 1933 hatte Göring den Charakter eines Generals der Infanterie erhalten; im September 1933 war er zugleich General der Landespolizei in seiner Eigenschaft als preußischer Polizeiminister geworden.

8 Rundstedt (IfZ, ZS 129); Raeder, Mein Leben, S. 125.

9 Jodl, Tagebuch, 26. 1. 1938 (IMT, Bd. XXVIII, S. 356).

10 Zum folgenden a. a. O.: Wiedemann, Blomberg, Keitel; Jürgen Thorwald, Die ungeklärten Fälle, Stuttgart 1950, S. 245.

11 Laut Heeresadjutant Engel (Interview Deutschs, 11. 5. 1970, S. 18, IfZ) kannte Hitler «die miserablen militärischen Fähigkeiten Görings».

12 Göring selber hat in Nürnberg darauf hingewiesen, vgl. Bross, Gespräche mit Göring, S. 126.

13 Jodl, Tagebuch, 26. und 30. 1. 1938; Goebbels-Tagebücher, S. 417; Fischer, Entschluß, S. 23; Jost Dülffer, Überlegungen von Kriegsmarine und Heer zur Wehrmachtspitzengliederung und zur Führung der Wehrmacht im Kriege im Februar/März 1938, in: MGM 5 (1971), S. 145.

14 Goebbels-Tagebücher, a. a. O.

15 Blomberg (s. Anm. 6); Brief v. d. Goltz' an Hoßbach vom 14. 5. 1947 (Hoßbach, Wehrmacht, S. 114 f., Fn. 1); Salewski, Die bewaffnete Macht, S. 194 (Zitat).

16 Spitzy, So haben wir..., S. 215.

17 Blomberg (s. Anm. 6).

18 Görlitz, Keitel, S. 104 ff.

19 Vgl. Deutsch, Komplott, S. 108, und Blomberg, s. Anm. 6.

20 Vgl. Ursachen und Voraussetzungen, S. 500 ff.

21 Rundstedt zum Gespräch mit Hitler, 31. 1. 1938 (IfZ, ZS 129).

22 Görlitz, Keitel, S. 402 f.

23 Aufz. Fritschs, 1. 2. 1938 (Hoßbach, Wehrmacht, S. 69 f.).

24 Jodl, Tagebuch, 3. 2. 1938, vgl. Hjalmar Schacht, Abrechnung mit Hitler, Hamburg 1949, S. 74.

25 Weichs, Erinnerungen, Bd. II (BA/MA), S. 5; Rundstedt, (IfZ, Fragebogen, ZS 129 I) nennt als inneren Anlaß der Krise: «SS gegen Wehrmacht wie 1934».

26 Punkt 22 des NS-Parteiprogramms: «Wir fordern die Abschaffung der Söldnertruppe und die Bildung eines Volksheeres.»

27 Zum sogenannten Röhm-Putsch s. Heinrich Benecke, Hitler und die SA, München 1962.

28 Müller, Heer und Hitler, S. 147 f.

29 Aufz. Fritschs, 1. 2. 1938 (Hoßbach, Wehrmacht, S. 69 f.).

30 Aufz. Blombergs 1943 (AT).

31 Aufz. Fritschs, Febr.–Sept. 1938 (AT).

32 Typisch für die Stimmung in Berlin in jenen Tagen ist André François-Poncet (Botschafter in Berlin 1931–1938, Mainz 1962 [S. 332]): Die Partei habe Göring oder Himmler als Nachfolger gewollt. Vgl. Jodl (Tagebuch, 2. 2. 1938): «Soldaten wollen Fritsch als Nachfolger. Andere Kräfte wollen Himmler – dagegen ist Göring.»

33 Aufz. Fritschs vom 18. 1. 1939, handschriftlich (AJ).

34 Maximilian von Fretter-Pico, IfZ, ZS 39, 30. 9. 1951. Als Zeitraum gibt er an: Winter 1937/38. Er will auch noch von einem Major Balck schriftliches Material über die illegale Tätigkeit der SS bekommen haben, das vom Generalstaatsanwalt Jung vom Berliner Kammergericht stammte. Von dem Material und der Mitteilung von Kessels habe er Fritsch berichtet. Zugegen seien Generalstabschef Beck, Oberst Hoßbach und Oberst Siewert gewesen. – Generalleutnant a. D. Siewert konnte sich auf Befragen nicht an diesen doch eindrucksvollen Vorgang erinnern. Eine Anfrage bei Oberst a. D. Hermann Balck am 26. 11. 1980 blieb unbeantwortet.

35 Welt am Sonntag, 15. 3. 1992: Auszüge aus den Tagebüchern des Generalfeldmarschalls Ewald von Kleist in englischer Gefangenschaft (24. 9. 1945).

36 Höhne, Totenkopf, Bd. II, S. 468.

37 Vgl. Terz, Kap. 9.

38 Stern, 29. 1. 1966: Ganz Deutschland blickt auf Heini. Frau Himmler schrieb ein Tagebuch.

39 Brief Admiral von Friedeburgs an Himmler, 31. 8. 1944 (AT) – Friedeburg hatte als Marineadjutant schon zur Zeit der Röhm-Krise 1934 Himmler bei Blombergs näher kennengelernt.

40 Auszug aus den Erinnerungen des Generals Wilhelm Ulex, S. 1 (BA/MA). Ähnlich der Tenor einer Kommandeursbesprechung nach der Ansprache Hitlers (Müller, Heer und Hitler, Dok. Nr. 31): «Leeres Geschwätz» und «Der Führer tritt eher zurück, als daß er dulden würde, daß von außerhalb der Wehrmacht ein Mann die Führung der Wehrmacht in die Hand bekommt.»

41 Thorwald, Fälle, S. 239 ff. – Geschrieben in der damals neuen Form der historischen Reportage mit nachgestellten Dialogen. Zugrunde lagen Interviews mit

Zeitzeugen. Thorwald schildert zwei heimliche Besuche Reichenaus in der Reichskanzlei am 2. 1. 1938 und Anfang Februar 1938. Bestätigt wird die Anwesenheit Reichenaus in Berlin im Jodl-Tagebuch, 30. 1. 1938, und im Diensttagebuch des Keitel-Adjutanten Hauptmann Eberhard (AT).

42 Von der Hintertür berichtet Rundstedt (Bericht zum Treffen mit Hitler, 31. 1. 1938, IfZ, ZS 129).

43 Neben Thorwald, a. a. O., die einschlägigen Passagen in den Standardwerken von Müller, Heer und Hitler, und Manfred Messerschmidt, Die Wehrmacht im NS-Staat, Hamburg 1969; vgl. MGFA, Bd. 1, Ursachen und Voraussetzungen, Dritter Teil, von Wilhelm Deist – aus der Perspektive der Truppe: Boehm-Tettelbach, Hexenküche, S. 25 f. – Zum «Röhm-Putsch»: Höhne, Totenkopf, I, S. 95 ff.

44 Görlitz, Keitel, S. 104 ff.; Rundstedt, IfZ, ZS 129; Puttkamer (Vermerk David Irvings vom 8. 6. 1968, IfZ).

45 Rundstedt, a. a. O.

46 Roehricht, Pflicht, S. 117 f.

47 Neben Thorwald, Jodl-Tagebuch, Keitel, Rundstedt (a. a. O.) auch Goebbels-Tagebücher, S. 423.

48 Roehricht, a. a. O.

49 Unterredung Frhr. von Sieglers mit Rundstedt, 26. 11. 1951, IfZ, ZS 311/52.

7. Kapitel
Das Heer verliert eine Bataille –
Hoßbachs Entlassung

1 Dazu Wheeler-Bennett, Nemesis, S. 325 f.; Erklärungen Rosenbergers, IfZ, ZS 127; John, Zweimal, S. 28; Puttkamer, Interview 12. 8. 1962, IfZ, ZS 285. Bezeichnend für die Einstellung der Rechtsoppositionellen ist Theodor Duesterberg, Der Stahlhelm und Hitler, Hameln 1950, S. 114 ff.: Der Stahlhelm-Führer machte – unzutreffend – Fritsch einfach zum «Gegner der Nazidiktatur». Auch in der ausländischen Presse wurden an Fritschs Namen Spekulationen geknüpft. Vgl Gordon Craig, Die preußisch-deutsche Armee 1648–1945, Düsseldorf 1960, S. 530.

2 Bodenschatz, IfZ, ZS 10.

3 Groehler, Revirement, a. a. O., S. 129 f.

4 Weichs, II, S. 4; vgl. Das war der Kronprinz. Zum zweitenmal auf der Flucht. Aus den Tagebüchern des Haushofmeisters Hermann Wölk, in: Quick, 30. 3. 1957.

5 Below, Adjutant, S. 55 f. In jenen Tagen sah Hitler auch zum letztenmal den SA-Führer Prinz August Wilhelm («Auwi»). In den Tischgesprächen (Adolf Hitler. Monologe im Führerhauptquartier 1941–1944, Die Aufzeichnungen Heinrich Heims, hrsg. von Werner Jochmann, Hamburg 1980) äußerte sich Hitler mehrmals zum Thema Monarchie (S. 273, 328).

6 Viele Beispiele für das Überwechseln der monarchistisch-rechtskonservativen Kreise zur NSDAP in der Endphase der Weimarer Republik bei Bella Fromm, Als Hitler mir die Hand küßte, Berlin 1993.

7 Brüning, Memoiren, S. 454; Hoffmann, Widerstand, S. 237, 245.

8 Aufz. Fritschs Febr.-Sept. 1938 (AT). David Irving, der aus Moskau Kopien des Fritsch-Nachlasses in den Westen brachte, hat infolge eines Lesefehlers aus «monarchistisch» «anarchistisch» gemacht, was verschiedentlich übernommen worden ist (Irving, Göring, S. 289).

9 Gespräch Tobias' mit Grosskreutz, dem letzten Adjutanten Fritschs, 20. 12. 1979 (AT). Hoßbach, Wehrmacht, S. 29 f.

10 Aufz. Fritschs Febr.-Sept. 1938 (AT); Hoßbach, a. a. O.

11 Vgl. Görlitz, Keitel, S. 104 ff.

12 Ursachen und Voraussetzungen, S. 500 ff.

13 Görlitz, Generalstab, S. 315 f.

14 Wilhelm Deist bescheinigt Becks Intentionen eine «bemerkenswerte Realitätsferne» (wie Anm. 12, S. 507).

15 Fritsch (wie Anm. 10) über Blomberg: «Er war die ganzen 4 Jahre nicht ehrlich zu mir.»

16 Am 28. Januar 1938 fordert General Beck, die Abteilung Landesverteidigung im Wehrmachtamt müsse dem Generalstab des Heeres unterstellt werden. Jodl, Tagebuch, a. a. O. Die Auseinandersetzungen dauerten bis in den März 1938, vgl. Ursachen und Voraussetzungen, S. 509.

17 Zum folgenden: Hoßbach, Wehrmacht, S. 131 f., 134; Below, Adjutant, S. 67 f.; Görlitz, Keitel, S. 104 ff.; Puttkamer-Interview, 21. 11. 1967; Goebbels-Tagebücher, S. 419 ff.; Wiedemann, Feldherr, S. 121; Deutsch, Komplott, S. 149 ff. Below hält es für möglich, daß auch Göring auf die Entlassung gedrängt hat. Roehricht (IfZ, ZS 125) meint irrtümlich, Hitler habe Hoßbach jahrelang rücksichtslos verfolgt. Ebenso falsch bei Leitner, So haben wir . . ., S. 21.

18 Görlitz, Keitel, S. 104 ff. Aus der Anmerkung des Herausgebers ergibt sich, daß Keitel die Entfernung Hoßbachs betrieben hat.

19 Below, Adjutant, S. 70 ff.

20 Ebd.; Roehricht, Pflicht, S. 120.

21 Below, a. a. O., S. 74; Görlitz, Keitel, S. 402 f.

22 Zum folgenden: Below, a. a. O., S. 66; Goebbels-Tagebücher, S. 417, 422.

23 Beispiele für diese Einschätzung: Raeder, IMT, Bd. XIV, S. 192 ff.; Albert Kesselring, Soldat bis zum letzten Tage, Bonn 1953, S. 29.

24 Raeder bezeugt Hitlers Respekt und Vertrauen in Fritsch in einem Brief an den Generalobersten vom 25. 4. 1938 (bei Foertsch, Schuld, S. 149 f.); Hoßbach, Wehrmacht, S. 74, 107, 186; Schwerin-Krosigk, Persönliche Erinnerungen, Bd. III, S. 286, urteilt zu einseitig, wenn er gar kein Vertrauensverhältnis unterstellt; s. Hitlers Monologe, S. 343.

25 Dazu Engel, Heeresadjutant, S. 20 f.; Hitlers Monologe, S. 343 ff.; Rundstedts Bericht, IfZ, ZS 129; Schwerin-Krosigk (ders., Es geschah in Deutschland, S. 281) stellt gegen Hitlers Kritik richtig, daß Fritsch lediglich Geist und Kampfwert des Heeres für wichtiger als die Zahl genommen habe. In «Ursachen und Voraussetzungen» entpuppen sich Fritsch wie Blomberg als hemmungslose Aufrüster. – Heinrich Bücheler (ders., Hoepner, Herford 1980, S. 73) belegt, daß Fritsch sehr wohl ein Gönner und Förderer der Panzerwaffe war.

26 Kommandeursbesprechung bei der 10. Division, 7. 2. 1938, nach Müller, Heer und Hitler, S. 636.

27 Vgl. Vortragsnotiz Becks vom 16. 7. 1938, Dokument 50 bei Klaus-Jürgen Müller, General Ludwig Beck, Boppard 1980, S. 551 ff.

28 Goebbels-Tagebücher, S. 423.

29 Rundstedts Bericht, IfZ, ZS 129.

30 So im Nachwort des Herausgebers Görlitz zu Keitel, a. a. O.

31 Besonders in den Darstellungen von Kielmansegg, Foertsch, Goltz, Siewert (Interview, S. 25, AT) wird dieses Argument ausgeweitet: Nur so habe Hitler Fritsch bequem loswerden können, denn bei brüsker Amtsenthebung hätte es

womöglich einen Gegenstoß von Volk und Heer gegeben. Natürlich basieren all diese Argumente auf der Annahme einer Intrige.

32 Aufz. Fritschs, Febr.-Sept. 1938 (AT): Ein Wort in dem Satz läßt sich nicht entziffern.

33 Aufz. Fritschs, 8. 1. 1939 (Archiv Janßen); zit. bei Lew Besymenski, Generäle ohne Maske, (Ost-)Berlin 1963, S. 107f.

34 Ursachen und Voraussetzungen, S. 507 – Der nationalsozialistische Polizei-Vizepräsident Fritz-Dietlof Graf von der Schulenburg, der spätere Widerstandskämpfer, sagte in einem Vortrag im März 1938, am Vorbild des Heeres müßten sich alle Kräfte des Dritten Reiches ausrichten. Für ihn war das Heer «Sinnbild der überlegenen deutschen Ordnungs- und Gestaltungskraft überhaupt» (Ulrich Heinemann, Ein konservativer Rebell, S. 50).

35 Goltz, Darst., S. 1; Personalien Goltz' im BDC.

36 Francis Carsten, Revolution und Politik, Köln 1964, S. 220ff.

37 Nach Deutsch, Komplott, S. 36, soll Fritsch das Goldene Parteiabzeichen zurückgeschickt haben. Er stützt sich auf einen Hinweis Walter Bußmanns (Hoßbach-Niederschrift, S. 373 ff.). Fritschs letzte militärische Begleiter Siewert und Grosskreutz wußten nichts darüber. Laut IMT, Bd. IV, S. 128, hat nur ein Mann jemals die Ehrenmitgliedschaft in der NSDAP abgelehnt: der Reichspost- und Verkehrsminister Freiherr von Eltz-Rübenach, der darüber seinen Posten verlor. Übrigens hat gerade Fritsch über das (kirchlich-religiös begründete) Verhalten seines Kabinettskollegen großes Mißfallen geäußert (Groehler, Revirement, S. 138, Anm. 85). Zweifellos hätte ein solcher Affront des NS-Regimes durch Fritsch sich in den Akten niedergeschlagen. Vermutlich hat Fritsch (oder Hoßbach) im ersten Zorn erwogen, der Partei das Ehrenzeichen zurückzugeben. Nach außen hin und auch in seiner Gesinnung ist Fritsch aber Nationalsozialist geblieben.

8. Kapitel
Ein treuer Vasall – ein guter Nationalsozialist

1 Aufz. Fritschs, Febr.-Sept. 1938 (BA) – Goltz, Aufz., S. 4, IfZ, ZS 49.

2 Aufz. Fritschs, 1. 2. 1938, zit. von Müller, Heer und Hitler, S. 169, nach dem Original im Bundesarchiv.

3 Siegfried Westphal, Heer in Fesseln, Mainz 1978, S. 49 («unbestritten der beste deutsche Soldat der Nachkriegszeit»).

4 Rolf F. Pauls, Die Armee war eine Zuflucht..., in: Die Welt, 19. 3. 1982.

5 Erinnerung des Neffen Thomas von Fritsch (AT).

6 Müller, Beck, S. 589.

7 Mitteilung von Thomas von Fritsch (AT).

8 Zum Persönlichkeitsbild des Generalobersten von Fritsch u. a. die Bücher von Kielmansegg und Hoßbach, ferner Manstein, Soldatenleben, S. 299; Guderian, Erinnerungen, S. 25; Moritz von Faber du Faur, Macht und Ohnmacht, Stuttgart 1953, S. 159ff.; Raeder, IMT, Bd. XXXIX, S. 525; Otto Groos, Erinnerungen, Bd. 3, S. 52, BA/MA; Kesselring, Soldat, S. 28; Ulex, Erinnerungen, S. 10; Nikolaus von Vormann, Der Feldzug 1939 in Polen, Weissenburg 1958, S. 161; Weichs, Erinnerungen, Bd. II, S. 3; Krausnick, Vorgeschichte, S. 244ff.; Salewski, Die bewaffnete Macht, S. 197; Peter Kleist, Auch du, S. 168; Schwerin-Krosigk, Erinnerungen, Bd. III, S. 285.

9 So der Berliner Polizei-Vizepräsident Graf von der Schulenburg, vgl. Albert

Krebs, Fritz-Dietlof Graf von der Schulenburg. Zwischen Staatsräson und Hochverrat, Hamburg 1964, S. 205.

10 François-Poncet, Botschafter, S. 327.

11 Mündl. Mitteilung seines ehemaligen 1. Generalstabsoffiziers Siewert (AT).

12 Zur Biographie des Generalobersten: Neue Deutsche Biographie 1961, Kap. Fritsch, von Thilo Vogelsang, S. 625.

13 Curt Siewert, Beitrag zum 40. Todestag, in: Soldat im Volk, 9/1979.

14 So der Grundtenor in Kielmansegg, Fritsch-Prozeß, a. a. O.; Krausnick, Vorgeschichte, S. 244 f.; Müller, Heer und Hitler, S. 163: «reiner Soldat», «politisch ungebildeter und kaum interessierter Offizier»; noch kritischer Ritter, Goerdeler, S. 141: «das Urbild eines Nur-Soldaten», «politisch war Fritsch hilflos wie ein Kind».

15 Brief Fritschs an Baronin Schutzbar, 17. 5. 1937 (BA/MA – N 33). Aus dem Kontext geht hervor, daß er sich jeder politischen Beteiligung fernhalten will.

16 Groehler, Revirement, S. 138 f., Anm. 85.

17 Dazu die Aufzeichnungen der Generäle Curt Liebmann (IfZ, ED-1) und Horst von Mellenthin (IfZ, ZS 752/52).

18 Georg Freiherr von Fritsch, Leserbrief an die FAZ, 8. 7. 1974.

19 Rolf Brandt, Am 1. August 1914. Unterredung mit dem Generalobersten Frh. v. Fritsch, in: Berliner Lokal-Anzeiger, 30. 7. 1939.

20 Ebd. Hier geht Fritsch völlig konform mit der von der Wehrmacht und von Goebbels betriebenen wehrpsychologischen Kriegsvorbereitung (vgl. Ursachen und Voraussetzungen, S. 134 ff.).

21 Zitate aus Francis Carsten, Revolution und Politik, S. 220, 223; dazu Der Spiegel, 21. 8. 1967, («Mumm haben»); vgl. auch Groehler, Revirement, S. 138 f.

22 Wheeler-Bennett, Nemesis, S. 324; Liddle-Hart, Strategie, S. 32.

23 Reichstagsrede vom 20. 2. 1938, vgl. Bremer Nachrichten, 21. 2. 1938.

24 Hitlers Monologe, S. 343 ff.; Frank, Angesicht, S. 254.

25 Groehler, Revirement, S. 147, Fn. 119, gestützt auf österreichische, französische und schwedische Diplomatenberichte von einer Generalsbesprechung am 11. 1. 1936 in Potsdam.

26 Ursachen und Voraussetzungen, S. 431 ff., 441.

27 Auf diesen selbstverschuldeten Zwang hat Generalmajor Fromm, der Chef des Allgemeinen Heeresamtes, den Generalobersten von Fritsch hingewiesen; ebd., S. 435 f. Zum folgenden auch ebd., S. 366, 428 f., 436.

28 Zu diesem Komplex allgemein die zitierten Standardwerke von Müller, Messerschmidt und Salewski.

29 Dazu Messerschmidt, a. a. O., S. 155 ff.

30 Müller, a. a. O., S. 168 ff.

31 Aufz. Fritschs, 1. 2. 1938 (in: Hoßbach, Wehrmacht, S. 69 f.).

32 Krausnick, Vorgeschichte, S. 247 ff.; Schwerin-Krosigk, Es geschah in Deutschland, S. 281; Groehler, Revirement, S. 138.

33 Hoßbach, Wehrmacht, S. 174.

34 Aufz. Fritschs, wie Anm. 31.

35 Offiziere im Bild von Dokumenten aus drei Jahrhunderten, hrsg. von Hans Meier-Welcker, Stuttgart 1964, S. 101 f. (Geheimerlaß Blombergs vom 16. 4. 1935).

36 Ders., Wehrmacht, S. 14 ff.

37 Geleitwort Fritschs zum Jahrbuch des deutschen Heeres, 1936; Hoßbach, Wehrmacht, S. 104; Müller, Armee, Politik und Gesellschaft, S. 33 f.

38 Müller, Heer und Hitler, S. 165.

39 Messerschmidt, Wehrmacht, S. 100.
40 Karl Wolff, Erklärung vom 11.8. 1952, IfZ, ZS 317.
41 John, Zweimal kam ich heim, S. 30.
42 Krausnick, Vorgeschichte, S. 289.
43 Frank, Angesicht, S. 254; Faber du Faur, Macht, S. 158 ff.
44 Faber du Faur, Macht, S. 158 ff.
45 Messerschmidt, Offiziere, S. 100 f.
46 Brief Fritschs an Baronin Schutzbar, 4. 8. 1937 BA/MA.
47 Weichs, Erinnerungen, Bd. II, S. 3, BA/MA.
48 Müller, Heer und Hitler, S. 170.
49 Ansprache des Konteradmirals Canaris, 3. 3. 1938, Ic-Besprechung im OKW, Müller, Heer und Hitler, S. 641 ff., Dok. Nr. 36.
50 Aufz. Fritschs vom 18. 1. 1939 (Archiv Janßen).

9. Kapitel
Der Fall Fritsch wird vernebelt
Das Revirement

1 Goebbels-Tagebücher, 28. 1. 1938, S. 417: «Es gehen die tollsten Gerüchte um.»
2 Hitler hatte am 30. Januar vormittags den Vorbeimarsch der Leibstandarte abgenommen, abends den Fackelzug der Parteiorganisationen (Domarus, Reden, S. 781). Er habe sich geschämt, auf den Balkon zu treten, sagte Hitler dem Kabinett (Goebbels, 6. 2. 1938, S. 433 f.). Zur Szene in der Reichskanzlei Leitner, So haben wir . . ., S. 22.
3 Leitner, a. a. O.
4 Goebbels-Tagebücher, 1. 2. 1938, S. 424; s. auch die gute Zusammenfassung der Ereignisse bei Gotthard Breit, Das Staats- und Gesellschaftsbild der Generale beider Weltkriege im Spiegel ihrer Memoiren, Boppard 1973, S. 180.
5 Jodl, Tagebuch, IMT, Bd. XXVIII, S. 356 ff., 31. 1. 1938.
6 Deutschland-Berichte (Sopade), S. 9 ff., 18; Kleist, Auch du, S. 166; s. auch Goebbels-Tagebücher, a. a. O.
7 Quick, 13/1957 («Das war der Kronprinz»). Fritsch hatte durch seinen Adjutanten von Both den Prinzen Eitel-Friedrich informiert. Der Kronprinz wollte angeblich, für den Fall einer Zuspitzung der Krise, vom Ausland aus die wahren Zusammenhänge bekanntgeben.
8 Jodl, Tagebuch, 3. 2. 1938, unter 14 Uhr: «Die Schlacht ist gewonnen». Goebbels-Tagebücher, 4. 2. 1938, S. 429 (mittags beim Führer: «Heute, spätestens morgen soll nun seine Entscheidung fallen»).
9 Jodl, Tagebuch, 4. 2. 1938. Vgl. auch Goebbels, 5. 2. 1938, S. 431.
10 Cartier, Weltkrieg, S. 469.
11 Zur Bekanntgabe am Abend des 4. 2. 1938: Pauls, Die Armee war eine Zuflucht; Shirer, Aufstieg, S. 307; Groehler, Revirement, S. 113.
12 So die Schlagzeile der «Bremer Nachrichten» vom 5. 2. 1938; Zitat Dietrich: Fritz Sänger, Politik der Täuschungen, Wien 1975, S. 163 f.; Goebbels-Tagebücher, S. 434: «Parole: Konzentration der Kraft. Nichts merken lassen.»
13 Groehler, Revirement, S. 114, Anm. 1, weist Hermann Foertsch und dessen Buch «Schuld und Verhängnis. Die Fritschkrise im Frühjahr 1938 als Wendepunkt in der Geschichte der nationalsozialistischen Zeit» (Stuttgart 1951) die «Stammvaterschaft für die Legendisierung des 4. Februar 1938 als Art Widerstandssymbol der Wehrmacht» zu.

14 Goebbels-Tagebücher, S. 431.

15 Über die Zahl der Personalveränderungen gibt es sehr unterschiedliche Angaben in der Literatur. Am genauesten ist Groehler, Revirement, S. 113 f. Er vertut sich nur bei den Entlassungen und Wechseln im Heer (39 statt richtig 40), da er die Entlassung des Inspekteurs der Kriegsschulen übersehen hat. Jäckel, Hitlers Herrschaft, S. 58, ziemlich richtig: 14 Generäle entlassen (er zählt Blomberg und Fritsch dazu), 46 Umbesetzungen (ohne drei Versetzungen und zwei Beförderungen).

16 Besonders drastisch Erich Kordt, Wahn und Wirklichkeit, Stuttgart 1948.

17 In der Abfolge der Zitate: Fritsch (in Brief an Leeb), Beck laut Aufz. Leebs, beides in: Generalfeldmarschall Ritter von Leeb, Tagebuchaufzeichnungen..., hrsg. von Georg Meyer, Stuttgart 1976, S. 41 ff., Anm. 89 und 91.

18 Viele Belegstellen dafür in: Goebbels-Tagebücher, a. a. O.; s. auch Manstein, Soldatenleben, S. 304.

19 Reichstagsrede Hitlers am 20. 2. 1938 nach: Bremer Nachrichten, 21. 3. 1938.

20 Beispiele: General von Kleist, der mit SA und SS aneinandergeraten war (s. Tagebuchauszüge in: Welt am Sonntag, 15. 3. 1992). Pauls, Die Armee war eine Zuflucht, zur Empörung über die Abberufung des württembergischen Generals Geyer; Jodl (Tagebuch, notiert am 3. 2. 1938 Bedenken gegen Halder wegen dessen katholischer Bindung).

21 Dazu Teil III, Kap. 1; zu Halder: Christian Hartmann, Halder. Generalstabschef Hitlers 1938–1942, Paderborn 1991, S. 47 f.

22 Below, Adjutant, S. 73.

23 Dazu Teil IV, Kap. 1.

24 Jodl, Tagebuch, 3. 2. 1938.

25 Rundstedts Bericht, IfZ, ZS 129.

26 Aus einer Kommandeursbesprechung, in: Müller, Heer und Hitler, Dok. 11.

27 Hoth, Kleist, Leeb – Von Kleist und Ritter von Leeb bekamen 1940 nach dem Sieg über Frankreich den Marschallstab; Leeb erhielt noch nach seiner Absetzung (während der Winterschlacht in Rußland 1941/42) von Hitler eine Dotation, die er sogar noch aufstocken lassen durfte, insgesamt 888 000 Reichsmark. Vgl. Gerhard L. Weinberg, Zur Dotation Hitlers an Generalfeldmarschall Ritter von Leeb, in: MGM 29 (1979), S. 97 ff.

28 Einzelheiten in Leeb, Tagebuchaufzeichnungen, S. 41 f.

29 Groehler, Revirement, S. 127 f.

30 Zum ersten Zitat vgl. Anm. 26, zum zweiten Zitat vgl. Absolon, Wehrmacht, S. 196 f.; Westphal, Erinnerungen, S. 51.

31 Unsere Darstellung stützt sich auf Hoth, IfZ, ZS 75; Liebmann, IfZ, E–D1 Manstein, Soldatenleben, S. 299 ff.; Boehm, IfZ, ZS 18; Raeder, Mein Leben, S. 121; Weichs, Erinnerungen, Bd. II, S. 3 f. (BA/MA, N 19/6); Ulex, Erinnerungen, S. 1 (BA/MA) – Das Ereignis wird öfter fälschlich vom 5. auf den 4. Februar vordatiert, wohl weil sich der Tag des Kommuniqués besonders eingeprägt hat. Zur Bewertung der Rede Hitlers und der Reaktion der Generäle vgl. Breit, Das Staats- und Gesellschaftsbild, S. 50; Below, Adjutant, S. 77 f.

33 So bei Hoth, a. a. O.

34 Below, Adjutant, S. 77.

35 Groehler, Revirement, S. 148 f., macht darauf aufmerksam, daß es für die Mehrheit der Generäle auch nach dem 4. 2. 1938 in ihrem Verhältnis zu Hitler weder eine Identitäts- noch eine Legalitätskrise gegeben hat.

36 Nach dem Jahreslagebericht 1938 des Sicherheitshauptamts, in: Heinz Bobe-

rach, Meldungen aus dem Reich 1938–1945. Die geheimen Lageberichte des Sicherheitsdienstes der SS 1938–1945, München 1968, S. 74.

37 Vgl. Groehler, Revirement, a. a. O.; Kommentar des Berliner Korrespondenten der «Bremer Nachrichten», Alfred Gerigk, 5. 2. 1938.

38 Dazu Goebbels-Tagebücher, S. 431, 5. 2. 1938; Darstellung in: Der Zeitspiegel. Wochenschrift für politische Bildung, 7. Jg., Nr. 6 vom 10. 2. 1938, S. 61 f., 58.

39 Kielmansegg, Fritsch-Prozeß, a. a. O.

40 Fromm, Als mir Hitler die Hand küßte, S. 239, auch 177 f.

41 Laut Niederschrift über die Ministerbesprechung am 5. 2. 1938 abends um 8 Uhr (RK 2547 B). Demnach irrt Schacht (Abrechnung, S. 74, mit dem falschen Datum 4. 2.), daß alles nach ein paar Minuten vorbei gewesen sei. Nach Goebbels-Tagebücher, S. 433, sprach Hitler eine Stunde lang.

42 Hitler zitiert Beispiele in seiner Reichstagsrede vom 20. 2. 1938, vgl. Anm. 19; Kleist, Auch Du, S. 167; Groehler, Revirement, S. 114 ff.

43 Pressespiegel von 1938, wie Anm. 38, und Deutschland-Berichte (Sopade), a. a. O.

44 Henderson, Fehlschlag, S. 123.

45 Jodl, Tagebuch, Eintrag 27. 1. 1938.

46 Fritsch an Leeb, wie Anm. 17; s. Kommuniqué vom 4. 2. 1938 (Bremer Nachrichten, 5. 2. 1938).

47 Hermann Budzislawski, Die Staatskrise, in: Neue Weltbühne, Nr. 6, 10. 2. 1938, S. 162 f.

48 Below, Adjutant, S. 102 f.; Goebbels-Tagebücher, S. 434.

49 Aus dem Protokoll der Kommandeursbesprechung, vgl. Anm. 26.

50 Hitler-Rede vom 20. 2. 1938, wie Anm. 19.

51 Aus den Deutschland-Berichten, a. a. O.

52 Text der Dankesschreiben Hitlers (Bremer Nachrichten, 21. 3. 1938).

53 Aufz. Fritschs, Febr.-Sept. 1938 (AT).

54 Ebd.

10. Kapitel
Gestapo unter Verdacht: Die Voruntersuchung

1 Darst. Goltz', S. 8 (IfZ, ZS 49); Aufz. Fritschs, Febr.-Sept. 1938 (AT).

2 Zu Brauchitsch Teil IV, 1. Kap.; Foerster, Beck, S. 91.

3 Urteil, S. 4.

4 Foerster, a. a. O.; Hagen, Geheime Front, S. 51.

5 Weichs, Erinnerungen, Bd. II, S. 1 ff.; Grosskreutz an Tobias, 27. 1. 1978; Shirer, Aufstieg, S. 304.

6 Grundlegend Robert Gellately, Die Gestapo und die deutsche Gesellschaft, Paderborn 1993; s. auch Gerhard Paul, «Deutschland, deine Denunzianten», in: Die Zeit 37/1993, S. 56.

7 Fritsch an Baronin Schutzbar, 24. 5. 1938; Kielmansegg, Fritsch-Prozeß; Grosskreutz, wie Anm. 5 – Bei Röhricht (IfZ, ZS 125) bekommt das Gerücht Flügel: Fritsch sei bei seinen Dienstreisen in den Übernachtungshotels mit Mikrofonen, also «Wanzen», abgehört worden. Belege nennt er nicht.

8 Interview Tobias' mit Ministerialrat a. D. Dr. Seifert, ehedem maßgeblicher Mitarbeiter im Forschungsamt, 11. 9. 1979.

9 Aufz. Huppenkothens, a. a. O.; Interview Deutschs mit Huber, a. a. O., IfZ.

10 So berichtet ein gewisser Friedrich Heydt, angeblich Abhörspezialist, in: Quick 46/1950.

11 Best an Tobias, 24. 8. 1975 (AT).

12 Aussage des ehemaligen SD-Beamten Hugo Hoffmann im Stage-Verfahren, a. a. O.

13 Bestätigt wurden Reise und Termin von den ehemaligen Gestapobeamten Kriminalobersekretär Franz Neuendorf und Kriminalsekretär Otto Vatterott (Interview mit Tobias, 23. 4. 1975) und von dem ehemaligen Dienststellenleiter Erich Sanders (ebd.).

14 Gisevius, Bis zum bitteren Ende, S. 376 f.; vgl. Küsel, Der Fall Fritsch, S. 5; Salewski, Die bewaffnete Macht, S. 197, läßt neben der Gestapo auch SD-Leute mitreisen. Der damalige Ministerialdirigent Werner Best (Brief an Tobias, 12. 3. 1977) konnte sich noch an das negative Ergebnis der Erkundigung in Ägypten erinnern.

15 Erfurth, Geschichte, S. 187; Kielmansegg, Fritsch-Prozeß, S. 35 («einige wenige Dinge, die wir wissen» – ohne Beleg).

16 Zu den damaligen Möglichkeiten der Gestapo: Gespräche Tobias' mit dem ehemaligen Dienststellenleiter Erich Sanders (s. Anm. 13) und dem damaligen Pressereferenten Dr. Fritz Rang (8. 7. 1977).

17 Deutsch, Komplott, S. 134; er beruft sich auf Fritschs Arzt Dr. Nissen.

18 Briefe Fritschs an Baronin Schutzbar vom 5. und 13. 12. 1937 (BA/MA); der damalige Major und 1. Offizier Fritschs, Curt Siewert, der sich vierzehn Tage lang bei Fritsch in Ägypten aufhielt, bezeugt, sie hätten erst später von der angeblichen Beschattung gehört (mdl. Mitteilung an Tobias); auch Hoßbach (Wehrmacht, S. 139) bezeugt, Fritsch habe dergleichen nicht bemerkt.

19 Typisch dafür Kielmansegg, Fritsch-Prozeß, S. 34 f.: «Fritsch hat sich gegen Hitlers Kriegspläne erklärt, und deswegen kann er nicht bleiben.»

20 Urteil, S. 15 f.; vgl. Goltz, Darst., S. 5; Gisevius, Bis zum bitteren Ende, S. 373, behauptet fälschlich, erst am achten Tage der Untersuchung habe der Zeuge Schmidt der Gestapo das Haus bezeichnet. Doch schon am 27. 1. 1938, also am dritten Tag, waren der Gestapo alle Einwohner des Hauses bekannt (Belegstellen im Protokoll der Vernehmung Fritschs, 27. 1. 1938, AT).

21 Urteil, a. a. O.; Goltz, a. a. O.

22 Goltz, Aufz., S. 5 f.

23 Goltz, Aufz., S. 6 f.; vgl. Kielmansegg, Fritsch-Prozeß, S. 70.

24 Fünfzehn werden in der Hauptverhandlung gehört (Urteil, S. 24); Aufz. Fritschs, Febr./Sept. 1938; Entwurf für einen Brief an die kommandierenden Generäle, ohne Datum (beides AT).

25 Goltz, Aufz., S. 8; Deutsch, Komplott, S. 283; er beruft sich wegen des Kasernen-Zwischenfalls auf Wolf Graf von Baudissin, S. 432, Anm. 180. Kielmansegg, Fritsch-Prozeß, S. 70, gibt irrtümlich an, alle Burschen seien von ihren Truppenteilen abgeholt worden. Seine unbelegte Vermutung, einige hätten die Aussage verweigert, wird sonst nirgends erwähnt; vgl. Foertsch, Schuld, S. 120; Gisevius, Bis zum bitteren Ende, S. 367.

26 Hitler hatte als Gerichtsherr Akteneinsicht. Die Information für die Generalität lief in diesem Fall über die Schiene Protokollführer Dr. Sack – Abwehrchef Canaris – Oberst Hoßbach – General Beck, vgl. Bösch, Sack, S. 31.

27 Protokollvermerk Fritschs, AT.

28 Bösch, a. a. O., meint, Kielmanseggs richtige Darstellung (Fritsch-Prozeß, S. 75 f.), daß Fritsch zu seiner Äußerung durch die Vernehmung seiner Bur-

schen veranlaßt wurde, sei falsch, weil sie mit einem Aktenvermerk der drei Reichskriegsgerichtsräte Biron, Sack und Kanter (gedruckt bei Bösch, S. 92 f.) widerlegt sei. Demnach wurden am 2. März 1938 «neue von der Gestapo dem Untersuchungsführer ‹gestellte› Zeugen vernommen». Bösch hält diese Zeugen für die Burschen des Generalobersten. Selbst wenn er recht hätte – vom unumstößlichen Inhalt der Fritschschen Protokollnotiz einmal abgesehen –, Tatsache ist, daß die Gestapo «eine größere Anzahl von Soldaten und ehemaligen Soldaten» (Urteil, S. 24) vernommen hat, die als Burschen zu Fritsch kommandiert worden waren und von denen dann fünfzehn zur Hauptverhandlung geladen wurden.

29 Kielmansegg, Fritsch-Prozeß, S. 71 ff.; Foertsch, Schuld, S. 122 f.; Deutsch, Komplott, S. 264 ff.

30 Einige Erläuterungen sind an dieser Stelle zur Klärung der Ereignisse notwendig. Fritsch schreibt in seinen Aufz. Febr.-Sept. 1938 (AT): «Auch ich wurde sowohl einmal beim Reichskriegsgericht, wie einmal bei der Gestapo vernommen.» Die Vernehmung fand am 27. Januar 1938 in der Prinz-Albrecht-Straße im Gestapo-Hauptquartier statt, ein Protokoll liegt vor (s. Teil II, Kap. 4). Bezeichnenderweise geben Kielmansegg und Deutsch, von denen die ausführlichsten Darstellungen des angeblichen Wannsee-Verhörs stammen, kein genaues Datum an. Kielmansegg tippt auf die zweite Februarhälfte; Bösch (ders., Sack, S. 30 f.) siedelt das Verhör zwischen dem 13. und dem 23. Februar an; Deutsch (ders., Komplott, S. 26) mutmaßt, es sei der 20. Februar gewesen; ebenso Höhne, Canaris, S. 265. Doch niemand weiß einen vernünftigen Grund zu nennen, warum Fritsch nach vier Wochen noch einmal von der Gestapo vernommen werden mußte.

Die leerstehende Villa am Großen Wannsee 42 soll als neutraler Ort ausgesucht worden sein, weil Hitler dem Generalobersten nicht zumuten wollte, ins Gestapo-Hauptquartier zu gehen (Wiedemann, IfZ, ZS 85/42), was unsinnig ist, da Hitler selber Fritsch am 26. Januar befohlen hatte, sich bei der Gestapo einzufinden. – Gisevius hat als erster über das Wannsee-Verhör berichtet, jedoch auffallend kurz, vgl. ders., Bis zum bitteren Ende, S. 368 f. Bei ihm ist die Villa Sitz einer SD-Dienststelle. Nichts von Mordabsichten, nichts von der Falle, auch keine «übende» Truppe, lediglich ein Hinweis auf ein Heer von Kriminalbeamten und anderen «Aufpassern, die Canaris(!) abgesandt hat».

Die spannend zu lesende Erzählung bei Kielmansegg stützt sich auf Briefe des ehemaligen Reichskriegsgerichtsrats Ernst Kanter vom 8. 11. 1947 und 17. 1. 1949 (nach Deutsch, Komplott, S. 429, Anm. 111 und 112). Deutsch hat den Inhalt noch angereichert durch ein Interview mit Kanter am 9. 5. 1970. – Wer war jedoch Kanter? Der Richter, Jahrgang 1895, war seit 1933 Mitglied der NSDAP, Heeresrichter seit 1936; im Februar 1938 wurde er als Hilfsrichter ans Reichskriegsgericht berufen, um Biron und Sack bei den Ermittlungen im Fall Fritsch zu unterstützen. 1943 wird er Generalrichter bei der deutschen Militärverwaltung in Dänemark. Nach dem Krieg ist er als Ministerialdirektor im Bundesjustizministerium tätig und wird 1958 Senatspräsident am Bundesgerichtshof, muß sich aber schon 1959, nachdem es wegen seiner Mitverantwortung für Todesurteile gegen dänische Widerstandskämpfer öffentliche Proteste gegeben hatte, in den Ruhestand versetzen lassen. Vgl. Ingo Müller, Furchtbare Juristen, München 1987, S. 214; W. Koppel, Justiz im Zwielicht, Karlsruhe o. J., S. 87; Walter Oehme, Ehrlos für immer, (Ost-)Berlin 1962, S. 254 ff.; Hubert Schorn, Der Richter im Dritten Reich, Frankfurt a. M. 1959, S. 316 ff., behauptet, Kanter sei an der Sammlung von Belastungsmaterial gegen den Fritsch-Erpresser Otto Schmidt «maßgeblich beteiligt» gewesen – ein unverdientes Lob, denn die Crux der Verteidigung war es ja, daß es daran bis zuletzt mangelte.

Jene Truppeneinheit, die angeblich von Abwehr-Oberst Oster zu einer Schein-Übung nach Wannsee geschickt wurde – wie mag er das angestellt haben, ohne den komplizierten militärischen Dienstweg einzuhalten? –, ist bei Görlitz (Generalstab, S. 458) eine Infanteriekompanie, bei Deutsch, Komplott, S. 266, eine Panzerkompanie... Siewert, im Interview mit Storjohann, 1977 (AT), spricht lediglich von Einsatzkommandos an den Zufahrtstraßen zur Villa, was wiederum nicht zur Übung paßt. Wiedemann behauptet, «jedesmal»(!), wenn Fritsch zur Vernehmung nach Wannsee gelenkt wurde, sei ihm ein Auto mit einer kleinen Abteilung gefolgt, damit der Generaloberst «nicht umgelegt wird». Für Gert Buchheit (ders., Ludwig Beck, München 1964, S. 113) besteht «kein Zweifel», daß damals die Beseitigung Fritschs geplant und vorbereitet worden sei.

Im Berliner Adreßbuch von 1942 sind die Eigentümer der Häuser 42 und 43 als «ungenannt» aufgeführt; das könnte auf eine Benutzung durch die Gestapo oder den SD deuten. Das kahle Haus wird unterschiedlich beschrieben: bei Kielmansegg liegt es in einem ummauerten Park, bei Wiedemann, der sich auf Erzählungen Dohnanyis beruft, war es mit Stacheldraht umzäunt – «typische GPU-Atmosphäre».

Angeblich hatte Major Siewert, ehe Fritsch zur Vernehmung aufbrach, dem ihn begleitenden Militärrichter Kanter eine Pistole zugesteckt; nach dem Krieg konnte er sich aber an einen solchen Vorgang nicht erinnern (Interview, a. a. O.). Bei Kielmansegg übernimmt Hauptmann von Both, Fritschs Adjutant, diese Vorsorge.

Die zehn Gestalten, die in der Diele aufgetaucht sein sollen, als Fritsch und Kanter erschienen, werden natürlich als Meisingers Killerkommando vom Massaker des 30. Juni 1934 ausgegeben. Sie paßten zur geschilderten Umgebung, nur – sie sind durch nichts belegt.

Wenn man schon spekulieren muß: Vielleicht diente die Villa dazu, die große Zahl ehemaliger Untergebener des Generaloberten zu verhören. Da Soldaten der Militärgerichtsbarkeit unterstanden, wäre es doch für das Heer ein Affront gewesen, sie in die Prinz-Albrecht-Straße zu holen. Wie dem auch sei: Ein einziges Mal taucht die Villa in Fritschs nachgelassenen Papieren auf: Im ersten Entwurf zu seiner Duellforderung an Himmler (AT) – das maschinenschriftliche Dokument ist nicht von Fritsch verfaßt – steht unter «13.) Vorschlag: Unwürdige Vernehmung durch Gestapo im Grundstück am großen Wannsee 42». Fritsch hat diesen Passus eigenhändig durchgestrichen. Entweder teilte er nicht die Bewertung, oder es betraf ihn nur mittelbar; jedenfalls hat er weniger gravierende, zum Teil nicht einmal existente Vorkommnisse in der Liste stehenlassen.

31 Deutsch, Komplott, S. 265 ff.; Kielmansegg, Fritsch-Prozeß, S. 70 ff. Es fällt auf, daß der Oster-Biograph Graf Thun diese Ansicht, die doch nach der Kanterschen Version auf Oberst Oster zurückgehen soll, mit keinem Wort erwähnt, überhaupt den Wannsee-Komplex ignoriert.

32 Zum Thema Leibwache: Kielmansegg, Fritsch-Prozeß, S. 70 f.; Küsel, Der Fall Fritsch, a. a. O.

33 Zu Martin Fälschlein (mündl. Mitteilung an Tobias, 2. 7. 1977), dem Adjutanten von Best, sagte Fehling nach der Affäre: «Ja, wenn man mir nur vier Wochen Zeit gegeben hätte, dann hätte ich den Fritsch erwischt!»

34 Urteil, S. 14; Goltz, Darst., S. 5.

35 Aufz. Fritschs, Febr.-Sept. 1938; Goltz, S. 7 f., 11.

36 Goltz (a. a. O., S. 10 f.) hat Wedel fälschlich «Karl» genannt. Wedel war 1937 SS-Oberführer, wurde aber wenig später Brigadeführer (lt. SS-Rangliste).

37 Aufz. Fritschs, a. a. O., S. 5 – In seinem undatierten Entwurf für einen Brief an die Generalität (AT) präzisiert Fritsch den Tag des Wunders als den 1. März 1938 – Zum folgenden: Goltz, Darst., S. 9; ders., Die Entlassung, in: Deutsche Rundschau, 3/1947; Bösch, Sack, S. 33 ff., 92 f. (Aktenvermerk der Kriegsgerichtsräte Biron, Kanter, Sack vom 21. 3. 1938); Kielmansegg, Fritsch-Prozeß, S. 80 ff.; Ulex, Erinnerungen, S. 2 (nach Erzählungen Fritschs), BA/MA. Gisevius (ders., Bis zum bitteren Ende, S. 373 f.) schildert die Entdeckung des Doppelgängers romanhaft und mit vielen Fehlern: die Namensverwechslung wurde nicht schon nach acht Tagen, sondern erst nach fünf Wochen entdeckt; der Tip kam nicht vom Zeugen Schmidt; die Gestapo wurde nicht nachträglich, sondern im voraus von dem Termin verständigt; der Termin war abends, nicht morgens; der Rittmeister von Frisch wird nicht zwei Tage später, sondern sofort vernommen.

38 Dazu Aktenvermerk vom 21. 3. 1938 (bei Bösch, a. a. O.); vgl. Deutsch, Komplott, S. 273 ff. Seine Spekulationen über eine angebliche Verwirrung Fehlings beruhen auf der falschen Prämisse einer Gestapo-Intrige.

39 Gisevius, Bis zum bitteren Ende, S. 374.

40 Urteil, S. 16.

41 Bösch, Sack, S. 34 f.; Goltz, Darst., S. 9; Urteil, S. 19, zur Erpressungssumme S. 5 f.; Kielmansegg, Fritsch-Prozeß, S. 81, nennt eine falsche Summe (1500).

42 Goltz, Darst.

43 Wie Anm. 39.

44 IMT, Bd. XII, S. 222 f., Aussage Gisevius', 25. 4. 1946.

45 Kielmansegg, Fritsch-Prozeß, S. 106; Distanzierung von Gisevius, Bis zum bitteren Ende, S. 13; vgl. Deutsch, Komplott, S. 431, Anm. 149.

46 Goltz, Aufz., S. 16 f.

47 Bross, Gespräche mit Göring, S. 169 ff. (die erste Gegenüberstellung Fritsch–Schmidt ist falsch datiert: nicht 24., sondern 26. 1. 1938).

48 Beschwerdebrief Fritschs an Hitler, 7. 4. 1938, abgedr. bei Foertsch, Schuld, S. 127 f.

49 Entwurf für Brief an Generäle (AT).

50 Wie Anm. 48.

51 Deutsch (ders., Komplott, S. 274 ff.) über Fehling: «schwerfällig», «geistig weggetreten», «Verwirrung», «gelähmt», «unfähig», «verlegen».

52 Deutsch, ebd., S. 300, auch 435, Anm. 47 (danach muß man annehmen, die Version stamme von Gisevius, der es aber wieder nur von dem Prozeßbeobachter Nebe wissen konnte). Nach Hegner (ders., Reichskanzlei, S. 243, ohne Beleg) hat Senatspräsident Sellmer Fehling befragt. Doch Fehling (s. Aktenvermerk 21. 3. 1938 unter Anm. 37) selber erklärte hernach, ein anderer Beamter habe ermittelt.

53 Urteil, S. 4; Heydrichs Adjutant H. H. N. (im Gespräch mit Tobias 11. 1. 1977) erinnerte sich, wie der SD-Chef damals zu ihm kam: «Jetzt gehen wir zu Ihrem Panzerschrank!»

54 Goltz, Darst., S. 16 (Zusatz aus dem Jahre 1946); dazu paßt Fehlings Aussage (Aktenvermerk 21. 3. 1939, unter Anm. 37), daß er selber am 2. 3. 1938 wegen Arbeitsüberlastung versäumt habe, die Vernehmung des Rittmeisters von Frisch nach «oben» zu melden.

55 Aufz. Fritschs, Febr.-Sept. 1938 (AT).

56 Urteil, S. 15 f., und ergänzend Protokoll von der Vernehmung Fritschs (s. Teil II, Kap. 3). Im Urteil, S. 3, wird kein Datum genannt. Es heißt nur «bei Beginn des Jahres», aber unzweideutig «im Zusammenhang mit Ereignissen von großer Tragweite und im Anschluß an Personalveränderungen an hoher Stelle der Wehrmacht». Hitler hat aber die Wiederaufnahme der Untersuchung erst verfügt, nachdem er am 24. 1. 1938 abends von dem Fall Blomberg erfahren hatte. Groehler (Revirement, S. 126, ohne Beleg) nennt als Anfangstermin den 27. 1. 1938, was insofern plausibel ist, als an diesem Tag Fritsch im Gestapo-Hauptquartier vernommen wird.

57 Zum Beispiel: Bösch, Sack, S. 43 f. (Rekonstruktion des Fritsch-Dossiers «spätestens zwischen dem 15. und 20. Januar 1938»); Leitner, So haben wir . . ., S. 21 («mindestens» seit dem 16. Januar); Deutsch, Komplott, S. 368: «15. bis 22. Januar», und Deutsch, ebd., S. 431, Anm. 149 (zwei Gestapobeamte waren bei Frisch am 15. oder 16. Januar; er beruft sich dabei auf einen Brief v. d. Goltz' an Kielmansegg vom 30. 9. 1947!). – Im Leserbrief an die «Deutsche Rundschau« (Die Entlassung) im März desselben Jahres jedoch datiert Goltz den Untersuchungsbeginn auf den 20. 1. 1938; Kielmansegg, Fritsch-Prozeß, S. 107 f.: «wahrscheinlich am 14. 1., spätestens aber am 15. 1.», zugleich hält er aber «einen geringen zeitlichen Irrtum der Haushälterin für möglich»!

58 Interview mit Wiedemann (IfZ, ZS 185/42).

59 Wiedemann, ebd.

60 Hugo Hoffmann (Aussage im Stage-Verfahren, a. a. O.); Franz Josef Huber (Interview mit Deutsch, IfZ) und Eberhard Schiele (laut Der Spiegel, 22. 12. 49, Nebe-Serie).

61 Im Interview mit Deutsch, a. a. O., zeigt er oft Unsicherheit, oder er windet sich. Seine Aussagen über das Bankbuch, gemeint ist wohl ein Kontoauszug, werden allein schon durch das Urteil im Fritsch-Prozeß widerlegt. Dort heißt es (S. 18), daß die Bank am 3. 3. 1938 dem Reichskriegsgericht schriftlich die Barabhebungen vom Konto des Herrn von Frisch mitgeteilt hat. Also können die Unterlagen nicht beschlagnahmt worden sein.

62 Die Vorschriften für die Sicherheit und Geheimhaltung bei der Gestapo waren besonders streng; Gespräche Tobias' mit den Gestapobeamten Erich Sanders (3. 9. 1974; 10. 9. 1974), Willy Wauer (9. 3. 1977) und H. H. N. (11. 1. 1977).

63 Zum folgenden: Lob für Biron (Goltz, Darst., S. 9), der aber von Bösch (Sack, S. 28) und von Deutsch (Komplott, S. 245 ff.) abgewertet wird. – Zu den Militärrichtern Sack und Kanter: Bösch, a. a. O., S. 32 f. (Kanter will während der Vernehmung des Doppelgängers von Frisch durch Biron und Sack draußen im Auto vor dem Haus gewartet haben!); ferner Deutsch, Komplott, S. 246 ff., und Gisevius, IMT, Bd. XII, S. 222 f.

64 Gisevius, Wo ist Nebe?, S. 284 f.

65 Bösch, Sack, S. 36.

66 Zum folgenden: Deutsch, Komplott, S. 280 f.; Bösch, Sack, S. 36 f.; Goltz, Aufz., S. 10; Rosenberger, Entlassung, S. 93 f.; Kielmansegg, Fritsch-Prozeß, S. 82 ff.

67 Aussage Sanders' im Gespräch mit Tobias, 25. 11. 1978. Auch Foertsch, Schuld, S. 122, stellt klar, daß Frisch unversehrt blieb. Über Mißhandlungen berichten, alle nach der dubiosen Quelle Kanter, Deutsch, Kielmansegg und Bösch. Bei Gisevius, Bis zum bitteren Ende, S. 374 f., ist Frisch todkrank, als ihn die Gestapo verhört – «Dann stirbt er». In der Wirklichkeit hat von Frisch im Novem-

ber 1938 sogar noch geheiratet; gestorben ist er am 30. 6. 1949 (Mitteilung von Thomas von Fritsch).

68 Da Frisch nicht verhaftet wurde, muß man annehmen, daß er von sich aus ein Krankenhaus aufgesucht hat, wo ihn dann die Gestapo vernommen oder zur Vernehmung abgeholt hat.

69 Bösch, Sack, S. 35; Weichs, Erinnerungen, Bd. II, (BA/MA).

70 Interrogation Görings durch den US-Geheimdienst OSS am 20. 10. 1945 (AT).

71 Urteil, Teil H, II (AT); Goltz, Darst., S. 10.

72 Goltz, a. a. O., S. 9.

11. Kapitel
Der Prozeß vor dem Reichskriegsgericht
Freispruch für Fritsch

1 Allgemein die Urteilsschrift (AT); vgl. Kielmansegg, Fritsch-Prozeß, S. 87 ff.; Deutsch, Komplott, S. 288 ff., Goltz, Aufz., S. 11 ff.; Brief Fritschs an Baronin Schutzbar, 23. 3. 1938 (BA).

2 Laut Goltz (Die Entlassung) hat Göring faktisch ausschließlich die Verhandlung geführt und nicht der Senatspräsident Sellmer. Deutsch (ders., Komplott, S. 290) variiert, Göring habe Sellmer die Verhandlungsführung entrissen, obwohl dieser der Ranghöhere gewesen sei. Der Feldmarschall stand aber erheblich höher als ein Senatspräsident am Reichskriegsgericht.

3 Goltz, Darst., S. 11, 3.

4 Aussage Raeders, IMT, Bd. XIV, S. 192 ff.; vgl. ders., Mein Leben, S. 121 ff.

5 Nach Rundstedt, IfZ, ZS 129.

6 Die Einsetzung eines militärischen Sondergerichts stützte sich auf § 11 Abs. 3 Militärstrafgesetzordnung: «Für Offiziere vom Dienstgrad eines Generalleutnants an bestimmt der Führer und Reichskanzler im Einzelfall Gerichtsherrn und Gericht.» Formalrechtlich durfte jedoch ad hoc ein beliebiges Sondergericht bestimmt werden (so Ulrich Stock, Der Fritsch-Prozeß 1938, in: Festschrift für Heinrich Lehmann zum 80. Geburtstag, Berlin 1956, S. 925 ff., hier S. 931 f.). Bösch (ders., Sack, S. 27 f.) hält dagegen, daß praktisch eine andere Gerichtsbildung gar nicht möglich gewesen sei.

7 Urteil, S. 2 und 29; Lehmann-Zitat aus Bross, Gespräche mit Göring, S. 171 f.

8 Urteil, S. 7, und Goltz, Darst., S. 11.

9 Zum folgenden: Goltz, S. 20, Aufz. Fritschs, Febr.-Sept. 1938; Goltz, S. 13.

10 Zitat in «Bemerkungen» Dr. Bests vom 29. 9. 1974 zu den ‹Fällen› Blomberg und Fritsch (AT); Vernehmung Görings vor General Donovan, 6. 11. 1945, a. a. O.

11 Aufz. Fritschs, Februar-Sept. 1938, (AT).

12 Urteil, S. 1.

13 Dazu: Goltz, Aufz., S. 11; Kielmansegg, Fritsch-Prozeß, S. 39 f.; Küsel, Der Fall Fritsch, a. a. O.

14 Aussage Gisevius', IMT, Bd. XII, S. 224; Zitat aus Bross, Gespräche mit Göring, S. 173 f.

15 Vgl. Ursachen und Voraussetzungen, S. 635 ff.

16 Goltz, Darst., S. 13.

17 Zum folgenden: Urteil, S. 22 f. und 24; Goltz, Darst., S. 12 f. (mit falscher Anzahl der Burschen).

18 Urteil, S. 30 – Dieser Satz geht nicht konform mit der Aussage von Deutsch (ders., Komplott, S. 298), daß die Jungen und ihre Mütter nicht an der Hauptverhandlung teilgenommen hätten.

19 Goltz, Aufz., S. 11 – Es handelt sich um den späteren Generalleutnant Hans Graf von Sponeck, der in der Winterschlacht 1941/42 befehlswidrig das ihm unterstellte XXXXII. Armeekorps auf der Krim zurückzog, um es vor der Vernichtung zu bewahren, und deshalb vor das Reichskriegsgericht kam. Die Todesstrafe wurde in Festungshaft umgewandelt; dennoch wurde er nach dem 20. Juli 1944 erschossen. Vgl. Eberhard Einbeck, Das Exempel: Graf Sponeck, Bremen 1970.

20 Urteil, S. 24f., 29. Die Wirtschafterin wurde schon am 29. Januar 1938 von der Gestapo eigens aus ihrer Heimat zum Verhör nach Berlin überführt (vgl. Entwurf der späteren Duellforderung Fritschs an Himmler, AT).

21 Kielmansegg, Fritsch-Prozeß, S. 92; Goltz, Aufz., S. 12.

22 Deutsch, Komplott, S. 299 («von Gestapoknüppeln geschlagene[r] Offizier»).

23 Zum Auftritt des Zeugen von Frisch: Gespräch Tobias' mit Oberregierungsrat Ludwig Krieger am 11. 5. 1969, der als Stenograph beim Prozeß dabei war. – Aufz. Fritschs, Febr.-Sept. 1938 (AT).

24 Vgl. Teil II., Kap. 1, 4 und 10.

25 Zu den Aussagen der Schmidt-Kumpane s. Urteil, S. 11f., 14f.. – vgl. Goltz, Darst., S. 12f.

26 Zu Schmidts Aussagen und den Indizien s. Urteil, S. 31ff.; Goltz, Darst., S. 7.

27 Zum Kreuzverhör durch Göring: Bross, Gespräche mit Göring, S. 169ff.; Zitat Görings: Deutsch, Komplott, S. 302f.; Goltz, Darst., S. 13; Rosenberger, Entlassung, S. 94.

28 Kielmansegg, Fritsch-Prozeß, S. 94; Deutsch, Komplott, S. 303.

29 Nach Oberregierungsrat Krieger (wie Anm. 23).

30 Aufz. Fritschs, a. a. O., sein Brief an Baronin Schutzbar, 23. 3. 1938, IfZ/BA.

31 Raeder, Mein Leben, S. 121ff.; Tenor der Darst. Goltz', IfZ ZS 49.

32 Fritsch (Aufz. 18. 1. 1939, Archiv Janßen) geht so weit, ein abgekartetes Spiel zwischen Schmidt und Göring zu unterstellen.

33 Urteil, S. 20.

34 Goltz, Darst., S. 13; Krieger (wie Anm. 23) gibt die Szene anders wieder: Als sich Schmidt während seiner Aussage, daß Fritsch doch der Erpreßte sei, dauernd zu den Gestapobeamten umdrehte, habe ihn Göring nach dem Grund gefragt. Schmidt soll geantwortet haben: «Wenn ich die Wahrheit sage, fahre ich in den Himmel», dabei habe er sich an den Hals gefaßt.

35 Goltz, a. a. O.

36 Beispiele: Kielmansegg, Fritsch-Prozeß, S. 94: Meisinger habe Schmidt erklärt, «wenn er nicht bei der Wahrheit [*also der bisherigen Aussage!*] bliebe, dann...» – Lang, Adjutant, S. 134f.: Meisinger habe mit der Himmelfahrt gedroht, wenn Schmidt seine Aussage ändere.

37 Schieder (ders., Deutsche Geschichte, S. 708) schreibt, Schmidt habe zugegeben, «daß er unter dem Druck von Bedrohungen durch die Gestapo gelogen habe».

38 Urteil, S. 27f.; bestätigt durch Bodenschatz (IfZ, ZS 10).

39 Gisevius, Bis zum bitteren Ende, S. 384.

40 So der beisitzende Richter Lehmann; vgl. Bross, Gespräche mit Göring, S. 173.

41 So Fritsch bei seiner Vernehmung am 27. Januar 1938 (Prot., s. Teil II, Kap. 4).

42 Goltz, Darst., S. 14.

43 Fritsch an Schutzbar, 23. 3. 1938, IfZ und BA/MA.
44 Urteil, S. 27, ohne daß Nebe erwähnt wird; Goltz, Darst., S. 13 f.
45 Zum folgenden: Aufz. Fritschs, Febr.-Sept. 1938; Best, Bemerkungen (wie Anm.
   10); ders., Darstellung vom 13. 9. 1952, IfZ, ZS 661/52; Bodenschatz, IfZ, ZS 10;
   Kesselring, Soldat, S. 297; Ulex (ders., Erinnerungen, S. 4), einer der treuesten
   Freunde Fritschs, gibt die Trostworte Görings wieder, meint jedoch, der Feldmarschall habe den «erfreuten ehrlichen Kameraden» nur gespielt.
46 Rosenberger, Entlassung, S. 94.
47 Aufz. Fritschs, a. a. O.
48 Die von Deutsch (Komplott, S. 332) übernommene Behauptung Ulex' (ders.,
   Erinnerungen, S. 4), daß Göring drei Monate seine Unterschrift unter das Urteil verweigert habe, wird durch das Original des Urteils und die Unterschrif-
   ten widerlegt. Die im AT vorliegende Abschrift wurde am 30. März 1938 von
   Reichskriegsgerichtsrat Dr. Sack als richtig beglaubigt. Er hat ebenfalls die
   Abschrift der Urteilsbestätigung Hitlers vom 28. 3. 1938 am selben Tage beglaubigt.
49 Zitiert nach dem Faksimile, in: Irving, Hitlers Weg.
50 Fritsch an Schutzbar, 4. 4. 1938, BA/MA.
51 Below, Adjutant, S. 96.
52 Aufz. Fritschs vom 18. 1. 1939, (Archiv Janßen).
53 Dankschreiben Hitlers am 4. 2. 1938, in: Bremer Nachrichten, 5. 2. 1938; Absolon, Wehrmacht, Bd. III, S. 198.
54 Fritsch selber hat die Reichstagsversion akzeptiert, Aufz. Febr.-Sept. 1938, AT.
55 Below, Adjutant, S. 389, 393.

12. Kapitel
Militärputsch gegen die Gestapo? Die Demarche

1 Reichskriegsgerichtsrat Sack hat Äußerungen Hitlers kurz vor dem Prozeß so
  verstanden, daß Fritsch nach einem Freispruch Nachfolger Blombergs werden
  könne (Bösch, Sack, S. 42), was unwahrscheinlich ist, da Hitler inzwischen das
  Kriegsministerium abgeschafft und sich selbst zum Oberbefehlshaber der
  Wehrmacht erhoben hatte.
2 Briefe Fritschs an Baronin Schutzbar vom 4. 4. 1938 und 18. 2. 1938 (BA/MA).
3 Brief Fritschs an Baronin Schutzbar, 23. 3. 1938, a. a. O.
4 Nicholas Reynolds, Beck – Gehorsam und Widerstand, Wiesbaden 1977, S. 131.
5 Zit. nach Foertsch, Schuld, S. 126 ff.
6 Aufz. Fritschs Febr.-Sept. 1938 (AT).
7 Reynolds, Beck, S. 131; Dieter Ehlers, Technik und Moral, Bonn 1964, S. 128
  («Donquichotterie»).
8 S. das sozialhistorische Standardwerk von Ute Frevert, Ehrenmänner. Das Duell in der bürgerlichen Gesellschaft, München 1991, S. 256 ff.; Höhne, Totenkopf, Bd. II, S. 148.
9 Vgl. Müller, Die nationalkonservative Opposition, S. 224.
10 1. Entwurf zur Duellforderung, maschinenschriftlich, mit handschriftlichen
   Korrekturen Fritschs und zwei Bemerkungen, die nicht von Fritsch stammen.
   2. Entwurf mit geringfügigen Korrekturen (AT); dazu: Bösch, Beck, S. 47;
   Hoßbach, Wehrmacht, S. 122 f.; Deutsch, Komplott, S. 315; Kielmansegg,
   Fritsch-Prozeß, S. 111.

11 Otto John (ders., Die Verschwörung, in: 20. Juli 1944, hrsg. von Hans Royce, Bonn o. J., S. 15) behauptet sogar, die beiden hätten die Forderung «entworfen»; vgl. Deutsch, Komplott, S. 314 ff..

12 Fritschs Aufz. Febr.-Sept. 1938 (AT); zu Becks Zurückhaltung vgl. Goltz, Darst., S. 8. Zum Kartellträger: Rundstedt: Erklärung zur Blomberg-Fritsch-Affäre, IfZ, ZS 129; Reynolds, Beck, S. 130. Rundstedt bekam (vgl. Deutsch, Komplott, S. 315, Anm. 14) die Forderung um den 23. 3., gab sie aber schon am 30. 3. 1938 zurück, so daß sich Rundstedt irrt, er habe sie lange herumgetragen.

13 «Stellungnahme zu dem Fall des Generalobersten Freiherr von Fritsch», Durchschlag ohne Paraphe und Datum aus dem Nachlaß Beck, abgedruckt bei Müller, Heer und Hitler, S. 639 f., Dokument Nr. 34, hier zitiert unter «Demarche».

14 So Fritsch in seinen Aufzeichnungen Febr.-Sept. 1938 (Eintrag am 12. 4. 1938).

15 Zur Zusammenarbeit Rote Armee–Reichswehr s. Manfred Zeidler, Reichswehr und Rote Armee 1920–1933, München 1993.

16 Rundstedt, a. a. O.

17 Aufz. Huppenkothens, a. a. O.

18 Hagen, Geheime Front, S. 18 ff.; Gisevius, Bis zum bitteren Ende, Zürcher Ausgabe 1946, S. 561, 577.

19 Wie Kap. 10, Anm. 49 – Zum neuen Canaris-Bild s. Heinz Höhne, Canaris – Patriot im Zwielicht, München 1984; zur «Tarnung»: Hans-Adolf Jacobsen (Hrsg.), Spiegelbild einer Verschwörung. Geheime Dokumente aus dem ehemaligen Reichssicherheitshauptamt, Stuttgart 1984, Bd. 1, S. 529.

20 Zuerst bei Foerster, Beck, S. 92.

21 Gisevius, Bis zum bitteren Ende, Hamburg 1947, Bd. I, S. 362 f., 385.

22 Kaltenbrunner-Bericht vom 15. 12. 1944 (Spiegelbild, a. a. O.).

23 Aufz. Huppenkothens, a. a. O.

24 Goltz, Darst., S. 8 f.; vgl. Krausnick, Vorgeschichte, S. 308 f.

25 Below, wie Kap. 11, Anm. 55; zum «Haß»: Spiegelbild, S. 430.

26 Kiesel, SS-Bericht über den 20. Juli, S. 7.

27 Schellenberg, Memoiren, S. 32–34, 39 f.; Goltz, Darst., S. 18.

28 Dazu: Kielmansegg, S. 113; Pauls, Die Armee war eine Zuflucht; Graf Thun, Verschwörer, S. 80 (am Beispiel der jungen Leutnants Achim Oster und Yorck von Wartenburg). Vormann (ders., Feldzug, S. 162) zitiert einen hohen SS-Führer: «Die ganze Armee wäre Waffen-SS geworden.»

29 Franz Halder, Antworten zum Fragebogen des IfZ, 23. 11. 1950, ZS 240; Goltz, Darst., S. 17 f.; Below, Adjutant, S. 77.

30 Zum folgenden: s. 2. Kap.; Leserbrief des Obersten a. D. Grosskreutz an die Kieler Nachrichten, 1. 12. 1967 (Durchschlag im BA/MA); ders., Antwort auf IfZ-Fragebogen, 28. 12. 1950; Interview Storjohanns mit Generalleutnant a. D. Siewert, 1977 (AT).

31 Manstein, Soldatenleben, S. 312.

32 Halder, IfZ, ZS 240; das Zitat soll ursprünglich vom Generalstabschef Graf Schlieffen stammen, aus dessen Schule Beck kam (Max Pribilla S. J., Die Fritsch-Krise 1938 als deutsche Schicksalswende, in: Stimmen der Zeit, 9/1952, S. 211).

33 Vgl. Teil III und Teil IV, Kap. 1.

34 IfZ, ZS 129 I (Rundstedts Antworten auf IfZ-Fragebogen); Vormann, Feldzug, a. a. O. («Als Narren und Verräter wären wir abgetan worden»).

35 Manfred Messerschmidt, Zitat nach: Offiziere im Bild von Dokumenten aus drei Jahrhunderten, S. 101 f.

36 Rudolf Pechel, Deutscher Widerstand, Erlenbach 1947, S. 140; Salewski, Die bewaffnete Macht, S. 203.
37 IMT, Bd. XV, 3. 6. 1946, S. 330.
38 IMT, Bd. XII, 25. 4. 1946, S. 216 ff.
39 Roehricht, Pflicht, S. 114.
40 Ritter, Goerdeler, S. 151.
41 Ulex, Erinnerungen, S. 6 ff.; Tagebuch des SA-Stabschefs Viktor Lutze, S. 117–120 (AT); ungez. Brieffragment, verfaßt von Lutzes ehem. Adjutanten Erich Reimann (AT); vgl. Höhne, Totenkopf, Bd. II, S. 432 ff. Höhne schließt aus den Aussagen Ulex', Lutze sei einverstanden gewesen, notfalls auch mit Heer und SA gegen Hitler selber zu putschen. Lutzes Tagebuch liefert dafür keinerlei Anhaltspunkte, wohl aber dafür, daß es ihm allein um den Sturz Himmlers geht.
42 Undatierter Entwurf, vermutlich aus dem Monat Mai 1938 (AT).

Dritter Teil
Der Fall Brauchitsch

Vorspann
Das Gerücht

1 Diensttagebuch des Adjutanten General Keitels, Hauptmann Wolf Eberhard (AT); Brief Brauchitschs an Charlotte von Brauchitsch, 29. 11. 1941: «Verflucht sei der Tag...» (AT).
2 Zur Persönlichkeit Brauchitschs: Befragungsprotokoll zur Unterredung mit Frau Charlotte von Brauchitsch, 3./4. 4. 1952 in Hohenrode (Salzgitter) im Auftrage des Deutschen Instituts für Zeitgeschichte, AT – Unterredung mit Generalleutnant a. D. Curt Siewert, 13. 1. 1951 (v. Brauchitsch: oder – Feldmarschall wider Willen, IfZ, ZS-148); – Schwerin-Krosigk, Es geschah in Deutschland, S. 283 ff.; Generalleutnant a. D. Curt Siewert: «Generalfeldmarschall Walther v. Brauchitsch, Oberbefehlshaber des deutschen Heeres», in: Deutscher Soldatenkalender 1973, München, S. 77 ff.; Moll, Die deutschen Generalfeldmarschälle, S. 23 ff.; Manstein, Verlorene Siege, 1955, S. 71 ff.; Roehricht, Pflicht, S. 165; Brief Werner Bests an Fritz Tobias, 11. 6. 1975.

1. Kapitel
«Zu allem bereit»? Die Berufung des Generals von Brauchitsch

1 Vermerk David Irvings über ein Interview mit Konteradmiral a. D. Karl-Jesco von Puttkamer am 27. 5. 1968 (AT).
2 Blomberg, Aufzeichnungen, Bd. 1, S. 313 f., 555 f., BA/MA.
3 Görlitz, Keitel, S. 108; Diensttagebuch Eberhards, 29. 1. 1938: «10.40 General v. Reichenau im Hause.»; Moll, Generalfeldmarschälle, S. 23.
4 Manstein, Verlorene Siege, S. 71; im übrigen wie Vorspann, Anm. 2.
5 Augenzeugenbericht Curt von Siewerts (Gespräch 13. 1. 1951, IfZ, ZS-148); Aufz. Brauchitschs, Sommer 1945, undatiert (AT).
6 Erklärung Rundstedts, IfZ, ZS 129. Zum folgenden (Becks Unmut): Hoßbach, Wehrmacht, S. 135.
7 Jodl, Tagebuch, 28. 1. 1938, IMT, Bd. VIII, S. 356 ff.

8 Aufz. Fritschs, 18. 1. 1939 (Archiv Janßen). Jodl, a. a. O., am 26. 1. 1938 nach dem Sturz Blombergs: «Mag der Mann auch fallen, sein Werk muß bleiben.»

9 Faber du Faur, Macht, S. 159 ff.; einen ähnlichen Vorfall erlebte Nikolaus von Vormann (ders., So begann der Zweite Weltkrieg, Leoni 1988, S. 117 ff.) im Jahre 1937, als Brauchitsch scherzhaft drohte, einem Kasinotreffen mit jungen Leutnants fernzubleiben, «wenn ich auch nur einen einzigen braunen oder schwarzen Rock sehe».

10 Ursachen und Voraussetzungen, S. 508 ff.

11 Jodl, Tagebuch, 29. 1. 1938.

12 Diensttagebuch Eberhards.

13 So hat es zum Beispiel den Generalfeldmarschall und Reichspräsidenten von Hindenburg verstimmt, als 1931 sein Reichswehrminister Kurt von Schleicher nach eigener Scheidung die gleichfalls (seinetwegen) geschiedene junge Frau seines Vetters Bogislav von Schleicher heiratete. Zu den strengen Sitten des preußischen Militärs: Marion Gräfin Dönhoff, Preußen leuchtet aus der Dunkelheit, in: Zeitmagazin, 9. 1. 1981.

14 Hitler hat es nachher der jungen Frau von Brauchitsch selber gestanden (mündl. Mitteilung Charlotte von Brauchitschs an Tobias).

15 Jodl, Tagebuch, 1. 2. 1938; schon am 29. 1. 1938 vermerkt Hauptmann Eberhard (Diensttagebuch): «Oberst Bodwin Keitel b(ei). Keitel.»

16 Kritisch zur Ernennung des jüngeren Keitel-Bruders: Bredow, Adjutant, S. 74. Der Vorgänger, General Viktor von Schwedler, galt als zu konservativ.

17 Diensttagebuch Eberhards. – Aussage Jodl, IMT, Bd. XV, S. 338 f.

18 Goebbels-Tagebücher, S. 423 (über Gespräch mit Hitler).

19 Foerster, Beck, S. 87; Below, Adjutant, S. 113; Rundstedt (a. a. O.) schlug am 31. 1. 1938 ebenfalls Beck vor, doch Hitler «lehnte ab und bot Reichenau an». Generalleutnant a. D. Engel, Hitlers Heeresadjutant, bestreitet das Angebot Hitlers an Beck (Interview mit Deutsch, 17. 5. 1970, IfZ); Diensttagebuch Eberhards, 1. 1. 1938 («10.20 Keitel b. Beck bis 12.40»); Jodl, Tagebuch, 28. 1. 1938 (betr. Abt. L); Manstein, Soldatenleben, S. 318 (laut Beck verlor Keitel in jenen Tagen bei ihm einen Zettel, auf dem Becks Name mit Fragezeichen versehen war und dem Zusatz: «Später Gruppenkommando, Nachfolger Halder?»); Salewski, Die bewaffnete Macht, S. 206.

20 Diensttagebuch Eberhards, 2. 2. 1938: «8.00 Jodl b. Keitel (Brauchitsch in Berlin) 9.00 Keitel b. Br(auchitsch), (Konti)», gemeint ist das Hotel Continental; Jodl, Tagebuch, 3. 2. 1938.

21 Undatierte Aufz. Brauchitschs (AT); Aufzeichnungen des Generals a. D. Liebmann (IfZ, ED-1); Befragungsprotokoll Charlotte von Brauchitsch.

22 Jodl, Tagebuch, 2. 2. 1938; Liebmann, a. a. O.; Hoßbach, Wehrmacht, S. 124, Anm. 1; Görlitz, Keitel, S. 173.

23 Jodl, Tagebuch, 1. 2. und 3. 2. 1938.

24 Deutsch, Komplott, S. 194 f., wirft ihm vor, daß er den «Kampf» mit Hitler allein durchführte «und alle seine Kameraden verkauft» habe.

25 Görlitz, Keitel, S. 176.

26 Picht, Schuld oder Verhängnis? Äußerst abschätzig urteilt Hartmann, Halder, S. 88 ff.

27 Ritter, Goerdeler, S. 251 f.

2. Kapitel
Hitlers Geldgeschenk in der Scheidungssache Brauchitsch
Gerücht oder Tatsache?

1 Hamburger Ausgabe von 1947, Bd. 1, S. 404.

2 In der Reihenfolge der Zitate: Ritter, Goerdeler, S. 150; Krausnick, Vorgeschichte, S. 299; Gerd Buchheit, Hitler der Feldherr, Rastatt 1958, S. 16; ders., Soldatentum und Rebellion, Rastatt 1961, S. 111; Besymenski, Generale ohne Maske, S. 111ff.; Joachim C. Fest, Hitler, Berlin 1973, S. 1119; Thorwald, Fälle, S. 245; Spitzy, So haben wir..., S. 388.

3 Ullstein-Taschenbuch, Berlin; Hitler, Biographie, München/Zürich S. 213; S. 301.

4 Görlitz, Keitel, S. 11, Fn. 202; Moll, Generalfeldmarschälle, S. 24; Franz Halder an Uhlig, 26. 5. 1952, IfZ, ZS-240.

5 Schüddekopf, Die Wehrmacht im Dritten Reich, S. 37; Gerhard Binder, Epoche der Entscheidungen, Stuttgart 1960, S. 530ff.; Schieder, Deutsche Geschichte, S. 709; Messerschmidt, Wehrmacht, S. 212; Shulman, Niederlage, S. 38; Heinz Guderian, Erinnerungen eines Soldaten, Heidelberg 1951, S. 422.

6 Fritz Wiedemann, Adjutant meines Meldegängers, in: Hamburger Allgemeine, März 1950; Aussagen Wiedemanns, IfZ, ZS 185/42; Wiedemann, Feldherr, S. 93 (100000 Mark).

7 Curt Siewert, Schuldig? Die Generäle unter Hitler, Bad Nauheim 1968, S. 86; Otto Köhler, Stern und Schulterband statt/und/oder Handschellen, in: konkret, 3. 3. 1982.

8 Harold C. Deutsch, Verschwörung gegen den Krieg, München 1969, S. 33.

9 Deutsch, Komplott, S. 195.

10 Müller, Heer und Hitler, S. 268, Fn. 65.

11 Deutsch, Komplott, S. 420, Anm. 27.

12 Bf. Curt Siewerts an Bernd von Brauchitsch, 9. 11. 1974 (AT).

13 Foertsch, Schuld, S. 101. Zur Korrespondenz mit Foertsch: mündl. Mitteilung von Frau Charlotte von Brauchitsch an Tobias; Gerhard Engel an Ch. von Brauchitsch, 5. 2. 1953, AT; Duplikat der auszugsweisen Abschrift eines Briefes von Engel an Dr. Uhlig vom 28. 4. 1952. Demnach hatte er im Frühjahr 1952 mit Foertsch gesprochen. Die genannte Summe von 20000 Mark entspricht der Abfindungssumme, die Brauchitsch von sich aus an seine erste Frau gezahlt hat (s. Anm. 30). Engel muß davon gehört und angenommen haben, sie stammten von Hitler.

14 ebd. (Duplikat).

15 Zuständig war der Chef der Reichskanzlei, Reichsminister Hans-Heinrich Lammers. Er verfügte über einen Fonds für allgemeine Zwecke im Reichshaushalt der Reichskanzlei (Details aus Brief Lammers' an Dr. Uhlig vom 19. 7. 1953, IfZ, ZS 353).

16 Engel, Heeresadjutant, S. 42.

17 Elf Jahre vor Erscheinen seines Buches hatte Engel in einem Brief an Frau von Brauchitsch vom 9. 3. 1953 versichert, er werde «Entstellungen und Verdrehungen in der Literatur nicht zulassen» (AT).

18 Die erste Ehe Brauchitschs wurde am 8. 4. 1938 geschieden. Am 23. 9. 1938 ging er eine neue Ehe mit Charlotte geborene Rüffer ein (Unterlagen im AT).

19 Brief vom 5. 2. 1953, s. Anm. 13.

20 Deutsch, Komplott, S. 195, S. 420, Anm. 29.

21 Gespräche Tobias' mit Siewert am 20. 1. 1978 und am 13. 1. 1981 (AT).
22 Mündliche Mitteilung Charlotte v. Brauchitschs und Curt Siewerts an Tobias.
23 IMT, Bd. XXVIII, S. 361.
24 Diensttagebuch Eberhards (AT).
25 Gespräch Siewerts mit Tobias, 20. 1. 1978 (AT).
26 Wie Anm. 15.
27 Görlitz, Keitel, S. 176.
28 Für das folgende: Brief Ch. v. Brauchitschs an Gerhard Engel, 20. 2. 1938, Duplikat einer Kopie, AT; Notizen Charlotte von Brauchitschs von 1947/48, AT; Befragungsprotokoll, IfZ, 3./4. 4. 1952.
29 Vgl. Jodl, Tagebuch, und Keitels Niederschrift, wie Anm. 23 und 27.
30 Vgl. die notariell beglaubigten Abschriften: 1. Auszug aus Brief Brauchitschs an seine Frau Charlotte aus englischer Gefangenschaft, 3. 9. 1945 (über die Höhe und Zusammensetzung seiner Zahlungen); 2. Bestätigung des Empfangs der Wertpapiere durch Elisabeth von Brauchitsch, 24. 4. 1938; 3. Bestätigung des Empfangs von 5000 Reichsmark in einem Brief Elisabeth von Brauchitschs an ihren geschiedenen Mann, 12. 4. 1938 (AT).
31 Scheidungsurteil im AT.
32 Lammers' Brief, a. a. O. In Nürnberg bezeugte Lammers, daß er nur nach Weisung Hitlers auszahlen durfte, IMT, Bd. XI, S. 155 f.
33 A. a. O. Lammers nimmt irrtümlich an, daß Brauchitsch die Regelung kannte.
34 Mündliche Mitteilung Charlotte von Brauchitschs an Tobias.
35 So die Bewertung durch Jodl, Tagebuch, a. a. O.
36 S. Kap. 3.
37 Brief vom 15. 8. 1947.

3. Kapitel
Eine versteckte «Dotation» für den Feldmarschall?

1 IMT, Bd. XX, S. 636. Den Meineidsvorwurf erhebt Deutsch, Komplott, S. 420, Anm. 27.
2 Undatierter, handschriftlicher Entwurf (AT).
3 Bei Milton Shulman (ders., Niederlage, S. 38) wendet sich die erste Frau von Brauchitsch selber an Hitler. Er rät ihr zur Scheidung und trifft eine finanzielle Regelung. Shulman beruft sich auf Recherchen des First Canadian Army Intelligence vom 1. Mai 1945.
4 Lammers an Uhlig, a. a. O.
5 Ebd.
6 Engel, Heeresadjutant, S. 85.
7 Peter Meroth, Vorschuß auf den Endsieg, in: stern 25/1980; Schwerin von Krosigk, Persönliche Erinnerungen, Bd. II, S. 184 f.; Wiedemann, Feldherr, S. 92 ff.; Weinberg, Zur Dotation Hitlers; zu Hoßbach s. Teil II, Kap. 2.
8 Meroth, a. a. O.; mündl. Mitteilung Frau v. Brauchitschs an Tobias.
9 Wiedemann, a. a. O.
10 Peter Hoffmann, in: MGFA (Hrsg.), Aufstand des Gewissens. Der militärische Widerstand in der zweiten Kriegshälfte 1942–1944/45, Herford 1987, S. 412.
11 Engel, a. a. O.; Einzelheiten im Entwurf Brauchitschs, s. Anm. 2; Auskunft des Bundesarchivs an Tobias, 6. 1. 1983 (II 1 b-9911).
12 Göring bekam als Reichsmarschall 20000 Reichsmark Aufwandsentschädigung, vgl. Bross, Gespräche mit Göring, S. 55; Brauchitsch blieb trotz der

Beförderung beim Stand von 1938, hob sich also trotz der höheren Funktion nicht von den anderen Feldmarschällen ab.

13 Schwerin-Krosigk an Tobias, 13. 5. 1975.

14 Auskünfte von Frau Charlotte von Brauchitsch: Besprechung mit Tobias am 13. 2. 1975; mündliche Mitteilung 20. 7. 1975 (AT).

15 Kopien im AT.

4. Kapitel
Die zweite Ehe Brauchitschs
Ein zweiter Fall Blomberg?

1 Deutsch, Komplott, S. 190 ff.

2 Ebd., S. 196 f.

3 Helmuth Groscurth, Tagebücher eines Abwehroffiziers 1938–1940, Stuttgart 1970, S. 107.

4 Deutsch, Komplott, S. 191, 197.

5 S. Kap. 3, Anm. 2.

6 Siewert im Gespräch mit Tobias, 20. 1. 1978.

7 Faber du Faur, Macht, S. 159 ff.

8 Siewert, 20. 1. 1978 (Interview mit Tobias).

9 Deutsch, Komplott, S. 191.

10 Ebd., S. 196.

11 Henry Picker, Hitlers Tischgespräche im Führerhauptquartier, 3. Aufl., Stuttgart 1976, S. 66 f.

12 Deutsch, Komplott, S. 196.

13 Brief Werner Bests an Tobias, 24. 12. 1974.

14 Deutsch, Komplott, S. 421, Anm. 33, S. 191.

15 Mündliche Mitteilungen Charlotte v. Brauchitschs an Tobias.

16 Deutsch, Komplott, S. 191.

17 Ebd., S. 419, Anm. 14.

18 Vgl. Brief Deutschs an Tobias, 10. 1. 1976, in dem er Voreingenommenheit gegen Brauchitsch einräumte.

19 Befragungsprotokoll Charlotte von Brauchitschs, IfZ.

20 Brief Deutschs an Tobias, 11. 2. 1976.

21 Brief Deutschs an Tobias, 10. 1. 1976.

5. Kapitel
Eine «200prozentige rabiate Nationalsozialistin»?

1 Franz Halder an Dr. Uhlig, 26. 5. 1952, IfZ, ZS 240.

2 Mündliche Mitteilungen Charlotte von Brauchitschs an Tobias.

3 Gisevius, Bis zum bitteren Ende, S. 21 («enragiert»); Heidemarie Gräfin Schall-Riaucour, Aufstand und Gehorsam, Wiesbaden 1972, S. 124 («fanatische Nationalsozialistin»); Reitlinger, SS, S. 107 f. («Nazianhängerin»); Wheeler-Bennett, Nemesis, S. 425 («fanatische Verehrerin Hitlers»); Deutsch, Verschwörung, S. 34 («eine glühende Anhängerin des Dritten Reiches»); Deutsch, Komplott, S. 421 («überspannte Pro-Nazi-Einstellung», angeblich schon vor der Machtergreifung).

4 Ulrich von Hassell, Vom andern Deutschland, Zürich 1946; Die Hassell-Tagebücher 1938–1944, nach der Handschrift revidierte und erweiterte Ausgabe,

hrsg. von Friedrich Freiherr Hiller von Gaertringen, Berlin 1988 (diese Ausgabe wird von uns zitiert).
5 Hassell-Tagebücher, S. 468, Anm. 8.
6 Ebd., S. 82.
7 Ebd., S. 118.
8 Mündliche Mitteilungen Charlotte von Brauchitschs an Tobias.
9 Hassell-Tagebücher, S. 286.
10 Unterlagen im AT.
11 Wie Anm. 3.
12 Deutsch, Verschwörung, S. 34; Deutsch, Komplott, S. 421, Anm. 32.
13 S. Kap. 4.
14 Akte Charlotte von Brauchitsch; Entnazifizierungbescheid im AT.
15 Auskünfte aus dem Berlin Document Center.
16 T. H. Emessen, Aus Görings Schreibtisch, Berlin 1947, S. 70 f. Noch im Dezember 1937 hatte Hassell für Göring einen alten griechischen Goldschmuck billig erworben und mit der Kurierpost aus Italien herausgeschmuggelt (ebd., S. 29 ff.).
17 Hassell-Tagebücher, S. 114.
18 Brief Brauchitschs an seine Frau, 15. 8. 1947, AT.

6. Kapitel
Brauchitsch – ein meineidiger Verschwörer?
1 IMT, Bd. XII, 26. 4. 1946, S. 223.
2 IMT, Bd. XX, S. 636 und 646.
3 Deutsch, Komplott, S. 438, Anm. 52. Zum folgenden: alles von Deutsch verwendete Bezeichnungen, a. a. O., S. 187 ff.
4 Gisevius, Bis zum bitteren Ende, S. 387. – Hjalmar Schacht hat konspirativ in jenen Tagen auch Brauchitsch aufgesucht und fand nur «taube Ohren» – allein das widerlegt schon Gisevius' Behauptung. Vgl. ders., 76 Jahre meines Lebens, S. 490. Laut Aufzeichnung des RSHA-Gruppenleiters Huppenkothen bewahrten die Abwehr-Mitarbeiter Oster und Dohnanyi Anklagematerial gegen Brauchitsch auf, um ihn wegen Verweigerung des Putsches vor Gericht stellen zu können. Vgl. David Irving, Hitler und seine Feldherren, Berlin 1975, S. 648.
5 Gisevius in Nürnberg, IMT, a. a. O. Zum folgenden ders., Bis zum bitteren Ende, a. a. O.
6 Deutsch, Komplott, S. 313.
7 Mündliche Mitteilungen seines Generalstabsoffiziers Siewert, des Ministerialrats Walter Seiffert, des Militärrichters Manfred Roeder, der Witwe Brauchitsch und der Söhne des Feldmarschalls, AT.
8 Brief des Generalobersten a. D. Franz Halder an Tobias, 2. 11. 1965; vgl. Schall-Riaucour, Aufstand, S. 61.
9 Stellungnahme Siewerts vom 25. 9. 1962, AT.
10 IMT, Bd. XX, S. 636.
11 Brief Luise Jodls an Seeliger, 21. 8. 1946, AT.
12 Gisevius, Bis zum bitteren Ende, S. 391; Erklärung von Frau Elisabeth Gärtner-Strünck, 27. 3. 1962, AT; vgl. Deutsch, Komplott, S. 323 ff.
13 Vgl. Anm. 4 und 5.
14 Ebd.
15 Rudolf Pechel, Der Karl May des deutschen Widerstands, in: Basler National Zeitung, 28. 12. 54; ders., Deutscher Widerstand, Erlenbach 1947, S. 133 ff.
16 Schall-Riaucour, Aufstand, S. 242; Brief Halders, 2. 11. 1965, a. a. O.

Vierter Teil
Die Rehabilitierung

1. Kapitel
Brauchitschs Ringen um die Ehre seines Vorgängers

1 Aufzeichnung aus dem Sommer 1945, AT.
2 S. III. Teil, Kap. 1, S. 194.
3 Weichs, Erinnerungen, Bd. II, BA/MA N 19/6.
4 Kommandeursbesprechung, Nürnberg, 7. 2. 1938 (Müller, Heer und Hitler, Dok. Nr. 31, S. 636).
5 Aufz. Fritschs, Febr.-Sept. 1938, AT.
6 Die Folge: Viele Offiziere «schwammen in unbeweisbaren Behauptungen und Vermutungen», Hoth, IfZ, ZS 75.
7 Manstein, Soldatenleben, S. 307 ff.
8 Aufz. Fritschs, a. a. O.; Kielmansegg, Fritsch-Prozeß, S. 113; Roehricht, IfZ, ZS 125; Vormann, Feldzug, S. 163; Weichs, Erinnerungen, Bd. II, S. 5.
9 Laut Befragungsprotokoll Siewert, 8. 4. 1952, IfZ, ZS 777/52.
10 Ulex, Erinnerungen, S. 11 f.
11 Siewert, Soldatenkalender 1973, S. 77; ders., Interviews mit dem IfZ, a. a. O.; Aufz. Fritschs, a. a. O.; Göring, Interrogation Nürnberg, a. a. O.; Manstein, Soldatenleben, S. 308 f.
12 Below, Adjutant, S. 104.
13 Ebd.; Manstein, Soldatenleben, S. 309; Ulex, Erinnerungen, S. 13; Hoth, a. a. O. Generalstabschef Beck fehlte; er ließ sich von Halder berichten.
14 Below, a. a. O.; Aufz. Fritschs, a. a. O.; Ulex, a. a. O.; Kesselring, Soldat, S. 29.
15 Ulex, a. a. O.
16 Für Fritsch, Aufz., a. a. O., ist das «ein zutreffender u[nd]. stichhaltiger Grund». Dennoch wirft Kielmansegg, Fritsch-Prozeß, S. 116, Brauchitsch vor, er habe sein Versprechen nicht gehalten.
17 Below, a. a. O.
18 Nach Ulex (Erinnerungen, S. 13) war Hitler bei der Urteilsverlesung zugegen; nach Hoth (a. a. O.) sprach Hitler ein paar Worte zum Fall Fritsch, entfernte sich dann und erschien erst wieder nach der Verlesung, um seine Rede zu halten. Auch die Generäle Liebmann (IfZ, ED-1) und Guderian (ders., Erinnerungen, S. 40) sowie Generaladmiral a. D. Boehm (Leserbrief an die FAZ, 25. 10. 1961) erinnern sich an eine ganz kurze Ansprache Hitlers vor dem Auftritt des Generals Heitz. Zur Redelänge (Foertsch, Schuld, S. 131, nach einem Augenzeugenbericht): anderthalb Stunden scheinen der Länge des Urteilstextes ungefähr zu entsprechen. Das Anhören im Stehen erwähnt Hoth, a. a. O.
19 Halders Bericht vom 14. 6. 1938 (Dok. Nr. 115, in: Müller, Heer und Hitler). Uns scheint er wegen der zeitlichen Nähe am authentischsten von allen; nur wo andere ihn ergänzen, werden diese herangezogen.
20 Siewert (in einem Interview, o. D., AT) zitiert Liebmann, der in Barth dabei war.
21 Halder, der offensichtlich zum Teil mitstenographiert hat, gebraucht die Worte «Zustand seelischer Erschütterung».
22 Liebmann, a. a. O.
23 Dazu Reinhard Stumpf, Die Wehrmacht-Elite, Boppard 1982, S. 148, Anm.

374; Heinrich Emmendörfer, Das Buch Trotzdem, Regensburg 1971, S. 241; Friedrich von Rabenau, Seeckt. Aus seinem Leben 1918–1935, Leipzig 1940, S. 720 f.

24 Manstein, Soldatenleben, S. 307 f.

25 Rundstedt (IfZ, ZS 129): «schwach»; Speidel, Zeitbetrachtungen, S. 92: «nur Chef»; Weichs, Erinnerungen, Bd. II, S. 4: «ungenügend»; Assmann, Schicksalsjahre, S. 465 ff.: «völlig unzureichend»; Guderian, Erinnerungen, S. 41: «ungenügend»; Lossberg, Wehrmachtführungsstab, S. 17: «zwar ehrenhalber Chef»; J. Müller, Konsequenz, S. 181: «als ‹Ehrenoberst› abgespeist»; Kielmansegg, Fritsch-Prozeß, S. 112: «ziemlich billige Geste»; Göhring, Alles oder nichts, S. 263: «eine kümmerliche Geste»; Reynolds, Beck, S. 132: «bedeutungslos»; Salewski, Die bewaffnete Macht, S. 204: «lächerlich»; Hildebrand, Das Dritte Reich, S. 53: «in ebenso verlogener und unzureichender Weise»; Ritter, Goerdeler, S. 151: «bescheidene Genugtuung»; Deutsch, Komplott, S. 348: «bloße Abschlagszahlung».

26 Fritsch an Baronin Schutzbar, 17. 6. 1938, zit. von Kielmansegg, Fritsch-Prozeß, S. 117 f.; Aufz. Fritschs, Febr.-Sept. 1938, AT: «hauptsächlich als eine Geste für die Armee zu betrachten».

27 Liebmann, IfZ, ZS ED-1; Below, Adjutant, S. 104: «Die Namen Himmler und Heydrich standen unausgesprochen im Raum.»

28 Zum Beispiel Assmann, Schicksalsjahre, S. 465 ff.; Below, Adjutant, S. 104, meint, die Generäle hätten Hitler eine Chance geben müssen, sich selber zu rehabilitieren.

29 Laut Organisationsbuch der NSDAP, München 1938.

30 Fehling, dem Sachgebietsleiter IV C 4 c (Homosexuelle), wurde vorgeworfen, daß er die Blamage seiner Behörde durch Fahrlässigkeit oder Nachlässigkeit verschuldet habe. Er wurde verwarnt und von der Beförderung zum Kriminalkommissar ausgeschlossen. Vgl. Brief Werner Bests an Tobias, 12. 3. 1977; Gespräch mit Erich Sanders, 13. 2. 1977. Nach Aussage von Gertrud Gradtke, damals Hauptschreibkraft Fehlings, habe Fehling selber gegen sich ein Disziplinarverfahren eröffnen müssen, Stage-Verfahren, GStA Berlin. Der damalige Pressereferent Dr. Rang weiß von keinem Verfahren, kann jedoch bestätigen, daß Fehling bis 1945 stets an derselben Stelle tätig war, Gespräch Dr. Rangs mit Tobias, 8. 3. 1977. Das Zitat Fehlings («verladen») erwähnt sein Gestapo-Kollege Franz Neuendorf (Gespräch mit Tobias am 12. 2. 1978, AT). Nach dem Krieg wurde Fehling Kriminaldirektor und Leiter der Kriminalpolizei in Berlin-Charlottenburg. Er wurde im Juli 1945 in den sowjetischen Sektor gelockt und dort von deutschen Kommunisten ermordet. (Einzelheiten in den Akten des Stage-Verfahrens, GStA Berlin; s. auch stern, Nr. 6/1962, Bericht über die Ermordung Fehlings von Will Tremper).

31 Höhne, Totenkopf, S. 247; Gespräch mit den ehemaligen Gestapobeamten Sanders, Neuendorf und Vatterott, 23. 4. 1979, AT. Meisinger wurde strafversetzt, weil er schuldhaft versäumt hatte, Fehlings Ermittlungsergebnisse zu überprüfen.

32 Einzelheiten in der Personalakte Huber, BDC.

33 Bericht Halders, 14. 6. 1938, a. a. O.; Bericht des Generaladmirals a. D. Boehm, IfZ, ZS 18.

34 Fritsch an Baronin Schutzbar, 23. 3. 1938, a. a. O.; Aufzeichnung Fritschs vom 18. 1. 1939, Archiv Janßen.

35 So Ulex, Erinnerungen, S. 13; Adam, a. a. O., S. 50; Guderian, Erinnerungen, S. 41.

36 Glum, Nationalsozialismus, S. 328; Guderian, ebd.
37 Aufzeichnung Fritschs, wie Anm. 34; Aufzeichnung Becks, 29. 7. 1938, s. Müller, Armee und Drittes Reich, Dok. Nr. 116.
38 Brief Himmlers an Göring, 29. 7. 1942, BA, EAP 104/3, Bd. 3 (abgedruckt bei Müller, Heer und Hitler, S. 637, Dok. Nr. 32); Ärztlicher Bericht von Dr. Ungethüm, neurol.-psychiatr. (Beobachtungs-)Abteilung am Staatskrankenhaus der Polizei in Berlin, 18. 6. 1942, BA, a. a. O.; Gespräch Tobias' mit Dr. Ungethüm, 24. 2. 1977.
39 Vgl. Deutsch, Komplott, S. 348 ff.
40 Auskunft des Internationalen Komitees vom Roten Kreuz, Arolsen, 5. 6. 1965, Stage-Verfahren.
41 Aufzeichnung Fritschs, Febr.-Sept. 1938, AT.
42 Deutsch, Komplott, S. 352.
43 Weichs, Erinnerungen, Bd. II; Guderian, Erinnerungen, S. 41; Fritsch an Baronin Schutzbar, 5. 8. 1938; Ansprache Fritschs in Groß-Born, 11. 8. 1938; Rede Fritschs, 11. 8. 1938 abends im Casino vor etwa 500 bis 600 Offizieren; Ansprache Fritschs beim Frühstück, 12. 8. 1938, mit dem Offizierskorps des A. R. 12, alle Texte AT.
44 Gerd Brausch, Der Tod des Generalobersten Werner Freiherr von Fritsch, in: MGM 4 (1970), S. 100 f., Anm. 47.
45 Beispielsweise Graf Stauffenberg in der Sudetenkrise 1938, vgl. Peter Hoffmann, Claus Schenk Graf von Stauffenberg und seine Brüder, Stuttgart 1992, S. 174. Ähnlich Graf Kielmansegg, Panzer zwischen Warschau und Atlantik, Berlin 1941, S. 13 vor dem Einmarsch nach Polen.
46 Vgl. dazu Besymenski, Generale, S. 10.
47 Goebbels-Tagebücher, Bd. 3, 12. 8. 1938.
48 Neue Weltbühne, Nr. 35/1. 9. 1938 und Nr. 37/15. 9. 1939.
49 Guderian, Erinnerungen; Deutsch, Komplott, S. 352.
50 Höhne, Totenkopf, Bd. II, S. 468 f.
51 Krausnick, Vorgeschichte, S. 310 ff.
52 Görlitz, Keitel, S. 173 f.
53 Interview mit Generalleutnant a. D. Siewert (Brauchitsch: oder – Feldmarschall wider Willen, 13. 10. 1951, IfZ, ZS 148).
54 Goebbels-Tagebücher, 20. 3. 1942. Schon zu seiner Amtszeit sprach man von v. Brauchitsch als dem «Verkäufer an die Partei». Vgl. Vorwort J. A. Graf Kielmansegg zu Messerschmidt, Wehrmacht, S. V-XII.
55 Ansprache in Groß-Born, s. Anm. 43; Aufz. Fritschs, Febr.-Sept. 1938.

2. Kapitel
Tod vor Warschau

1 Tisch Moltkes: Werner von der Schulenburg, Welt rings um Hindenburg, Berlin 1935, S. 172; Milliardenaufträge: Baronin Schutzbar an Dr. Laternser, 23. 5. 1963 (sie erwähnt Kontakte mit den Firmen Horch, Benz und Henschel), AT; Untätigkeit: Briefe an Baronin Schutzbar, 8. 6. 1939; 30. 6. 1939; Depressionen: Fritsch an Schutzbar, 23. 3. 1938; Krankheiten: Briefe an Schutzbar, 23. 10. 1938, 13. 4. 1939, 29. 4. 1939; Disziplin zur zweiten Natur geworden: Leitner, Das haben wir..., S. 139 f.; unmenschliche Härte: Brief Baronin Schutzbars an Fritsch, 8. 3. 1938; Aufmerksamkeiten Heer/Marine: Hoth, IfZ, ZS 75; Erinnerungsbericht des Oberleutnants a. D. Emil Lorch, 19. 3. 1975; Generaladmiral

a. D. Boehm, IfZ, ZS 18; Raeder, Mein Leben, S. 121; Fritsch an Schutzbar, 8. 6. 1939 und 30. 6. 1939; alle Briefe an Schutzbar im BA/MA N 33.

2 Zum folgenden: Aufz. 18. 1. 1939, Archiv Janßen.

3 Fritsch an Schutzbar, 22. 11. 1938.

4 In der Reihenfolge der Zitate, Briefe an Schutzbar: Hitlers Erfolge, 7. 4. 1939; Führerrede, 29. 4. 1939; Rußland, ebd.; russische Intervention, 17. 9. 1939; zur Rüstung, 28. 1. 1939; zur Kriegsgefahr, 23. 10. 1938, 22. 10. 1938, 29. 4. 1939, 2. 8. 1939.

5 Fritsch an Schutzbar, 22. 11. 1938.

6 Fritsch an Schutzbar, Feldpostbrief vom 21. 9. 1939 («50 km südostw. Warschau»); Kielmansegg, Fritsch-Prozeß, S. 144, bei dem die Worte «bei siegreichem Ausgang» und «unter Deutschlands Führung» fehlen.

7 Deutsch, Komplott, S. 359; (unveröffentlichter) Leserbrief des letzten Fritsch-Adjutanten Grosskreutz vom 30. 6. 1967 an die Kieler Nachrichten, Kopie im BA/MA; Grosskreutz behauptet, Fritsch habe sich den Putschisten zur Verfügung gestellt und sei hierzu am 28. 9. 1938 in Begleitung des Adjutanten in Berlin eingetroffen. Nach einer anderen Quelle traf sich Fritsch mit Brauchitsch unter vier Augen; der Oberbefehlshaber des Heeres war aber gar nicht in die Putschvorbereitungen eingeweiht (vgl. Hartmann, Halder, S. 109), so daß sich die Angaben des ehemaligen Adjutanten als bloße Vermutung erweisen.

8 Halders Antworten zum Fragebogen des IfZ, 23. 11. 1950, IfZ, ZS 240; Hassell-Tagebücher, S. 70 f. (Besuch bei Fritsch, 18. 12. 1938); zum Verhalten Halders in der Sudetenkrise s. Hartmann, Halder, S. 99 ff.

9 Zur Sudetenkrise Lutzes Tagebuch, S. 121, AT; zur Augustkrise 1939: Fritsch an Schutzbar, 7. 8. 1939; Goltz, Darst., IfZ, ZS 49; Manstein, Verlorene Siege, S. 53, zitiert angebliche letzte Worte Fritschs zu Beck: «Ich kann das Leben so nicht aushalten.»

10 Brief an Schutzbar, a. a. O.; Goltz, Aufz.; bei dem wiederholt anzutreffenden Wort «Zielscheibe» (so Deutsch, Komplott, S. 357) handelt es sich um eine nicht ganz treffende Rückübersetzung des englischen «target», vgl. The Truth About Generaloberst Fritsch, Source: SHAEF Secret 59-1-10-Int HQ 1. Canadian Army (Intelligence Summary Nr. 304, Part II), 30. 4. 1945 (AT).

11 Kielmansegg, Fritsch-Prozeß, S. 143; Fritsch an Schutzbar, 2. 8. 1939, 18. 8. 1939, 23. 8. 1939, BA/MA N 33/6. Zum Einmarsch in Polen vgl. Brausch, Der Tod, S. 100. Zitat: Kielmansegg, a. a. O., S. 148.

12 Hermann Teske, Die Warnung – Generaloberst Freiherr von Fritsch fiel am 23. September 1939 im Kampf um Warschau, in: Deutsche Soldatenzeitung, 10. 9. 1953; vgl. Teil I, Kap. 8.

13 Teske, Warnung; Hans von Herwarth, Zwischen Hitler und Stalin, Berlin 1985, S. 194; Augenzeugenbericht des damaligen Fahnenjunker-Unteroffiziers Horst-Dietrich Görschen vom 27. 12. 1980; (Brausch, a. a. O.); Kielmansegg, a. a. O.

14 Dazu die minuziöse und hervorragend dokumentierte Arbeit von Brausch, Der Tod. – Dort auch der Augenzeugenbericht des Leutnants Rosenhagen vom 22. 9. 1939, der Fritsch begleitete (S. 108 f.). Zum Tod Zelles: Bericht des Feldwebels Kluckert, bei Brausch, a. a. O.

15 Brausch, Der Tod, S. 95 f.

16 Typisch für diese Sichtweise Salewski, Die bewaffnete Macht, S. 204: Fritsch fiel «im Gefühl, seine Ehre nur im Soldatentod wiederfinden zu können».

17 Nach dem plötzlichen Tod des Generals Knochenhauer schrieb Fritsch an Schutzbar, 30. 6. 1939: «... eigentlich tue ich ihn um sein Schicksal beneiden»;

«Staatsfeind»: vgl. Brief an Schutzbar, 5. 8. 1938; Postüberwachung: Briefe an Schutzbar, 16. 7. 1938, 7. 8. 1939. In Achterberg wurde nach seinem Tod eine Abhörvorrichtung entdeckt, vgl. Lorch, Erinnerungsbericht.

18 Testament abgedruckt in der «Welt», 10. 2. 1949; zum Vorhergehenden: Verabredung: Brief Fritschs an Schutzbar, 18. 8. 1939; Pferde: Brief Schutzbars an Fritsch, 17. 9. 1939.

19 Das Zitat der Schwester steht in dem Dankesbrief, den sie an die 1. Kompanie des Infanterie-Regiments Nr. 48 richtete, deren Soldaten die Leiche geborgen hatten: nach Leserbrief des Augenzeugen Franz Strohschen an den Bonner Generalanzeiger, 6. 9. 1967.

20 Kielmansegg, Fritsch-Prozeß, S. 145 f.; Kesselring, Soldat, S. 29 f.; Flugkapitän Hans Baur, Mit Mächtigen zwischen Himmel und Erde, Oldendorf 1971, S. 180; Luise Jodl, Jenseits, S. 33.

21 Keitel, Görlitz, S. 219; Irving, Hitler und seine Feldherren, S. 35.

22 Groscurth, Tagebücher, S. 209 f., vor allem Fn. 511 und 512; Wortlaut der Tagesbefehle Hitlers und Brauchitschs, AT. Vgl. auch Berliner Lokal-Anzeiger, 24. 9. 1939.

23 Szene im Führerhauptquartier: Befragungsprotokoll Charlotte von Brauchitsch, 3. 4. 1952, AT. Nach Bross, Gespräche mit Göring, S. 174 (Aussage des Militärrichters Lehmann) soll Hitler gesagt haben, man hätte Fritsch lieber den «Zerstörer der Wehrmacht» nennen sollen.

24 Zum kirchlichen Trauerakt: Luise Jodl, Jenseits, S. 33; Groscurth, Tagebücher, S. 209 f.; Traueransprache des Feldbischofs D. Dohrmann, AT.

25 L. Jodl, a. a. O.

26 Berliner Lokal-Anzeiger, 26. 9. 1939; Oldenburgische Staatszeitung, 27. 9. 1939; L. Jodl, a. a. O.; Groscurth, a. a. O..

27 Groscurth, a. a. O.; zu Mackensen: Küsel, Der Fall Fritsch, S. 10.

28 Brief des Generalmajors a. D. Dr. Detlev Rudelsdorff an Dr. Brausch, 25. 4. 1970, BA/MA N 33/24.

Epilog
Ein Meisterstück an Verdrängung

1 IMT, Bd. II, S. 132, 21. 11. 1945.

2 Zum Vorgang: Kielmansegg, Fritsch-Prozeß, S. 149 ff.; Brief Grosskreutz' an Tobias, 30. 12. 1977 («eine sehr geschickte Fälschung»); Zitat Kielmansegg, a. a. O., S. 150.

3 Nicholas Reynolds, Der Fritsch-Brief vom 11. Dezember 1938, in: VfZ, 6, 28 (1980), S. 359 ff. (Dokumentation). In dem Brief kündigt Fritsch den Besuch Becks für «Ende der Woche» an. Der ehemalige Adjutant Grosskreutz (a. a. O.) behauptet, Fritsch sei über die Ereignisse am 9. 11. 1938 «äußerst empört» gewesen.

4 Zitat des Bundesverteidigungsministers Dr. Gerhard Schröder, in: Der Spiegel, 35/1967 («Mumm haben»); Frankfurter Rundschau, 6. 12. 1968 («Rommel statt Fritsch»).

5 Mit den Büchern von Hoßbach, Wehrmacht; Foertsch, Schuld; Kielmansegg, Fritsch-Prozeß.

6 Zur Arbeit deutscher Offiziere für die US Historical Division s. Ueberschär, Halder, S. 92 ff.

7 Christian Streit, Keine Kameraden. Die Wehrmacht und die sowjetischen

Kriegsgefangenen 1941–1945, Boppard 1982; Müller, Das Heer und Hitler; Messerschmidt, Wehrmacht im NS-Staat; Salewski, Die bewaffnete Macht.

8 Manstein, Verlorene Siege; Hans Frießner, Verratene Schlachten, Hamburg 1956.

9 Blomberg, Aufzeichnungen, BA/MA.

10 Groehler, Revirement, S. 145 ff.; Müller, Armee und Drittes Reich, S. 37.

11 Beispielhaft die Ansichten des Militärrichters und Senatspräsidenten Lehmann (Bross, Gespräche mit Göring, S. 172 f.) und des Generalfeldmarschalls von Rundstedt (IfZ, ZS 129 a). Hermann Foertsch sah in der Krise einen «Wendepunkt in der Geschichte der nationalsozialistischen Zeit» (Untertitel seines Buches); J. A. Graf Kielmansegg meint, «daß in dieser Phase sich Deutschlands Schicksal bis in die Gegenwart entschied» (Vorwort zu Deutsch, Komplott, S. 8).

12 General Beck sprach von einer Kluft zwischen Führer und Offizierskorps, «die nie wieder zu überbrücken ist» (Aufz. 29. 7. 1938), in: Müller, Armee und Drittes Reich, Dok. Nr. 116.

13 Dazu Wilhelm Treue, Deutsche Geschichte, Stuttgart 1958, S. 751.

14 Zitate: «maskenhafte Miene» (Engel, Heeresadjutant, S. 58, 22. 8. 1938); – Hitlers Lagebesprechung, 25. 4. 1945, in: Der Spiegel 3/1966, S. 42.

15 Dazu Manstein, Verlorene Siege, S. 70.

16 In einer Verlautbarung zum Oberkommandowechsel am 19. 12. 1942 erinnert Hitler (in der 3. Person) an den 4. 2. 1938: «Das Bewußtsein einer inneren Berufung» und «der ihm eigene Wille zur Verantwortung» hätten mitgesprochen, «als sich der Staatsmann Adolf Hitler entschloß, sein eigener Feldherr zu sein», Domarus, Hitler Reden, S. 1816.

17 Reichstagsrede vom 20. 2. 1938, in: Bremer Nachrichten, 21. 2. 1938. Bezeichnend auch Hitlers Äußerung vom 10. 12. 1939 – es geht um die mögliche Nachfolge Brauchitschs –: «Er verlange gar keinen Nationalsozialisten, aber einen, der treu und blind seinen politischen Zielen ergeben sei», s. Engel, Heeresadjutant, a. a. O.

18 Vgl. II. Teil, Kap. 12.

19 Gespräch mit Manfred Messerschmidt, in: Die Zeit, 5/1993, «Hitlers ehrenhafte Komplizen».

Personenregister

Die Namen Adolf Hitler, Werner von Blomberg, Walther von Brauchitsch und Werner Freiherr von Fritsch wurden nicht in das Register aufgenommen.